校企合作经济管理精品教材
互联网＋教育改革新理念教材

财务大数据分析

主　编　许　丹　袁　荃　邵　洵

副主编　许苏瑾　李　晗　吴　鼎
汪　平　杨　行　徐小燕
朱文杰　许立志

中国商业出版社

图书在版编目（CIP）数据

财务大数据分析 / 许丹，袁荃，邵洵主编. -- 北京 : 中国商业出版社，2025. 4. -- ISBN 978-7-5208-3334-9

Ⅰ. F275

中国国家版本馆 CIP 数据核字第 20253M2V59 号

责任编辑：黄世嘉

中国商业出版社出版发行

（www.zgsycb.com 100053 北京广安门内报国寺1号）

总编室：010-63180647 编辑室：010-63033100

发行部：010-83120835/8286

新华书店经销

北京宝莲鸿图科技有限公司印刷

*

787 毫米×1092 毫米 16 开 20 印张 513 千字

2025 年 4 月第 1 版 2025 年 4 月第 1 次印刷

定价：56.80 元

* * * *

（如有印装质量问题可更换）

前言
PREFACE

古人云："不日新者必日退。"受此影响，挖掘企业数据价值、辅助企业管理决策成为财务人员进行数字化转型的关键所在。本书坚持立德树人的育人理念，聚焦智能财务前沿理论知识，结合新道DBE财务大数据平台丰富的案例资源和虚拟仿真实战演练，对财务报表、财务能力、企业经营数据进行不同维度的分析，利用大数据技术，将分析结果进行可视化呈现，绘制不同主题的可视化大屏并进行切换展示，并有分析报告，旨在培养能够适应企业发展需求的复合型、创新型人才。

本书共分为三大模块十五章，模块一走进大数据包括大数据认知；模块二理论学习包括大数据方法论；模块三实战包括数据采集、数据清洗到财务大数据综合分析等十三章内容。通过理实一体化教学，要求学生从理论到实践，由浅入深掌握大数据技术在财务管理中的运用方法，培养学生的大数据思维，提高学生的大数据分析能力和管理决策能力。

本书作为校企合作开发的工作手册式教材，以企业经营管理过程中大数据分析的具体实践为载体，以项目导入和实战演练为主要教学内容。每个任务以"项目导入""数据准备""实战演练"为主线，最后针对各实战项目主题形成相对应的财务大数据实验报告，实现完整的财务大数据技能训练闭环。本书特色如下：

1.项目导入，案例丰富

本书采用"项目+任务"的教学思路，每个章节都以项目导入的形式，结合大量丰富的企业业务场景和管理场景案例，将大数据技术应用于企业财务分析实践中，并以案例的形式呈现，让学生能够结合各种案例场景进行数据解读和决策分析。

2.理实结合，利教便学

本书将各章节知识点划分为具体任务，通过大量的案例操作和分析，让学生真正掌握大数据分析的理论基础与实际操作，真正实现理论与实践的融合。教师在讲授过程中，更多地将从企业实际需求出发，介绍财务大数据关键技术，避免了"就数据而论数据"的教学模式，实现知识传授与市场需求有机结合；学生在学的过程中，通过教师示范操作、新道云平台教学资源、任务指南、实战演练操作视频以及项目操作手册等，更好地培养学生的动手实践能力。

3.技术导向，直观易懂

本书运用新道DBE财务大数据平台代码编辑器和新道云可视化等工具，将财务大数据关键技术以实操演练的方式让学生更直观、更清晰地掌握财务大数据分析过程，培养学生能够利用大数据先进技术对企业的经营数据和财务数据进行解读和决策分析的能力，为企业培养数字化财务管理人才奠定基础。

“文章合为时而著，诗歌合为事而作。”在数字经济时代，财务智能和财务工作方式正在经历重塑。本书聚焦财务大数据最新技术变革，安排合理，重点突出，由衷希望能为应用型本科院校财务管理、会计、工商管理、市场营销等相关专业数字化转型提供帮助，为企业财务决策部门提供参考。

本书由许丹、袁荃、邵洵担任主编；许苏瑾，李晗，吴鼎，汪平，杨行，徐小燕，朱文杰，许立志担任副主编。具体编写分工如下：许丹负责编写第四章、第五章、第六章、第七章；袁荃负责编写第八章、第九章、第十章；邵洵负责编写第一章、第二章、第三章；第十一章、第十二章、第十三章由许苏瑾，李晗，吴鼎，汪平共同负责编写；第十四章、第十五章由杨行，徐小燕，朱文杰，许立志共同负责编写。全书由许丹总纂并统稿。

本书是湖北工业大学管理系财务管理专业校企合作教材，在编写和出版过程中得到了湖北工业大学工程技术学院领导、新道科技股份有限公司领导等的大力支持，在此表示诚挚的谢意！

由于编者理论水平和专业知识有限，书中难免存在疏漏之处，恳请广大专家、同行和读者批评指正！

编　者

2025 年 1 月

目录

CONTENTS

模块一 走进大数据

第一章 大数据认知

导 读

党的二十大报告提出，加快发展数字经济，促进数字经济和实体经济深度融合，打造具有国际竞争力的数字产业集群。报告强调，建设现代化产业体系，坚持把发展经济的着力点放在实体经济上，推进新型工业化，加快建设制造强国、质量强国、航天强国、交通强国、网络强国、数字中国。习近平总书记指出，发展数字经济意义重大，是把握新一轮科技革命和产业变革新机遇的战略选择，强调“促进数字技术和实体经济深度融合，赋能传统产业转型升级，催生新产业新业态新模式，不断做强做优做大我国数字经济”。

（资料来源：http：//cpc.people.com.cn/n1/2022/1108/c64387-32561046.html，中国共产党新闻网）

知识目标

1. 掌握大数据的本质、分类及特征；
2. 了解大数据在商业领域的应用；
3. 了解大数据基本算法。

技能目标

能够熟练掌握大数据知识，为财务大数据分析做好相关准备。

素养目标

1. 培养学生职业自信，激发学生民族自豪感；
2. 培养学生数据品德，树立正确的大数据价值观。

第一节 大数据基本概念

一、走进大数据

（一）大数据时代

以“大智移云物”为代表的新一代数字技术推动全球步入DT时代。随着工业经济向数字经济的加速演进，数据正扮演着举足轻重的角色，数据规模开始呈现爆发性增长趋势并逐渐渗透每一个行业和产业领域。国际数据公司（International Data Corporation，IDC）预测，2025年全球数据量将达到163ZB。量变引起质变。对于愈加大量、实时、高速、多样化的数据，传统信息技术已无法满足企业对数据存储、传输、处理等方面的需要，大数据、云计算、人工智能等新兴技术因而崛起，人类社会逐渐从IT时代步入DT时代。

数据技术（Data Technology，DT）是对数据进行存储、清洗、加工、分析、挖掘的技术。DT以数据为核心，将数据作为生产资料，实现对数据的深入挖掘和动态运用，使数据可以在生产、生活的决策闭环中发挥作用。大数据像一个看不见的引擎，在字节的轰鸣中推进实时个性化飞速向前。如今，大量数据衍生出完全不同的数据类型，视频数据、社交数据和穿戴设备数据等构成的多样化大数据深度挖掘着每个人的特性，为社会提供了巨大的价值。如同在数字海洋中寻找一片秘境，“真实”让大数据比我们更加了解自己。

当我们置身互联网，你的每一次消费、出行、分享和探索，都会触及另一个由数据构成的世界。我们无法看到它们，但是你会亲眼看见，数据在我们生活的每一个角落，深刻改变着我们身边的一切。大数据创造了一种全新的文明形态，我们迎来了一个崭新的时代——大数据时代。

大数据的世界里，我们收集精准的数据，捍卫数据的质量。我们不断寻找数据的真谛，让算法更懂自己，让数据驱动决策，预测未来。从数据收集到最终的可视化，大数据以极具想象力的方式直观地出现在我们的生活中。它让人脸识别的使用更加有效和安全；帮助政府强有力地应对突发事件；洞察一个城市的自我认知与运转规律，建立人们的全新娱乐模式。大数据正在帮助各个行业或者不同产业挑战一切不可能，与未知世界无限靠近。

（二）生活中的大数据

大数据已经彻底改变了我们的生活和工作方式。我们看到，大数据率先在媒体和娱乐行业快速兴起，它预测观众的兴趣，并从他们的行为中获取见解。以Netflix电视剧收视率第一的《纸牌屋》为例，这部剧从诞生之初就是一部根据大数据，即互联网观众喜好来设计的作品。Netflix会跟踪观众的搜索、评分、浏览习惯等，并据此确定电视剧的方向。

教育行业存在着大量与学生、教师、课程相关的数据，依据教育大数据可以定制动态的学习计划，重构课程材料，分析学生的优势、劣势、兴趣等进行职业预测。

大数据的兴起让交通运输变得更加高效和便捷，我们利用大数据进行路线规划，解决拥堵问题和维护交通秩序，保障交通安全。以滴滴出行为例，滴滴生成并使用大量关于乘客和司机的数据，乘客可以快速了解车辆饱和度、位置、预计到达时间，而司机可以通过乘客叫车频次和区域热力图规划路线，减少燃料浪费。

医疗保健是一个产生大量数据的行业，大数据在医疗行业最强大的应用就是电子病历的普及，可穿戴设备和传感器为患者的健康提供实时反馈，华为、苹果等都推出了相关的设备。

金融行业的数据量每秒都在暴涨，研究和分析这些数据不仅可以应对客户的需求变化，而且能及时发现各种非法活动，如滥用信用卡、贷款风险等。

全球各地都部署了天气传感器和气象卫星，我们利用这些数据监测天气和环境，如天气预报、自然灾害预测或者全球变暖。

当今世界大数据的浪潮正席卷全球，大数据不再是象牙塔里的珍品，它已经被大规模地应用于媒体和娱乐、教育、交通、医疗、金融、气候等产业，并实实在在地改变着我们的世界。

二、大数据的本质

（一）大数据概念与特征

拓展阅读

马修·方丹·莫里是一位年轻的海军军官，在常年的远航中积累了丰富的经验。1842 年，他发现库房里存放着非常多的航海书籍、图表和地图以及一些旧日志等。他把这些无章可循的日志整理成一张全新的航海地图，绘制了 120 万数据点，一直沿用至今。莫里把杂乱的航海日志变成有用的数据，从这个意义上讲，莫里就是大数据的先驱。

1. 大数据概念

互联网、移动互联网、物联网、云计算的快速兴起，以及移动智能终端的快速发展，使得当前数据增长的速度比人类社会以往任何时候都快，数据规模变得越来越大，内容越来越复杂，更新速度越来越快，数据特征的演化和发展催生了一个新的概念——大数据。

最早引用的所谓大数据概念，可以追溯到阿帕奇（Apache）公司的开源项目 Nutch。当时，人们把大数据描述为用来更新网络搜索索引以及需要同时进行批量处理和分析的大量数据集。早在 1980 年，著名的未来学家阿尔文·托夫勒在《第三次浪潮》一书中，就极力赞扬大数据为“第三次浪潮的华彩乐章”。从 2009 年开始，“大数据”才成为IT 行业的流行词汇。根据美国互联网数据中心的数据，互联网上的数据每年会以 50% 的速度增长，即每两年就会翻一番。而实际上，世界上 90% 以上的数据都是最近几年才产生的。除此之外，数据又并非单纯指人们在互联网上发布的信息，全世界的工业设备、交通工具、生活电器、移动终端上都有着无数的数码传感器，随着测量和传递的有关位置、运动、振动、温度、湿度乃至空气中化学物质的变化情况，也就产生了海量的数据信息。

让我们先来学习大数据的概念。大数据，一个看似复杂的术语，它到底是什么？

所谓大数据，没有比较公认的说法。大数据本身是一个比较抽象的概念，单从字面上来看，它表示数据规模的庞大。但是仅从数量上的庞大无法看出大数据这一概念和以往的海量数据、超大规模数据等概念之间有何区别。针对大数据，目前存在多种不同的理解和定义。我们以我国 2015 年发布的促进大数据发展行动纲要为主，将大数据定义为：大数据是以容量大、类型多、存取速度快、价值密度低为主要特征的数据集合。

拓展阅读

大数据 vs 小数据

大数据与小数据都是相对概念。比尔·盖茨在1981年提出，未来的电脑只需要640KB的内存就绝对够用了。当时的640KB确实可以储存很大量的数据，但是今天情况大不一样，因此我们衡量数据大小不能脱离时代背景，也不能脱离行业特征。有句话说得好，今日王谢堂前燕，暂未飞入百姓家。严格的大数据其实并没有那么普及，某些小样本的数据可以算是大数据吗？比如小样本、高维度的数据，其实也可以看作大数据的一种，因为它比较复杂，需要采取非传统方法进行分析挖掘，是大数据解析要研究的问题。你若安好，便是晴天，我们要领悟到小数据之美。

2. 大数据特征

我们都知道数据会随时产生，但这些杂乱无章的数据没有带给我们任何结果。随着分布式计算和大规模数据处理引擎的出现，我们现在可以分析数据、建立模型、预测结果。经过多年发展的大数据，业界没有统一的定义。麦肯锡全球研究所给出了这样一个定义，他认为大数据具有四个方面的特征，即海量的数据规模、快速的数据流转、多样的数据类型和价值密度低。IBM总结出大数据的五大特征——5V获得社会普遍的认可。那么什么是大数据的5V特征呢？5V指体量大、速度快、多样性、价值密度低、真实性。

一是体量大。大数据的一个显著特征就是数据量大，从TB量级跃升到PB量级，如今更已迈向EB乃至ZB量级。以阿里云的对象存储服务OSS为例，其为小红书提供了超过20Tbps的吞吐能力，保障了海量用户生成内容的处理速度。阿里云的自研分布式存储系统盘古支持EB级数据管理，可靠性达99.99%。此外，据IDC预测，2025年全球数据将达到175ZB。

二是速度快。数据产生迅速，处理数据速度快，这是大数据区分于传统数据挖掘的最显著特征。在如此海量的数据面前，处理数据的效率就是企业的生命。企业管理人员需要实时的数据分析结果，以便他们能够预测现在甚至未来可能发生的各种情况，从而采取各种应对措施。比如，搜索引擎要求几分钟之前的新闻必须被用户刷到，那么这种要求就体现出时效性要求非常高的特征了，需要实现数据的快速流转。

三是多样性。多样性是指大数据的种类和来源比较多，例如，有结构化的、非结构化的和半结构化的，它可以表现为音频、视频、图片等各种各样的数据类型。

四是价值密度低。我们可以用一句话来理解，就是浪里淘沙，却又弥足珍贵。它的意思就是我们要在茫茫大海中寻找沙子，然后又要在沙子里面淘宝，也就意味着你是在海量的数据信息里面提取有价值的信息，这就体现了一个价值密度低的特征。价值密度的高低与数据总量的大小成反比，如何快速提取有价值数据，成为目前大数据需要解决的难题。因此，我们需要利用各种算法，针对不同的场景和不同的需求进行深入挖掘，发现数据背后隐藏的价值和规律，让大数据真正发挥作用。

五是真实性。真实是指数据的质量和保真性，可以说，假数据或不可靠的数据比没有数据更糟糕，这要求数据的准确性和可信赖度比较高，也就是强调数据的质量要非常好。

5V特征，使大数据技术具备更大的潜力去迎接挑战。

拓展阅读

你知道智能手机能产生多少数据吗

我们人人都使用智能手机，但你有没有想过它可以产生多少数据？电话、照片、视频、语音、音乐、搜索、电子邮件、文字输入、数字等，我们通过历年“双11”活动的例子来理解。中国电商自创“双11”购物狂欢节，全民线上购物产生了海量数据，家居、服装、美妆、图书、食品等，从衣食住行到生鲜冷链，云端数据川流不息。2020年全网交易额近5700亿元，包裹量达7.12亿件，“双11”期间，支付宝每秒处理交易峰值达6100万次，阿里云自研的数据库实现每秒8700万次的数据计算。而这都归因于大数据的速度。我们在“双11”购物的时候会发现，网络购物不仅会遇到结构化数据，例如文本、数字等，也会有海量非结构化数据，例如图片、视频、网页、地理位置等，帮助消费者购买到心仪的产品，帮助产业获取客户需求，市场预测“双11”数据反映出大众真实的购买力及消费偏好，这些数据将使消费行业全产业链受益。

（二）大数据的分类

大数据不仅数量巨大，而且数据类型较多。按照数据结构分类，大数据可以划分为三类，即结构化数据、非结构化数据、半结构化数据。

1. 结构化数据

我们通常把格式统一的数据叫作结构化数据。具体来说，任何以固定格式存储、访问和处理的数据，都称为结构化数据。典型的例子就是我们数据库里面的数据，一般而言都是这种统一的、标准化的、有固定格式存储的结构化的数据；企业的ERP、财务系统，医疗机构和政府机构的一些数据库等，这些都属于结构化数据。

2. 非结构化数据

相对于以文本、数字、符号为主的结构化数据和文档等半结构化数据，非结构化数据越来越多，包括网络日志、音频、视频、图片、摄像头数据、地理位置信息、可穿戴设备数据等。非结构化数据是指字段长度可变，每个字段的记录又可以由可重复或不可重复的子字段构成的数据库。比如互联网搜索大数据的页面，就是典型的非结构化数据。

3. 半结构化数据

半结构化数据是指介于结构化数据和非结构化数据之间的数据。比如一部电影的构思图，我们看到故事结构和角色信息混杂在一起，就是典型的半结构化数据。

三、大数据算法及影响

（一）大数据算法

大数据处理的是各种各样的数据，数字、文字、图像、声音、视频等，海量的数据需要挖掘出背后的信息，做出预测并指导决策和行动，这就涉及一些算法模型的应用。大数据技术涉及的算法、数据挖掘，一般会应用分类、聚类、回归、时间序列、文本挖掘等方法。

1. 分类

分类就是根据所给数据的不同特点，判断它属于哪个类别。如把电子邮件分为正常邮件和垃圾邮件两种。常见的分类算法有朴素贝叶斯、决策树和支持向量机。如看到一个黑皮肤的外国人，猜测他来自哪里，十有八九猜是从非洲来的。虽然黑皮肤的外国人也有可能是美洲人，或者是亚洲人，但是在没有其他信息帮助判断的情况下，我们会选择可能出现的概率最高的类别。这个过程应用到的就是朴素贝叶斯算法。决策树主要应用于用户划分、行为预测、规则树立等方面。例如，很多企业对员工的离职意向进行预测，通过决策树找出潜在离职员工。支持向量机主要应用于人脸识别，判断相机中的物体是否是人脸。

2. 聚类

最常见的聚类算法是k-means。k-means在人力资源领域的运用非常广泛，针对不同类别的员工采取不同的人才规划。如网络购物时商家应用k-means算法，根据会员不同特征，如收入、地域等进行聚类，再依据聚类结果对不同会员进行精准的商品推送。

3. 回归

回归就是从已有数据和结果中获取规律，对其他数据进行预测，回归算法包括一元线性回归和多元线性回归。回归分析广泛应用于我们的社会生活中，如预测房价、机场预测客流分布、新浪微博预测用户互动量等。

拓展阅读

回归生物统计学家高尔顿在研究父母身高和子女身高时发现，即使父母的身高都非常高，子女未必会比父母高，而是有衰退至平均身高的倾向，这就是回归分析。

4. 时间序列

打开天气预报，未来几天关于温度、湿度的预测就是一个时间序列的应用场景。时间序列常用于经济预测等，如在百度搜索引擎里查找大数据相关的搜索热度，随着时间的变化，搜索热度呈现出逐步增加的趋势。常见的时间序列算法是ARIMA，主要用来预测未来值，如人口普查、人口流动预测。

5. 文本挖掘

常见的文本挖掘算法包括词云、词频、主题分析、情感分析。例如，我们打开百度，输入大数据进行搜索时，搜索引擎应用文本挖掘理解你的需求，并根据你的需求推荐信息。再如，商家和企业经常会应用词云、词频等算法对客户进行用户画像，对所需要的候选人进行人才画像。我们在微博、B站等社交媒体上搜索评论时，也会收到针对你个人的内容推荐。当你在豆瓣上吐槽某部电影时，豆瓣可以应用情感分析算法进行电影口碑分析，能够快速解读出某部电影的票房趋势。又如，在美国大选时，调查机构利用人们在推特上发布的对总统候选人看法的信息，应用情感分析算法，可以得出比较准确的民意倾向。

（二）大数据的影响

《大数据时代：生活、工作与思维的大变革》这本书明确指出，大数据时代最大的转变就是思维方式的三种转变，即全面而非抽样、效率而非精确、相关而非因果。

1. 全面而非抽样

全面而非抽样指的是随着在数据存储和处理能力上的科技突破，完全可以直接针对整个数据集而不是抽样数据进行分析。

2. 效率而非精确

效率而非精确，指的是数据分析的效率，是大数据时代的关注核心。从前我们用抽样分析时，多追求分析方法的精确性，因此，要保证误差被放大的全集数据的及时性且误差仍然处于可以接受的范围。在全样分析的大数据时代，不存在误差被放大的问题，追求高精确性不是首要目标，几秒内就迅速给出对海量数据的实时分析结果更为重要，否则就会丧失数据的价值。

3. 相关而非因果

相关而非因果指的是大数据时代中因果关系不再那么重要，更注重相关性，比如著名的婴儿尿布与啤酒的相关关系。需要指出的是，人类从依靠自身判断做决定到依靠数据做决定的转变也是大数据作出的最大贡献之一。有了各种大数据研究算法，加上有靠谱的工具，这样就可以从数据中提取出知识信息，甚至总结出智慧。

第二节　大数据的起源与发展

一、大数据的起源

数据每天都在爆炸式增长，比如有人喜欢购物，就会产生相应的数据。我们每天的各种活动都会产生数据，互联网、物联网、工业生产、车联网等。还有医学方面，大家去医院挂号、就诊都会产生大量不同类型的数据，这些数据是我们在世界上留下的痕迹。我们的一切大数据都知道，淘宝会给我们推荐喜欢的品牌的衣服，最爱的作家的书；听音乐的时候，网易云推荐符合个人口味的歌；刷抖音、快手，它们可以推荐能让人刷一天的视频，这些都是它们根据大数据分析我们的喜好，得到相应的信息而作出的决策。

只要有互联网运行，它就会伴随着海量的信息数据的产生，互联网的快速发展，就给大数据的应用创造了规模化的环境。美国互联网数据中心指出，互联网上的数据每年都会增长约50%，每两年便翻一番。而目前世界上90%以上的数据都是近几年产生的。此外，数据又并非单纯指人们在互联网上发布的信息，大数据往往以多元形式产生，比如全世界的工业设备，汽车列表上有着无数的数码传感器，随时测量并传递着有关位置、运动、振动、温度等方面的信息，以至于空气中化学物质的变化，也产生了海量的数据信息。

拓展阅读

最早提出大数据时代的是谁

最早提出大数据时代的是麦肯锡公司。1980年，著名的未来学家阿尔文·托夫勒也在《第三次浪潮》一书中将大数据热情地赞颂为“第三次浪潮的华彩乐章”。进入21世纪之后，大数据得到了快速的发展，比如2008年年末，大数据就得到了部分美国知名计算机科学研究人员的认可，而且在自然杂志上提出了big data的概念。

二、大数据的发展

（一）大数据的发展历程

大数据是信息技术发展的必然产物，更是信息化进程的新阶段，其发展推动了数字经济的形成与繁荣。信息化已经历了两次高速发展的浪潮，第一次始于20世纪80年代，是以个人计算机的普及和应用为主要特征的数字化时代；第二次始于20世纪90年代中期，是以互联网大规模商业应用为主要特征的网络化时代。当前，我们正在进入以数据的深度挖掘和融合应用为主要特征的大数据时代。大数据时代的到来标志着一场深刻的革命，数据正以生产资料要素的形式参与生产中，它取之不尽用之不竭，并在不断循环中交互作用，创造出难以估量的价值，这就是信息化发展的“第三次浪潮”。

1.萌芽期

回顾大数据的发展历程，大数据总体上可以划分为萌芽期、成长期、爆发期和大规模应用期四个阶段。

萌芽期（1980—2008年）：大数据术语被提出，相关技术概念得到一定程度的传播，但没有得到实质性发展。同一时期，随着数据挖掘理论和数据库技术的逐步成熟，一批商业智能工具和知识管理技术开始被应用，如数据仓库、专家系统、知识管理系统等。1980年，未来学家托夫勒在其所著的《第三次浪潮》一书中，首次提出“大数据”一词，将大数据称赞为“第三次浪潮的华彩乐章”。2008年9月，《自然》杂志推出了“大数据”封面专栏。

2.成长期

成长期（2009—2012年）：大数据市场迅速成长，互联网数据呈爆发式增长，大数据技术逐渐被大众熟悉和使用。2010年2月，肯尼斯·库克尔在《经济学人》上发表了长达14页的大数据专题报告《数据，无所不在的数据》。2012年，牛津大学教授维克托·迈尔-舍恩伯格的著作《大数据时代》开始在国内风靡，推动了大数据在国内的发展。

3.爆发期

爆发期（2013—2015年）：大数据迎来了发展的高潮，包括我国在内的世界各个国家纷纷布局大数据战略。2013年，以百度、阿里、腾讯为代表的国内互联网公司各显身手，纷纷推出创新性的大数据应用。2015年9月，国务院印发《促进大数据发展行动纲要》，全面推进我国大数据发展和应用，进一步提升创业创新活力和社会治理水平。

4.大规模应用期

大规模应用期（2016年以来）：大数据应用渗透各行各业，大数据价值不断凸显，数据驱动决策和社会智能化程度大幅提高，大数据产业迎来快速发展和大规模应用实施。2019年5月，《2018年全球大数据发展分析报告》显示，中国大数据产业发展和技术创新能力有了显著提升。这一时期学术界在大数据技术与应用方面的研究创新也不断取得突破，截至2020年，全球以“big data”为关键词的论文发表量达到64739篇，全球共申请大数据领域的相关专利136694项。

随着我国大数据战略谋篇布局的不断展开，国家高度重视并不断完善大数据政策支撑，大数据产业加速发展，大致经历了四个阶段，如图1-1所示，正逐步从数据大国向数据强国迈进。

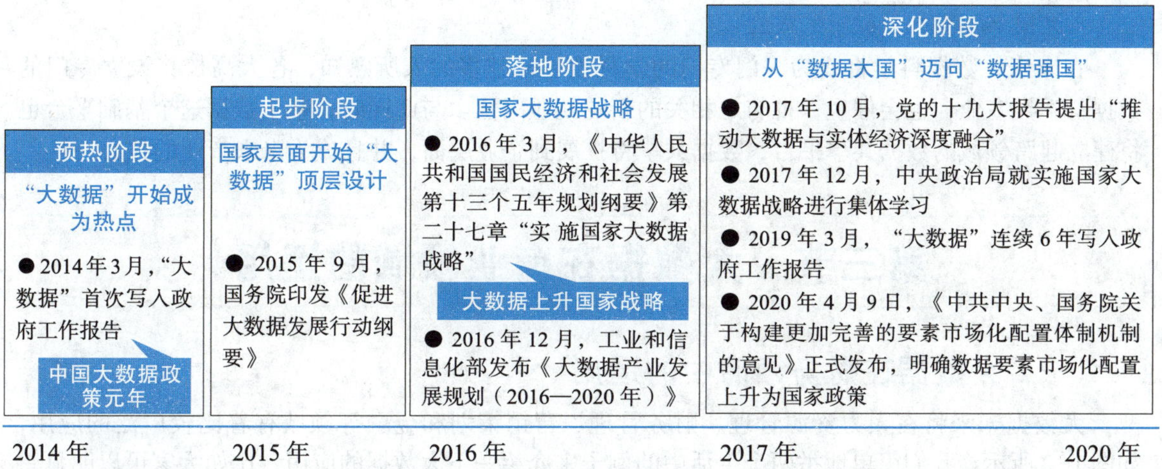

图 1-1　中国大数据发展的主要阶段

我国在 2016 年出台了大数据“十三五”规划，2017 年则进一步发布了《大数据产业发展规划》，2016—2020 年明确了促进我国大数据产业发展的主要任务。2020 年，大数据被正式列为新型生产要素。2021 年，在十四五发展规划进一步指出，未来将继续完善大数据标准体系建设。2022 年，大数据发展进入深化阶段。大数据解决方案日趋成熟，信息社会智能化程度显著提高。

（二）大数据发展趋势

1. 大数据与信息技术深度融合

大数据与信息技术深度融合离不开云处理。自 2013 年开始，大数据技术就已经实现了与云计算技术的深度融合，如物联网、云计算、移动互联网、车联网、手机、平板电脑等都提供了一些非常好的作用。

2. 自助服务和智能应用

大数据的自助服务，可以为使用各类报表的部门提供自助式的报表服务。在基于大数据存储的基础上，提供大数据的统一查询服务。平台具有良好的可扩展性，可以快速满足不同数据查询展现需求。传统的数据报表都是被动式的，它是通过代码实现的，只有通过ET的查询之后，相关人员才能检索到相关的信息。但是，大数据可以提供一种自主式的、主动式的数据推送服务和数据报表的自定义功能，能够满足实时配置数据查询的这个需求。全球最具权威的IT研究和顾问咨询公司谷歌副总裁希尔雷认为，AI与互联网边缘计算和数字变化结合使用提供了高度集成的智能空间。这种多个趋势的融合给未来带来了新的机会，也推动了颠覆性的综合效应。

3. 数据要素市场化的逐步推进

自 2020 年中央正式提出加快培育数据要素市场开始，截至 2023 年年底，产业各界在法规、机制、技术等方面已经开展了诸多探索。在法律方面，数据安全法的正式颁布为数据要素市场化提供了保障基础；在数据交易模式方面，数据登记、数据信托、数据运营管理等新型业务模式将逐渐走入人们的日常生活。同时，企业数据资产化也渐引起企业的高度重视，目前南方电网、中国光大银行、浦发银行等领先企业已经开始进行更深层的数据资产化探索。

4. 数据科学与数据联盟的成立

在未来，数据科学将成为一门专门的学科被越来越多的人所熟知，各大高校将设立专门的数据科学类专业，也会催生一批与之相关的新的就业岗位。与此同时，基于数据这个基础平台也将建立起跨领域的数据共享平台，数据共享将扩展到企业层面，并且成为未来产业的核心一环。

第三节 大数据在商业领域的运用

一、大数据在财务领域中的运用

大数据未来将在人力资源管理、财务管理、营销策划和金融等领域有着比较广泛的应用，如图 1-2 所示。我们简单地举两个生活中的例子来介绍一下大数据的应用。比如大家可以明显感受到，现在无论我们使用的是哪个App，包括淘宝、京东、天猫等，你会发现，当你形成了一定的浏览习惯之后，这些App给你新推送的商品会是你前一段时间经常在看的。这个时候其实就是电商大数据结合用户的习惯进行了精准营销。同时，大数据在金融领域的运用范围也比较广泛，比如银行可以利用客户的单击数据为客户提供特色的服务，通过对客户的刷卡、存取款以及转账等行为数据进行分析，对客户进行针对性的广告推送。在医疗行业可以通过借助大数据平台收集不同的病例和治疗方案，从而建立专门针对不同疾病特征的数据库。当未来有需要诊断的某个顾客来了，便可以从大数据库中快速匹配，找到与他的病症最相似的案例，使得治疗更加便捷。除此之外，还有交通大数据、教育大数据等类型。未来，大数据也可以应用到农牧渔领域，帮助农业降低菜贱伤农的概率，当然也可以用于改善安全和执法。所以说，未来大数据的应用领域是非常广泛的。

图 1-2　大数据应用领域

（一）影响中国跨境从业人员的重要信息技术

在 2022 年影响中国会计从业人员的十大信息技术和潜在影响中国会计从业人员的五大信息技术评选活动中，会计大数据技术位列第二，数据挖掘与流程挖掘位列第十二，计算机爬虫技术位列第二十三。从评选结果可以看出，大数据技术对于会计人员而言是非常重要的，这也就意味着，如果未来我们想要做一个比较好的会计人员，不仅需要掌握基础的会计知识，更要学会去运用这些新技术，比如财务云、数据挖掘和电子档案等。我们以电子发票来举例，在以前没有电子发票时使用的都是传统发票，那么传统发票上的数据是需要会计人员抄写下来的。有了电子发票之后，至少在这一个小领域里面，传统的会计人员抄录发票凭证的这一步工作就被取代了，现在我们可以通过计算机去读取电子发票上的内容。

（二）大数据与财务转型

大数据在财务转型中也发挥了相当重要的作用。在财务转型的过程中，有一个非常重要的核心内容叫作财务共享。在传统的财务工作中，大家会发现我们需要大量的财务管理人员对财务数据进行整理分析，最终形成报表。但是现在有了财务共享中心之后，集团公司就会把一些基础的业务，还有一些工作全部集中在一个叫财务共享服务的中心区，这样就可以将最开始的业务数据形成集中，然后再进一步提升为财务的数据，就形成了一个大数据的基础。因此我们说财务共享是财务转型的起点。

那么该如何应用财务共享形成的大数据中心？这就需要用到大数据的管理了。财务转型在利用大数据技术的基础上，可以把数据资产的价值挖掘出来，然后在这基础上进行进一步的创新，所以我们认为大数据管理是财务转型的重点。

拓展阅读

大数据什么都知道

场景背景：客户打电话过来想要订一个比萨。

比萨店店员：我想要了解一下你的会员卡号。

客户：我的卡号是xxxxxxxx，我想要一个海鲜比萨。

比萨店店员：根据大数据提示海鲜比萨并不适合你。

客户：为什么？

比萨店店员：因为这里有你的医疗记录，医疗记录里面显示你的血压和胆固醇比较高，不适合吃海鲜比萨。

客户：那你们有什么推荐？

比萨店店员：我推荐你试试我们的低脂健康比萨。

客户：你怎么知道我会喜欢这种比萨？

比萨店店员：因为上个星期你在国家图书馆借了一本低脂健康的食谱。你在图书馆看的这样一本书而形成了浏览记录，那么我就给你推荐了一款这样的低脂健康比萨。

客户：我想要一个特大号的，因为想要一家人一起吃，要多少钱？

比萨店店员：99元。它足够您一家6口吃，但您的母亲应该少吃，因为她上个月做了心脏手术，还在恢复期。

客户：你们直接把比萨送到我家吧，你要多久才能送到？

比萨店店员：大约30分钟。如果您不想等可以自己开车来。根据我们CRM全球定位系统的车辆行驶自动跟踪记录显示，您登记有一辆汽车，而您目前正在xx路右侧驾驶这辆车。

所以，通过利用大数据技术可以把最底层的、最相关的数据，如医疗数据、行为数据等全部利用起来，然后直接为前端服务。在财务转型的过程中，利用大数据也是这样的，把底层的业务数据和上面最前端的财务数据结合起来，相互利用，这就是我们大数据在财务转型中的一个作用。同时，在财务服务中大数据还可以用于信用额度对销售收入的影响、洞察信用的风险、分析客户的付款行为、评估客户的信用等级以及进行预算分析和财务预测等各种场景中。

（三）大数据时代下的财务价值

在传统的业务支持里面，大数据对于传统业务的支持主要包括财务的预测、决策和经营的分析等。而新型的业务拓展则主要包括数据资产的评估、数据的交易和数据的搜索等。当我们要对自己的数据资产进行价值评估时，也就意味着我们的数据已经开始有价值。数据既然是有价值的，那么数据就可以进行交易了，因为有价值的东西是可以进行交易的。另外，在这个基础上还可以进行数据的搜索，从而去挖掘更有潜在价值的东西。所以说在大数据时代，它对财务价值带来的作用就是从一个传统的业务支持到一个新型业务拓展，重点是强调数据的作用。

（四）财务大数据典型运用

在财务领域，大数据的作用是非常显著的，所以财务的未来与大数据是不可分离的。那么在作企业战略分析时，也可以利用大数据技术中的爬虫技术、文本挖掘和情感分析，深度挖掘客户购买产品之后留下的评论数据，对文字内容进行情感分析、主题分析、关键词分析，从而为企业的战略发展和产品发展提供决策支持。

在大数据时代下，企业可以实现财务工作和业务工作的融合，业财融合模式受到了越来越多企业的关注，财务人员也被要求了解业财融合模式工作内容，做企业采购管理时，利用大数据技术，企业可以建立供应商库、构建供应商画像。财务人员可以站在财务角度给出供应商画像需要考虑的画像标签，避免企业内部人员在选择供应商时发生徇私舞弊的现象，规避由供应商带来的财务风险。

拓展阅读

大数据项目对企业管理的影响

大数据改变了企业管理的模式。过去，企业间信息如孤岛般独立，难以全面监控和整合。如今，大数据使信息共享和实时监测成为可能，企业可以更精准地排查问题。

此外，大数据推动了会计职责的转变，从简单的数据收集转向更深层次的分析，促进了业务与财务的融合。大数据还带来了报表周期的变革，使实时报告成为现实，组织结构从多层转向扁平化，记账基础也逐步与权责发生制相结合。这些变化表明，大数据对企业财务管理的影响深远。

二、大数据在人力资源管理中的应用

当前，大数据技术已经广泛应用于政府管理、企业管理以及社会生产生活的方方面面，成为大数据时代背景下的重要生产力，为商业变革和企业管理带来新契机。信息是人力资源管理的重要依据，在人力资源工作的各个环节中都发挥着重要作用，如何运用大数据带来的新思维及新技术，推动人力资源管理转型升级和企业保持长期竞争优势，是迫切需要探索的问题。

（一）大数据在人力资源管理中应用的重要意义

1. 丰富了人力资源管理模式

大数据作为先进的技术手段，其可以帮助人力资源管理实现不同的管理模式。比如可以通过大数据技术，对职工技能、行为以及特长进行量化分析，再安排适宜的工作岗位，同时可以对职工的离职原因等方面进行分析。再如在实际的人力资源管理过程中，可以通过大数据对职工行为、价值观、职业发展方向等方面的数据进行分析处理，这样不仅能够有效提高人力资源管理能力，还可以采取相关策略，及时做好防范工作。上述内容充分说明了大数据在人力资源管理中的合理应用，可以丰富其管理模式。

2. 科学规划人才队伍建设

随着市场经济的日趋完善以及信息化水平的不断提高，数据信息越来越多，竞争也变得日益激烈。现代竞争主要是人才的竞争，而人力资源管理过程中，合理应用大数据技术，运用模型数据信息，对未来单位的人才需求计划实施模拟，从而帮助相关单位科学规划人才队伍建设。此外相关单位通过数据分析，比如人力资源管理的从业人员结合大数据分析技术，基于市场竞争状况、单位发展方向对职工需求开展分析，对职工技能以及行为、价值取向等方面实施分析，从而有利于人力资源管理的从业人员及时调整人才规划方向，确保相关单位的可持续发展。

（二）大数据在人力资源管理中的应用分析

1. 人才招聘

大数据在招聘过程中帮助单位全面准确地了解应聘者信息，增强招聘效率和质量，确保找到符合单位需求的人才。

2. 培训管理

大数据技术可以分析职工行为和技能，制定更具针对性的培训方案，提高培训效果，确保培训内容与岗位要求匹配。

3. 岗位选拔

大数据技术使得岗位需求与应聘者能力的匹配更加精准，提高了选拔效率和岗位适应度。

4. 薪酬绩效

大数据使绩效考核更加客观和透明，通过量化分析职工实际工作表现，提升薪酬绩效管理的公平性和效率。

组织结构优化与用工管理：大数据优化了组织结构和人员管理，使层级关系更加紧密，管理模式更加扁平化，提升了职工的积极性和归属感。

（三）人力资源大数据典型业务场景

1. 就业市场的“温度计”：CIER 指数

自 2009 年开始，中国人民大学中国就业研究所便开始尝试将数据分析方法应用于我国宏观就业市场的短期分析工作。我们对智联招聘全站数据进行量化分析，定期发布中国就业市场景气指数（CIER 指数），以便及时反映我国就业市场职位空缺与求职人数的动态，监测就业市场景气程度变化。目前，CIER 指数已经被政府部门、研究人员和商业机构广泛接受，作为衡量就业市场的“温度计”，成为我国短期宏观劳动力市场分析、判断和监测的重要工具。

2. 百度人才智库：大数据智能化人才管理

百度人才智库（TIC）充分发挥百度在人工智能和大数据方面的天然优势，自 2015 年起，创建了国内首套完整的基于大数据的智能化人才管理综合解决方案。智能化人才管理系统在百度实施以来，不仅大幅提升了人力部门的工作效率和准确度，在人才选拔和匹配、舆情掌握以及人才挽留预测等方面也取得创新突破。TIC研发的智能人才管理系统主要作用于人才、组织和文化三大方面。如人才方面，TIC能够帮助公司极大提升招聘效率，科学识别优秀管理者与人才潜力，预判员工离职倾向和离职后影响，并为有针对性的人才获取、培养与保留提供智能化支持。以人才流失预测和挽留分析为例。通过收集公司内外的数据，包括来自社交媒体和互联网的舆论信息和文本，TIC建立了包含经济、职业发展和个人家庭原因等数万个动态特征的 90 天离职预测模型，针对目标人群的预测准确度达到了 90% 以上。

拓展阅读

人力资源数字化岗位要求

人力资源数字化岗位的职责主要集中在考勤数据管理、数据分析平台建设以及支持组织发展等方面。具体而言，岗位要求负责全公司日常考勤数据的整理与跟踪，进行部门层面的考勤数据统计与分析，并具备一定的异常分析能力。此外，岗位还需深入分析人力资源与业务数据，搭建数据报告体系和可视化数据分析平台（HRBI），深度挖掘数据价值，提供策略支持。通过数据分析，岗位需识别并提出人力资源管理中的问题，同时输出相关数据报告，为管理层决策提供支持。最后，该岗位还需通过数据分析支持组织发展和业务目标的实现，帮助各部门进行运营分析，研究组织问题并推动组织变革。

在任职要求方面，岗位需要应聘者精通数据分析软件，并具备至少 1 年的数据工作经验，优先考虑拥有大型企业或咨询公司背景的人选。此外，要求应聘者具备出色的商业分析能力和数据洞察力，熟悉多种数据分析工具并具有建模经验。对于更高级的岗位，要求具备至少 8 年以上的数据分析项目经验，能够通过数据诊断组织问题，熟悉数据分析过程中的数据准备和处理，具备实际的 IT 操作能力。这些能力将帮助候选人有效支持组织和业务的发展需求。

三、大数据在营销领域的应用

（一）营销大数据概述

数字化浪潮迅速席卷各行业，“互联网+流量”“大数据+数据”“人工智能+算法”“区块链+可信”“5G+效率”等，新技术快速发展，实现了用户全链路的数字化运营。在消费普及时代，品质、信息和便利稀缺；在消费分级时代，个性化、内容和体验更为稀缺。

2014 年至 2023 年，中国推出了 63 项大数据相关政策，推动大数据的发展。IDC 预测，中国大数据市场将保持高速增长，2020 年市场总收益达 104.2 亿美元，同比增长 16.0%。

数字营销利用网络通信、大数据、人工智能等技术改进营销流程，提升客户满意度和经营业绩。营销大数据通过采集、分析海量数据，支持新品开发、营销推广和客户管理，优化企业营销目标的实现。

（二）大数据对营销的影响

大数据正在革新营销要素，带来了形式和内容的全新变化。通过将营销创新纳入企业战略，企业可以更好地理解大数据对营销的升级影响。

1. 大数据在营销中的应用

一是营销科学化，营销决策基于数据分析而非经验直觉；二是营销个性化，通过数据采集和分析，实现个性化服务；三是营销围绕数据开展，效果可预测、过程可监控、数据可分析；四是营销组织和人员职能转变，数据分析成为企业的重要职能。

2. 大数据在营销中的价值体现

一是精准营销决策，数据预测和分析帮助企业优化策略；二是提升营销效果，通过监控和分析提高营销效率；三是促进个性化营销发展，实现广告和活动的定制化推送；四是提高客户满意度和品牌忠诚度，数据分析改善产品体验；五是化解品牌危机，监控舆情并快速应对负面信息。

（三）大数据在营销领域中的典型应用场景

1. 销量预测

利用销量历史数据，结合丰富的目标消费者行业偏好大数据和外部宏观大数据，应用数据模型和算法，可实现更精准有效的市场销量的预测。

2. 智能选址

利用中台运营数据实现智能选址和店面优化。依托智能营销中台O2O会员+订单数据，融合第三方目标客户分布数据，可对店铺分布与客户分布情况做匹配分析，提供智能选址、新开门店、关闭门店等店面优化建议。

3. 定价策略

大数据分析让差别定价、优化定价变得可能。麦肯锡全球研究所的分析数据表明，可以利用大数据分析更好地做定价决策，通常一家典型公司75%的收入来源于其标准产品，在每年这成百上千种定价标准产品的决策中，30%的时候公司无法定出最好的价格。假定销售量没有减少，1%的价格提高可以带来经营利润8.7%的增加，定价具有显著的提高盈利能力的潜力空间。充分利用消费者互动过程获得海量数据，能够快速做出价格响应，通过数据挖掘可以精准定位消费者，实现个性化差异定价。

四、大数据在金融领域的应用

（一）大数据在商业银行领域的应用

近年来，银行业的数据量急剧增长，大数据对传统银行业的影响愈加显著。银行在大数据应用方面具备两大优势：一是丰富的结构化和非结构化数据；二是雄厚的财力支持技术研发。

大数据在商业银行的应用主要体现在四个方面：客户关系管理（如客户画像和流失预警）、精准营销（包括个性化推荐和客户生命周期管理）、风险管控（如贷款风险评估和反洗钱分析）和运营优化（如市场与渠道分析）。不同银行在这些应用上各有侧重，但都在积极利用大数据推动业务发展。

（二）大数据在证券领域的应用

中国资本市场经过30多年的发展，已形成较完善的多层次体系。金融科技的进步使大数据与证券业深度融合，推动产品形态和盈利模式的创新。证券业作为数据密集型行业，广泛应用大数据于股票分析、客户关系管理、投资情绪和量化投资四个方面。

1.股票分析

大数据通过算法筛选符合投资者需求的股票，以历史经济数据和财务指标为基础，结合市场环境分析，精准挖掘投资机会。

2.客户关系管理

大数据帮助企业通过提高客户保持率来提升利润，客户保持率的小幅提升即可显著改善公司盈利。

3.投资情绪

投资情绪是市场行为的重要因子。通过大数据分析非机构投资者的交易行为和网络舆情，证券机构能提前洞察市场变化，优化投资策略。

4.量化投资

量化分析通过数学模型和大数据技术，实时捕捉市场机会，快速回测策略效果，并在全市场中寻找难以被传统方法发现的盈利机会。借助Python、Matlab等工具，量化交易员可自动跟踪选股并进行高频交易，提高盈利能力。

（三）大数据在保险领域的应用

1.保险业天然具备大数据特征

这主要体现在以下三个方面：一是风险测算依赖大数据分析，帮助保险公司设计产品；二是对未来风险的预测决定保险公司利润，这也是大数据的核心应用之一；三是保险经营的各环节，如产品设计、营销、承保定价等，都依赖于大数据的持续应用与数据生成。

2.产品创新

大数据推动保险产品的定价和设计创新，帮助保险公司开发出区别于传统产品的创新型保险产品。

3.营销创新

在大数据时代，单一渠道已无法满足需求。通过社会化客户关系管理，企业能够整合多渠道数据，实时捕捉客户行为，提供个性化服务，并发现市场机会。

4.服务创新

大数据优化承保与理赔流程，使之更加高效快捷，提升客户体验，从而提高客户忠诚度。

（四）大数据在金融科技领域的应用

互联网金融是互联网技术和金融功能的有机结合，是依托大数据和云计算在开放的互联网平台上形成的功能化金融业态及其服务体系，并具有普惠金融、平台金融、信息金融和碎片金融等相异于传统金融的金融模式。

1.大数据在第三方支付中的应用

第三方支付是指具备一定实力和信誉保障的独立机构，通过与网联对接而促成交易双方进行交易的网络支付模式。采用适当的数据挖掘技术，可以有效预测用户身份信息是否真实、是否存在虚假交易、是否涉及洗钱等，对反洗钱防控具有重要作用。

2. 大数据在消费金融中的应用

互联网消费金融是指借助互联网进行线上申请、审核、放款及还款全流程的消费金融业务。

3. 大数据在供应链金融中的应用

供应链金融是指金融机构（如商业银行、互联网金融平台）在对供应链内部的交易结构进行分析的基础上，引入核心企业、第三方企业（如物流公司）等新的风险控制变量，对供应链的不同节点提供封闭的授信及其他结算、理财等综合金融服务。供应链金融的实质就是依靠风险控制变量，帮助企业盘活其流动资产从而解决其融资问题。供应链金融的最大特点就是在供应链中找一个最大的核心企业，以该核心企业为出发点，为供应链提供金融支持。

思政一刻

数据向善

大数据在给我们的生活带来种种便利的同时，也很容易被人掌握甚至利用。一些电商平台利用大数据“杀熟”、个人隐私数据被廉价打包贱卖、我们的眼界被困在越来越狭窄的推荐算法中……

数据的滥用，严重损害了大数据的公信力，随之也产生了一些违法犯罪活动。2021年6月10日，第十三届全国人民代表大会常务委员会第二十九次会议通过了《中华人民共和国数据安全法》，自2021年9月1日起施行。2021年7月2日，国家市场监督管理总局公布《价格违法行为行政处罚规定（修订征求意见稿）》，电商平台利用大数据“杀熟”等行为，将受到严厉惩罚。2021年8月20日，第十三届全国人民代表大会常务委员会第三十次会议通过了《中华人民共和国个人信息保护法》，自2021年11月1日起施行。这些法律法规为保障数据安全、保护个人和组织的合法权益提供了法律依据。

技术只是工具，而人应把握利用技术的尺度。把技术规则体系纳入由法律、伦理所构建的社会规则体系中，就是技术向善的过程。数据科学肩负造福人类的伟大使命，而这需要我们继续前行，推动数据向善、分析向善、决策向善。

（资料来源：以强有力监管引导数据向善，https：//baijiahao.baidu.com/s？ id=1704658378855428177&wfr=spider&for=pc）

课后练习

1. 大数据的本质是什么？
2. 请简述大数据发展历程。
3. 大数据技术在财务领域的应用场景有哪些？

模块二 理论学习

第二章 大数据方法论

导 读

随着计算机技术的全面发展，企业生产、收集、存储和处理数据的能力大大提高，数据量与日俱增。数据的积累实质上是企业的经验和业务的沉淀。越来越多的企业引入数据思维——不只是依赖于数据的统计分析，更强调对数据进行挖掘，期待从这一“未来世界的石油”中发现潜在的价值。这一迫切的“开采”需求在世界范围内酝酿了一次大数据变革。

在数据分析过程中，需要考虑如何获取数据、整合数据源；对数据进行清洗、整理之后，可能还需要进行统计分析、数据可视化；有时还需要进行数据挖掘，根据模型做出预测；有的情况下还需要据此开发出一个数据应用。因此，在选择对应的数据科学开发环境时，就需要考虑软件能否提供强大的数据爬取、多数据源整合、统计分析、数据可视化、机器学习等功能。如今，商用数据采集与处理软件和开源工具都已经非常成熟，不仅提供易用的可视化界面，还集成了数据处理、建模、评估等一整套功能。

本章介绍了大数据分析五步法方法论，包括数据收集、数据清洗、数据可视化、数据挖掘等，使同学们了解并能熟练运用大数据分析五步法。

知识目标

1. 掌握大数据分析五步法方法论；
2. 了解数据分析类型；
3. 掌握数据可视化图表类型；
4. 了解数据分析报告撰写的内容、结构、注意事项等。

技能目标

1. 能够熟练使用数据收集、数据清洗、数据挖掘等大数据工具；
2. 能够对数据进行可视化图表展示。

素养目标

1. 培养学生利用数据进行分析、决策，解决问题的思维；
2. 树立隐私数据保护意识。

第一节　大数据分析方法论概述

一、大数据分析方法论概念

大数据分析是将大量、复杂的数据通过科学的方法和技术，从中提取可理解的知识和信息的过程。为了更好地进行大数据分析，需要遵循一套科学的方法论——大数据分析五步法。大数据分析五步法是建立一个整体的分析步骤和流程，即按照业务理解、数据收集、数据预处理、数据分析与挖掘及报告撰写五个步骤，逐层递进，最终达成分析结果和目标。

二、大数据项目分析流程

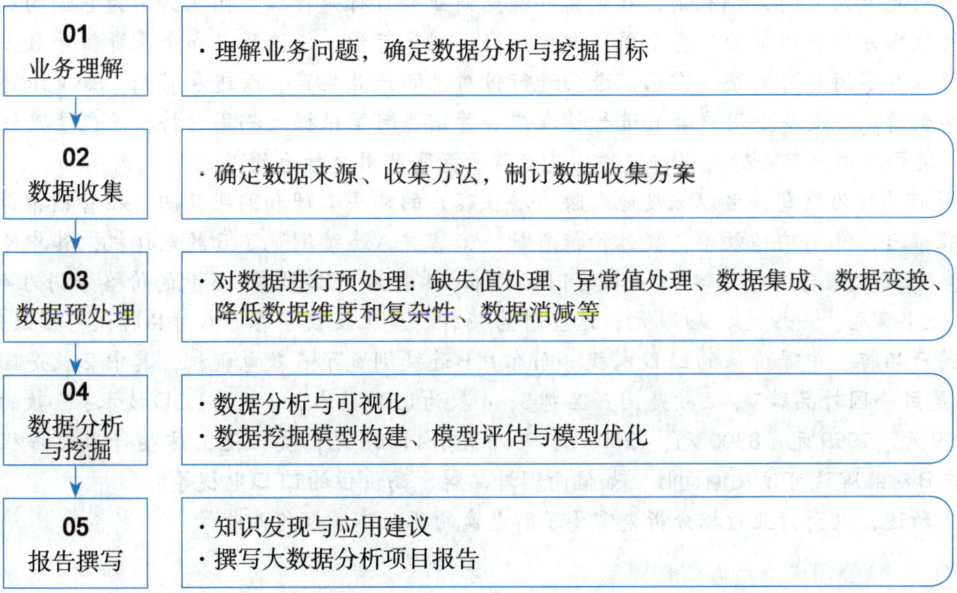

图 2-1　大数据分析五步法

如图 2-1 所示，大数据分析五步法具体步骤如下：第一步业务理解，即理解业务问题，确定数据分析与挖掘目标。第二步数据收集，即确定数据来源、收集方法，制订数据收集方案。第三步数据预处理，即对数据中存在的缺失值、异常值进行处理，并在此基础上进行数据集成、数据变换，降低数据维度和复杂性。第四步数据分析与挖掘，包括数据分析与可视化以及数据挖掘模型的构建、模型评估与模型优化。第五步报告撰写，即撰写一份大数据分析项目报告，报告通常包括标题、目录、前言、正文和分析结论五个部分。

（一）业务理解

业务理解是指根据业务背景信息，发现问题并清晰定义问题，确定数据分析与挖掘目标。

首先我们需要全面系统地掌握业务背景资料，包括相关行业知识、公司经营模式、公司业务运作逻辑。其次，分析业务背景中的具体问题进行归纳总结，并找出主要矛盾。最后，根据已有的知识、经验分析问题，确定绩效目标达成的衡量指标，从而验证问题产生的可能性假设。

（二）数据收集

数据收集是指采用合适的方法和工具收集相应的数据，以供分析问题所用。那么我们怎么样去获取分析所要收集的数据呢？主要包括两种方式，一是通过信息管理系统采集、上报数据、文件调查、深度访谈等方式获取内部数据；二是通过第三方发布、网络搜索、爬虫软件采集、成绩语言爬取等方式获取外部数据。

拓展阅读

从业务战略到大数据分析

案例 1：电商用户行为预测

在进行电商用户行为预测前，我们需弄懂电商业务目标是什么？团队如何为它们的成就作出贡献？大数据分析有何帮助？基于用户搜索行为、浏览行为、评论历史和个人资料等数据，互联网业务可以洞察消费者的整体需求，进而进行针对性的产品生产、改进和营销。如《纸牌屋》选择演员和剧情、百度基于用户喜好进行精准广告营销、阿里根据天猫用户特征承包生产线定制产品、亚马逊预测用户单击行为提前发货均是受益于互联网用户行为预测。

购买前的行为信息，可以深度地反映出潜在客户的购买心理和购买意向，在营销推荐时可以定向精准推送，提高购销效率，提升价值贡献。如客户 A 连续浏览了 5 款电视机，其中 4 款来自国内品牌 S，1 款来自国外品牌 T；4 款为 LED 技术，1 款为 LCD 技术；5 款的价格分别为 4599 元、5199 元、5499 元、5999 元、7999 元；这些行为某种程度上反映了客户 A 对品牌认可度及倾向性，如偏向国产品牌、中等价位的 LED 电视。而客户 B 连续浏览了 6 款电视机，其中 2 款是国外品牌 T，2 款是另一国外品牌 V，2 款是国产品牌 S；4 款为 LED 技术，2 款为 LCD 技术；6 款的价格分别是 5999 元、7999 元、8300 元、9200 元、9999 元、11050 元；类似地，这些行为某种程度上反映了客户 B 对品牌认可度及倾向性，如偏向国外品牌、高价位的 LED 电视等。

综上所述，电商行业数据分析先需要了解电商的商业环境及行业背景。

案例 2：H 公司人力资源管理难题

H 公司是一家专业从事快速消费品生产与销售的企业，产品品类丰富，深受广大消费者的喜爱。为了应对快速增长的老百姓的需要，实行快速扩张，公司单独成立专门的销售公司，采取分销代理的方式开展销售工作。目前，H 公司在全国设立了五个大区并设大区经理，大区内设省市区域，在区域内根据需要设置区域经理（下设业务代表），直接服务于代理商。随着新零售渠道的快速崛起，一方面，公司成立了独立的电子商务公司负责网络渠道的管理。另一方面，由于快速消费品行业竞争加剧，H 公司品牌受到较大冲击和影响。面临外部环境变化的挑战和内部组织建设的要求，H 公司需要转变原有的人力资源战略与行动策略，以满足未来业务发展对人力资源的需求。从公司发展的核心来看，各地区以城市经理为核心的销售团队是最为坚实的力量，城市经理是最为核心的人才。过去两年，城市经理的绩效出现了分化，有的地区业绩达成与成长情况并不理想。前期公司人力资源部门已经详细梳理了城市经理的岗位职责，主要包括业绩管理、市场管理、经销商管理、重点客户管理、促销活动管理、会议管理、人员管理、日常事务管理等八大职责。为了更好地了解与促进城市经理的发展，公司还专门邀请专业咨询公司构建了城市经理的胜任力模型。

近日，在一次公司级的战略会议上，小李作为H公司的数据分析师，他所带领的团队承担了一项任务：深入分析和研究城市经理目前的绩效状况，比较绩优与绩差城市经理的行为差异，探寻城市经理绩效差异的影响因素。通过大数据分析与挖掘的手段来分析城市经理发展面临的问题，并提出城市经理人才管理优化的措施和建议。人力资源管理各个模块中哪个问题可能是造成上述状况的原因？首先规定应用场景，罗列该场景常见问题，最终确定具体问题（见表2-1）。

表2-1　应用场景常见问题

应用场景	关键问题举例
人力资源规划	·下一年，H公司城市经理职位的人员需求是多少？
	·目前H公司内部有几位员工能够通过调配担任城市经理这一职务？
	·智联招聘网站、51job网站上，投递城市经理职位的求职者有多少？
招聘甄选	·上一年，H公司城市经理的非正常离职率是多少？
	·上一年，H公司城市经理的内部流动率是多少？
薪酬福利	·目前城市经理的薪酬是否具有内部公平性和外部公平性？
	·城市经理的薪酬水平、结构能否对任职者产生激励性？
	·城市经理的福利体系是否具有激励性？
绩效管理	·公司战略是如何逐层逐级分解至城市经理的？
	·城市经理下一年度的绩效目标是如何进行分解的？
	·上年度城市经理绩效成绩是如何进行应用的？
培训与开发	·上一年，城市经理的“管理沟通培训”效果如何？是否实现预期目标？
	·下一年，城市经理的培训与学习计划是如何制订的？
员工满意度	·城市经理对目前公司的管理机制、管理风格、制度建设、企业文化的满意度如何？受到哪些因素的影响？
	·城市经理对目前公司的奖惩制度满意吗？

（三）数据预处理

数据预处理是将收集的数据整理成能分析的相对统一的数据格式。我们从不同渠道收集的数据可能存在缺失值、异常值或格式不统一等情况，所以我们要对收集起来的数据进行处理，以提高数据分析的质量和效率。数据预处理常见的方法包括数据清理、数据集成、数据变换和数据规约。

其中，数据清理是最常见的方法，其原理是通过填写空缺的数值，平滑噪声数据，识别、删除孤立点，检测数据中存在的错误、重复和不一致，剔除或者改正它们以提高数据的质量。数据集成是指把多个数据源中的数据整合并存储到一个一致的数据库（如数据仓）中。数据集成主要包括数据的关联与数据的合并。数据变换是指将数据进行转换或归并，构成适合处理的规范化数据格式。数据规约是指从原有巨大数据集中获得一个精简的数据集，并使这一精简数据集保持原有数据集的完整性。

拓展阅读

什么是噪声数据

噪声数据是指在测量一个变量时测量值可能出现的相对于真实值的偏差或错误，这种数据会影响后续分析操作的正确性与效果。噪声数据主要包括错误数据、假数据和异常数据。其中，异常数据是指对数据分析结果有较大影响的离散数据。

（四）数据分析与挖掘

数据分析是指运用适当的统计分析方法对收集来的大量数据进行分析，提取有用信息、形成结论，并对数据加以详细研究和概括总结的过程。

数据挖掘是指从大量的数据中通过算法搜索隐藏于其中信息的过程。算法模型的构建指在基本数据分析的基础上，选择和开发数据分析算法，对数据进行建模提取有价值的信息，如机器学习算法、深度学习等。

数据可视化是指利用计算机图形学和图像处理技术，将数据转换为图形或图像在屏幕上显示出来，并利用其中未知信息进行各种交互处理的理论、方法和技术。数据分析与挖掘的结果一般通过可视化的方式呈现出来。

（五）分析报告的撰写

大数据分析报告包括标题、目录、前言、正文和分析结论五个部分。标题是指一份报告的文眼，它反映了全篇报告的主旨。目录体现了数据分析报告的逻辑关系和整体结构。前言包括报告的目的和背景，主要阐述现状或存在的问题，如需要解决什么问题，运用了什么分析思路，分析方法和模型，给出总结性的结论或者效果，给出数据来源。正文要求逻辑性强、层次结构清晰、分析结论明确等。需要进行可视化图形分析、挖掘分析等呈现正确解读的结论。分析结论主要是呈现数据分析的总体结果，对结果进行解释与说明，并提出合理建议或改善策略。

三、大数据分析方法论案例

（一）案例背景：“人员短缺”邮件沟通场景

2021年11月，TZ公司人力资源部吴刚经理收到研发部傅成经理发来的邮件。吴刚经理决定运用大数据分析五步法深入分析研发部人员短缺的原因，并提出解决方案。

（二）业务理解：提炼问题，分析人员短缺的可能原因

吴刚经理根据出现的人员短缺问题，列出可能产生的原因，主要包括编制缺少、离职人员多和招聘工作不到位等。

（三）数据收集：确定数据来源，在进行数据收集前，首先需明确分析指标

吴刚经理根据人员短缺可能存在的问题列出具体分析指标从而确定数据来源。

（四）数据预处理

吴刚经理发现，在收集到的数据里存在缺失值、异常值等。所以需要对数据中的缺失值、异常值进行数据清洗，同时对满意度数据进行降维、数据变换等处理，如图2-2所示。

离职人员信息处理:

离职月份	人员编码	姓名	性别	入职时间	岗位	职称	工作时长	工龄段	年龄	年龄限制	离职时间	绩效结果	基本工资	基本工资占比	全年总收入	离职主要原因
6 月	00021	1	男	2000-11-26	高级 java 开发工程师	高级	10.5	10 年及以上	33	25-35 岁	2017-4-20	S	20500	75%	450000	工资水平低
12 月	00022	2	男	2014-9-20	中级 java 开发工程师	中级	8.5	5-10 年	35	25-35 岁	2017-5-6	A	13500	75%	200000	工资水平低
3 月	00023	3	男	2000-11-26	中级 java 开发工程师	中级	7.5	5-10 年	27	25-35 岁	2017-8-24	A	13500	75%	200000	缺少系统学习
7 月	00024	4	男	2011-9-1	中级 java 开发工程师	中级	6.5	5-10 年	28	25-35 岁	2017-3-20	A	12500	75%	200000	没有晋升机会
6 月	00031	5	男	2014-6-25	中级 java 开发工程师	中级	6.5	5-10 年	29	25-35 岁	2017-8-30	B	12000	75%	200000	经验不够
8 月	00033	6	女	2012-7-30	中级 java 开发工程师	中级	6.5	5-10 年	30	25-35 岁	2017-4-10	A	13500	75%	200000	工资水平低
2 月	00042	7	男	2013-6-30	中级 java 开发工程师	[illegible]	[illegible]	[illegible]	32	25-35 岁	2017-9-29	A	13500	75%	200000	工资水平低
5 月	00045	8	男	2014-9-10	高级 java 开发工程师	[illegible]	缺失值	[illegible]	35	25-35 岁	2017-3-20	S	23500	75%	480000	没有晋升机会
6 月	00047	9	男	2014-9-20	中级 java 开发工程师	[illegible]	[illegible]	[illegible]	36	25-35 岁	2017-8-30	A	13500	75%	200000	工资水平低
7 月	00065	10	女	2014-8-5	中级 java 开发工程师	[illegible]	[illegible]	[illegible]	38	25-35 岁	2017-8-30	A	13500	75%	200000	工资水平低
8 月	00063	11	男	2016-4-5	中级 java 开发工程师	中级	6.5	5-10 年	37	25-35 岁	2017-5-6	A	13500	75%	200000	福利不够
9 月	00072	12	男	2013-6-20	高级 java 开发工程师	高级	8.5	5-10 年	25	25-35 岁	2017-4-20	A	22000	75%	465000	缺少系统学习
11 月	00025	13	男	2012-7-30	中级 java 开发工程师	中级	6.5	5-10 年	27	25-35 岁	2017-8-30	A	13500	75%	200000	缺少系统学习
10 月	00020	14	男	2012-7-30	中级 java 开发工程师	中级	6.5	5-10 年	[illegible]	[illegible]	[illegible]	B	13500	75%	200000	没有晋升机会
2 月	00049	15	男	2014-9-20	中级 java 开发工程师	中级	6.5	5-10 年	[illegible]	异常值	[illegible]	S	13500	75%	200000	没有晋升机会
1 月	00081	16	男	2014-9-10	中级 java 开发工程师	中级	6.5	5-10 年	[illegible]	[illegible]	[illegible]	A	13500	75%	200000	福利不够
12 月	00051	17	女	2014-8-5	高级 java 开发工程师	高级	8.5	5-10 年	36	25-35 岁	2017-8-30	B	22000	75%	480000	工资水平低
4 月	00067	18	男	2012-7-30	中级 java 开发工程师	中级	6.5	5-10 年	27	25-35 岁	2017-4-20	A	13500	75%	200000	工资水平低
7 月	00078	19	男	2014-9-20	中级 java 开发工程师	中级	6.5	5-10 年	25	25-35 岁	2017-3-20	A	13500	75%	200000	工资水平低

工作满意度结果处理:

问卷编码	工作条件和环境	管理方式	工作气氛和文化	获得的成就感	工作压力	工作内容	对与直属主管的配合度	同事间的相处方式	对个人目前的工资水平	福利水平	绩效考核制度	对公司培训与学习	对公司提供的晋升机会
wj014	1	2	5	4	1	4	3	2	4	5	4	2	4
wj015	5	5	4	2	5	2	3	5	2	3	2	2	2
wj016	5	4	3	3	5	2	3	5	3	4	4	2	4
wj017	6	2	[illegible]	[illegible]	[illegible]	2	4	6	3	3	4	1	3
wj018	4	4	重新编码	[illegible]	[illegible]	4	4	4	4	4	3	4	3
wj019	5	1	[illegible]	[illegible]	[illegible]	4	4	5	3	[illegible]	3	1	4
wj020	5	4	4	1	5	4	4	3	5	降维	4	4	3
wj021	1	1	2	3	1	4	5	3	4	[illegible]	3	3	3
wj022	5	3	5	3	5	5	3	5	3	5	5	3	3
wj023	5	5	3	2	5	4	3	5	4	4	5	2	4
wj024	5	5	5	5	4	[illegible]	[illegible]	4	3	3	5	2	4
wj025	4	3	0	5	3	异常值	[illegible]	0	3	3	6	3	1
wj026	4	3	5	4	3	[illegible]	[illegible]	5	3	3	3	1	0
wj027	5	5	3	3	5	5	5	5	4	5	5	1	4

图 2-2　数据的预处理

（五）数据分析与挖掘-可视化分析

吴刚经理通过新道分析云制作了招聘工作分析看板。通过看板可以看出目前正式员工编制数量为 90 人，月末在岗人数为 73 人，缺编率为 18.9%。同时，看板也反映出了 1—10 月人员异动情况、简历筛选合格率、面试邀约成功率以及招聘完成率等情况。

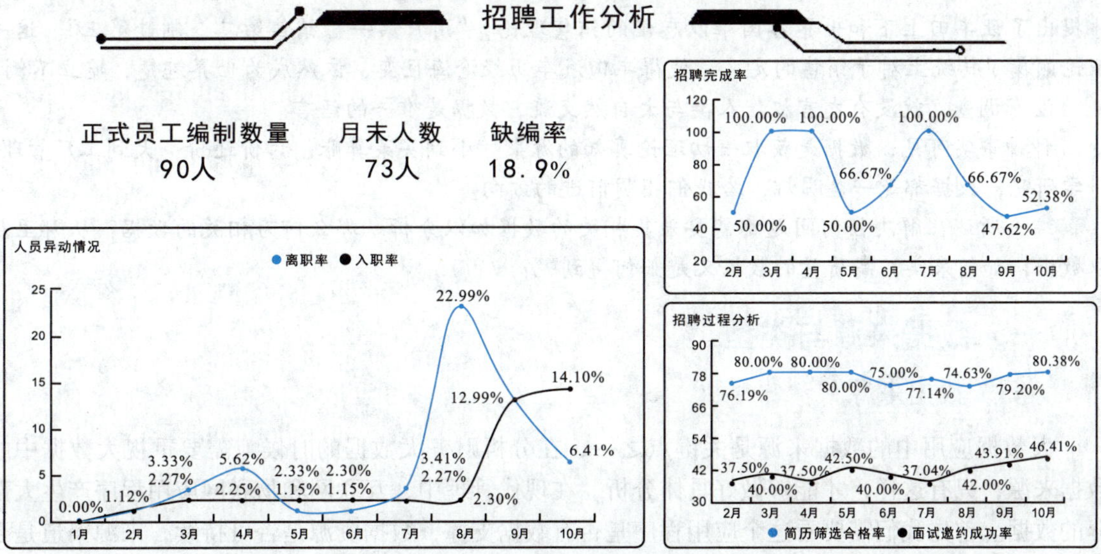

图 2-3　招聘工作分析看板

如图 2-3 所示，吴刚经理得出如下结论：

1. 正式员工缺编率已高达 18.9%；

2. 8 月达到高峰，比例为 23%，与往期相比大幅提升；

3. 多月离职率高于入职率。

在此基础上进行多层次深入分析发现，离职的原因还包括培训次数少，平均每年不到 2 次，员工能力提升机会少；与市场对标，3 ～ 5 年、5 ～ 10 年工作经验离职人员薪酬低于市场平均水平。

（六）报告撰写：汇总可视化分析，得出主要结论，提出管理优化建议

通过以上分析，吴刚经理给出以下建议：一是对标市场薪酬水平，针对中级具有 3 ～ 5 年、5 ～ 10 年工作经验的核心人才进行定向调薪；二是增加更多专业类前沿领域培训课程的学习次数，年人均 4 次以上；三是加大人员招聘力度，及时响应研发部门的需求，年底前人员缺编率控制在 10% 以内；四是提高招聘效率，人员到岗率提高到 90% 以上。

第二节　数据收集

案例导入

美国人认为除了上帝，其他任何人都必须用数据说话。当有人向乔布斯汇报使用 Flash 软件会使 iPhone 手机耗电量大增时，乔布斯说："给我数据。"微软公司创始人比尔·盖茨也曾说过："没有科学、量化的目标，微软离破产永远只有 18 个月！"

日本人则更为注重数据，他们认为数据就是情报。日本官方每年根据各种需要派出专门从事情报收集的人员有近万人次，各大企业、公司和九大商社派驻海外的 1000 多个办事处的一项重要使命就是收集经济与技术情报。正是由于重视调查、收集信息，丰田公司销售部主任神谷正太郎才提出了让丰田上下和世界各国难以忘记的销售理论，"用户第一、销售第二、制造第三"。这一理论颠覆了传统上对于销售的定义，使得丰田汽车历经沧海巨变，依然成为世界翘楚，屹立不倒。

没有调查，就没有发言权。人类与大自然交流，数据是唯一的语言。

种种事实可见，数据是获取一切理论真知的源泉。小到买菜算账、讨价还价，大到工厂管理、科学研究，数据都是一盏明灯，给我们指明前进的方向。

综上所述，解决任何问题都需要采集相关的数据加以分析。那么何为相关的数据？从哪里获取数据，如何采集？高质量的数据又是如何得到呢？

一、数据来源与类型

（一）数据来源

大数据应用中的数据来源是关键点之一，在分析财务大数据的时候，需要重视大数据中的数据来源，只有这样，才能够做好具体分析。在现代管理中，互联网和物联网应用程序产生大部分的数据。首先我们需要看这个应用程序是否有数据支撑，数据资源是否可持续，来源渠道是否

可控，数据安全和隐私保护方面是否有隐患。然后要看这个应用程序的数据资源质量如何，是好数据还是坏数据，能否保障这个应用程序的实效。

按照数据的来源，我们可以把数据分为内部数据和外部数据。

1. 内部数据

内部数据是指企业自身日常经营管理中收集、整理的数据，主要包括企业信息管理系统数据、IoT系统数据、各类上报数据及调查数据等。

其中，企业信息管理系统数据主要来自ERP、CRM、DHR、财务系统、营销系统等。loT系统数据主要来自设备传感器、视频监控系统、可穿戴设备、智能仪表、人脸识别等。上报数据主要来自定期/不定期报表、各种报告等。调查数据主要来自在线调查、访谈等。

随着企业自动化设备的大量启用，机器和传感器会产生越来越多的数据。内部数据具有较好的可控性，数据质量一般也有保证，但数据覆盖范围有限，需要借助其他资源渠道。

2. 外部数据

外部数据是指来源于企业外部的数据，如互联网系统数据、政府部门数据、第三方发布数据及社交数据等。

其中，互联网系统数据主要来自搜索引擎、电商、资讯、行业网站等。政府部门数据主要来自行政部门、行业主管部门监管系统等。第三方发布数据主要来自咨询公司、调查公司等。社交数据主要来自微信、微博、QQ、邮箱、OA即时通讯等。

尽管上面列举了大量的数据来源，但要满足具体企业或机构的需求，仍面临一些困难。采集合适的大数据，是数据分析合理有效的前提，数据的来源有很多种渠道，要不断实践、勇于尝试，才能发掘出满足业务需求的数据来源，同时，单是获得数据还不够，大部分情况下还需要获得相关细节数据，如对数据的说明、数据产生背景以及其他能帮助理解的数据，如果没有这些细节，对数据的正确解读可能就会有困难。

（二）数据结构类型

在实际应用中，我们会碰到各种各样数据格式的数据库，如RDBMS关系型数据库（MicrosoftSQL Server、Oracle、MySQL等）NoSQL 非关系型数据库（MangoDB、Cassandra、CouchDB Redis、Hadoop HBase 等），以及其他不同类型数据库。大数据是一个数据集合，按照其数据组织方式的不同，我们一般将其分为结构化数据、半结构化数据和非结构化数据三类。

1. 结构化数据

结构化数据，也称作行数据，是指能够用统一的设计结构予以存储的数据，如数值、符号等。任何可以以固定格式存储、访问和处理的数据都称为结构化数据。

2. 非结构化数据

非结构化数据是指字段长度可变，每个字段的记录又可以由可重复或不可重复的子字段构成的数据库，如全文文本、图像、声音、网页、视频等信息。

处理非结构化数据的核心方法是对数据进行分类，按照数据行为（或属性主体）分成静态数据和动态数据，分别进行处理，静动分离、动静结合：通过多表关联，让静态数据单独成表，动态数据单独成表并动态更新数据条目。

3. 半结构化数据

半结构化数据是指介于结构化数据和非结构化数据之间的数据，如 XML、HTML 文档等，数据结构和内容混在一起，没有明显区分。

拓展阅读

企业管理相关数据类型

基于内容的数据：从内容上看，主要研究个体和组织在使用相关技术过程中留下的信息，包括文本、图像以及视频等形式的数据。

基于关系的数据：从关系上看，主要研究组织内外部关系，包括共同背景、共同行为的数据。

基于用户行为的数据：从用户行为上看，个体和组织在使用相关技术过程中会留下一系列的操作信息，包括单击、浏览、行为频率、行为时长等数据。

二、数据收集途径与方法

数据收集是数据分析项目的第一个步骤。在数据分析的道路上，数据采集是重中之重。采集的数据质量直接决定了后续的分析是否正确。常见的数据收集途径与方法有网络爬取、数据调用、网络搜索及调查数据。

（一）网络爬取

网络爬虫（又称为网页蜘蛛、网络机器人、网页追逐者），是利用程序语言或数据采集器对特定网站、数据类型进行爬取，提取新的 URL 并记录下每个已经爬行过的 URL，如此往复，直到 URL 队列为空或满足设定的终止条件为止，最终达到遍历 Web 的目的。如 Python 爬取、后羿采集器爬取等。

在数据经济环境下，大数据的使用变得越发重要。大数据整合了各种类型的数据，包括用户数据、竞争数据、线上数据、线下数据等，如何去采集和分析这些数据也成了企业当下务必解决的问题！下面简单介绍 12 款大数据采集工具（见表 2–2）。

表 2–2　12 款大数据采集工具

工具名称	简介	界面
Connotate	Connotate 是大规模可扩展 Web 内容提取的市场领导者，可以帮助信息服务提供商和其他以数据为中心的公司显著提高内容收集能力，降低内容提取的持续成本	
火车采集器	火车采集器软件是一款网页抓取工具，是用于网站信息采集、网站信息抓取，包括图片、文字等信息采集处理发布强大的数据收集工具	
探码 Dyson 数据采集系统	探码 Dyson 数据采集系统，是国内最早做定制化数据采集的，是私有定制化数据采集服务的领先品牌，团队主要为政府、新闻交通、公安以及大型行业单位提供采集定制化服务，数据分发、分布式采集集群等	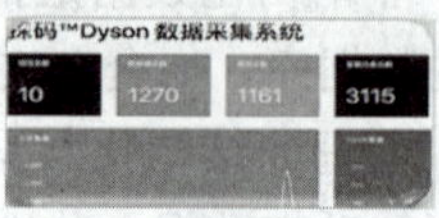

续表

工具名称	简介	界面
后羿采集器	后羿采集器号称由前谷歌搜索技术团队基于人工智能技术研发的新一代网页采集软件，但该软件功能较强大，操作也很简单	
八爪鱼采集器	八爪鱼数据采集系统以完全自主研发的分布式云计算平台为核心，可以在很短的时间内，轻松从各种不同的网站或者网页获取大量的规范化数据，降低获取信息的成本，提高效率	
爬山虎采集器	爬山虎采集器是一款简单易用的网页数据采集工具，免费网页爬虫软件	
mozenda	mozenda 自 2007 年以来爬取成功了 70 亿个网页，受到全球数千名客户的信赖。拥有卓越的客户管理和客户支持功能	
造数	造数提供了私有定制化的服务，利用自研的可视化的操作界面，能快速配置获取采集数据	
集搜客	GooSeeker 网络爬虫软件是一款免费网页抓取软件，抓取网页上的数据，生成 Excel 表格，用于行业研究、市场分析、电商竞争分析，抓取商品价格和图片	
Extracty	Extracty 可在几分钟内创建动态 Web scraper。从任何网站提取数据。以干净的 JSON 获取最新的在线信息	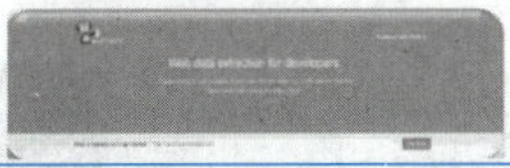
神箭手采集平台	神箭手云是一个大数据应用开发平台，为开发者提供成套的数据采集、数据分析、机器学习开发工具，为企业提供专业化的数据抓取、数据实时监控和数据分析服务	
网络矿工采集器	网络矿工数据采集软件是一款强大的专业数据采集器，通过用户自定义配置，可快捷地将网页数据结构化存储到本地，并可输出到数据库、发布到网站	

（二）数据调用

数据调用是指企业信息管理系统数据调用和其他数据库数据调用外部采购数据调用。以用友数字化管理系统为例，通过构建IUAP云平台和云市场，将企业的财务服务、税务服务、人力服务、金融服务、采购服务、营销服务、协同服务等数据上传至共享中心，从而实现数据在企业内部的调用与共享，如图 2-4 所示。

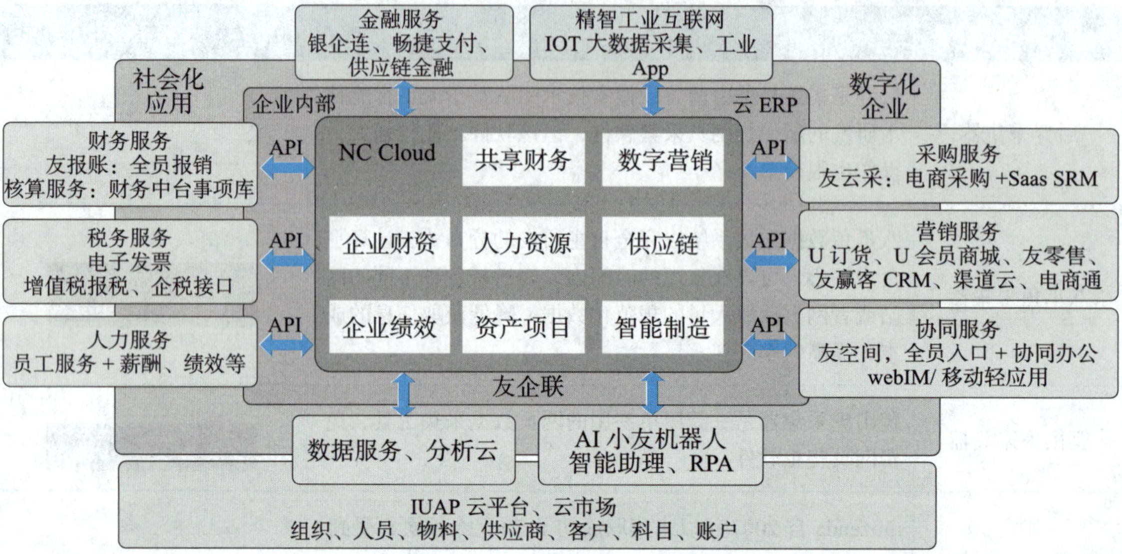

图 2-4 用友数字化管理系统

（三）网络搜索

网络搜索是指社交网络数据搜索和专业网站如电商网站、证交所等数据搜索。以人力市场大数据为例，我们可以通过搜索引擎、专业网站、社交网络及政府公共服务平台等实现人才市场的数据收集，如图 2-5 所示。

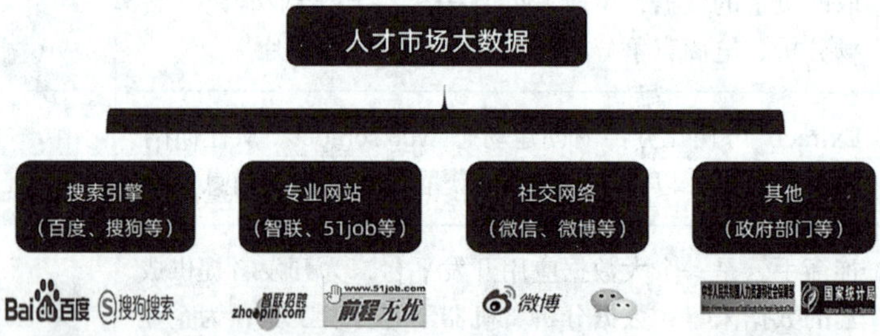

图 2-5 人才市场大数据搜索

（四）调查数据

调查数据包括邮寄调查、个别深度访问、电话调查、座谈会和访问调查等方式。邮寄调查是指通过邮寄或其他方式将调查问卷送至被调查者，由被调查者填写并将问卷寄回或投放到指定收集点的一种调查方法。个别深度访问是指一次只有一名受访者参加的特殊的定性研究。电话调查是指调查员利用电话同受访者进行语言交流，从而获得信息的一种调查方法。座谈会是指将一组受访者集中在调查现场让他们对调查主题发表意见，从而获取资料的一种方法。访问调查是指调查者与被调查者通过面对面的交谈从而得到所需资料的调查方法。其他方式如问卷星，基于网络散发问卷以获取数据。

第三节 数据预处理

一、数据质量

通过各个渠道收集到的数据可能会存在重复、错误或残缺等问题。我们需要对相关数据进行处理，从而得到标准的、连续性的数据，以提高数据分析的质量和效率。

（一）数据分类

数据处理技术相对比较成熟的是数值型数据的处理。数据一般可分为定类数据、定序数据、定距数据和定比数据四类。

1. 定类数据

定类数据，也称定性数据，用于标识数据所描述的主体对象的类别或者属性、名称，如人名、事物名等。定类数据只能进行唯一运算——计数，即计算每种数据类型的频数或频率（比重）。例如，将性别分为男性和女性，进行数量化后可用“1”“2”表示，这些代号无顺序、大小之分，排序无关紧要，不能进行数学运算，但可以计数。

2. 定序数据

定序数据，也称序列数据，用于对事物所具有的属性顺序进行描述，可以用数字或序号进行排序和比较。定序数据不但具有定类数据的特点，还使数据具有某种意义的等级差异，形成一种确定的排序。例如，将部门分为一级部门、二级部门、三级部门，学历分为研究生、本科、大专和大专以下。

3. 定距数据

定距数据，也称间距数据，指具有绝对零点的数据。定距数据有标准距离差异度量，可将事物分为不同类型并进行排序，同时可测定间距大小、标明强弱程度，还可以进行加减法等数学运算。“0”不代表不存在、没有，如时间点、温度等，温度的 0 度由人为指定。例如，温度 20℃比 10℃高 10℃，30℃比 20℃高 10℃。

4. 定比数据

定比数据，也称比率数据，用于描述事物的大小、多少、长短等，可以进行加减乘除数学运算。与定距数据的区别是，定比数据有一个自然确定的非任意的零点，即在数值序列中，零值有实质意义，如时间差。

其中，定类数据和定序数据是对事物属性的策略，我们称之为定性数据；而定距数据和定比数据是对事物定量的测量，我们称之为定量数据。定量或者定性的数据可以做一定的转换，比如定类数据中的性别男女可以通过数据转换为定量数据的“1”或者“2”表示。

（二）数据质量的衡量指标

数据的质量直接影响着数据的价值，并且影响着数据分析的结果以及我们依此作出的决策的质量。质量不高的数据不仅是数据本身的问题，还会影响企业的经营管理决策；数据错误还不如没有数据，因为没有数据时，我们会基于经验和常识作出不见得是错误的决策，而错误的数据会引导我们作出错误的决策。因此数据质量是治理企业经营管理数据的关键所在。

根据国家质量数据分类标准，数据的质量可以从八个指标进行衡量，每个指标都从侧面反映了数据的品相。这八个指标分别是：准确性、关联性、精确性、即时性、及时性、全面性、完整性和真实性。

1. 准确性

数据的准确性（Accuracy）是指数据的采集值或者观测值与真实值之间的接近程度，也叫误差值，误差值越大，数据的准确度越低。数据的准确性由数据的采集方法决定。

2. 关联性

数据的关联性是指各个数据集之间的关联关系。例如，员工工资数据和员工绩效考核数据是通过员工关联在一起来的，而且绩效数据直接关系到工资的多少。采购订单数据与生产订单数据之间通过物料的追溯机制进行关联，而生产订单又是由员工完成的，即通过员工作业数据与员工信息数据关联起来。

企业大数据中，每个数据集都是相互关联的，有的是直接关联的，如员工工资数据和员工绩效数据，有的是间接关联的，如物料采购订单数据与员工工资数据。这些数据的关联关系是由公司的资源，包括人、财、物和信息等连接起来的。如果有任何的数据集不能连接到其他的数据集，就会存在数据割裂或者数据孤岛。数据割裂和数据孤岛是企业数据关联性不足导致的。而数据的关联性直接影响企业数据集的价值。

3. 精确性

数据的精确性（Precision）是指对同一对象在重复测量时所得到的不同观测数据之间的接近程度。精确性与数据采集的精度有关系。精度越高，要求数据采集的粒度越细，误差的容忍程度也越低。例如，在测量人的身高时，可以精确到厘米，多次测量的误差只会在厘米级别；在测量北京到上海的距离时，可以精确到千米，多次测量结果之间的误差会在千米级别；用游标卡尺测量一个零件的厚度时，可以精确到 1/50 毫米，多次测量结果之间的误差也只会在 1/50 毫米级别。因此可以说采用的测量方法和手段直接影响着数据的精确性。

4. 即时性

数据的即时性是指数据采集时间节点和数据传输的时间节点，一个数据在数据源头采集后立即存储并立即加工呈现，就是即时数据，而经过一段时间之后再传输到信息系统中，数据的即时性就稍差。例如，一个生产设备的仪表即时反映着设备的温度、电压、电流、气压等数据，这些数据生成数据流，随时监控设备的运行状况，这个数据可以看作即时数据。而当将设备的即时运行数据存储下来，用来分析设备的运行状况与设备寿命的关系时，这些数据就成了历史数据。

5. 及时性

数据的及时性（In-time）是指数据能否在需要的时候得到保证。例如，公司在月初会对上个月的经营和管理数据进行统计和汇总，此时的数据及时性是指这些数据能否及时处理完成，财务能否在月度关账后及时核算。数据的及时性是数据分析和挖掘及时性的保障。如果公司的财务核算复杂，核算速度缓慢，上个月的数据在月中才能统计汇总完成，等需要调整财务策略的时候，已经到月底了，一个月已经快过完了，特别是当公司做大了之后，业务覆盖多个市场、多个国家，数据不能及时汇总，则会影响高层决策的及时程度。

数据的及时性与企业的数据处理速度及效率有直接的关系，为了提高数据的及时性，越来越多的公司采用管理信息系统，并在管理信息系统中附加各种自动数据处理功能，在数据上传到系统中之后自动完成绝大部分报表，从而提高了数据处理的效率。计算机自动处理中间层数据是提高企业数据处理效率的有效手段。

企业除要保证数据采集的及时性和数据处理的效率外，还需要从制度和流程上保证数据传输的及时性。数据报表制作完成后，要及时或者在要求的时间范围内发送到指定的部门，或者上传到指定的存储空间中。

6. 全面性

数据的全面性和完整性不同，完整性衡量的是应采集的数据和实际采集到的数据的差异，而数据全面性指的是数据采集点的遗漏情况。例如，我们要采集员工行为数据，而只采集了员工上班打卡和下班打卡的数据，上班时间员工的行为数据并未采集，或者没有找到合适的方法来采集，那么这个数据采集就是不全面的。再如，我们记录一个客户的交易数据，如果只采集了客户订单中的产品、订单中产品的价格和数量，而没有采集客户的收货地址、采购时间，则这个数据采集就是不全面的。腾讯QQ和微信的用户数据记录了客户的交流沟通数据；阿里巴巴和京东的用户数据记录了用户的购买交易数据；百度地图记录了用户的出行数据；大众点评和美团记录了客户的餐饮娱乐数据。对全面描述一个人的生活来说，这些公司的数据都是不全面的，而如果把它们的数据整合起来，则会形成更加全面的数据。所以说，数据的全面性是一个相对的概念，过度追求数据的全面性是不现实的。

7. 完整性

数据的完整性是指数据采集的程度，即应采集的数据和实际采集到的数据之间的比例。例如在采集员工信息数据时，要求填写姓名、出生日期、性别、民族、籍贯、身高、血型、婚姻状况、最高学历、最高学历专业、最高学历毕业院校、最高学历毕业时间共 12 项信息，而某个员工仅仅填写了部分信息，如只填写了其中的 5 项，则该员工所填写数据的完整性只有一半。

一家企业中的数据的完整性体现着这家企业对数据的重视程度。要求采集的数据而实际上并未完整采集，就是不完整的数据，这往往是企业对数据采集质量要求不到位导致的。

另外，对于动态数据，可以从时间轴去衡量数据的完整性。比如，企业要求每小时采集一次数据，每天应该形成 24 个数据点，记录为 24 条数据，但是如果只记录了 20 次，那么这个数据也是不完整的。

8. 真实性

数据的真实性，也叫数据的正确性（Rightness）。数据的真实性取决于数据采集过程的可控程度。数据采集过程可控程度高，可追溯情况好，数据的真实性就容易得到保障，而可控程度低或者无法追溯，数据的真实性就难以保证。为了提高数据的真实性，采用无人进行过程干涉的智能终端直接采集数据，能够更好地保证所采集的数据的真实性，减少人为干预，减少数据造假，从而让数据更加正确地反映客观事物。

常规来讲，内部数据集的准确性、真实性、完整性高，而全面性、及时性、即时性、精确性和关联性方面取决于企业内部对数据的重视程度以及采集数据的技术手段；外部数据集，如微博数据、互联网媒体数据等，其全面性、及时性和即时性都可以通过技术手段如网络爬虫等得到提高，但在准确性、真实性、精确性上难以保证，也难以控制，而关联性取决于数据采集和挖掘的相关技术。

（三）数据处理常见类型

1. 脏数据

脏数据（Dirty Read）是指源系统中的数据不在给定的范围内或对于实际业务毫无意义，或是数据格式非法，以及在源系统中存在不规范的编码和含糊的业务逻辑。主要包括数据中地名、人名、日期等不规范；由于信息的更新变化、数据源不同、命名规则不同、录入等产生的数据不一致；数据记录出现数据值的丢失或不确定或重复；录入字段的理解、标准不统一，如质量标准的判定等。

2. 噪声数据

噪声数据是指数据中存在着错误或异常（偏离期望值）的数据，这些数据对数据的分析造成了干扰。引起噪声数据的原因可能是硬件故障、编程错误、语音或光学字符识别（OCR）程序出错等。

3. 数据杂质

数据杂质是指数据集中出现了与数据记录本身无关的数据，如问卷调查系统中的测试数据。

（四）数据问题产生的原因

数据问题产生的原因主要包括三类，分别是不完整数据、不正确数据和不一致数据。

1. 不完整数据

不完整数据主要是在数据收集时，缺乏合适的值或者数据收集和数据分析时考虑的因素不同抑或人为、硬件软件所致。

2. 不正确数据

不正确数据主要是由于数据收集工具的问题导致的数据录入时产生的错误，或是由于人为/计算机错误所致数据传输中产生的错误。

3. 不一致数据

不一致数据主要是由于数据源不同所致或者是所依据的函数不同所致产生的数据问题。

二、数据预处理方法

数据预处理的目的是让数据规范化，以便数据处理软件和数据模型分析使用。没有高质量的数据，就没有高质量的分析与挖掘结果，高质量的决策必须依赖高质量的数据。数据预处理的方法主要包括数据清洗、数据集成、数据变换和数据归约。数据预处理的总体框架，如图 2-6 所示。

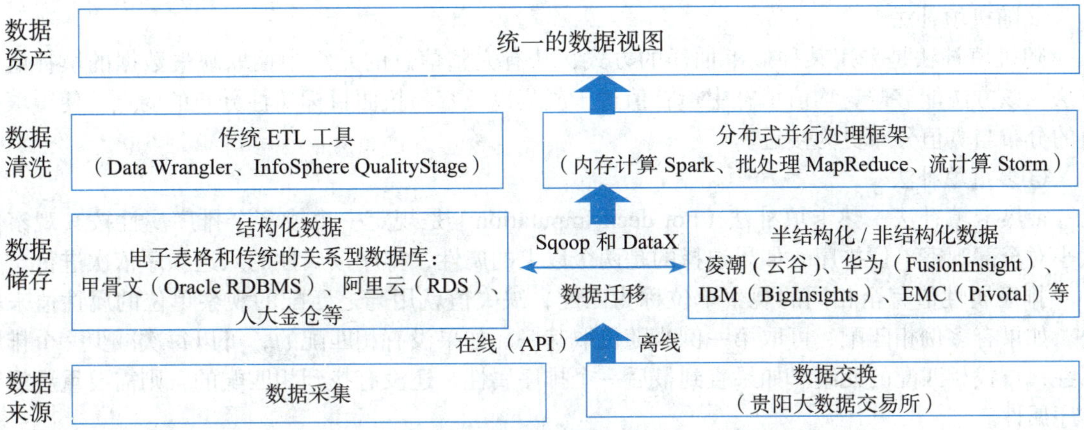

图 2-6　数据预处理的总体框架

（一）数据清洗

数据清洗是对数据进行重新审查和校验的过程，目的在于删除重复信息、纠正存在的错误，并提高数据一致性。简言之，数据清洗就是填写空缺的数值，平滑噪声数据，识别、删除孤立点，解决不一致性。数据清洗包括缺失值处理和噪声数据处理和不一致数据处理。

1. 缺失值处理

缺失值是数据清洗中比较常见的问题，常见的处理方法如下：

（1）确定缺失值范围。对每个字段都计算其缺失值比例，然后按照缺失值比例和字段重要性，分别制定策略。

（2）去除不需要的字段。不需要的字段直接删掉即可，但强烈建议每做一步清洗都备份一下，或者在小规模数据上试验成功后再处理全量数据，不然删错了会追悔莫及。

（3）填充缺失内容。以业务知识或经验推测填充缺失值；以同一指标的计算结果（均值、中位数、众数等）填充缺失值；以不同指标的计算结果填充缺失值。如年龄字段缺失，但有屏蔽后六位的身份证号可进行填充。

（4）重新取数。如果某些指标非常重要且缺失率高，那就需要确定是否有其他渠道可以取到相关数据。

缺失值其他处理方法有如下：

（1）直接剔除记录法

直接丢弃含缺失数据的记录，是最常见、最简单的处理缺失数据的方法，也是很多统计软件默认的缺失值处理方法。缺失值所占比例较小时此方法很有效。

减少样本量来换取信息的完备，会造成资源的浪费，丢弃了隐藏信息，可能导致数据发生偏离得出错误结论。

（2）缺失值填补

①单一填补法

a. 均值 / 中位数 / 众数填补法。若数值型变量呈现正态分布则选择均值填充中位数；若是偏态分布，则选择中位数填充众数；如果不是数值型变量，则选择众数填充。

b. K- 最近距离邻居法。先根据欧式距离或相关分析来确定距离具有缺失数据样本最近的 K 个样本，将这 K 个值加权平均来估计该样本的缺失数据。

②随机填补法

随机填补法是采用某种概率抽样的方式，从有完整信息的元组中抽取缺失数据的填补值的方法。该方法能够避免均值填补中填补值过于凝集以及容易扭曲目标属性分布的弱点，使得填补值的分布与真值分布更为接近。

③多重填补法

a.热卡填补法。热卡填补法（hot deck imputation）是规定一个或多个排序属性按其观察值大小对全部观察单位排序，如果选择的是两个以上的属性，排序按属性的入选顺序依次进行。

排序属性值完全相同的观察单位称为匹配，缺失值就用与之匹配的观察单位的属性值来填补。如果有多例相匹配，可取第一例或随机取其一。如果没有相匹配的，可以每次减少一个排序属性，再找相匹配的元组。如果直到最后一个排序属性，还没有找到相匹配的，则需要重新规定排序属性。

匹配时，可根据不同问题选用不同的标准来对相似进行判定。最常见的是使用相关系数矩阵来确定某个变量（如变量Y）与缺失值所在变量（如变量X）最相关。然后把所有变量按Y的取值大小进行排序。那么变量X的缺失值就可以用排在缺失值前的个案的数据来代替。

b.回归填补法。在现有观察值基础上，以含有缺失值的目标属性为因变量，以与目标属性相关性高的其他属性为自变量，建立最小二乘回归模型或判别模型，以估计缺失值。

c.多重替代法。由Rubin等人于1987年建立起来的作为简单估算的改进方法。首先，用一系列可能的值来替换每一个缺失值，以反映被替换的缺失数据的不确定性。其次，用标准的统计分析过程对多次替换后产生的若干个数据集进行分析。最后，把来自各个数据集的统计结果进行综合，得到总体参数的估计值。

2.噪声数据处理

噪声数据处理步骤如下：第一步，分箱。即排序数据，并将它们分到等深的箱中，然后可以按箱的平均值平滑、按箱中值平滑、按箱的边界平滑等。第二步，聚类。即按规则聚类，监测并去除孤立点。第三步，回归。通过让数据适应回归函数来平滑数据，例如，借助线性回归方法，包括多变量回归方法，就可以获得多个变量之间的拟合关系，从而达到利用一个（或一组）变量值来预测另一个变量取值的目的。利用回归分析方法所获得的拟合函数能够帮助平滑数据及除去其中的噪声。第四步，计算机与人工检查结合。计算机检测可疑数据，然后对它们进行人工判断，例如，利用基于信息论的方法可帮助识别手写符号库中的异常模式，所识别出的异常模式可输出到一个列表中，然后由人对这一列表中的各异常模式进行检查，并最终确认无用的模式（真正异常的模式）。这种人机结合检查方法比手工方法的手写符号库检查效率要高许多。

噪声数据处理的主要方法如下：

（1）分箱平滑去噪

对分箱（Bin）的划分方法一般有两种，一种是等高方法，即每个Bin中的元素的个数相等，另一种是等宽方法，即每个Bin的取值间距（左右边界之差）相同。例如我们利用Bin平滑去噪（见图2-7），需要处理的一组数据为21，24，28，34，4，8，15，21，25。首先对价格数据进行排序：4，8，15，21，21，24，25，28，34；然后，将其划分为若干等高度的Bin，即每个Bin包含3个数值

Bin1：4，8，15

Bin2：21，21，24

Bin3：25，28，34

最后，既可以利用每个 Bin 的均值进行平滑，也可以利用每个 Bin 的边界进行平滑。如利用均值进行平滑时，第一个 Bin 中 4，8，15 均用该 Bin的均值 9 替换；利用边界进行平滑时，对于给定的 Bin，其最大值与最小值就构成了该 Bin 的边界；利用每个 Bin 的边界值（最大值或最小值）可替换该 Bin 中的所有值，如最小值 4，21，25 分别为Bin1、Bin2、Bin3 的箱边界平滑值。一般来说，每个 Bin 的宽度越宽，其平滑效果越明显，如图 2-7 所示。

排序后价格：4，8，15，21，21，24，25，28，34

- 划分为等高度 Bin：
  —Binl：4，8，15
  —Bin2：21，21，24
  —Bin3：25，28，34

15	24	34
8	21	28
4	21	25

- 根据 Bin 均值进行平滑：
  —Binl：9，9，9
  —Bin2：22，22，22
  —Bin3：29，29，29

9	22	29
9	22	29
9	22	29

- 根据 Bin 边界进行平滑：
  —Binl：4，4，15
  —Bin2：21，21，24
  —Bin3：25，25，34

15	24	34
4	21	25
4	21	25

图 2-7 利用 Bin 平滑去噪

（2）聚类去噪

聚类去噪是指将物理或抽象对象的集合分组为由类似的对象组成的多个类。找出并清除那些落在簇之外的值（孤立点），这些孤立点被视为噪声。通过聚类分析方法可帮助发现异常数据。相似或相邻近的数据聚合在一起形成了各个聚类集合，而那些位于这些聚类集合之外的数据对象，自然而然就被认为是异常数据，如图 2-8 所示。

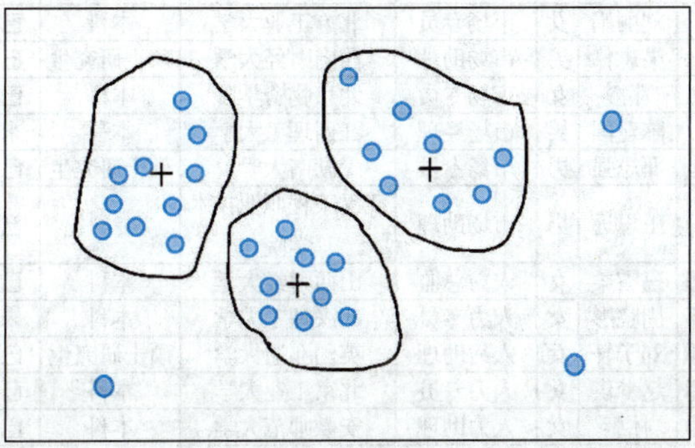

图 2-8 基于聚类分析方法的异常数据监测

（3）回归去噪

利用线性回归包括多元回归方法，获得多个变量之间的拟合函数关系来预测另一个变量的取值。包括线性回归和非线性回归。

3. 不一致数据处理

（1）去重。筛选、去掉重复的数据。

（2）去除不合理值。如年龄 200 岁，年收入 100000 万元，直接删掉数据，或按缺失值处理。

（3）修正不一致数据。利用关联验证进行修正。数据录入错误一般通过与原稿进行对比加以纠正；另外使用编码规范发现违反数据约束条件的情况。

（4）关联性验证。同一属性在不同数据库中的取名不规范，在进行数据集成时统一规范已有数据进行关联验证，如身份证号 1101031980××××××××，年龄 18 岁。需要根据字段的数据来源，判定哪个字段提供的信息更为可靠，去除或修正不可靠的字段。例如，上市公司长亮科技年报中员工人数有不同统计口径的 4215 人及 4125 人，通过专业人员构成、学历统计等口径的验证在人员数量上应取值 4125 人。

（二）数据集成

数据集成就是将多个数据源中的数据集成起来，能够减少或避免结果数据中的冗余与不一致性，从而提高挖掘的速度和质量。

我们这里主要讲解狭义的数据集成，也就是指将多份数据合并成数据集的过程和方法。数据集成最常见的两种方法是：数据关联与数据合并。以用友分析云数据集成为例，我们可以将人员基本信息与绩效考核结果信息按“姓名”字段进行关联集成，生成需要的新数据库表，如图 2-9 所示。

表 1- 人员基本信息表

序号	人员编号	一级部门	二级部门	姓名	性别	岗位	毕业学校	最高学历	婚姻状况
1	TZ00382	职能中心	总裁办	郭保静	女	总裁	北京航空航天大学	本科	已婚
2	TZ00383	职能中心	总裁办	吴赫	男	高级副总裁	中国人民大学	硕士研究生	已婚
3	TZ00384	职能中心	总裁办	黄飞驰	男	副总裁	西安电子科技大学	硕士研究生	已婚
4	TZ00385	职能中心	总裁办	钱吉	男	副总裁	南京大学	博士研究生	已婚
5	TZ00386	职能中心	市场部	高志强	男	市场总监	北京理工大学	硕士研究生	已婚
6	TZ00387	职能中心	市场部	谢文博	男	市场专员	四川农业大学	本科	已婚
7	TZ00388	职能中心	市场部	郭子豪	男	市场经理	宜州商学院	本科	已婚
8	TZ00389	职能中心	市场部	刘丽娟	女	市场专员	北方工业大学	本科	已婚
9	TZ00390	职能中心	市场部	吴志伟	男	市场助理	西南财经大学	硕士研究生	已婚
10	TZ00391	职能中心	市场部	邓霞	女	市场专员	北京物资学院	本科	已婚
11	TZ00392	职能中心	市场部	陈建国	男	市场经理	江西理工大学	本科	未婚
12	TZ00393	职能中心	市场部	邓志强	男	市场专员	湖南大学	硕士研究生	已婚
13	TZ00394	职能中心	市场部	王思远	男	市场助理	武汉工程职业技术学院	专科	已婚
14	TZ00395	职能中心	人力资源部	冯雪柔	女	人力总监	山西财经大学	本科	已婚
15	TZ00396	职能中心	人力资源部	周晓彤	女	人力专员	武汉理工大学	本科	未婚
16	TZ00397	职能中心	人力资源部	刘子轩	女	人力助理	英国邓迪大学	硕士研究生	已婚
17	TZ00398	职能中心	人力资源部	赵梦琪	女	人力专员	北京工业大学	本科	已婚
18	TZ00399	职能中心	人力资源部	林燕	女	人力助理	安徽师范大学	本科	已婚

表 2- 绩效考核结果表

姓名	2022 年绩效考核结果
郭保静	B
吴赫	B
黄飞驰	B
钱吉	A
高志强	A
谢文博	B
郭子豪	B
刘田娟	B
吴志伟	B
邓霞	A
陈建国	C
邓志强	B
王思远	B
冯雪柔	B
周晓彤	B
刘子轩	A
赵梦琪	B
林燕	C

图 2-9　数据集成示例

（三）数据变换

数据变换指将数据进行转换或归并，从而构成一个适合数据处理的描述形式。数据变换的主要处理方法有：

1. 平滑处理

平滑处理能帮助除去数据中的噪声，主要技术方法有分箱（Bin）方法、聚类方法和回归方法。

2. 合计处理

合计处理是对数据进行总结或合计操作。例如，每天的数据经过合计操作可以获得每月或每年的总额。这一操作常用于构造数据立方或对数据进行多粒度的分析。

3. 数据泛化处理

数据泛化处理是用更抽象（更高层次）的概念来取代低层次或数据层的数据对象。例如，街道属性可以泛化到更高层次的概念，如城市、国家；数值型的属性如年龄属性，可以映射到更高层次的概念，如青年、中年和老年。

4. 规格化处理

规格化处理是指将有关属性数据按比例映射到特定的范围之中。例如，将工资收入属性值映射到 0—1 的范围内。

5. 属性构造处理

属性构造处理是指根据已有属性构造新的属性，以帮助数据处理过程。

下面将着重介绍规格化处理方法。主要包括：

1. 最大最小规格化方法

最大最小规格化方法是对初始数据进行一种线性转换。例如，假设属性的最大值和最小值分别是 98000 元和 12000 元，利用最大最小规格化方法将“顾客收入”属性的值映射到 0—1 的范围内，则“顾客收入”属性的值为 73600 元时，对应的转换结果如下：

$$(73600-12000)\div(98000-12000)\times(1.0-0)+0=0.716$$

计算公式的含义：“（待转换属性值－属性最小值）/（属性最大值－属性最小值）×（映射区间最大值－映射区间最小值）+映射区间最小值”。

2. 零均值规格化方法

零均值规格化方法是根据一个属性的均值和方差来对该属性的值进行规格化。例如，假设属性“顾客收入”的均值和方差分别为 54000 元和 16000 元，则“顾客收入”属性的值为 73600 元时，对应的转换结果如下：

$$(73600-54000)\div16000=1.225$$

计算公式的含义：“（待转换属性值－属性平均值）/属性方差”。

3. 十基数变换规格化方法

十基数变换规格化方法是通过移动属性值的小数位置来达到规格化的目的。所移动的小数位数取决于属性绝对值的最大值。例如，假设属性的取值范围是 986—917，则该属性绝对值的最大值为 986。属性的值为 435 时，对应的转换结果如下：

$$j=435/10^3=0.435$$

计算公式的含义：“待转换属性值/10”，其中，j 为能够使该属性绝对值的最大值（986）小于 1 的最小值。

（四）数据归约

数据仓库中往往存有海量数据，在其上进行复杂的数据分析与挖掘需要很长的时间。数据归约可以用得到数据集的归约表示，它小得多，但可以产生相同的（或几乎相同的）分析结果。用于数据归约的时间不应当超过或“抵消”在归约后的数据上挖掘节省的时间。

数据归约主要策略如下。

1. 数据立方体聚集

数据立方体聚集主要用于构造数据立方（数据仓库操作）。

2. 维归约

维归约主要用于检测和消除无关、弱相关，或冗余的属性或维（数据仓库中属性）。我们这里主要介绍维归约—主成分分析，也称主成分分析、主分量分析，指利用降维的思想，把多指标转化为少数几个综合指标（主成分），其中每个主成分都能够反映原始变量的大部分信息，且所含信息互不重复。这种方法在引进多方面变量的同时将复杂因素归结为几个主成分，使问题简单化，同时得到的结果更加科学有效。通过删除不相干的属性或维减少数据量。属性子集选择的目标是找出最小属性集，使得数据类的概率分布尽可能地近使用所有属性的原分布。减少出现在发现模式上的属性的数目，使得模式更易于理解。

3. 数据压缩

数据压缩主要利用编码技术压缩数据集的大小。根据压缩后的数据集是否可以恢复为原来的数据集，可将数据压缩分为有损压缩和无损压缩两种。

4. 数值归约

数值归约主要利用更简单的数据表达形式，如参数模型、非参数模型（聚类、采样、直方图等），来取代原有的数据。主要有有参方法和无参方法两种。

5. 离散化与概念层次生成

离散化与概念层次生成主要利用取值范围或更高层次概念来替换初始数据，或者是利用概念层次帮助挖掘不同抽象层次的模式知识。其中离散化是指通过将属性域划分为区间，减少给定连续属性值的个数。区间的标号可以代替实际的数据值将连续属性的范围划分为区间有效的归约数据，基于判定数的分类挖掘。概念分层是指通过使用高层的概念（如青年、中年、老年）来替代底层的属性值（如实际的年龄数据值）来归约数据。离散化和概念分层方法有分箱（Bin）、直方图分析、聚类分析、基于熵的离散化以及通过“自然划分”分段。

第四节　数据分析与挖掘

一、数据分析概述

数据分析，指应用适当的统计分析方法对收集到的海量数据进行分析，并将这些数据加以汇总、理解、消化，以求最大化地挖掘蕴含在数据中的价值，发挥数据的作用。

（一）数据分析准备

1.理解业务，了解数据来源

在进行数据分析前需深入了解数据背后隐藏的各种业务，有助于更好地发现分析的维度，快速界定问题和原因。例如，电商业务所收集用户的消费记录数据，不仅包括收银系统购买商品，还包含会员系统的满减活动、促销凑单、活动管理折扣商品、推荐系统推荐商品等，需要多维度分析。

2.明确分析目的

数据分析不是算法模型和可视化的堆砌，而是有目的地发现某些现象、关联，支持下一步的决策。在数据分析之前，要明确分析的目标。

3.多视角观察数据

多视角观察数据是对数据整体、全面了解，有助于发现潜在信息。例如，在人力资源分析中，离职人员的离职原因与入职时间的长短、绩效考核结果、薪酬提升的频率等可能存在联系，需要全面地观察数据的各个维度。

（二）数据分析的类别

数据分析类别按照不同准则存在不同的分类结果，常见的分类方法是按照业务分析的逻辑结构将数据分析分为描述性分析、诊断性分析、预测性分析和指导性分析。描述性分析主要描述是什么、发生了什么，诊断性分析主要解释了为什么会发生，预测性分析主要说明还可能发生什么，指导性分析则说明应该采取什么措施。

1.描述性分析

描述性分析是最基本的分析类型，在实际工作中也是应用最广的分析方法。描述性分析是对数据资料进行初步的整理和归纳的过程。描述性分析具体包括基础统计、对比分析、特征分析和异常分析。前三者主要描述是什么的问题，异常分析主要描述发生了什么的问题。

（1）基础统计。主要借助不同的统计量（来自样本计算结果）或者参数（来自总体计算结果）进行展示，如总和、平均数、最大最小值、中位数、方差、变异系数、百分比等，甚至包含单变量分析或单因素分析。

（2）对比分析。对比分析是指将两个相互联系的指标数据进行比较，从数量上展示和说明研究对象的规模大小、水平高低、速度快慢等相对数值，通过相同维度下的指标对比，可以发现，找出业务在不同阶段的问题。包括时间对比、空间对比和标准对比。

（3）特征分析。特征分析包括特征提取和特征选择，算法众多且复杂，进行降维减少冗余。例如，二氧化碳的化学特性包括颜色、气味、酸性、碱性、氧化性、还原性、热稳定性等，一氧化碳也一样。可以将这些特性降维到C和O上，认为由C和O组成的一氧化碳与由C和2个O组成的二氧化碳有相似的特性，都是无色无味的气体。

（4）异常分析。主要用于直接观测的现象和关联。班级中的一位学霸在一次考试中有一科没有及格。经过分析发现，他这次的复习时间只有以往的一半，这显然是一个异常现象。然而，这次考试的题目其实非常简单，那么复习时间减半是否仍然算作异常呢？学霸由于不了解考试难度，可能会认为复习时间减半是导致成绩下滑的主要原因。但实际上，考试难度低与复习时间减少之间存在矛盾，需要进一步分析。在异常判断的时候，通常需要设立业务标准，通过对标准的突变发现潜在异常。如用考试成绩与复习时间的比值系数作为标准，可以分析其行为轨迹。通过聚类可发现学霸的轨迹主要出现在教室、图书馆、寝室三个地方。如通过数据调查正常的向量为（8，8，8），而学霸连续几天的向量为（2，2，20），则通过计算两个向量的距离（欧式距离和余弦距离）可发现异常。

描述性分析的基础为数据描述和指标统计。其中数据描述是指用来对数据进行基本情况的刻画，包括数据总数、时间跨度、时间粒度、空间范围、空间粒度、数据来源等。如果是建模，那么还需要数据的极值数据分布、数据离散度等。而指标统计是用来作报告、分析实际情况的数据指标，可粗略分为变化、分布、对比和预测四大类。

2.诊断性分析

诊断性分析是对数据的深层次挖掘和诊断，解释为什么会发生的问题。主要包括以下三种具体方法：

（1）趋势分析、同比环比进行对比。它是指通过观察历史、过去和其他周期的情况，进行公司业务对比、竞争对比和行业均值对比等。

（2）下钻。指抽丝剥茧、逐层分解。例如，销售收入下降，根据销售收入=销售单价 × 销售数量，根据单价和数量两两组合，有四种可能性逐层分解分析。

（3）相关分析。即对不同特征或数据间的关系进行分析，发现业务的关键影响和驱动因素。常用方法有回归、协方差、相关系数、信息熵等。

3.预测性分析

预测性分析主要说明可能会发生的问题。常用预测方法有如下：

（1）特别的点。可用于对实时性和连续性要求不高的预测，与具体的业务深度挂钩。如离职/招聘人员的高峰期、行业的淡旺季、节假日影响等。

（2）分类与回归。通过已知的数据构建和验证一个函数。回归一般为线性回归，分类包括决策树、支持向量机等。例如：回归 - 预测明天的温度；分类 - 预测明天是下雨还是晴天。

（3）其他预测。如隐马尔可夫（HMM）、最大熵、条件随机场（CRF）等。

4.指导性分析

指导性分析是解释需要做什么的问题，是数据分析的最终目的，分析问题是什么，由什么原因导致，由此得出需要采用的决策。有时知道了问题无法解决时可采用以下方法：

（1）拟合与图论。如商场频发商品被偷事件，可以统计容易被偷的商品，将这些地方串联起来，为保安拟合成一条最优巡逻路线。也可以构建图用求最短路径的算法（Dijkstra、Floyd

等）构建路径。

（2）协同过滤。较多地用在推荐算法中，如寻找一个招聘候选人的N个相似候选人，产品用户的N个相似用户，M个与N个商品相关联的商品推荐。

通过以上分析，我们可以对数据分析类型进行归纳总结，如表2-3所示。

表2-3 数据分析类型对应的分析方法

数据分析	内容	基本方法	数据分析方法
描述性分析（现状分析）	是什么？发生了什么？ 经营状况、人员情况、业务构成、发展及变动	对比	对比分析 平均分析 综合评价分析
诊断性分析（原因分析）	为什么会发生？变动的原因	细分	分组分析 结构分析 交叉分析 杜邦分析 漏斗图分析 矩阵关联分析 聚类分析
预测性分析（预测分析）	可能会发生什么？	预测	回归分析 时间序列 决策树 神经网络
指导性分析	需要做什么？	—	关联规则

（三）数据分析的误区

数据分析的误区在于目的不明确，为了做而做，导致分析效果不明确。对于行业、公司业务还有其他考虑因素认知不清楚，分析结果偏离实际。数据必须结合企业业务和行业性质才有意义。清楚所在产业链的整个结构，对行业的上游和下游的经营情况有大致的了解，再根据业务当前的需要，制订发展计划，归类出需要整理的数据。熟悉业务才能看到数据背后隐藏的信息。

为了方法而方法，为了工具而工具，只要能解决问题的方法和工具就是好的方法和工具。数据本身是客观的，但被解读出来的数据是主观的。同样的数据由不同的人分析很可能得出完全相反的结论，所以一定不能提前带着观点去分析。

二、数据可视化分析

（一）数据可视化概述

数据可视化主要旨在借助于图形化手段，清晰有效地传达沟通信息。人类对图形的理解能力要比文字、表格等表现形式好，能从图表中发现一些通过常规统计方法很难挖掘到的信息。相比于传统数据处理方式，数据可视化更加直观、说服力更强，论证效果更好。

1.数据可视化的概念

1989年，“信息可视化”术语第一次出现在Robertson等人的《用于交互性用户界面的认知协处理器》一书中，认为信息可视化是“计算机支撑的、面向抽象数据的、具有交互性的可视化表示法，用以增强人们对抽象信息的认知”。这是人们首次认识数据可视化的概念。

从广义上来说，数据可视化是指一切能够把抽象、枯燥或难以理解的内容，包括看似毫无广义意义的数据、信息、知识等以一种容易理解的视觉方式展示出来的技术。从狭义上来说，数据可视化是利用计算机图形学和图像处理技术，将数据转换为图形或图像在屏幕上显示出来，并利用数据分析和开发工具发现其中未知信息进行各种交互处理的理论、方法和技术。本书引用的是数据可视化狭义的概念。

2. 数据可视化的发展

数据可视化的发展与人类文明进步紧密相连。从 16 世纪起，人类掌握了精确的测量技术，开始制作统计图形和概念图，推动了社会、地理、医学等领域的统计数据在地图上的可视表达。20 世纪，个人计算机的普及与计算机图形学的进步使得交互式可视化成为可能。

进入 21 世纪，传统可视化技术无法应对大数据分析的挑战，可视分析学应运而生，结合图形学、数据挖掘和人机交互技术，将人类认知与机器智能融合，推动了现代可视化工具的快速迭代，如今这些工具已广泛应用于各行业。

3. 数据可视化的特征

（1）可视性（Intuitive）。它是指数据可以用图像、曲线、二维图形、3D 和动画等显示，以视觉效果来加强用户对数据的感知能力。

（2）交互性（Interactivity）。它是允许用户选择感兴趣的内容，或者改变数据的展示形式，更好地促进用户和数据之间的互动。

（3）多维性（Multi-dimension）。它是能够对数据相关的多个变量或多个属性进行标识，可根据每一维的量值来进行显示、组合、排序与分类。

（二）数据可视化图表

图表是数据可视化的常用表现形式，是对数据的二次加工，可以帮助我们理解数据、洞悉数据背后的真相，让我们更好地适应这个数据驱动的世界。无论是在工作汇报、产品设计、后台设计还是在数据大屏中都能看到它的身影。

1. 柱状图 / 条形图（Bar Chart）

柱状图是最常见的图表类型，通过使用水平或垂直方向柱子的高度来显示不同类别的数值，其中柱状图的一个轴显示正在比较的类别，而另一个轴代表对应的刻度值。条目较少时可选择柱状图表示。纵向柱状图的柱是垂直方向的，横向柱状图的柱是水平方向的，又称条形图。条形图与横向柱状图表达数据的形式是一样的，不过，当图表的数据标签很长或者有超过 10 个项目进行比较时，用条形图可以获得比较好的展示效果。

柱状图 / 条形图使用建议如下。

（1）避免使用太多颜色，一个柱状图 / 条形图表示一组相同的度量，使用相同的颜色或同一颜色的不同色调。如果需要强调某个数据时，可以使用对比色或者变化色调来突出显示有意义的数据点。

（2）柱状图柱子间的宽度和间隙要适当。当柱子太窄时，用户的视觉可能会集中在两个柱子中间的负空间，而这里是不承载任何数据的。合理的宽度和间隙应该是单个柱子的宽度不小于柱间间隙的两倍。

（3）Y 轴数据应该从 0 基线开始，以恰当地反映数值。如果展示的是被截断的数据，会误导做出错误的结论。

2. 折线图（Line Chart）

折线图主要用来展示数据随着时间推移的趋势或变化。折线图非常适合用于展示一个连续的二维数据。折线图除了展示某个事情发展的趋势，还可以用来比较多个不同的数据序列。例如，通过对比同时间段的三种商品的销量，分析哪一种商品的销量最好。

折线图是两个数据点之间用线连接起来，为了追求美观或特殊的效果，还可将两点之间用曲线连接，这种图又叫曲线图或样条图。样条图与折线图用法相同，每个数据点之间的绘制是曲线的。

折线图使用建议如下。

（1）使用实线绘制数据线，要保证能够区分数据线和坐标轴线，并且要尽力使所有的数据清晰可识别。

（2）不要绘制四条以上的折线，否则线都折叠在一起并且又没有明显的对比，整张图表就会混乱并难以阅读。

（3）不使用过多的装饰来区分图表，图例虽然可以帮助区分不同数据系列，但使用过多种类的图例会分散重点。

（4）展示折线图的数据时，要避免刻意地歪曲趋势。要根据展示数据波动的参考单位，做有意义的波动分析。

3. 面积图（Area Graph）

面积图又叫区域图，与折线图很相近，都可以用来展示随着时间的推移数据的变化趋势。面积图在折线与类别数据的水平轴（X 轴）之间填充颜色或者纹理，形成一个面表示数据体积。相对于折线而言，被填充的区域可以更好地引起对总值趋势的注意，所以面积图主要用于传达趋势的大小，而不是确切的单个数据值。

面积图使用建议如下。

（1）面积图要用填充区域来展示数据，当图表上有多个图层时，要尽量确保数据不要重叠。如果无法避免重叠，可以通过将颜色和透明度设置为适当的值，使重叠的数据图可以变得可读。

（2）面积图适合用来展示二组到三组数据，最多不要展示超过四组数据系列。

（3）当数据值相距很远时，区域模糊不清不适合使用面积图展示。例如，虽然仔细分析能确定只展示了两个类别，但很容易误以为图表上显示三种不同的颜色。

堆叠面积图是一种特殊的面积图，可以用来比较在一个区间内的多个变量。堆叠面积图和面积图的区别在于，堆叠面积图每个数据系列的起点都是基于前一个数据系列绘制的，也就是每度量一行就要填满行与行之间的区域。如果有多个数据系列，并想分析每个类别的部分到整体的关系，并展现部分量对于总量的贡献时，使用堆叠面积图是非常合适的选择，如图 2-10 所示。

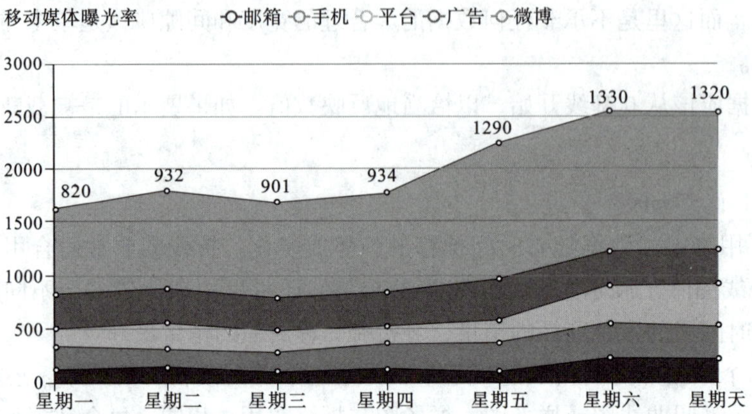

图 2-10 堆叠面积图

4. 双轴图（Dual Axis Chart）

双轴图由柱状图和折线图组合而成，反映了数量与比率之间的趋势关系。Y 轴（频率）表示项类的数量或时间发生百分比（概率），X 轴刻度表示各个范围内的分布情况，如图 2-11 所示。

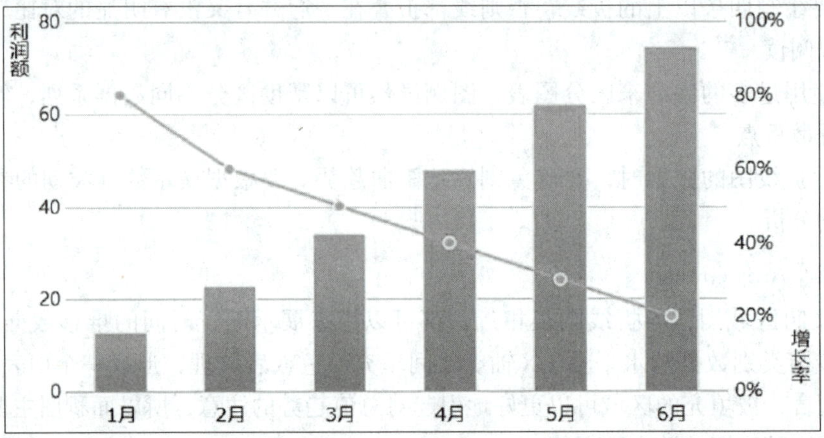

图 2-11 双轴图

双轴图使用建议如下。

（1）确定范围以及小组数量介于 5—12 组。

（2）分组大小要相同且数据不能重叠。

（3）标注清楚各组名称。

5. 饼图（Pie Chart）/ 环形图（Doughnut Chart）

饼图用于展示不同类别数值相对于总数的占比情况，每个分块（扇区）的弧长表示该类别的占比，所有分块的总和为 100%。环形图与饼图类似，只是将中心区域挖空，用以显示文本信息，空间利用率更高。

使用饼图时，建议展示单一维度数据的占比，确保数据没有零或负值，并且各分块总和为 100%。分块数量应控制在 5 个以内，较小或不重要的数据可合并为“其他”模块。饼图不适合用于精确数据的比较。

绘制饼图时，从 12 点钟位置开始顺时针绘制，先绘制最大的数据分块，以突出其重要性，其余分块依次按数据大小顺时针排列；或者从 12 点钟位置开始，左边绘制第二大的分块，其他分块逆时针排列，最小的分块放在底部。不建议使用三维饼图，因为它会扭曲比例，导致误解。

6. 散点图（Scatter Plot）

散点图在直角坐标系显示数据的两个变量（X轴和Y轴）之间的关系，数据显示为点的集合，适合用于在不考虑时间的情况下比较大量的数据点。散点图通常用来识别两个变量之间的相关性或用来观察它们的关系，从而发现某种趋势，对于查找异常值或理解数据分布也很有效，某个班级学生身高和体重的分布状况。散点图会显示不同类型的相关性，相关性即变量之间的关系。通常有正相关、负相关、不相关三种相关性，如图 2-12 所示。

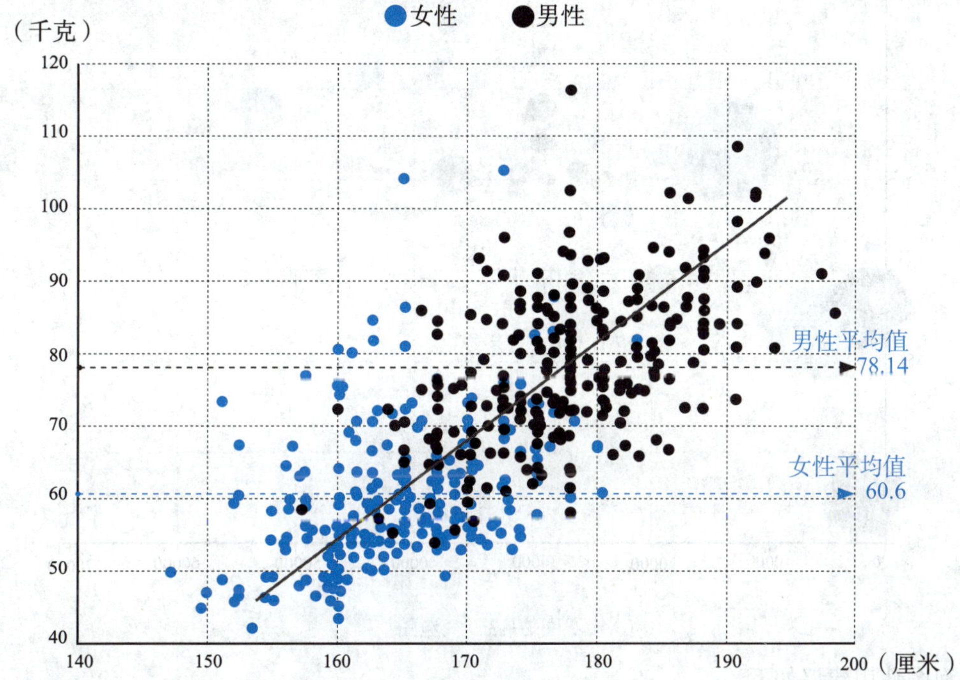

图 2-12　散点图

散点图能够有效地说明两个变量之间的相关性，但是并不能有力地证明其中存在因果关系。例如，广告投放量和单击率是正相关的，但单击率高不一定是因为广告投放量多造成的。但如果有明显的正相关性，就可以增加投放量再观察数据。

散点图的使用建议如下。

（1）散点图没有显示变量之间的任何关系，则该图表类型不是此数据的最佳选择。

（2）数据包含不同系列时，可以给不同系列使用不同的颜色。例如，以蓝色代表男性，以红色代表女性，这样可以区分不同性别的身高和体重的分布状况。还可分别添加每个系列平均值的辅助线，可以更好地理解数据的分布情况。

（3）趋势线的形状走向解释了两个变量之间的关系类型，还可以用来预测未来的值，一般最多使用两条。

（4）散点图要有足够多的数据点，并且数据之间有相关性时才能呈现很好的结果。如果一份数据只有极少的信息或者数据间没有相关性，那么绘制一个很空的散点图和不相关的散点图都是没有意义的。

7. 气泡图（Bubble Chart）

气泡图是显示变量之间相关性的一种图表，与散点图类似。在直角坐标系中显示数据的两个变量（X轴和Y轴）之间的关系，数据显示为点的集合。与散点图不同的是，气泡图是一个多变量图，它增加了第三个数值即气泡大小的变量，在气泡图中，较大的气泡表示较大的值。可以通过气泡的位置分布和大小比例来分析数据的规律，如图 2-13 所示。

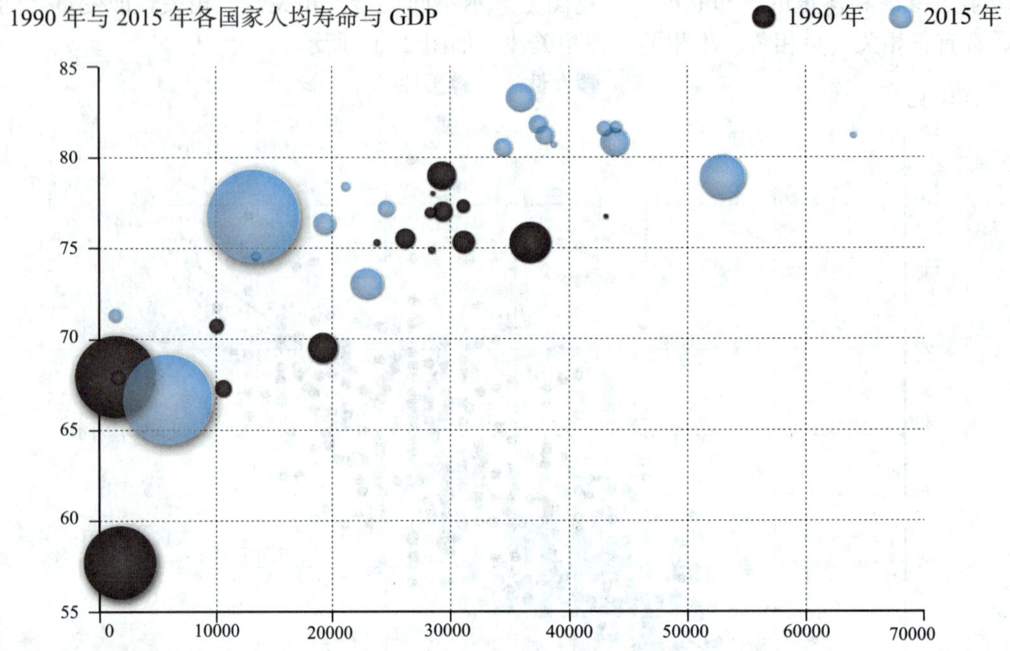

图 2-13　气泡图

气泡图使用建议如下。

（1）当数据具有三个序列、特征及相关值时，使用气泡图是一个不错的选择。例如，气泡的位置显示了代码提交的日期、具体的时间点，气泡的大小说明了提交的代码量。

（2）可给气泡加入颜色编码。例如，用不同的颜色将三个地区的空气数据分类类标注，直观地对比分析三地的空气质量情况。

（3）气泡图还可和地图结合，X轴和Y轴是经度和纬度的数据定位，气泡的大小可以表明该位置数量的多少。

8. 雷达图（Radar Chart）

雷达图（Radar Chart）又叫作蜘蛛网图，适用于显示三个或更多的维度的变量。以在同一点开始的轴上显示的三个或更多个变量的二维图表的形式来显示多元数据的方法，其中轴的相对位置和角度通常是无意义的。雷达图的每个变量都有一个从中心向外发射的轴线，所有的轴之间的夹角相等，同时每个轴有相同的刻度，将轴到轴的刻度用网格线连接作为辅助元素，连接每个变量在其各自的轴线的数据点成一个多边形。

雷达图对于查看哪些变量具有相似的值、变量之间是否有异常值都很有用。也可用于查看哪些变量在数据集内得分较高或较低，适合用于性能、排名、评估、评论等数据的展示，如图2-14所示。

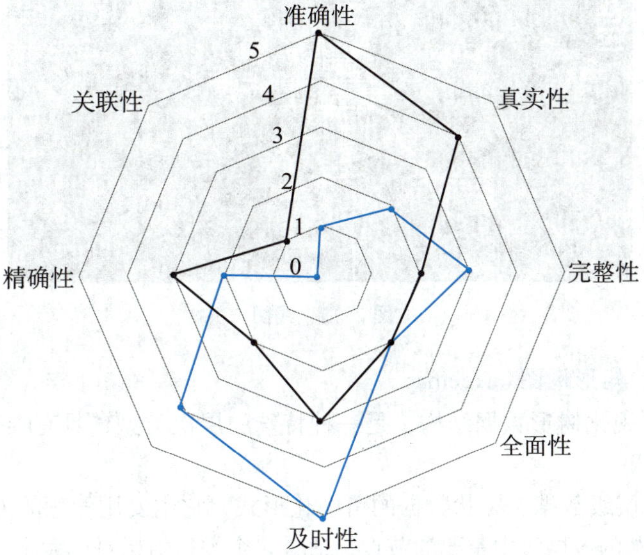

图 2-14　雷达图

雷达图的使用建议如下。

（1）一个雷达图包含的多边形数量是有限的，一般不超过10个，以免轮廓填充区域产生覆盖和混乱，使得数据难以阅读。

（2）变量太多会产生太多的轴，也会使图表变得混乱，要保持雷达图的简单并限制其变量数量。

（3）很难直观地比较图表内变量具体的值，如果需要比较具体值，则应使用线图。

9. 地图 / 地理坐标（MAP /GEO）

当指标数据要表达的主题跟地域有关联时，一般会选择用地图为大背景。用户可以直观地了解整体的数据情况，同时可以根据地理位置快速地定位到某一地区来查看详细数据。

10. 热力图（Heatmap）

热力图主要通过颜色表现数值的大小，可以应用在直角坐标系以及地理坐标系上，直角坐标系上必须使用两个类目轴。

11. 线图（路径图 Lines Chart）

线图又叫路径图、迁徙图，是线路图的一种特殊的表示形式，是按比例绘制的平面布置图或模型。用于带有起点和终点信息的线数据的绘制，主要用于地图上的航线、路线的可视化，如图2-15所示。

图 2-15　线图

12. 树图（Tree）/ 矩形树图（Treemap）

树图主要用来可视化树形数据结构，是一种特殊的层次类型，具有唯一的根节点、左子树和右子树。

矩形树图是表达层级数据、树状数据的可视化形式。它主要用面积的方式表现数值的大小，便于突出展现出“树”的各层级中重要的节点，适合多个类目指标对比大小，如图 2-16 所示。

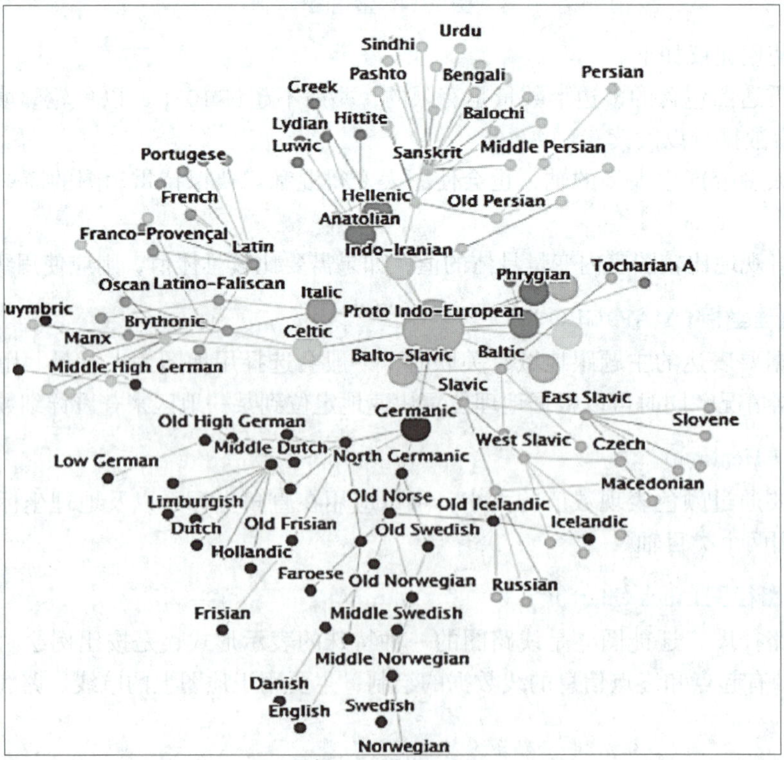

图 2-16　矩形树图

13. 关系图（Graph）

关系图主要用于展现节点以及节点之间的关系数据，如图 2-17 所示。

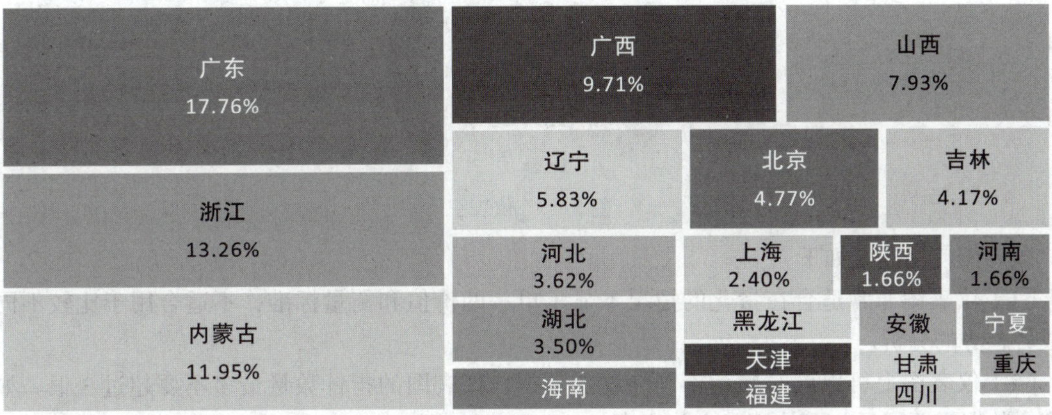

图 2-17　关系图

14. 桑基图（Sankey）

桑基图又称能量平衡图，是一种特定类型的流程图，是展现数据流动的利器，图中延伸的分支的宽度对应数据流量的大小。因 1898 年 Matthew Henry Phineas Riall Sankey 绘制的“蒸汽机的能源效率图”而命名为“桑基图”。桑基图在描述一组数据到另一组数据流向的同时，还展示流了多少，在数据流动的可视化过程中遵循能量守恒定律，数据从开始到结束，总量都保持不变。

15. 漏斗图（Funnel Chart）

漏斗图又叫倒三角图，将数据呈现为几个阶段，每个阶段的数据都是整体的一部分，从一个阶段到另一个阶段数据自上而下逐渐下降，所有阶段的占比总计 100%。与饼图一样，漏斗图呈现的也不是具体的数据，而是该数据相对于总数的占比，漏斗图不需要使用任何数据轴。

漏斗图使用建议如下。

（1）能够直观地展示和说明问题所在，针对性地通过各阶段的分析去改善。

（2）可对两个基于同一事情前后的两份数据使用叠加两个漏斗图进行对比。

（3）可以用左右对比的漏斗图同时分析两个项目。

16. 仪表图（Gauger Chart）

仪表图也称拨号图表或速度表图。其显示类似于拨号/速度计上的读数的数据，是一种拟物化的展示形式。仪表图的颜色可以用来划分指示值的类别，使用刻度标示数据，指针指示维度，指针角度表示数值。仪表图只需分配最小值和最大值，并定义一个颜色范围，指针（指数）将显示出关键指标的数据或当前进度。仪表图可用于显示速度、体积、温度、进度、完成率、满意度等重要参数，如图 2-18 所示。

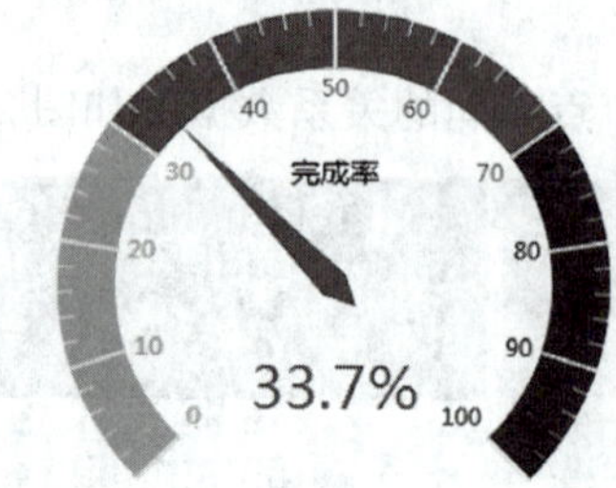

图 2-18　仪表图

仪表图使用建议如下。

（1）仪表图非常适合在量化的情况下显示单一的价值和衡量标准，不适合用于比较不同变量或者趋势的分析。

（2）仪表图上可以同时展示不同纬度的数据，仪表图的指针数量最多不要超过 3 根。如果有多个数据需要展示，可使用多个仪表盘。

17 平行坐标图（Parallel）

平行坐标图用于对高维几何和多元数据的可视化。为了克服传统的笛卡尔直角坐标系容易耗尽空间、难以表达三维以上数据的问题，平行坐标图将高维数据的各个变量用一系列相互平行的坐标轴表示，变量值对应轴上位置。为了反映变化趋势和各个变量间相互关系，往往将描述不同变量的各点连接成折线。所以平行坐标图的实质是将 m 维欧氏空间的一个点 Xi（xi1，xi2，…，xin m）映射到二维平面上的一条曲线。

18. 词云图（Word Cloud）

词云又称标签云、文字云、词图等，是文本数据的视觉表示，由词汇组成类似云的彩色图形。是对文本中出现频率较高的“关键词”予以视觉化的展现，词云图过滤掉大量的低频、低质的文本信息。它可以展示大量文本数据。每个词的重要性以字体大小显示，字体越大，越突出，也越重要。通过词云图，用户可以快速感知最突出的文字，迅速抓住重点，如图 2-19 所示。

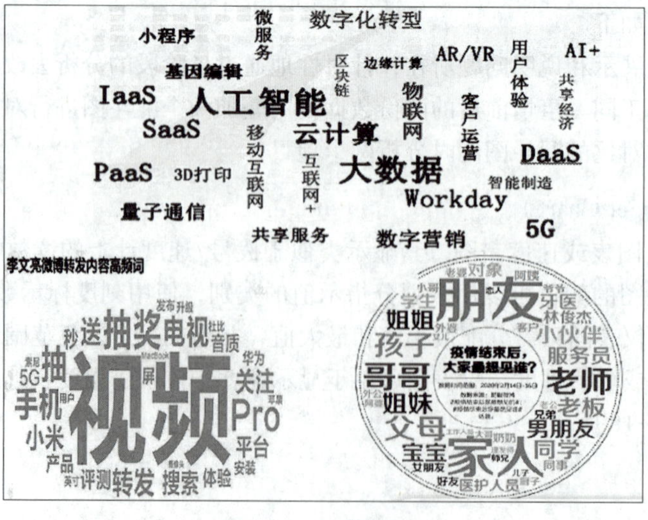

图 2-19　词云图

19. 盒须图（箱形图 Box Plot）

盒须图又称为箱形图、盒式图、盒状图或箱线图，是一种用作显示一组数据分散情况资料的统计图。它能显示出一组数据的最大值、最小值、中位数、下四分位数及上四分位数，如图2-20所示。

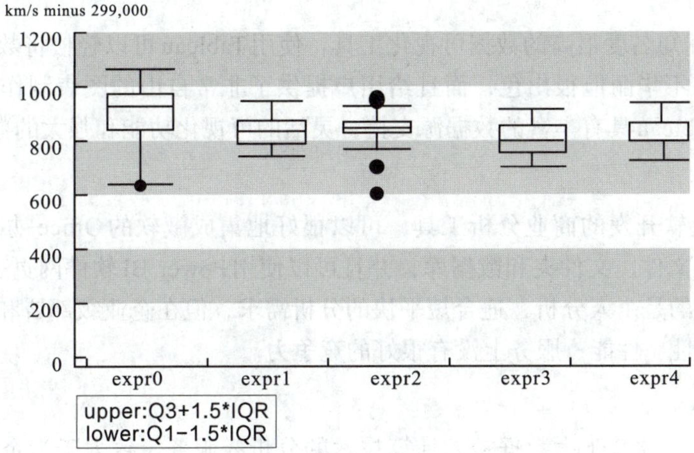

图 2-20　盒须图

20. K线图（Candlestick Chart）

K线图又称蜡烛图、日本线、阴阳线、棒线、红黑线等。K线图起源于日本，被当时日本米市的商人用来记录米市的行情与价格波动，后因其细腻独到的标画方式而被引入股市及期货市场。用这种方法绘制出来的图表形状颇似一根根蜡烛。K线图有黑白之分，因而也叫阴阳线图表。K线图能把每日或某一周期的市况表现完全记录下来，表达方式直观易懂，既可看到股价（或大市）的趋势，也可以了解到每日市况的波动情形，如图2-21所示。

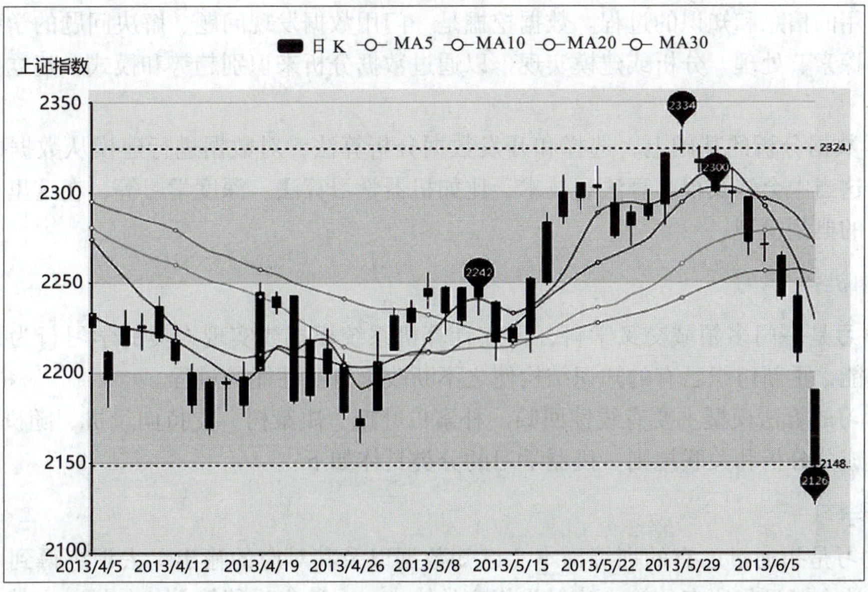

图 2-21　K线图

绘制方法：找到该日或某一周期的最高价和最低价，垂直地连成直线；然后再找出当日或某一周期的开市价和收市价，把这两个价位连接成一个狭长的长方柱体。

（三）数据可视化工具

1. Tableau

Tableau是全球知名度很高的数据可视化工具，使用Tableau可以轻松将数据转化成你想要的形式。可视化效果不华丽但很出色，而且给用户提供了非常自由的图表制作功能，如会写代码等。总体来说，Tableau具有丰富的数据源支持，灵活的可视化功能和强大的数据图表制作能力。

2. Power BI

Power BI是微软开发的商业分析工具，可以很好地集成微软的Office 办公软件。用户可自由导入任何数据如文件、文件夹和数据库，并且可以使用Power BI软件网页、手机来查看数据。Power BI目前主推的是个人分析，适合短平快的分析需求，但在企业级部署和应用上缺少完善的解决方案，在安全性、性能、服务上没有很好的竞争力。

3. 用友分析云

用友分析云是一款基于大数据、云计算技术的分析云服务，致力于为企业提供专业的数据分析解决方案。目前支持36种可视化图形，能够根据用户数据自动感知推荐合适的分析图形。支持用户根据业务问题把可视化进行串联自定义成故事板，便于在公司内部分享分析结果。可以对不同的用户设置不同的预警值，通过邮件、微信、短信等媒介进行消息推送。

三、数据挖掘分析

（一）数据挖掘概述

数据挖掘（Data Mining）是指在大量数据中，提取隐含在其中的、人们事先不知道的，但又是潜在有用的信息和知识的过程。数据挖掘是一门用数据发现问题、解决问题的学科，通常通过对数据的探索、处理、分析或建模实现，以通过数据分析来识别趋势和模式，建立关系来解决业务问题。

在基本数据分析的基础上，选择和开发数据分析算法，对数据进行建模从数据中提取有价值的信息。这当中会涉及很多算法和技术，比如机器学习算法、深度学习等，在这里主要介绍有关机器学习的典型模型。

（二）机器学习

机器学习是一门多领域交叉学科，研究计算机系统模拟或实现人类的学习行为，以获取新的知识或技能，重新组织已有的知识结构使之不断改善自身性能的过程。

机器学习的算法模型主要有线性回归、朴素贝叶斯、决策树、支持向量机、随机森林、K均值聚类、主成分分析和关联规则。机器学习的分类具体如下：

1. 监督学习

监督学习是指通过已有的训练样本（已知数据以及其对应的输出）去训练得到一个最优模型，再利用这个模型将所有的输入映射为相应的输出，对输出进行简单的分析，也就具有了对未知数据进行预测的能力。监督学习典型的两大问题是回归和分类。

2. 无监督学习

训练集数据无标签，即输入数据没有其对应的输出。它与监督学习的不同之处在于，无监督学习属于知识发现：事先没有任何训练样本，而需要直接对数据进行建模，寻找一些数据本质的性质。这听起来似乎有点不可思议，但是在人类认识世界的过程中很多地方都用到了无监督学习。无监督学习典型的问题是聚类和降维。

3. 强化学习

智能体不断与环境进行交互，通过试错的方式来获得最佳策略。在某些应用中，系统的输出是动作的序列。在这种情况下，单个的动作并不重要，重要的是策略，即达到目标的正确动作的序列。不存在中间状态中最好动作这种概念，如果一个动作是好的策略的组成部分，那么该动作就是好的。这种情况下，机器学习程序就应当能够评估策略的好坏程度，并从以往好的动作序列中学习，以便能够产生策略。2016 年，AlphaGo 战胜世界围棋冠军主要靠的就是强化学习算法。

（三）数据建模的步骤

1. 选择合适的模型

明确需要解决的问题，了解数据基本结构。

2. 根据不同的模型处理数据

例如回归算法：数据需要标准化、类别变量需要独热编码、检验关联程度是否要区分训练集与测试集。

3. 模型的评估

每个模型的评价标准具体问题的评价标准模型运行的计算速度。

4. 模型的优化

参数的选择（交叉验证等）不同模型之间对比择优，不同因素对结果的影响程度调整。

（四）数据挖掘算法

数据挖掘算法主要包括回归分析、分类分析、聚类分析、文本分析和时间序列分析。

1. 回归分析

回归分析是根据事物变化情况，找到影响结果变化的主要、次要因素，考查各自变量对因变量的影响强度，并通过模型对结果进行预测分析的方法。一般把作为估测依据的变量叫作自变量，待估测的变量叫作因变量。回归分析主要包括一元线性回归、多元线性回归、岭回归和弹性回归等。

（1）回归分析的模型

$$\hat{y}=a+b_1x_1+b_2x_2$$

式中：$\hat{y}$ 为 y 的估计值（所估计的平均水平），表示给定自变量的取值时，根据公式算得的 y 的估计值；

a为常数项，表示自变量取值均为0时因变量的平均水平，即回归直线在y轴上的截距，多数情况下没有实际意义，研究者也不关心；

b为回归系数，在多变量回归中也称偏回归系数。自变量x改变一个单位，y估计值的改变量。即回归直线的斜率。

（2）线性回归应用中应注意事项

◈ 对于噪声和异常值比较敏感。在回归分析之前需要努力消除噪声和异常值，确保模型的稳定和准确度。

◈ 只适合处理线性关系。如果自变量和因变量之间有比较强烈的非线性关系，直接利用多元线性回归是不合适的。应该对自变量进行一定的转换，如取对数、开平方、去平方根等。

◈ 多元线性回归还应满足一些前提假设，自变量是确定的变量，而不是随机变量，并且自变量之间没有线性相关性，随机误差项具有均值为0、等方差性、正态分布等。

2. 分类分析

分类（Categorization or Classification）就是按照某种标准给对象贴标签，再根据标签来区分归类。分类是事先定义好类别，类别数不变。分类器需要由人工标注的分类数据得到，属于有监督学习范畴。分类分析主要包括朴素贝叶斯、决策树、支持向量机（SVM）、逻辑回归等。

（1）分类分析——朴素贝叶斯

朴素贝叶斯（NaiveBayes）是机器学习中常见的分类基本算法之一，它是基于贝叶斯定理与条件独立性假设的分类方法。使用概率统计的知识对样本数据集进行分类。贝叶斯方法的特点是结合先验概率和后验概率，既避免了只使用先验概率的主观偏见，也避免了单独使用样本信息的过拟合现象。该算法的理论核心是贝叶斯定理，基于条件独立性假设这个强假设之下，这是该算法称为“朴素”的原因。

拓展阅读

朴素贝叶斯案例

某个医院早上收了六个门诊病人，如下表所示。现在又来了第七个病人，是一个打喷嚏的建筑工人。请问他患上感冒的概率有多大？

症状	职业	疾病
打喷嚏	护士	感冒
打喷嚏	农夫	过敏
头痛	建筑工人	脑震荡
头痛	建筑工人	感冒
打喷嚏	教师	感冒
头痛	教师	脑震荡

根据条件概率公式：P（A|B）=P（B|A）P（A）÷P（B）

P（感冒打喷嚏·建筑工人）=P（打喷嚏·建筑工人感冒）×P（感冒）÷P（打喷嚏·建筑工人）

假定“打喷嚏”和“建筑工人”这两个特征是独立的，等式改变为：

P（感冒|打喷嚏·建筑工人）=P（打喷嚏|感冒）×P（建筑工人感冒）×P（感冒）÷P（打

喷嚏）×P（建筑工人）

P（感冒｜打喷嚏·建筑工人）=（0.66×0.33×0.5）÷（0.5×0.33）= 0.66

打喷嚏的建筑工人，有66%的概率是得了感冒。同理可以计算这个病人患上过敏或脑震荡的概率。比较概率，可以得出他最可能得什么病。

（2）分类分析-决策树

决策树是一种用于对实例进行分类的树形结构，一种依托于策略抉择而建立起来的树。决策树由节点（node）和有向边（directed edge）组成。节点的类型有两种，即内部节点和叶子节点。其中，内部节点表示一个特征或属性的测试条件（用于分开具有不同特性的记录），叶子节点表示一个分类。构造决策树的核心问题：在每一步如何选择适当的属性对样本做拆分。决策树的三个步骤分别为特征选择、决策树的生成和决策树的修剪。

决策树应用优点在于决策树模型非常直观不容易受异常值影响；决策树模型构建和应用的速度比较快；决策树对于数据的分布没有特别严格的要求对缺失值很宽容，几乎不做处理就可以应用，可以同时应用于数据中线性和非线性关系。

决策树应用的注意事项：一是决策树适用于目标变量为二分类或多分类数据；二是自变量的类别比较多，或者是区间型变量时，决策树过拟合的可能性增大。

3.聚类分析

聚类分析是将数据对象的集合分组为由类似的对象组成的多个类的分析过程。如果把人和其他动物放在一起比较，可以很轻松地找到一些判断特征，比如肢体、嘴巴、耳朵、皮毛等，根据判断指标之间的差别大小划分出某一类为人，某一类为马，这就是聚类过程。聚类分析主要包括K均值聚类、层次聚类、密度聚类等。

聚类试图将数据集中的样本划分为若干个通常是不相交的子集，每个子集称为一个“簇”（Cluster）。通过这样的划分，每个簇可能对应于一些潜在的概念（类别），如“亚洲人”“非洲人”等。需要说明的是，这些概念对聚类算法而言事先是未知的。

分类是指我们已经知道了事物的类别，需要从样本中学习分类的规则，是一种有监督的学习；而聚类则是由我们来给定简单的规则，从而得到分类，是一种无监督的学习。

（1）K-means聚类

K-means聚类因原理简单、实现起来较为容易、结果可解释性较好等成为最常用的聚类算法。算法最核心的部分包括质心的确定、K值的选择、效果的评估指标等。

（2）K-means算法

K-means算法是将数据分成k个簇，并使得在每个簇中所有点与该簇中心（质心）距离的总和最小。这样每个簇内的数据相似性高，簇之间数据的相似性低。

4.文本分析

文本分析是将非结构化文本数据转换为有意义的数据进行分析的过程，以度量客户意见、产品评论、反馈，提供搜索工具、情感分析和实体建模，以支持基于事实的决策制定。文本分析包括词云分析、词频、主题分析、情感分析等。常用于客户服务、知识管理、用户画像、情境广告、情绪分析、舆情监测、垃圾邮件过滤等方面。

5. 时间序列分析

时间序列（或称动态数列）是指将同一统计指标的数值按其发生的时间先后顺序排列而成的数列。时间序列分析的主要目的是根据已有的历史数据对未来进行预测。时间序列算法 ARIMA（Autoregressive Integrated Moving Average）即自回归整合移动平均模型，是一种常用的时间序列预测方法。其优点在于模型十分简单，只需要内生变量而不需要借助其他外生变量。缺点在于要求时序数据是稳定的或者是通过差分化后是稳定的，不稳定的数据无法预测规律。其本质上只能分析线性关系，而不能分析非线性关系。

思政一刻

在数字经济背景下，新质生产力以科技创新推动产业升级，提升全要素生产率。数字技术，如人工智能、大数据、物联网等，通过数据开发实现生产要素的创新配置，催生新产业和新模式，推动产业深度转型。数据作为新型生产要素，打破了传统生产要素的局限，成为推动生产力发展的核心力量。

数字经济下，生产要素发生新变化：数据成为驱动生产力跃迁的核心要素，推动劳动者与生产资料的优化组合；数字平台改变了企业组织形式和资源配置方式，促进数字技术与实体经济的深度融合；数字经济通过改造传统产业和培育新兴产业，提升全要素生产率。

与传统生产要素相比，数据具有非排他性、无限增长性、支撑融合性和规模经济性。随着数据成为国家战略资源，数字生产力应运而生，劳动者通过数字技术高效利用数据这一新型生产要素，提高全要素生产率，形成新质生产力，推动社会生产力跃升。

（资料来源：数据是形成新质生产力的优质生产要素，https：//baijiahao.baidu.com/s？ id=1797151243940631794&wfr=spider&for=pc）

课后练习

1. 大数据分析五步法遵循的原则是什么？
2. 数据预处理的方法有哪些？
3. 数据可视化的特征有哪些？

模块三 实战

第三章 数据采集

导 读

在数字化时代，大数据和数据分析在企业战略决策中起着至关重要的作用，而数据采集是大数据分析的关键起点，是整个分析流程的基础。掌握有效的数据采集方法，能够确保后续分析的准确性和可靠性。

本章将从数据采集的基本概念出发，深入探讨多种数据采集方法、工具及其适用场景。数据采集的范围、维度和时效性是确保数据质量的关键要素。通过系统地了解这些内容，可以从各种数据源中有效地收集信息，为后续的分析和决策提供坚实的数据基础。本章还包含实践任务，编写并运行Python爬虫代码，以实际操作体验数据采集过程，进一步理解和应用相关技能。

知识目标

1. 了解数据采集的范围和数据采集的工具；
2. 了解网络爬虫采集数据的基本原理；
3. 熟悉在仿真网站上进行数据采集的代码逻辑。

技能目标

1. 会从上海证券交易所仿真网站上爬取数据；
2. 能够根据爬取目标修改Python爬虫代码。

素质目标

1. 培养学生具备基本的程序逻辑素养，拓宽财会青年视野、更新知识储备；
2. 树立隐私数据保护意识，既要保护自己公司的隐私数据，也不能破坏他人公司的隐私数据。

第一节　知识背景

一、数据采集的概念

数据采集又称数据获取，是指将数据从数据源采集到可以支持大数据架构环境的过程。如图 3-1 所示，数据采集是数据挖掘、数据分析的一个环节，在数据处理过程中是非常基本的操作步骤，也是数据分析道路上的重中之重。再好的分析原理、建模算法，没有高质量的数据都是没有用的。数据采集的质量直接决定了后续的分析是否准确。

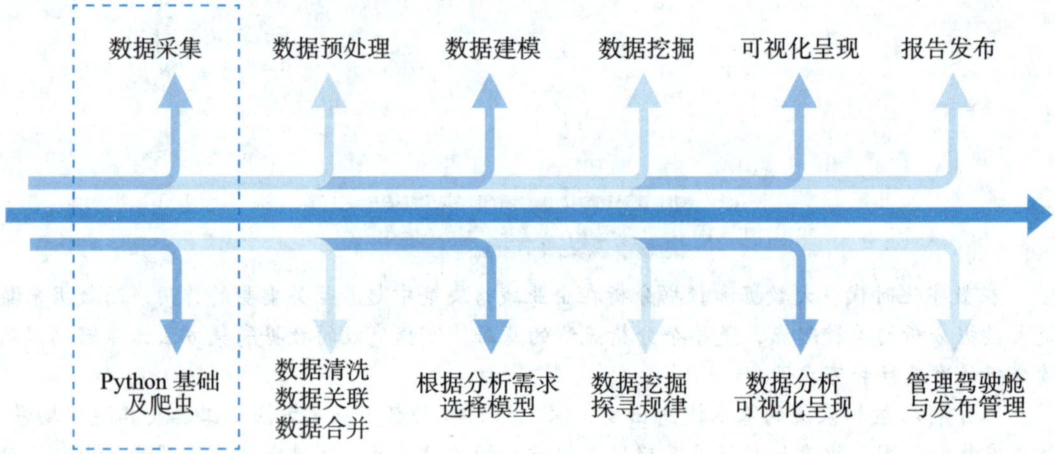

图 3-1　数据处理基本操作步骤

二、数据采集的特征

（一）采集范围全

数据的数量较多，而且能够代表整体数据的各个部分，数据面足够支撑分析需求。

（二）采集维度细

数据更重要的是能满足分析需求。充分考虑企业规模和需求，灵活、快速自定义数据的多种属性和不同类型，从而满足不同的分析目标。

（三）采集时效准

提高数据采集的及时性，从而提高后续数据应用的及时性。

三、数据采集的数据源

采集到的数据根据数据源类型，分为内部数据和外部数据。其中，内部数据包括业务数据和财务数据，外部数据包括国家统计数据、地方政府公开数据、上市公司的年报和季报、研究机构的调研报告。

四、数据采集的方法

在数据采集前，需要做好充分的准备工作：首先，明确数据驱动目标；其次，按需采集数据；最后，选择数据采集的工具和手段。

数据采集的方法主要有以下四种：

1. 数据库采集

传统企业使用关系型数据库如MySQL、SQL Server或Oracle存储数据，而在大数据时代，NoSQL数据库如Redis、MongoDB和HBase也广泛应用。企业可在采集端部署多个数据库支持大数据采集。

2. 系统日志采集

收集公司业务平台产生的大量日志数据，用于离线和在线的大数据分析。

3. 网络数据采集

通过网络爬虫或API从网站获取数据信息，将非结构化或半结构化数据提取并存储在本地。

4. 感知设备采集

通过传感器、摄像头等智能终端自动采集信号、图片或录像获取数据。

五、数据采集的工具

数据采集的工具多种多样，常见的有火车采集器、集搜客、八爪鱼和网络爬虫等。

（一）火车采集器

一款专业的互联网数据抓取、处理、分析、挖掘软件，可以灵活、迅速地抓取网页上散乱分布的数据信息，并通过一系列的分析处理，准确挖掘出所需数据。

（二）集搜客

集搜客是一款简单易用的网页信息抓取软件，能够抓取网页文字、图表、超链接等多种网页元素，可以提供好用的网页抓取软件、数据挖掘攻略、行业资讯和前沿科技等。

（三）八爪鱼

八爪鱼是一款通用的网页数据采集神器，它突破了网页数据采集的传统思维方法，没有编程基础一样可以采集，让用户在网站上抓取资料变得更加简单容易。

（四）网络爬虫

网络爬虫（Web Crawler），也叫网络蜘蛛（Web Spider），是一种用来自动浏览万维网的网络机器人。其早期目的一般为编纂网络索引。之后广泛应用在数据采集、信息监控等领域。简单来说，网络爬虫就是获取网页并提取和保存信息的自动化程序。

例如，某些信息散布在多个网站、页面里，为了提取它们，我们可编写网络爬虫程序或使用具有网络爬虫功能的数据工具，实现规模化、自动化的数据采集。

网络爬虫会涉及一些专用术语：

1.统一资源定位系统

统一资源定位系统（Uniform Resource Locator，URL）是一种带有参数、格式统一的网络资源地址表示形式，在万维网（World Wide Web，WWW）中用于指定文件资源所在地址，又称网址。它最初是由蒂姆·伯纳斯·李发明用来作为万维网的地址。现在它已经被万维网联盟编制为互联网标准RFC1738。

例如，https：//www.baidu.com就是个URL，其中包含了协议类型、域名等。

（1）协议类型：URL中的https是协议类型，它表明客户端与服务器之间基于https协议来传送和解析网页数据。

（2）域名：URL中的www.baidu.com是网络中提供网页访问服务的服务器地址，称为域名。通过域名，用户可以准确定位到要访问的网络中的那台服务器。

2.客户端（Client）

客户端（Client）也称为用户端，是指与服务器相对应，为客户提供本地服务的一种程序。请求和访问资源是客户端的主要功能之一，除了一些只在本地运行的应用程序之外，一般安装在普通的客户端上，需要与服务端相互配合运行。较为常用的客户端有万维网使用的浏览器、收寄电子邮件时的电子邮件客户端，以及即时通信的客户端软件等。

对于上述的应用程序，需要网络中有相应的服务器和服务程序来提供相应的服务，如数据库服务、电子邮件服务等，这样的客户机和服务器端，需要建立特定的通信连接，来保证应用程序的正常运行。

3.Web服务器（Web Server）

Web服务器，也称为WWW（World Wide Web）服务器、万维网服务器，一般指网站服务器，是指驻留于因特网上某种类型计算机的程序，可以向浏览器等Web客户端提供文档，也可以放置网站文件，让全世界浏览。服务端的主要功能是接收请求并提供资源的响应。

网络爬虫模拟用户在浏览器或应用上的操作，自动化地执行这些操作。其基本工作流程包括以下四步：

（1）确定数据源。选择要抓取的一个或多个网站页面的特定信息。

（2）构造并发送请求。根据页面的URL和请求报文，模拟浏览器行为，构造并发送HTTP请求。

（3）获取响应数据。接收并获取响应数据，可能包括HTML、JSON、图片或视频等文件。

（4）解析、处理和保存数据。将相应数据转换为所需编码格式，解析并提取目标数据，进行必要的处理后保存。

第二节　任务实战

（一）任务目标

从上交所XBRL教学专用仿真网站采集上市公司的报表数据，了解数据采集的Python代码，理解爬虫的基本原理和步骤。

（二）任务要求

1. 利用新道代码编辑器，使用Python代码进行单企业单表数据采集；
2. 利用新道代码编辑器，使用Python代码进行多企业单表数据采集；
3. 利用新道代码编辑器，使用Python代码进行单企业多表数据采集。

任务1 浏览上交所XBRL网站

任务描述

上海证券交易所（英文：Shanghai Stock Exchange；中文简称：上交所）创立于1990年11月26日，位于上海浦东新区。截至2020年年末，沪市上市公司家数达1800家，总市值45.5万亿元。如图3-2所示，上交所所有上市公司的财报数据都是以XBRL实例文档的形式提供的。

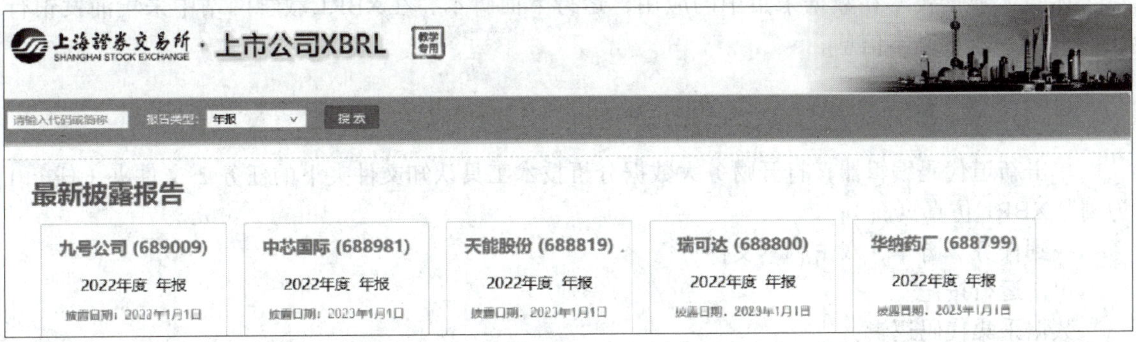

图3-2 上交所XBRL网站的界面

如图3-3所示，可扩展商业报告语言（Extensible Business Reporting Language，XBRL）是可扩展的标记语言（Extensible Markup Language，XML）于财务报告信息交换的一种应用，是目前应用于非结构化信息处理尤其是财务信息处理的有效技术。XBRL技术在资本市场信息披露中的应用，使上市公司、监管机构、交易所、会计师事务所、投资者、研究机构、证券信息服务商等信息加工者与使用者能够以更低的成本、更高的效率实现信息交换和共享，有效地提高了信息披露透明度和监管水平，促进了资本市场的健康有序发展。

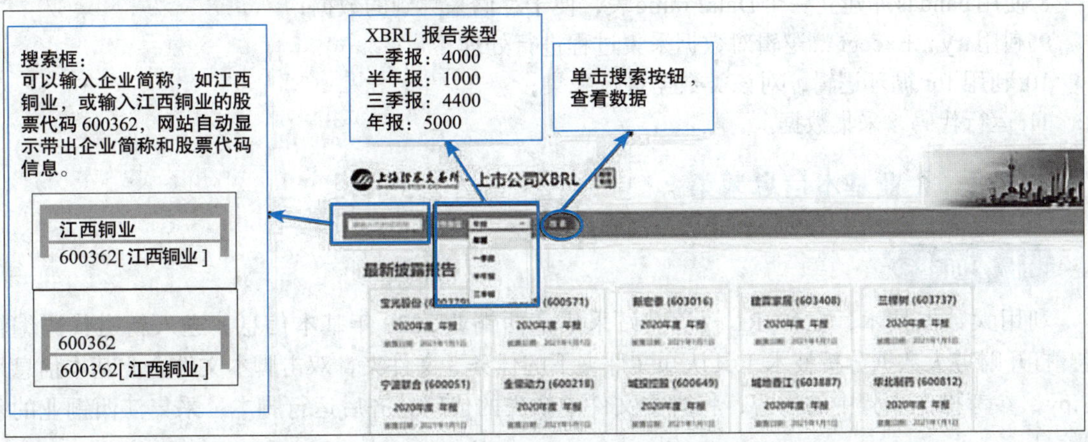

图3-3 上交所XBRL网站的内容

单击【进入系统】，系统自动跳转教学仿真应用上海证券交易所XBRL网站，具体操作如下：

1. 单击右侧【进入系统】，系统会自动跳转到上海证券交易所教学专用XBRL页面；
2. 查看页面，单击页面中任意企业名称，进入详情页面查看企业的财报等信息；
3. 找到搜索框，输入你想查看的企业简称或股票代码；
4. 找到财报类型筛选框，选择你想查询的报告类型；
5. 单击搜索，查看信息；
6. 切换页面标签，查看基本信息、资产负债表、利润表等信息。

任务2　体验大数据数据采集技术

任务描述

体验大数据技术在数据采集中的应用，运行下面脚本，在XBRL教学网站中采集浦发银行2019年第一季度基本信息。

操作步骤

单击新道代码编辑器，打开财务大数据分析技术工具认知文件夹下的任务2文件夹（任务1为浏览XBRL仿真页面）；

找到任务2脚本，双击脚本文件；

单击运行按钮。

数据采集代码逻辑：

1. 导入以下两个Python库文件：requests、pandas；
2. 输入浦发银行对应的股票代码和股票简称输入code变量中；
3. 输入采集的报表年份在year变量中；
4. 输入采集的报表类型在report_period_id变量中；
5. 输入请求连接在url变量中；
6. 使用pandas库文件的缩写pd打开文件“中英指标对照”；
7. 将两列数据转换为字典类型，对照翻译指标名称；
8. 使用pandas库建立一个DataFrame表，便于存储采集到的数据；
9. 利用try ...Except ...逻辑对数据采集过程进行处理；
10. 利用for循环逻辑，对该类数据进行采集；
11. 运行代码，采集数据。

任务3　企业基本信息采集

任务描述

利用大数据技术，在XBRL教学网站采集江西铜业2020年基本信息。进入新道代码编辑器，打开财务大数据分析技术工具认知文件夹下的任务3文件夹，双击脚本文件企业基本信息采集.py，参考操作步骤中的内容，将脚本文件中缺失的代码补齐后运行脚本，采集江西铜业的基本信息。

操作步骤

1. 导入Python库文件

请导入以下两个Python库文件：requests、pandas。

```
import ________
import ________ as pd
```

2. 请输入股票代码、报表年份、报表类型

请将江西铜业股票代码600362输入code变量的________中；

请将采集的报表年份2020输入year变量的________中；

请将采集的年份报表类型5000输入report_period_id变量的________中。

```
code = [("________", "江西铜业")]
year = ["________"]
report_period_id = ["________"]
url = ["https：//ssecurity.seentao.com/debug/security/security.info.get"]
name_file = pd.read_excel('财务大数据分析技术工具认知/中英文对照表/中英指标对照.xlsx', sheet_
name='sz_info')
name_dir = dict(zip(name_file['en'], name_file['ch']))
```

3. 请输入Python库文件

请将pandas库文件的缩写pd输入在________中。

```
data = ________.DataFrame()
```

4. 运行脚本，进行数据采集

任务4　单一企业资产负债表数据采集

任务描述

利用大数据技术，在XBRL教学网站采集浦发银行2021年年度资产负债表。进入新道代码编辑器，打开财务大数据分析技术工具认知文件夹下的任务4文件夹，双击脚本文件单一企业资产负债表数据采集.py，参考操作步骤中的内容，将脚本文件中缺失的代码补齐后运行脚本，采集浦发银行的资产负债表。

操作步骤

1. 导入Python库文件

请分别将以下两个Python库文件输入在下列横线上：requests、pandas。

```
import ________
import ________ as pd
```

2. 输入采集浦发银行数据的一些参数

在code变量中，输入对应的股票代码：600000；

在code变量中，输入对应的股票简称：浦发银行；

在year变量中，输入采集的报表年份：2021；

在report_period_id变量中，输入采集的报告类型：5000；

在url变量中，输入请求连接资产负债表的英文名称：balancesheet。

```
code = [("________", "________")]
year = ["________"]
report_period_id = ["________"]
url = ["https：//ssecurity.seentao.com/debug/security/security.________.get"]
```

3. 打开“中英指标对照”表

使用pandas库文件的缩写pd打开文件“中英指标对照”。

```
name_file = ________.read_excel('财务大数据分析技术工具认知/中英文对照表/中英指标对照.xlsx', sheet_
name='sz_balancesheet')
```

4. 建立一个存储采集数据的表

对照翻译指标名称，将两列数据转换为字典类型；

并使用pandas库建立一个DataFrame表，便于存储采集到的数据。

```
name_dir = dict(zip(name_file['en'], name_file['ch']))
data = pd.________()
利用 try ...except ...逻辑对数据采集过程进行处理
________:
  for S_id in code：
    stock_id = S_id[0]
    for b in report_period_id：
      try：
        postdata = {"stockId": stock_id, "reporttype": b, "callType": "collection"}
        json_data = requests.post(url[0], postdata).json()['result']
        df = pd.DataFrame(json_data)
        df = df[df['reportyear'].isin(year)]
        data = pd.concat([data,df])
      except Exception as e：
        print(e)
        continue
  data.rename(columns=name_dir, inplace=True)
  print(data)
  end_data = data[name_file['ch']]
    end_data.to_excel('财务大数据分析技术工具认知/任务4/浦发银行2021年资产负债表采集结果.xlsx',
encoding='utf-8', index=)
except Exception as e：
print('采集失败', e)
```

5. 运行脚本，进行数据采集

任务5　多企业资产负债表数据采集

任务描述

利用大数据技术，在XBRL教学网站采集美克家居、柳钢股份、三一重工、贵州茅台2019—2020年资产负债表数据。进入新道代码编辑器，打开财务大数据分析技术工具认知文件夹下的任务5文件夹，双击脚本文件多企业资产负债表数据采集.py，参考操作步骤中的内容，将脚本文件中缺失的代码补齐后运行脚本，采集多家企业的资产负债表。

操作步骤

1. 导入Python库文件

请导入以下两个Python库文件：requests、pandas。

```
import ________
import ________ as pd
```

2. 请输入股票代码、报表年份、报表类型

在code变量中，根据股票简称输入对应的股票代码；

股票简称：美克家居，股票代码：600337；

股票简称：柳钢股份，股票代码：601003；

股票简称：三一重工，股票代码：600031；

股票简称：贵州茅台，股票代码：600519；

在year变量中，输入采集的报表年份。

```
2019
2020
```

在report_period_id变量中，输入采集的报告类型；

年报类型：5000。

```
code = [("________", "美克家居"),("________", "柳钢股份"),("________", "三一重工"),("________", "贵州茅台")]
year = ["________","________"]
report_period_id = ["________"]
```

3. 请输入报表名称

在url变量中，输入资产负债表的英文名称：balancesheet；

使用pandas库文件的缩写pd打开文件“中英指标对照”，并命名在name_file变量中。

```
url = ["https：//ssecurity.seentao.com/debug/security/security.________.get"]
________ = pd.read_excel('财务大数据分析技术工具认知/中英文对照表/中英指标对照.xlsx', sheet_name='sz_balancesheet')
name_dir = dict(zip(name_file['en'], name_file['ch']))
```

4. 采集数据的文件名

将文件命名为：资产负债表采集结果。

文件夹路径：财务大数据分析技术工具认知/任务 5/

```
data = pd.DataFrame()
try:
  for S_id in code:
    stock_id = S_id[0]
    for b in report_period_id:
      try:
        postdata = {"stockId": stock_id, "reporttype": b, "callType": "collection"}
        json_data=requests.post(url[0], postdata).json()['result']
        df = pd.DataFrame(json_data)
        df = df[df['reportyear'].isin(year)]
        data = pd.concat([data,df])
      except Exception as e:
        print(e)
        continue

  data.rename(columns=name_dir, inplace=True)
  print(data)
  end_data = data[name_file['ch']]
  end_data.to_excel('_________.xlsx',encoding='utf-8', index=)
except Exception as e:
  print('采集失败', e)
```

5. 运行脚本，进行数据采集

任务6　多企业利润表数据采集

任务描述

利用大数据技术，在XBRL教学网站采集美克家居、柳钢股份、三一重工、贵州茅台2019—2020年利润表数据。进入新道代码编辑器，打开财务大数据分析技术工具认知文件夹下的任务6文件夹，双击脚本文件多企业利润表数据采集.py，参考操作步骤中的内容，将脚本文件中缺失的代码补齐后运行脚本，采集多家企业的利润表。

操作步骤

1. 请输入报表名称

在url变量中，输入利润表的英文名称：incomestatement；

在name_file变量中，将“报表名称”输入利润表的英文名称：incomestatement。

```
url = ["https://ssecurity.seentao.com/debug/security/security._________.get"]
name_file = pd.read_excel('财务大数据分析技术工具认知/中英文对照表/中英指标对照.xlsx', sheet_
name='sz_报表名称')
name_dir = dict(zip(name_file['en'], name_file['ch']))
```

2. 使用DataFrame建立一个数据表

此数据表用于保存采集到的数据；

请在pd.后面填写建表所需函数。

```
data = pd.________()
```

3. 利用for循环，采集数据，请复制以下代码到右侧代码编辑区域

```
try:
  for S_id in code:
    stock_id = S_id[0]
    for b in report_period_id:
      try:
        postdata = {"stockId": stock_id, "reporttype": b, "callType": "collection"}
        json_data=requests.post(url[0], postdata).json()['result']
        df = pd.DataFrame(json_data)
        df = df[df['reportyear'].isin(year)]
        data = pd.concat([data,df])
      except Exception as e:
        print(e)
        continue
  data.rename(columns=name_dir, inplace=True)
  print(data)
  end_data = data[name_file['ch']]
  end_data.to_excel('财务大数据分析技术工具认知/任务6/利润表采集结果.xlsx', encoding='utf-8', index=)
except Exception as e:
  print('采集失败', e)
```

4. 运行脚本，进行数据采集

任务7　单一企业资产负债表与利润表数据采集

任务描述

利用大数据技术，在XBRL教学网站采集招商银行2019—2021年资产负债表和利润表数据。进入新道代码编辑器，打开财务大数据分析技术工具认知文件夹下的任务7文件夹，双击脚本文件单一企业资产负债表与利润表数据采集.py，参考操作步骤中的内容，将脚本文件中缺失的代码补齐后运行脚本，采集招商银行连续三年的资产负债表和利润表。

操作步骤

1. 导入Python库文件

请导入以下Python库文件：requests、re、pandas、time。

```
import ________
import ________
import ________ as pd
import ________
```

2. 输入采集的信息

在编写采集脚本时，参考系统内置的中英文指标对照表，我们配置输出数据文件名翻译对照字典，如：

```
balancesheet 对应 资产负债表
cashflow 对应 现金流量表
incomestatement 对应 利润表
```

下面我们就将使用这些英文名称：

在code变量中，输入招商银行对应的股票代码：600036；

在year变量中，输入采集的报表年份：2019、2020、2021；

在report_period_id变量中，输入采集的报表类型：5000；

在url变量中，输入请求连接中资产负债表英文名称：balancesheet；

在url变量中，输入请求连接中利润表英文名称：incomestatement。

```
code = [ ("________", "招商银行")]
year = ["________", "________", "________"]
report_period_id = ["________"]
url = ["https：//ssecurity.seentao.com/debug/security/security.________.get",
    "https：//ssecurity.seentao.com/debug/security/security.________.get"]
name_dict = {"incomestatement"： "利润表", "cashflow"： "现金流量表", "balancesheet"： "资产负债表"}
```

3. 利用 for 循环，采集数据，请复制以下代码到右侧代码编辑区域

我们利用 try ...Except ... 的逻辑对数据采集过程进行处理；

利用 for 循环逻辑，对该类数据进行采集；

复制下列代码，粘贴到右侧代码编辑区域内。

```
try：
 for one in url：
    name = re.search('\/security\.(.*)\.get', one).group(1)
    sheet_name = 'sz_' + name
    data = pd.DataFrame()
    for S_id in code：
       stock_id = S_id[0]
       for b in report_period_id：
          try：
             postdata = {"stockId"： stock_id, "reporttype"： b, "callType"： "collection"}
             json_data=requests.post(one, postdata).json()['result']
             df = pd.DataFrame(json_data)
             df = df[df['reportyear'].isin(year)]
             data = pd.concat([data,df])
          except Exception as e：
             print(e)
             continue
      name_file = pd.read_excel('财务大数据分析技术工具认知/中英文对照表/中英指标对照.xlsx', sheet_
name=sheet_name)
    name_dir = dict(zip(name_file['en'], name_file['ch']))
    data.rename(columns=name_dir, inplace=True)
    print(data)
    end_data = data[name_file['ch']]
      end_data.to_excel(f"财务大数据分析技术工具认知/任务7/{'&'.join([i[1] for i in code])}_{name_dict.
get(name)}采集结果{int(time.time())}.xlsx", encoding='utf-8', index=)
```

```
except Exception as e:
  print('采集失败', e)
```

任务8 多企业多报表数据采集

任务描述

利用大数据技术，在XBRL教学网站采集美克家居、柳钢股份、三一重工、贵州茅台2019—2020年利润表和现金流量表数据。进入新道代码编辑器，打开财务大数据分析技术工具认知文件夹下的任务8文件夹，双击脚本文件多企业多报表数据采集.py，参考操作步骤中的内容，将脚本文件中缺失的代码补齐后运行脚本，采集多家企业不同年份的资产负债表和利润表。

操作步骤

1. 导入Python库文件

请导入以下Python库文件：requests、re、pandas、time。

```
import ________
import ________
import ________ as pd
import ________
```

2. 请输入报表名称

在url变量中，请输入利润表英文名称：incomestatement；

在url变量中，请输入现金流量表英文名称：cashflow。

```
url = ["https://ssecurity.seentao.com/debug/security/security.________.get",
    "https://ssecurity.seentao.com/debug/security/security.________.get"]
```

3. 复制下列代码到右侧代码区域内

try:

```
  for one in url:
    name = re.search('\/security\.(.*)\.get', one).group(1)
    sheet_name = 'sz_' + name
    data = pd.DataFrame()
    for S_id in code:
      stock_id = S_id[0]
      for b in report_period_id:
        try:
          postdata = {"stockId": stock_id, "reporttype": b, "callType": "collection"}
          json_data=requests.post(one, postdata).json()['result']
          df = pd.DataFrame(json_data)
          df = df[df['reportyear'].isin(year)]
          data = pd.concat([data,df])
        except Exception as e:
          print(e)
          Continue
```

4. 输入文件夹名称

复制财务大数据分析技术工具认知文件夹中“中英指标对照”的路径，对应填写在name_file变量“文件夹路径”中。

```
        name_file=pd.read_excel('________', sheet_name=sheet_name)
        name_dir = dict(zip(name_file['en'], name_file['ch']))
        data.rename(columns=name_dir, inplace=True)
        print(data)
        end_data = data[name_file['ch']]
          end_data.to_excel(f"财务大数据分析技术工具认知/任务8/{'&'.join([i[1] for i in code])}_{name_dict.
get(name)}采集结果{int(time.time())}.xlsx",
                    encoding='utf-8', index=)
except Exception as e:
   print('采集失败', e)
```

注意：如果复制脚本，需要将空格一并复制。

任务9　采集结果提交

请提交多企业多报表数据采集结果。

思政一刻

在大数据挖掘的爬虫技术阶段，如果应用爬虫技术不当，会给国家和企业造成负面影响。不遵循爬虫协议，未经授权获取敏感信息，甚至利用这些信息进行商业牟利，都是违反法律和道德的行为。这些行为不仅可能导致严重的数据泄露和信息安全问题，还可能损害国家和企业的声誉与利益。以某些反面案例为鉴，个别企业和个人因不当使用爬虫技术获取敏感数据而被追究法律责任，严重影响了行业的规范发展。因此，必须严格遵守法律法规和行业纪律，确保技术应用符合伦理标准，为社会的健康发展做出积极贡献。

课后练习

1. 请详细描述数据采集的概念及其在大数据分析中的重要性，并结合实际案例分析数据采集过程中的常见挑战及应对策略。

2. 请根据本章所学内容，设计一个数据采集的方案，用于从网络上获取特定行业的财务数据，并详细说明每个步骤的实现方法。

3. 讨论网络爬虫技术在数据采集中的应用，重点分析其工作原理、优势及潜在的法律和伦理问题。

第四章　数据清洗

导　读

在大数据分析中，数据清洗至关重要。研究表明，约80%的数据分析时间用于数据准备和清洗。原始数据通常存在错误、缺失值和重复记录等问题，如果不彻底清洗，分析结果可能会误导。

本章首先阐明了数据清洗的核心目的，即确保数据质量，提高一致性和准确性。其次详细讲解了数据清洗的各个方面，包括处理缺失值、纠正格式错误、解决逻辑错误及删除非需求性数据等内容。最后介绍了多种数据清洗工具和技术，以及如何在实际中应用它们进行有效清洗。

知识目标

1. 了解数据清洗的概念、内容、方法；
2. 了解数据清洗的设计原则；
3. 掌握数据清洗常见问题及处理顺序。

技能目标

1. 能够依据案例资料建立数据清洗规则，进行数据清洗流程设计与工具操作；
2. 了解Python数据清洗。

素养目标

1. 培养学生大数据技术的认知；
2. 培养学生数据清洗的能力。

第一节　知识背景

一、数据清洗的必要性

对于数据挖掘来说，80%的工作都花在数据准备上面，而数据准备，80%的时间又花在数据清洗上。数据清洗顾名思义就是将“脏数据”进行清洗。

什么是脏数据？如图4-1所示，脏数据包括一些无效数据、缺失数据、重复数据、错误数据及冲突数据。

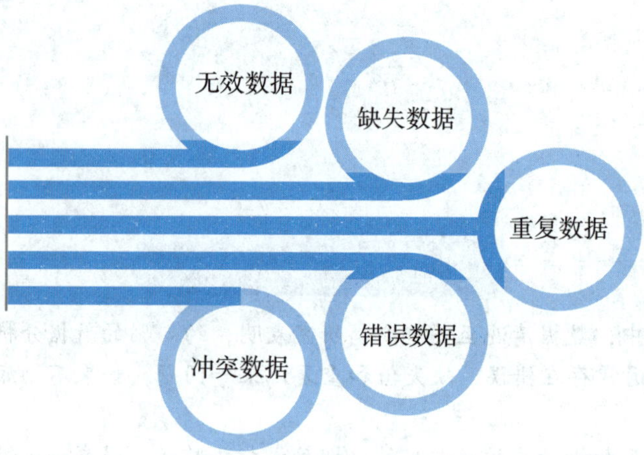

图 4-1　脏数据分类

二、数据清洗概念

数据清洗是指发现并纠正数据文件中可识别的错误的最后一道程序，包括检查数据一致性，处理无效值和缺失值等。

数据清洗（Data cleaning）是对数据进行重新审查和校验的过程，目的在于删除重复信息、纠正存在的错误，并提高数据一致性。

三、数据清洗的主要内容

（一）缺失值清洗

缺失值清洗是确定缺失值范围、去除不需要的字段、填充缺失内容、重新取数。

（二）格式内容清洗

格式内容清洗包括三个方面：一是将时间、日期数值、全半角等显示格式不一致的数据，处理成一致的某种格式；二是内容中有不该存在的字符，去除不需要的字符；三是内容与该字段应有内容不符，要详细识别问题类型。

（三）逻辑错误清洗

去除重复值、去除不合理值、修正矛盾内容。

（四）非需求性数据清洗

将不需要的字段直接删除，如果不能事先判断该字段是否有用，建议先保留；在删除字段之前做好备份，以免误删字段找不回数据。

（五）关联性验证

如果数据有多个来源，就有必要进行关联性验证；如果验证发现问题，则需要对数据进行调整或去除。

四、数据清洗设计

数据清洗应该遵守以下法则：

1. 少量数据：先合并、连接再清洗；
2. 大数据源接入：先按照统一标准清洗，再接入；
3. 每个数据计算层：先清洗再计算；
4. 分析结果发现数据问题：向前溯源，新增、修订清洗规则。

数据清洗应注意以下事项：

1. 一个清洗步骤就用一条清洗规则；
2. 多拆分清洗步骤，每个步骤备份数据，方便出问题时回退；
3. 一般先做全局清洗（对全部数据），再做个别字段的清洗；
4. 清洗的输出结果不要直接放在正式数据流 \ 正式文件中，先用测试环境 \ 临时文件充分验证后上正式环境。

五、数据清洗工具

在课程平台上，使用的数据清洗工具如图 4-2 所示。

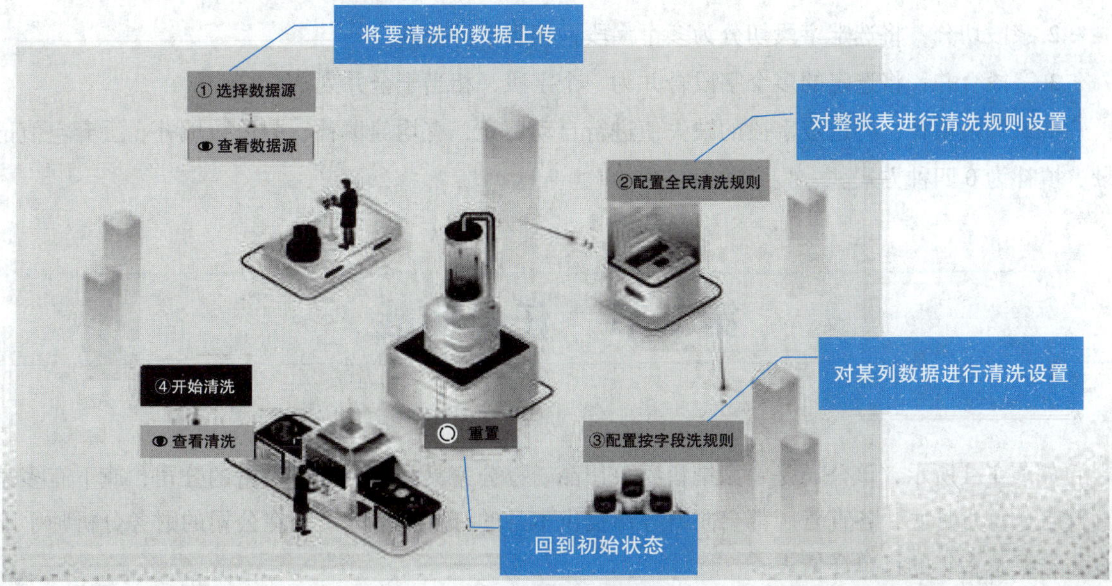

图 4-2　数据清洗工具

（一）全局清洗

为了提升清洗效率，在不影响正常要分析的数据前提下，将多个字段都存在的问题一次性清洗掉，可以使用全局规则。全局清洗一般放在其他清洗规则前优先执行。全局清洗规则如图 4-3 所示。

全局规则	规则描述
非法字符清洗	对表中所有记录中含有以下字符的内容进行删除。非法字符包括：\/* ？ :" < > |
空格清理	对表中所有记录中的空格都进行统一删除
-(仅有)替换为 Null	将字段记录值仅含有“-”的内容进行删除，存为空记录
-(仅有)替换为 0	将字段记录值仅含有“-”的内容进行替换，存为“0”
空格(仅有)替换为 Null	将字段记录值仅含有空格的内容进行删除，存为空记录
空格(仅有)替换为 0	将字段记录值仅含有空格的内容进行替换，存为“0”

图 4-3　全局清洗规则

（二）按字段清洗

工具提供了字符替换、字段切分、字段合并、缺失值填补四种清洗规则。

1. 字符替换：可以将选定字段的值进行替换。

2. 字段切分：将选定字段切分为多个字段，相当于拆分列。

3. 字段合并：将选定的多个字段合并为一个字段，相当于合并列。

4. 缺失值填补：将选定字段的缺失值进行自动填充，有均值填补、中位数填补、丢弃空值记录、填补为 0 四种方式。

第二节　任务实战

如表 4-1 所示，该公司是一家销售办公用品、办公家具和办公电子设备的公司，旗下有多家直营店，每月月底，各直营店都会向财务部提供本月的订单详情表。现在公司的财务分析师手上有一份汇总多年的订单详情表。

图 4- 1　订单详情表

行 ID	订单 ID	订单日期	发货日期	邮寄方式	客户 ID	客户类型	城市	产品 ID	类别	子类别	产品名称	销售额	销售数量
1	US-2015-1357144	2015/4/28	2015/4/30	二级	曾惠 -14485	公司	杭州	10002717	办公用品	用品	Fiskars 剪刀，* 蓝色	129.696	2
2	CN-2015-1973789	2015/6/16	2015/6/20	标准级	许安 -10165	消费者	内江	10004832	办公用品	信封	G1obeWeis * 搭扣信封，红色	125.44	2
3	CN-2015-1973789	2015/6/16	2015/6/20	标准级	许安 -10165	消费者	内江	10001505	办公用品	装订机	Cardinal 孔加固材料，回收	31.92	2
4	US-2015-3017568	2015/12/10	2015/12/14	标准级	宋良 -17170	公司	镇江	10003746	办公用品	用品	K1eencut 开信刀，工业	321.216	4
5	CN-2014-2975416	2014/5/31	2014/6/2	二级	方兰 -15730	消费者	汕头	10003452	办公用品	器具	KitchenAid 搅拌机，黑色	1375.92	3
6	CN-2013-4497736	2013/10/27	2013/10/31	标准级	俞明 -18325	消费者	景德镇	10001640	技术	设备	柯尼卡打印机，红色	11129.58	9
7	CN-2013-4497736	2013/10/27	2013/10/31	标准级	俞明 -18325	消费者	景德镇	10001029	办公用品	装订机	Ibico | 订书机，实惠	479.92	2
8	CN-2013-4497736	2013/10/27	2013/10/31	标准级	俞明 -18325	消费者	景德镇	10000578	家具	椅子	SAFCo | 扶手椅，可调	8659.84	4
9	CN-2013-4497736	2013/10/27	2013/10/31	标准级	俞明 -18325	消费者	景德镇	10001629	办公用品	纸张	GreenBar | 计划信息表，多色	588	5
10	CN-2013-4497736	2013/10/27	2013/10/31	标准级	俞明 -18325	消费者	景德镇	10004801	办公用品	系固件	Stockwel1 橡皮筋，整包	154.28	2
11	CN-2012-4195213	2012/12/22	2012/12/24	二级	谢雯 -21700	小型企业	榆林	10000001	技术	设备	爱普生 计算器，耐用	434.28	2
12	CN-2015-5801711	2015/6/2	2015/6/7	标准级	康青 -19585	消费者	哈尔滨	10002416	技术	复印机	惠普 墨水，红色	2368.8	4
13	CN-2013-2752724	2013/6/5	2013/6/9	标准级	赵婵 -10885	消费者	青岛	10000017	办公用品	信封	Jiffy | 局间信封，银色	683.76	3
14	CN-2013-2752724	2013/6/5	2013/6/9	标准级	赵婵 -10885	消费者	青岛	10004920	技术	配件	SanDisk 键区，可编程	1326.5	5
15	CN-2013-2752724	2013/6/5	2013/6/9	标准级	赵婵 -10885	消费者	青岛	10004349	技术	电话	诺基亚 充电器，蓝色	5936.56	2
16	US-2014-2511714	2014/11/22	2014/11/25	一级	刘斯 -20965	公司	徐州	10003582	办公用品	器具	KitchenAid 冰箱，黑色	10336.452	7
17	US-2014-2511714	2014/11/22	2014/11/25	一级	刘斯 -20965	公司	徐州	10004648	办公用品	标签	Novimex 圆形标签，红色	85.26	3
18	CN-2015-5631342	2015/10/3	2015/10/5	二级	白鹄 -14050	消费者	上海	10001200	技术	配件	Memorex 链盘，实惠	2330.44	7
19	CN-2015-5631342	2015/10/3	2015/10/5	二级	白鹄 -14050	消费者	上海	10000039	办公用品	用品	Acme 尺子，工业	85.54	1
20	CN-2015-5631342	2015/10/3	2015/10/5	二级	白鹄 -14050	消费者	上海	10004589	办公用品	装订机	Avery 孔加固材料，耐用	137.9	5
21	CN-2015-5631342	2015/10/3	2015/10/5	二级	白鹄 -14050	消费者	上海	10004369	办公用品	装订机	Cardinal 装订机，回收	397.32	6

财务分析师需要对汇总订单详情表进行分析，如客户群体分布分析、受欢迎商品分析、收入利润情况分析。在做分析之前，财务分析师需要对原始数据表进行数据清洗，构建一张准确的数据表是数据分析最重要的环节之一。

通过观察表 4-1 我们可以发现，表中有一些空值和“ - ”，有的单元格还有特殊字符。对客户 ID、产品名称这些数据也需要进一步数据处理，才可以准确地进行分析。

任务 1　全局清洗规则：清洗空格

任务描述

请同学们利用数据清洗系统中全局清洗规则，对整张数据表中的空格进行清洗。

请单击【进入系统】，系统自动跳转并登录到数据清洗系统，请同学们参考【操作步骤】，完成数据表内“空格”的清洗。

操作步骤

1. 选择数据源

表 4-2 数据源

行 ID	订单 ID	订单日期	发货日期	邮寄方式	客户 ID	客户类型	城市	产品 ID	类别	子类别
1	US-2015-1357144	2015/4/28	2015/4/30	二级	曾惠 -14485	公司	杭州	10002717	办公用品	用品
2	CN-2015-1973789	2015/6/16	2015/6/20	标准级	许安 -10165	消费者	内江	10004832	办公用品	信封
3	CN-2015-1973789	2015/6/16	2015/6/20	标准级	许安 -10165	消费者	内江	10001505	办公用品	装订机
4	US-2015-3017568	2015/12/10	2015/12/14	标准级	宋良 -17170	公司	镇江	10003746	办公用品	用品
5	CN-2014-2975416	2014/5/31	2014/6/2	二级	方兰 -15730	消费者	汕头	10003452	办公用品	器具
6	CN-2013-4497736	2013/10/27	2013/10/31	标准级	俞明 -18325	消费者	景德镇	10001640	技术	设备
7	CN-2013-4497736	2013/10/27	2013/10/31	标准级	俞明 -18325	消费者	景德镇	10001029	办公用品	装订机
8	CN-2013-4497736	2013/10/27	2013/10/31	标准级	俞明 -18325	消费者	景德镇	10000578	家具	椅子
9	CN-2013-4497736	2013/10/27	2013/10/31	标准级	俞明 -18325	消费者	景德镇	10001629	办公用品	纸张
10	CN-2013-4497736	2013/10/27	2013/10/31	标准级	俞明 -18325	消费者	景德镇	10004801	办公用品	系固件
11	CN-2012-4195213	2012/12/22	2012/12/24	二级	谢雯 -21700	小型企业	榆林	10000001	技术	设备
12	CN-2015-5801711	2015/6/2	2015/6/7	标准级	康青 -19585	消费者	哈尔滨	10002416	技术	复印机
13	CN-2013-2752724	2013/6/5	2013/6/9	标准级	赵婵 -10885	消费者	青岛	10000017	办公用品	信封
14	CN-2013-2752724	2013/6/5	2013/6/9	标准级	赵婵 -10885	消费者	青岛	10004920	技术	配件
15	CN-2013-2752724	2013/6/5	2013/6/9	标准级	赵婵 -10885	消费者	青岛	10004349	技术	电话
16	US-2014-2511714	2014/11/22	2014/11/25	一级	刘斯 -20965	公司	徐州	10003582	办公用品	器具

进入数据清洗系统后，单击【选择数据源】，如图表 4-2 所示，在下拉列表中找到预置的数据，单击【保存】；

如果下拉列表中没有预置数据，可以前往本任务“任务资料”，找到本项目所需下载的数据表，先进行下载，然后单击【上传数据】，将下载的数据上传系统；

单击【保存】，平台会提示“保存成功”。

2. 配置清洗规则

单击【配置全局清洗规则】；

勾选要使用的规则，单击【字符替换】下的“空格（仅有）替换为 0”；

单击【保存】，平台会提示“配置清洗规则成功”。

3. 数据清洗

单击【开始清洗】；

系统弹出一个对话框，询问“确定要开始清洗吗”，单击【确定】；

系统开始清洗数据，会出现一个“清洗中…”的模型；

清洗完毕，界面显示“清洗并上传成功”。

4. 下载清洗结果

单击【查看清洗结果】，对清洗结果进行阅览；

单击【下载】，将清洗好的数据下载到本地电脑，可将文件重新命名为“任务 1 操作结果”。

任务2　全局清洗规则：清洗“-”

任务描述

在开始操作之前，需要单击【重置】，将数据清洗系统重置初始状态。请同学们利用数据清洗系统中全局清洗规则，对整张数据表中的特殊字符“-”进行清洗。

请单击【进入系统】，系统自动跳转并登录到数据清洗系统，请同学们参考【操作步骤】，完成数据表内“-”的清洗。

操作步骤

1. 选择数据源

进入数据清洗系统后，单击【上传数据】，将上一任务“空格清洗”的操作结果上传到数据清洗系统中；

单击【保存】，平台会提示“保存成功”。

2. 配置清洗规则

单击【配置全局清洗规则】

勾选要使用的规则，单击【字符替换】下的“-（仅有）替换为0”；

单击【保存】，平台会提示“配置清洗规则成功”。

3. 数据清洗

单击【开始清洗】；

系统弹出一个对话框，询问“确定要开始清洗吗?”，单击【确定】；

系统开始清洗数据，会出现一个“清洗中…”的模型；

清洗完毕，界面显示“清洗并上传成功”。

4. 下载清洗结果

单击【查看清洗结果】，对清洗结果进行阅览；

单击【下载】，将清洗好的数据下载到本地电脑，可将文件重新命名为“任务2操作结果”。

任务3　按字段清洗规则：清洗产品名称中的“*”

任务描述

在开始操作之前，需要单击【重置】，将数据清洗系统重置初始状态。请同学们利用数据清洗系统中按字段清洗规则，对产品名称进行清洗。

请单击【进入系统】，系统自动跳转并登录到数据清洗系统，请同学们参考【操作步骤】，完成数据表内“*”的清洗。

操作步骤

1. 选择数据源

进入数据清洗系统后，单击【上传数据】，将上一任务“-”的清洗操作结果上传到数据清洗系统中；

单击【保存】，平台会提示“保存成功”。

2. 配置清洗规则

单击【配置按字段清洗规则】；

单击【添加规则】，系统会出现一个规则框；

选择“字符替换”清洗规则；

单击规则下方的【+】，选择需要切分的字段，在弹出的窗口中选择“产品名称”，并单击右移（添加）按钮，单击【确定】；

填写“原内容”与“替换内容”，将“产品名称”中的“ * ”替换为空格，单击【保存】，平台会提示“配置清洗规则成功”。

3. 数据清洗

单击【开始清洗】；

系统弹出一个对话框，询问“确定要开始清洗吗”，单击【确定】；

系统开始清洗数据，会出现一个“清洗中…”的模型；

清洗完毕，界面显示“清洗并上传成功”。

4. 下载清洗结果

单击【查看清洗结果】，对清洗结果进行阅览；

单击【下载】，将清洗好的数据下载到本地电脑，可将文件重新命名为“任务 3 操作结果”。

任务4　按字段清洗规则：清洗产品名称中的“/”“\”“|”

任务描述

在开始操作之前，需要单击【重置】，将数据清洗系统重置初始状态。请同学们利用数据清洗系统中按字段清洗规则，对产品名称中的特殊字符进行清洗。

请单击【进入系统】，系统自动跳转并登录到数据清洗系统，请同学们参考【操作步骤】，完成数据表内三个特殊字符“/”“\”“|”的清洗。

操作步骤

1. 选择数据源

进入数据清洗系统后，单击【上传数据】，将上一任务“ * ”的清洗操作结果上传到数据清洗系统中；

单击【保存】，平台会提示“保存成功”。

2. 配置清洗规则

单击【配置按字段清洗规则】；

单击【添加规则】，系统会出现一个规则框；

选择“字符替换”清洗规则；

单击规则下方的【+】，选择需要清洗的字段，在弹出的窗口中选择“产品名称”，并单击右移（添加）按钮，单击【确定】；

填写“原内容”与“替换内容”。在上一任务中，我们清楚了如何操作字符清洗。现在，我们分别单击三次“添加规则”，依次完成本任务中的清洗任务，按字段清洗规则进行添加，具体内容如下：

将“产品名称”中的“\”替换为空格；

将“产品名称”中的“/”替换为空格；

将“产品名称”中的“|”替换为空格（输入一个空格键）；

单击【保存】。

3. 数据清洗

单击【开始清洗】；

系统弹出一个对话框，询问“确定要开始清洗吗”，单击【确定】；

系统开始清洗数据，会出现一个“清洗中…”的模型；

清洗完毕，界面显示“清洗并上传成功”。

4. 下载清洗结果

单击【查看清洗结果】，对清洗结果进行阅览；

单击【下载】，将清洗好的数据下载到本地电脑，可将文件重新命名为“任务 4 操作结果”。

任务5 按字段清洗规则：清洗客户ID

任务描述

在开始操作之前，需要单击【重置】，将数据清洗系统重置初始状态。请同学们利用数据清洗系统中按字段清洗规则，对客户ID字段进行清洗。

请单击【进入系统】，系统自动跳转并登录到数据清洗系统，请同学们参考【操作步骤】，完成数据表内客户ID列的字段切分。

操作步骤

1. 选择数据源

进入数据清洗系统后，单击【上传数据】，将上一任务的清洗操作结果上传到数据清洗系统中；

单击【保存】，平台会提示“保存成功”。

2. 配置清洗规则

单击【配置按字段清洗规则】；

单击【添加规则】，系统会出现一个规则框；

选择“字段切分”清洗规则；

单击规则下方的【+】，系统弹出选择字段窗口，添加所需清洗的字段名称；

勾选“客户ID”，单击向右箭头，对“客户ID”进行清洗；

选择切分分隔符，系统自动带出“-”字符，若系统没有带出，可以输入“-”字符；

输入切分后新字段名称；
系统自动带出“客户ID-1”和“客户ID-2”；
将“客户ID-1”更改为“客户名称”；
将“客户ID-2”更改为“客户ID”；
单击【保存】，系统弹出“配置清洗规则成功”。

3.数据清洗

单击【开始清洗】；
系统弹出一个对话框，询问“确定要开始清洗吗”，单击【确定】；
系统开始清洗数据，会出现一个“清洗中…”的模型；
清洗完毕，界面显示“清洗并上传成功”。

4.下载清洗结果

单击【查看清洗结果】，对清洗结果进行阅览；
单击【下载】，将清洗好的数据下载到本地电脑，可将文件重新命名为“任务5操作结果”。

任务6　按字段清洗规则：清洗产品名称

任务描述

在开始操作之前，需要单击【重置】，将数据清洗系统重置初始状态。请同学们利用数据清洗系统中按字段清洗规则，对产品名称中的格式内容进行清洗。请单击【进入系统】，系统自动跳转并登录到数据清洗系统，请同学们参考【操作步骤】，完成数据表内产品名称列的字段切分。

操作步骤

1.选择数据源

进入数据清洗系统后，单击【上传数据】，将上一任务的清洗操作结果上传到数据清洗系统中；

单击【保存】，平台会提示“保存成功”。

2.配置清洗规则

单击【配置按字段清洗规则】；
单击【添加规则】，系统会出现一个规则框；
选择“字段切分”清洗规则；
单击规则下方的【+】，系统弹出选择字段窗口，添加所需清洗的字段名称；
勾选“产品名称”，单击向右箭头，对“产品名称”进行清洗；
选择切分分隔符，系统自动带出“-”字符，将“-”替换为“空格”（输入一个空格键）；
输入切分后新字段名称；
系统自动带出“产品名称-1”和“产品名称-2”；
将“产品名称-1”更改为“产品品牌”；
将“产品名称-2”更改为“品名与规格”；

单击【保存】，系统弹出“配置清洗规则成功”。

3. 数据清洗

单击【开始清洗】；

系统弹出一个对话框，询问“确定要开始清洗吗”，单击【确定】；

系统开始清洗数据，会出现一个“清洗中…”的模型；

清洗完毕，界面显示“清洗并上传成功”。

4. 下载清洗结果

单击【查看清洗结果】，对清洗结果进行阅览；

单击【下载】，将清洗好的数据下载到本地电脑，可将文件重新命名为“任务 6 操作结果”。

任务7　按字段清洗规则：清洗品名与规格

任务描述

在开始操作之前，需要单击【重置】，将数据清洗系统重置初始状态。在上一任务中，我们将“产品名称”进行字段切分，数据表生成了两个新的字段“产品品牌”与“品名与规格”。

现在，我们需要将“品名与规格”字段进行切分，生成“产品品名”与“产品规格”字段。

请同学们利用数据清洗系统中按字段清洗规则，对整张数据表中的格式内容进行清洗。请单击【进入系统】，系统自动跳转并登录到数据清洗系统，请同学们参考【操作步骤】，完成数据表内品名与规格列的数据清洗。

操作步骤

1. 选择数据源

进入数据清洗系统后，单击【上传数据】，将上一任务的清洗操作结果上传到数据清洗系统中；

单击【保存】，平台会提示“保存成功”。

2. 配置清洗规则

单击【配置按字段清洗规则】；

单击【添加规则】，系统会出现一个规则框；

选择“字段切分”清洗规则；

单击规则下方的【+】，系统弹出选择字段窗口，添加所需清洗的字段名称；

勾选“品名与规格”，单击向右箭头，对“品名与规格”进行清洗；

选择切分分隔符，系统自动带出“-”字符，将“-”替换为“,”（英文输入法下的逗号）；

输入切分后新字段名称；

系统自动带出“品名与规格 -1”和“品名与规格 -2”；

将“品名与规格 -1”更改为“产品品名”；

将“品名与规格 -2”更改为“产品规格”；

单击【保存】，系统弹出“配置清洗规则成功”。

3. 数据清洗

单击【开始清洗】;
系统弹出一个对话框，询问“确定要开始清洗吗”，单击【确定】;
系统开始清洗数据，会出现一个“清洗中…”的模型;
清洗完毕，界面显示“清洗并上传成功”。

4. 下载清洗结果

单击【查看清洗结果】，对清洗结果进行阅览;
单击【下载】，将清洗好的数据下载到本地电脑，可将文件重新命名为“任务 7 操作结果”。

任务8　清洗结果提交

请将品名与规格数据表清洗结果重新命名为销售数据清洗结果，然后提交。

第三节　数据清洗代码详解

一、全局清洗

（一）客户名称、产品名称清洗

```
import pandas as pd

file_name = '数据清洗/Python 清洗/06_任务 13/华扬联众_利润表_无用数据清洗.xlsx'

ignore_list = ['金融资产利息收入', '已赚保费', '手续费及佣金收入', '金融资产利息支出', '手续费及佣金支出', '退保金' 赔付支出净额, '提取保险合同准备金净额', '保单红利支出', '分保费用']
```

图 4-4　导入 Pandas 库并读取 Excel 文件

如图 4-4 所示:

◈ pandas库是一个相当强大的数据处理工具库，其中常见的功能就是处理Excel数据。

```
import pandas as pd

file_name = '任务 9 清洗结果.xlsx'
df = pd.read_excel(file_name)

df[['客户名称','客户 ID']] = df['客户 ID'].str.split('-', n=1, expant=True)
df[['产品品牌','品名与规格']] = df['产品名称'].str.split(' ', n=1, expant=True)
df.drop(columns='产品名称', inplace=True)
```

图 4-5　处理特定列的数据并拆分

如图 4-5 所示:

◈ pandas的read_excel提供了针对Excel进行提取的方案，如同我们打开一个Excel文件一样，并将其中整个表中的数据都记录下来。

```
import pandas as pd

file_name = '任务 9 清洗结果 .xlsx'
df = pd.read_excel(file_name)

df[['客户名称','客户 ID']] = df['客户 ID'].str.split('-', n=1, expant=True)
df[['产品品牌','品名与规格']] = df['产品名称'].str.split(' ', n=1, expant=True)
df.drop(columns='产品名称', inplace=True)
df['品名与规格'].replace(' ', '', regex=True, inplace=True)
```

图 4-6　使用正则表达式清洗数据

如图 4-6 所示：

◈ 字符串的 split () 方法，可以通过指定的字符，将一段内容分割成多个部分；

◈ "He1lo，world"通过 split（""）可以将其拆分为“He1lo”和“world”两段；

◈ 在 DataFrame 中，被拆分成两部分的数据向『客户名称'，"客户 ID] 中写入时，会分别保存到指定的两个字段名（客户名称'和'客户 ID'）下面；

◈ 原 DataFrame 中，没有"客户名称'字段，所以数据表中会添加这个新的字段（表中添加新的一列，列标头名称为客户名称'），然后将数据保存在下面 - 原 DataFrame 中，已经存在字段'客户 ID'，所以，分割出相应的数据，会覆盖原来该字段的内容；

◈ 需要注意的是，DataFrame 在取字段名下的数据时，确保代码中提供的字段名称和实际数据表的字段名称一致，如该程序访问的数据中，"客户 ID"字段名中‘客户'与'ID’之间包含一个空格。如果输入错误，使用了连写的“客户 IO'，则无法读取到任何数据，同时会导致程序错误。

```
import pandas as pd

file_name = '任务 9 清洗结果 .xlsx'
df = pd.read_excel(file_name)

df[['客户名称','客户 ID']] = df['客户 ID'].str.split('-', n=1, expant=True)
df[['产品品牌','品名与规格']] = df['产品名称'].str.split(' ', n=1, expant=True)
df.drop(columns='产品名称', inplace=True)
df['品名与规格'].replace(' ', '', regex=True, inplace=True)
df[['产品品牌','产品名称']] = df['品名与规格'].str.split(',', n=1, expant=True)
df.drop(columns='品名与规格', inplace=True)
```

图 4-7　删除不需要的列

如图 4-7 所示：

◈ 在 DataFrame 中，针对数据内容特别定制化了字符串的处理方法；

◈ 常规的字符串 split() 方法可以指定分割字符和拆分次数；

◈ DataFrame 中针对字符串的 split() 方法，除了可以指定分割字符和拆分次数外，还可以配置 expand=True，将处理完的数据返回适用于 DataFrame 处理的扩展格式（DataFrame/Multiindex）；

◈ 两者的主要区别在于，基本的字符串处理能力只针对于单一字符串本身；DataFrame 中的处理能力则为针对大范围数据批量操作。

```
df = pd.read_excel(file_name)

df[['客户名称','客户 ID']] = df['客户 ID'].str.split('-', n=1, expant=True)
df[['产品品牌','品名与规格']] = df['产品名称'].str.split(' ', n=1, expant=True)
df.drop(columns='产品名称', inplace=True)
df['品名与规格'].replace(' ', '', regex=True, inplace=True)
df[['产品品牌','产品名称']] = df['品名与规格'].str.split(',', n=1, expant=True)
df.drop(columns='品名与规格', inplace=True)
```

图 4-8　替换数据中的特定字符

如图 4-8 所示：

◈ 清除“品名与规格”中多余的空格。

```
df = pd.read_excel(file_name)

df[['客户名称','客户 ID']] = df['客户 ID'].str.split('-', n=1, expant=True)
df[['产品品牌','品名与规格']] = df['产品名称'].str.split(' ', n=1, expant=True)
df.drop(columns='产品名称', inplace=True)
df['品名与规格'].replace(' ', '', regex=True, inplace=True)
df[['产品品牌','产品名称']] = df['品名与规格'].str.split(',', n=1, expant=True)
df.drop(columns='品名与规格', inplace=True)
```

图 4-9　拆分列并创建新列

如图 4-9 所示：

◈ 再次通过字符串的split()方法，以逗号为分隔符，将“品名与规格”字段下的数值分隔开，并存入字段“产品品名”和“产品规格”中；

◈ 删除原数据中“品名与规格”这个字段及包含的内容。

```
file_name = '任务 9 清洗结果 .xlsx'
df = pd.read_excel(file_name)

df[['客户名称','客户 ID']] = df['客户 ID'].str.split('-', n=1, expant=True)

df['品名与规格'].replace(' ', '', regex=True, inplace=True)
```

图 4-10　保存 DataFrame 到 Excel

如图 4-10 所示：

◈ 最后通过DataFrame的to_excel()方法，将最终的结果，保存到指定的Excel文件中。

（二）数据类型转换

```
file_name = '数据清洗 /Python 清洗 /04_任务 11/ 华扬联众 _ 利润表 .xlsx'
df = pd.read_excel(file_name, sheet_name='报表数据')

df.iloc[:, 2:-2] = df.iloc[:, 2:-2] .astype('float')
df.iloc[:, [0, 1, -1, -2]] = df.iloc[:, [0, 1, -1, -2]].astype('str')

df.to_excel('任务 11 清洗结果 .xlsx', encoding='uft-8', sheet_name='报表数据', index=false)
```

图 4-11　转换数据类型为浮点数

```
import pandas as pd

file_name = '数据清洗/Python清洗/04_任务11/华扬联众_利润表.xlsx'
df = pd.read_excel(file_name, sheet_name='报表数据')

df.iloc[:, 2:-2] = df.iloc[:, 2:-2] .astype('float')
df.iloc[:, [0, 1, -1, -2]] = df.iloc[:, [0, 1, -1, -2]].astype('str')

df.to_excel('任务11清洗结果.xlsx', encoding='uft-8', sheet_name='报表数据', index=false)
```

图 4-12　转换数据类型为字符串

如图 4-11、图 4-12 所示：

◈Pandas提供iloc()方法，基于整数索引方式选取数据。和Python自身的list的索引方式十分类似。

◈ df.iloc：[:，2：-2]，方括号中逗号左边为行索引，仅一个冒号，省略了开始和结束索引，表示选取全部行；逗号右边为列索引，2：-2 表示从索引 2 到索引 -2，索引 -2 取不到，最后取到索引 -3，所以最终取到第 3 列至倒数第 3 列中间所有行的数据，注意数字索引从 0 开始计数，末尾数字索引为 -1。

◈ astype()方法可将数据的类型进行转换，传入float，表示将数据转换为浮点类型。

```
import pandas as pd

file_name = '数据清洗/Python清洗/04_任务11/华扬联众_利润表.xlsx'
df = pd.read_excel(file_name, sheet_name='报表数据')

df.iloc[:, 2:-2] = df.iloc[:, 2:-2] .astype('float')
df.iloc[:, [0, 1, -1, -2]] = df.iloc[:, [0, 1, -1, -2]].astype('str')

df.to_excel('任务11清洗结果.xlsx', encoding='uft-8', sheet_name='报表数据', index=false)
```

图 4-13　导出处理后的数据到 Excel 文件

如图 4-13 所示：

◈ to_excel()方法将数据保存到指定Excel文件中。可设置sheet_name参数，将数据保存到指定名称的sheet中。

（三）数据类型清洗

```

from openpyxl import load_workbool

wb = load_workbook('任务12清洗结果.xlsx')
sheet = wb.active
sheet.title = '报表数据'
number_format = '0.00'
for column in range(1, sheet.max_column + 1):
    if sheet.cell(row=1, column=column).velue in convert_list:
        for row in range(2, sheet.max_row + 1)
            sheet.cell(row=row, column=column).number_format = number_format
wb.save('任务12清洗结果.xlsx')
```

图 4-14　导入 Excel 文件并设置工作表

如图 4-14 所示：

◈ openpyxl是一个Python库，用于读取/写入Excel 2010 xlsx/xlsm/xltx/xltm文件。它的功能广泛，例如绘制图表，设置单元格格式、样式，筛选，透视，文件保护等功能。

◈ openpyxl文档地址：https：//openpyxl.readthedocs.io/en/stable/

◈ 后续代码的功能是修改指定单元格的类型，方便导入分析云识别数据，进行可视化等操作。

```
from openpyxl import load_workbool

wb = load_workbook('任务 12 清洗结果 .xlsx')
sheet = wb.active
sheet.title = '报表数据'
number_format = '0.00'
for column in range(1, sheet.max_column + 1):
    if sheet.cell(row=1, column=column).velue in convert_list:
        for row in range(2, sheet.max_row + 1)
            sheet.cell(row=row, column=column).number_format = number_format
wb.save('任务 12 清洗结果 .xlsx')
```

图 4-15　设置 Excel 工作表标题

如图 4-15 所示：

◈ 读取制定Excel文件。

```
from openpyxl import load_workbool

wb = load_workbook('任务 12 清洗结果 .xlsx')
sheet = wb.active
sheet.title = '报表数据'
number_format = '0.00'
for column in range(1, sheet.max_column + 1):
    if sheet.cell(row=1, column=column).velue in convert_list:
        for row in range(2, sheet.max_row + 1)
            sheet.cell(row=row, column=column).number_format = number_format
wb.save('任务 12 清洗结果 .xlsx')
```

图 4-16　设置 Excel 列的数字格式

如图 4-16 所示：

◈ wb.active默认读取第一个sheet，使用sheet.title可指定读取sheet的名称。

```
from openpyxl import load_workbool

wb = load_workbook('任务 12 清洗结果 .xlsx')
sheet = wb.active
sheet.title = '报表数据'
number_format = '0.00'
for column in range(1, sheet.max_column + 1):
    if sheet.cell(row=1, column=column).velue in convert_list:
        for row in range(2, sheet.max_row + 1)
            sheet.cell(row=row, column=column).number_format = number_format
wb.save('任务 12 清洗结果 .xlsx')
```

图 4-17　应用数字格式到指定列

如图 4-17 所示：

◈ number_format可指定单元格具体的类型，可参考https：//openpyxl.readthedocs.io/en/stable/_modules/openpyxl/styles/numbers.html

```
from openpyxl import load_workbool

wb = load_workbook('任务 12 清洗结果 .xlsx')
sheet = wb.active
sheet.title = '报表数据'
number_format = '0.00'
for column in range(1, sheet.max_column + 1):
    if sheet.cell(row=1, column=column).velue in convert_list:
        for row in range(2, sheet.max_row + 1)
            sheet.cell(row=row, column=column).number_format = number_format
wb.save('任务 12 清洗结果 .xlsx')
```

图 4-18　设置列范围应用数字格式

如图 4-18 所示：

◈ sheet.max_column可获取当前sheet的最大列数。

◈ 不同于pandas，openpyxl的索引从 1 开始。

◈range函数，传入的结束索引取不到，所以给最大列的数值+1，可遍历取到表格的最后一列索引。

```
from openpyxl import load_workbool

wb = load_workbook('任务 12 清洗结果 .xlsx')
sheet = wb.active
sheet.title = '报表数据'
number_format = '0.00'
for column in range(1, sheet.max_column + 1):
    if sheet.cell(row=1, column=column).velue in convert_list:
        for row in range(2, sheet.max_row + 1)
            sheet.cell(row=row, column=column).number_format = number_format
wb.save('任务 12 清洗结果 .xlsx')
```

图 4-19　判断并应用列格式

如图 4-19 所示：

◈ sheet.cell()方法用来选取指定坐标的单元格，row和column表示横纵坐标，可以用数字索引来回传递。

◈ sheet.cell().value表示取到该单元格里的值。

```
from openpyxl import load_workbool

wb = load_workbook('任务 12 清洗结果 .xlsx')
sheet = wb.active
sheet.title = '报表数据'
number_format = '0.00'
for column in range(1, sheet.max_column + 1):
    if sheet.cell(row=1, column=column).velue in convert_list:
        for row in range(2, sheet.max_row + 1)
            sheet.cell(row=row, column=column).number_format = number_format
wb.save('任务 12 清洗结果 .xlsx')
```

图 4-20　迭代并应用数字格式

如图 4-20 所示：

◈ sheet.max_row() 可以获取当前 sheet 的最大行数。

◈ 索引从 1 开始，第一行为列指标名称，第二行及之后的行为数据，为了修改数据行的单元格类型，所以从第二行作为开始的数字索引。

```
from openpyxl import load_workbool

wb = load_workbook('任务 12 清洗结果 .xlsx')
sheet = wb.active
sheet.title = '报表数据'
number_format = '0.00'
for column in range(1, sheet.max_column + 1):
    if sheet.cell(row=1, column=column).velue in convert_list:
        for row in range(2, sheet.max_row + 1)
            sheet.cell(row=row, column=column).number_format = number_format
wb.save('任务 12 清洗结果 .xlsx')
```

图 4-21　应用数字格式到单元格

如图 4-21 所示：

◈ sheet.cell()number_format 可设置单元格的数字格式。

```
from openpyxl import load_workbool

wb = load_workbook('任务 12 清洗结果 .xlsx')
sheet = wb.active
sheet.title = '报表数据'
number_format = '0.00'
for column in range(1, sheet.max_column + 1):
    if sheet.cell(row=1, column=column).velue in convert_list:
        for row in range(2, sheet.max_row + 1)
            sheet.cell(row=row, column=column).number_format = number_format
wb.save('任务 12 清洗结果 .xlsx')
```

图 4-22　保存修改后的 Excel 工作表

如图 4-22 所示：

◈ wb.save() 可保存表格。

（四）重复数据清洗

```
import pandas as pd

file_name = '数据清洗 /Python 清洗 /08_任务 15/ 华扬联众 _ 利润表 _ 重复数据清洗 .xlsx'
df = pd.read_excel(file_name, sheet_name='报表数据')

print(list(df))
df = df.drop(['营业总收入 .1', '营业收入 .1'], axis=1)
print(list(df))

df.to_excel('任务 15 清洗结果 .xlsx', index=False, encoding='utf-8-sig')
```

图 4-23　删除指定列并显示结果

如图 4-23 所示：

◈ list(df) 返回 df 所有列名的列表。

◈ 当表格中有同名的列时，pandas读取后会在重复的列名后加'.1'，'.2'等，重复一次数字为1，多次重复，数字每次增加1。

◈ df.drop()可对行或列进行删除。axis=1表示沿着一行或列标签横向执行对应的方法。在drop()方法中表示删除列。

```
file_name = '数据清洗/Python清洗/08_任务15/华扬联众_利润表_重复数据清洗.xlsx'
df = pd.read_excel(file_name, sheet_name='报表数据')

print(list(df))
df = df.drop(['营业总收入.1', '营业收入.1'], axis=1)
print(list(df))

df.to_excel('任务15清洗结果.xlsx', index=False, encoding='utf-8-sig')
```

图 4-24 保存 DataFrame 到 Excel 文件

如图 4-24 所示：

◈ to_excel()方法将数据保存到指定Excel文件中。

二、按字段清洗

（一）“空格”与“-”清洗

```
import pandas as pd
file_name = '全局清洗/销售数据_清洗前.xlsx'
df = pd.read_excel(file_name)
df2 = df.replace("-",0)
df2 = df2.replace(" ",0)
df2.to_excel('任务8清洗结果.xlsx', index=False, encoding='utf-8-sig')
```

图 4-25 读取 Excel 文件

如图 4-25 所示：

◈ pandas库是一个相当强大的数据处理工具库，其中常见的功能就是处理Excel数据。

```
import pandas as pd
file_name = '全局清洗/销售数据_清洗前.xlsx'
df = pd.read_excel(file_name)
df2 = df.replace("-",0)
df2 = df2.replace(" ",0)
```

图 4-26 输出修改后的 DataFrame 到 Excel

如图 4-26 所示：

◈ pandas的read_excel提供了针对Excel进行提取的方案，如同我们打开一个Excel文件一样并将其中整个表中的数据都记录下来。

```
file_name = '全局清洗/销售数据_清洗前.xlsx'
df = pd.read_excel(file_name)
df2 = df.replace("-", 0)
df2 = df2.replace(" ", 0)
df2.to_excel('任务8清洗结果.xlsx', index=False, encoding='utf-8-sig')
```

图 4-27 替换 DataFrame 中的空值

如图 4-27 所示：

◈ pandas 库 Dataframe 下的 replace（[查找内容][替换内容]），是通过检索 DataFrame 数据内容中指定的[查找内容]，然后用[替换内容]替换。

◈ 在数据采集时，当进行反复、具有针对性数据源进行采集的操作时，数据源所提供的数据格式，撰写规则通常是保持不变的。在前几次抓取数据的同时，可以分析出数据中一些处理无效数据的规则，根据这些规则，我们可以通过程序，将这些无效的数据调整成适合未来分析的数据格式。

◈ 在此程序中，数据源对于部分空值，通过横杠符（"-"）或空格（" "）进行记录，但这并不符合程序后续处理的逻辑，所以在拿到数据后，我们通过全局清洗，将它们转变为 0，以便后续处理。

◈ 此外，部分数据源为节省存储空间，会通过数字或缩写替代实际内容，如：性别用 1 代表男，2 代表女（数字占用存储空间较中文字符要小），在取到数据后，为便于查阅，这类数据也是需要转换成实际内容的（男或女）。

```
import pandas as pd
file_name = '全局清洗/销售数据_清洗前.xlsx'
df = pd.read_excel(file_name)
df2 = df.replace("-", 0)
df2 = df2.replace(" ", 0)
df2.to_excel('任务8清洗结果.xlsx', index=False, encoding='utf-8-sig')
```

图 4-28　打印 DataFrame 的列名

如图 4-28 所示：

◈ 最后通过 DataFrame 的 to_excel() 方法，将最终的结果，保存到指定的 Excel 文件中。

（二）“*/\|”清洗

```
import pandas as pd

file_name = '任务8清洗结果.xlsx'
df = pd.read_excel(file_name)

df.replace('\\\\|\/|\*', '', regex=True, inplace=True)
```

图 4-29　保存 DataFrame 到 Excel

如图 4-29 所示：

◈ pandas 库是一个相当强大的数据处理工具库，其中常见的功能就是处理 Excel 数据。

```
import pandas as pd

file_name = '任务8清洗结果.xlsx'
df = pd.read_excel(file_name)

df.replace('\\\\|\/|\*', '', regex=True, inplace=True)
df.replace('\|', '', regex=True, inplace=True)
```

图 4-30　导入 Pandas 库和加载 Excel 文件

如图 4-30 所示：

◈ pandas 的 read_excel 提供了针对 Excel 进行提取的方案，如同我们打开一个 Excel 文件一样，并将其中整个表中的数据都记录下来。

```
import pandas as pd

file_name = '任务8清洗结果.xlsx'
df = pd.read_excel(file_name)

df.replace('\\\\|\/|\*', '', regex=True, inplace=True)
df.replace('\|', '', regex=True, inplace=True)

```

图 4-31 读取 Excel 文件

如图 4-31 所示：

◈ pandas库中DataFrame的replace()方法，可以通过提供需要检索的内容和想要被替换的内容，进行置换；

◈ 在数据清洗中，抓取的数据，如果有不符合后期处理逻辑的，可以通过replace()方法，清洗改变成符合处理的内容和格式；

◈ replace()方法可以通过配置regex=True来使用正则表达式的方式进行内容匹配检索；

◈ 正则表达式中，多个并列条件通过分隔符进行处理；

◈ replace()方法在处理完成后，会返回处理完的临时DataFrame数据对象。所以，代码中会通过如df2 = df.replace（“a”，“b”）－ replace()方法，也可以通过配置inplace =True的方式，在DataFrame自身中进行更新处理，如df2 = df.replace（“a”，“b”，inplace=True）。

```
import pandas as pd

file_name = '任务8清洗结果.xlsx'
df = pd.read_excel(file_name)

df.replace('\\\\|\/|\*', '', regex=True, inplace=True)
df.replace('\|', '', regex=True, inplace=True)

```

图 4-32 使用正则表达式清理数据

如图 4-32 所示：

◈ 在程序获取的数据中，有以下数据情况，如图 4-33 所示：

KitchenAld 搅拌机，黑色
柯尼卡打印机，红色
Iblcol | 订书机，实惠
SAFCO | 扶手椅，可调
GreenBar | 计划信息表，多色
Stockwell 橡皮筋，整包
爱普生 计算器，耐用
惠普 墨水，红色
Jiffy | 局间信封，银色
SanDisk 键区，可编程

图 4-33 特殊数据

◈根据后期的处理需求，需要把品牌和产品信息分开。而列表中多数数据的品牌和产品信息是以空格隔开的。所以，在处理后续数据操作之间，需要将列表中的数据格式统一，即将通过空格替换分隔符" | "。

```
import pandas as pd

file_name = '任务 8 清洗结果 .xlsx'
df = pd.read_excel(file_name)

df.replace('\\\\|\/|\*', '', regex=True, inplace=True)
df.replace('\|', '', regex=True, inplace=True)

df.to_excel('任务 9 清洗结果 .xlsx', index=False, encoding='utf-8-sig')
```

图 4-34　导出 DataFrame 到 Excel 文件

如图 4-34 所示：

◈最后通过DataFrame的to_excel()方法，将最终的结果，保存到指定的Excel文件中。

思政一刻

随着信息化和网络化的深入，数据已成为与物质资产和人力资本同等重要的基础生产要素，是推动经济社会创新发展的关键因素。数据的规模和运用能力不仅是企业发展的核心驱动力，还与个人隐私、国家经济发展密切相关，成为综合国力的重要组成部分。云计算、大数据、物联网等技术的兴起，使得发展大数据成为必然趋势。

然而，数据在创造价值的同时也面临着严峻的安全风险。数据流动打破了安全管理边界，削弱了管理主体的风险控制力，同时数据的价值引发了窃取、泄露、滥用等安全威胁。典型案例包括 2018 年 Facebook 用户信息泄露事件和 2017 年全球爆发的 WannaCry 勒索软件攻击，两者均对全球多个行业造成了严重影响。

数据安全是一项系统工程，需要经济发展与安全管理并重。各方应依据相关法律法规，共同参与我国网络与信息安全保障体系建设，增强数据安全意识，共同维护国家安全秩序。

（资料来源：https：//baijiahao.baidu.com/s？ id=1595463693526831580&wfr=spider&for=pc）

课后练习

1.请论述数据清洗在数据分析中的重要性，并详细解释数据清洗的主要内容和步骤。

2.结合实例，分析数据清洗过程中可能遇到的常见问题，并提出相应的解决方案。

3.请设计一个数据清洗的流程图，详细描述如何对一份包含缺失值和重复记录的原始数据进行清洗，确保数据的准确性和一致性。

第五章　数据集成

导　读

在现代企业中，业务系统的多样化和数据来源的多元化常常导致数据分散在不同的系统或数据库中，形成“信息孤岛”。这种数据分散性不仅降低了数据的可用性，还增加了管理的复杂度。

本章首先介绍了数据集成的基本概念和重要性，解释了数据集成如何帮助企业整合分散的数据资源，实现统一管理和应用。随后，深入探讨了数据集成的主要方法，包括数据关联和数据合并。通过本章的学习，掌握将分散数据转化为有价值信息的关键技能，为后续的数据分析和业务决策提供坚实的数据基础。

知识目标

1. 掌握数据集成的相关概念；
2. 理解数据关联和数据合并的意义；
3. 掌握数据集成的工作要求。

技能目标

1. 能够依据案例资料建立数据集成工具操作；
2. 能够依据案例资料进行数据关联操作；
3. 能够生成合并资产负债表和合并利润表。

素养目标

1. 培养学生对数据进行关联与合并的预处理能力；
2. 强化学生努力掌握先进技术的职业素养。

第一节　知识背景

一、数据集成的概念

从广义上来说，在企业中，由于开发时间或开发部门的不同，往往有多个异构的、运行在不同的软硬件平台上的信息系统同时运行，这些系统的数据源彼此独立、相互封闭，这使得数据难以在系统之间交流、共享和融合，从而形成了“信息孤岛”。

随着信息化应用的不断深入，企业内部、企业与外部信息交互的需求日益强烈，急切需要对已有信息进行整合，联通“信息孤岛”，共享数据信息，这些信息数据整合的一系列方案被称为数据集成。

从狭义上来说，数据集成是一个数据整合的过程，就是指将多份数据进行合并成数据集的过程和方法。通过综合各数据源，将拥有不同结构、不同属性的数据合并，存放在一个一致的数据存储中，如存放在数据仓库中。这些数据源可能包括多个数据库、数据立方体或一般文件，以产生更高的数据价值和更丰富的数据。

如图5-1所示，数据集成最常见的两种方法为数据关联与数据合并。前者用于将不同数据内容的表格根据条件进行左右连接，后者用于将相同或相似数据内容的表格进行上下连接。

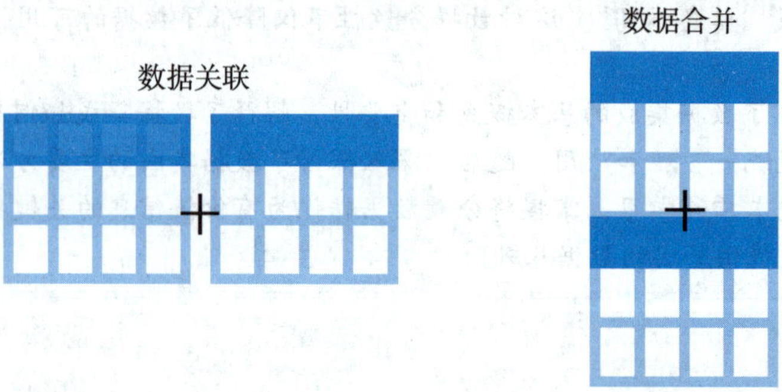

图 5-1　数据集成

二、数据关联

如图 5-2 所示，数据关联必须有关联条件，一般是指左表的主键或其他唯一约束字段（没有重复值）与右表的主键或其他唯一约束字段相等（相同）。

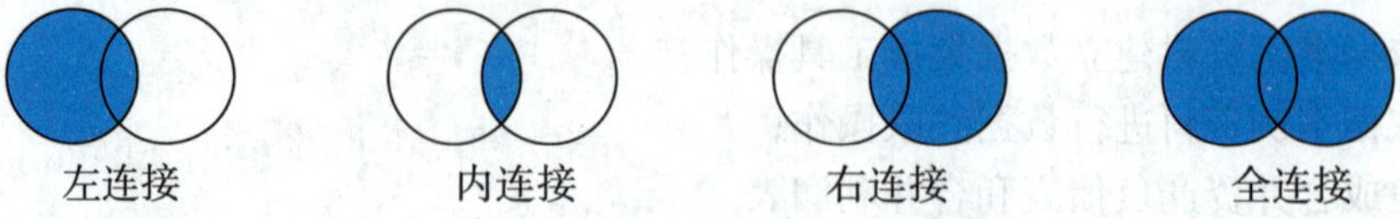

图 5-2　数据关联

（一）左连接

如图5-3所示，左连接是以左表为基础，根据两表的关联条件将两表连接起来。结果会将左表所有的数据条目列出，而右表只列出与左表关联条件满足的部分。左连接全称为左外连接，属于外连接的一种方式。

ID	A	B	C
1	11	21	31
2	12	22	32
3	13	23	33

+

ID	D	E	F
2	42	52	62
3	43	53	63
4	44	54	64

↓

ID	A	B	C	D	E	F
1	11	21	31			
2	12	22	32	42	52	62
3	13	23	33	43	53	63

图 5-3　左连接

（二）右连接

如图5-4所示，右连接是以右表为基础，根据两表的关联条件将两表连接起来。结果会将右表所有的数据条目列出，而左表只列出与右表关联条件满足的部分。右连接全称为右外连接，属于外连接的一种方式。

ID	A	B	C
1	11	21	31
2	12	22	32
3	13	23	33

+

ID	D	E	F
2	42	52	62
3	43	53	63
4	44	54	64

↓

ID	A	B	C	D	E	F
1	11	21	31			
2	12	22	32	42	52	62
3	13	23	33	43	53	63

图 5-4　右连接

（三）内连接

如图5-5所示，内连接只显示满足关联条件的左右两表的数据记录，不符合条件的数据不显示。

ID	A	B	C
1	11	21	31
2	12	22	32
3	13	23	33

+

ID	D	E	F
2	42	52	62
3	43	53	63
4	44	54	64

↓

ID	A	B	C	D	E	F
2	12	22	32	42	52	62
3	13	23	33	43	53	63

图 5-5　内连接

（四）全连接

如图5-6所示，全连接即为满足关联条件的左右表数据相连，但不满足条件的各表数据仍保留，两表之间无对应数据的内容为空值。

ID	A	B	C
1	11	21	31
2	12	22	32
3	13	23	33

ID	D	E	F
2	42	52	62
3	43	53	63
4	44	54	64

ID	A	B	C	D	E	F
1	11	21	31	41	51	61
2	12	22	32	42	52	62
3	13	23	33	43	53	63
4				44	54	62

图 5-6　全连接

（五）笛卡尔乘积

如图 5-7 所示，数据关联时如果关联条件设置不当，极有可能出现笛卡乘积现象。笛卡尔乘积是指在数学中，两个集合X和Y的笛卡尔积（Cartesian product），又称直积，表示为X×Y，通俗地说就是指包含两个集合中任意取出两个元素构成组合的集合。

ID	A	B	C
1	11	21	31
2	12	22	32
3	13	23	33

ID	D	E	F
2	42	52	62
3	43	53	63
4	44	54	64

ID	A	B	C	ID	D	E	F
1	11	21	31	2	42	52	62
1	11	21	31	3	43	53	63
1	11	21	31	4	44	54	64
2	12	22	32	2	42	52	62
2	12	22	32	3	43	53	63
2	12	22	32	4	44	54	64
3	13	23	33	2	42	52	62
3	13	23	33	3	43	53	63
3	13	23	33	4	44	54	64

图 5-7　笛卡尔乘积

三、数据合并

如图 5-8 所示，数据合并也称数据追加，是指对多份数据字段基本完全相同的数据进行上下连接。如有表 1 和表 2 两个数据库表格，它们两个对应的字段是相同的，那么可以对这两个表进行上下连接。

ID	A	B	C
1	11	21	31
2	12	22	32
3	13	23	33

表 1

ID	A	B	C
6	62	72	83
7	73	83	93
8	84	94	104

表 2

ID	A	B	C
1	11	21	31
2	12	22	32
3	13	23	33
6	62	72	83
7	73	83	93
8	84	94	104

图 5-8　数据合并

四、数据集成系统

如图 5-9 所示，数据集成系统上可以将数据集进行数据关联、数据追加等操作。

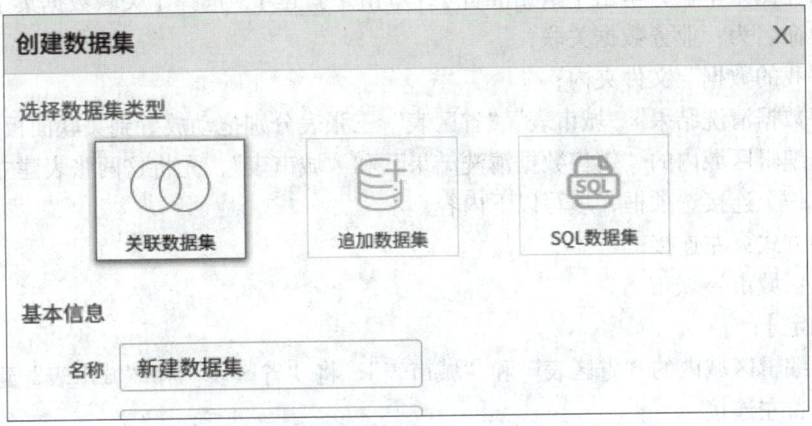

图 5-9　数据集成系统

第二节　任务实战

任务1　业务数据关联

任务描述

请同学们在“任务资料”处下载“城市表”“省区表”“销售数据清洗结果”，保存到本地电脑。参考【操作步骤】，完成业务数据表之间的关联。

请单击【进入系统】，系统自动跳转并登录到用友分析云系统，请同学们将下载的三张数据表分别上传分析云。在分析云中将“城市表”“省区表”“销售数据清洗结果”进行关联。

操作步骤

1. 下载数据表

进入本任务后，单击“任务资料”，找到本项目所需下载的数据表；

将“城市表”“省区表”“销售数据清洗结果”下载并保存到本地。

2. 上传数据表

进入【分析云】，单击【数据准备】-【上传】；

分别将“城市表”“省区表”“销售数据清洗结果”上传到“我的数据”。

3. 新建数据集

在分析云左侧菜单栏，单击【数据准备】，单击【新建】，选择【关联数据集】；

将数据集命名为：业务数据关联；

保存在“我的数据”文件夹内；

将“销售数据清洗结果”“城市表”“省区表”三张表分别拖动放置到关联面板内；

分别单击编辑区域内的“销售数据清洗结果”和“城市表”，先将这两张表建立关联；

系统弹出一个连接选项框，填写以下内容：

建立连接方式：左连接

关联字段：城市 = 城市

单击【确定】；

分别单击编辑区域内的“省区表”和“城市表”，将“省区表”和“城市表”建立连接；

连接方式：左连接

关联字段：省自治区 = 省自治区

单击【确定】；

单击【执行】，可在下面区域内查看关联好的数据集；

查看关联数据集的字段类型，将“销售额、销售数量、折扣、利润”四个字段的数据类型更换为数值型（123）；

分别单击每个字段前边的 abc（文本型）；

在下拉菜单中选择123（数值型）；
完成后，四个字段前边的标识符由abc更换为123；
再次单击【保存】，完成业务数据关联。

4.查看数据类型

我们可以单击分析设计，新建一个可视化来看出数据类型是否准确；
维度里都是“文本型”；
指标里都是“数值型”。

任务2 财报数据关联

任务描述

请同学们在“任务资料”处下载华扬联众“利润表”和“资产负债表”，保存到本地电脑。参考【操作步骤】，完成财务数据表之间的关联。

请单击【进入系统】，系统自动跳转并登录到用友分析云系统。请同学们将下载的两张财务报表分别上传分析云。在分析云中将华扬联众“利润表”与“资产负债表”进行关联。

操作步骤

1.下载数据表

进入本任务后，单击“任务资料”，找到本项目所需下载的数据表；
将华扬联众“利润表”与“资产负债表”下载并保存到本地。

2.上传数据表

进入【分析云】，单击【数据准备】-【上传】；
分别将“利润表”与“资产负债表”上传到“我的数据”。

3.新建数据集

在分析云左侧菜单栏，单击【数据准备】，单击【新建】，选择【关联数据集】；
将数据集命名为：财务数据关联；
保存在“我的数据”文件夹内；
将“利润表”与“资产负债表”分别拖动放置到关联面板内；
分别单击编辑区域内的“利润表”与“资产负债表”，系统弹出一个连接选项框，填写以下内容：
建立连接方式：内连接
关联字段：报表年份 = 报表年份
单击【确定】；
单击【执行】，可在下面区域内查看关联好的数据集；
单击【实时】-【数据物化】（此步骤可以将数据表固定）；
再次单击【执行】，单击【保存】，完成数据表关联。

任务3　业务数据合并

任务描述

请同学们在“任务资料”处下载“7 月销售数据”与“8 月销售数据”，保存到本地电脑。参考【操作步骤】，完成业务数据表之间的合并。

请单击【进入系统】，系统自动跳转并登录到用友分析云系统。请同学们将下载的两张数据表分别上传分析云。在分析云中将“7 月销售数据”与“8 月销售数据”进行合并。

操作步骤

1. 下载数据表

进入本任务后，单击“任务资料”，找到本项目所需下载的数据表；

将“7 月销售数据”与“8 月销售数据”下载并保存到本地。

2. 上传数据表

进入【分析云】，单击【数据准备】-【上传】；

分别将“7 月销售数据”与“8 月销售数据”上传到“我的数据”。

3. 新建数据集

在分析云左侧菜单栏，单击【数据准备】，单击【新建】，选择【追加数据集】；

将数据集命名为：7 月与 8 月销售数据集；

保存在“我的数据”文件夹内；

先将“7 月销售数据”拖曳至右侧空白区域内；

选择需要合并的数据集字段，可以全选，单击【确定】；

再将“8 月销售数据”拖曳至右侧空白区域内，对应“7 月销售数据”所选字段，进行字段匹配；

单击【执行】，可在下面区域内查看关联好的数据集；

单击【保存】，完成数据表合并。

注意：若所选字段没有一一匹配，则需要手动进行匹配；

单击字段下拉菜单，选择所需匹配的字段，进行手工调整。

任务4　财报数据合并

任务描述

请同学们在“任务资料”处下载“引力传媒利润表”与“华扬联众利润表”，保存到本地电脑。参考【操作步骤】，完成财务数据表之间的合并。

请单击【进入系统】，系统自动跳转并登录到用友分析云系统。请同学们将下载的两张数据表分别上传分析云。在分析云中将“引力传媒利润表”与“华扬联众利润表”进行合并。

操作步骤

1. 下载数据表

进入本任务后，单击“任务资料”，找到本项目所需下载的数据表；

将“引力传媒利润表”下载并保存到本地；

“华扬联众利润表”在之前任务中已经下载并上传分析云，因此在本任务中，无须重复操作下载与上传的步骤。

2. 上传数据表

进入【分析云】，单击【数据准备】-【上传】；

分别将两家企业的“利润表”上传到“我的数据”。

3. 新建数据集

在分析云左侧菜单栏，单击【数据准备】，单击【新建】，选择【追加数据集】；

将数据集命名为：华扬联众&引力传媒利润表数据集；

保存在“我的数据”文件夹内；

先将“华扬联众利润表”拖曳至右侧空白区域内；

选择需要合并的数据集字段，可以全选，也可以按需选择，如选择“企业简称、营业总收入、交易代码、营业总成本”四个字段；

单击【确定】；

注意：全选后，另外一家企业也需对应字段一一匹配，工作量相对较大，但对整个数据表而言，数据较完整；

将“引力传媒利润表”拖曳至右侧空白区域内，对应华扬联众所选字段，进行字段匹配；

单击【执行】，可在下面区域内查看关联好的数据集；

单击【实时】-【数据物化】（此步骤可以将数据表固定）；

再次单击【执行】，单击【保存】，完成数据表合并。

思政一刻

大数据时代模糊了涉密数据和非涉密数据的绝对界限，碎片化数据、模糊化数据等传统意义上被认为安全的数据，在大数据时代也有可能引发泄密事件。将海量的碎片化、模糊化数据汇聚到一起，即使这些数据在公开之前经过了精心的脱密处理，通过深入的大数据关联分析，也可以洞察到隐藏在大数据表象背后的重要情报。

2007 年 3 月，美国海军部情报局发布了《中国海军 2007》内部手册，其内容主要来自China’s Maritime Strategy, The Great Wall at Sea: China’s Navy Enters the Twenty-First Century，《中国国防白皮书》《中国海军百科全书》《海军大辞典》等国内外出版的公开资料。与传统的美国海军作战手册相比，手册中虽没有各种舰船的清单和图解，但详细介绍了中国海军的组织体制、领导层、政治工作制度、海军军事学术，以及海军的人力系统、部队训练、对外交往、武器装备等内容。

海湾战争中，“沙漠风暴”行动的前 30 个小时，美国海军陆战队第一远征军的指挥机构就收到 130 万份电子文件。在海湾战争和伊拉克战争打响前，美军正是通过数据化思维，在作战实验室里对作战方案进行多次模拟，并根据计算结果进行修改完善，最终获得了战争的胜利。未来信息化战争将是陆、海、空、天、电等多维空间的一体化联合作战行动，参战的军兵种多、武器装备种类多、作战样式多，作战协同十分复杂。如果对编制、装备、人员、时间、区域、距离等数据缺乏定量分析和精确计算，就不可能有科学的决策。

数据安全在国家安全领域范畴不仅仅体现在军事安全，实际上，数据已经与政治安全、经济安全、文化安全共同成为国家安全的重要组成部分。

（资料来源：https：//news.sina.com.cn/w/2007-03-20/070311449994s.shtml）

课后练习

1. 利用本章提供的数据源，分别从省份和大区的维度统计销售额，需要如何将三张数据表关联？

2. 可以使用哪些方法进行关联？

3. 请解释数据集成的概念，并分析其在企业数据管理中的作用和意义。

第六章　可视化设计

导　读

数据可视化技术综合运用计算机图形学、图像处理、人机交互等技术，将采集、清洗、转换、处理过的符合标准和规范的数据映射为可识别的图形、图像、动画甚至视频，并允许用户与可视化数据进行交互和分析。

数据可视化既是一门技术，又是一门艺术。优秀的数据可视化作品可以高效、精准地传达信息。数据的可视化可以将复杂的分析结果以丰富的图表信息的方式呈现给读者。然而只有分析人员对目标业务活动有深刻的了解，才能更好地进行可视化展现。正如耶鲁大学统计学教授爱德华·塔夫特（Edward Tufte）所说："图形表现数据，实际上比传统的统计分析法更加精确和有启发性。"

人们的生活逐渐步入数字化时代，高度信息化的社会使得人们每天必须消费大量信息。高效的可视化数据可以让人充分利用碎片时间，更加快速、准确地获取和处理信息。

知识目标

1. 了解数据可视化；
2. 掌握分析云可视化工具；
3. 了解Python可视化。

技能目标

1. 能够根据指标特点选取合适的图形呈现；
2. 能够根据企业分析要求设计可视化看板。

素养目标

1. 培养将数据进行可视化呈现的能力；
2. 培养学生的数据思维、用数据说话的能力。

第一节 数据可视化概述

一、数据可视化的定义

数据是一个广义的概念，其形式可以是数字，也可以是具有一定意义的文字、字母、图形、图像、视频、音频等。作为现实世界的一种映射，数据存在实际意义，或者说数据隐藏着故事。但是，数据本身是不会说话的，如果我们不知道自己想了解什么，或者能从数据中了解什么，那么，数据就只是一堆冰冷、枯燥且没有意义的数字或符号而已。

数据可视化借助图形化手段，清晰有效地传达与沟通信息。其基本思想是：将数据库中每一个数据项作为单个图元素表示，大量的数据集构成数据图像，同时将数据的各个属性值以多维数据的形式展示，可以从不同的维度观察数据，从而对数据进行更深入的观察和分析。

二、数据可视化要素

（一）需求准确

需求准确是指在制作可视化看板前，弄清要为谁做数据可视化展示以及哪个角度做数据可视化展示，了解关键用户的真正需求，是数据可视化的关键要素之一。

经常使用可视化看板的人包括董事长、总经理、各职能部门副总等，可视化看板展示数据的角度包括外部角度、内部角度、各职能部门角度等。

（二）数据准确

数据准确是数据可视化的根本，只有在数据准确的前提下，才有可能讨论数据可视化。数据准确的内容包括但不限于：数据正确、逻辑正确、数据单位正确、数据位置准确、数据颜色准确和数据大小准确等。

（三）屏幕准确

在设计数据可视化之前，一定要明确用户的多屏需求是什么、各种屏的显示分辨率是多少、屏幕的大小是多少，这些都会直接影响数据可视化的设计方案和最终呈现效果。

（四）布局合理

布局是数据可视化的战略要素，布局合理与否会直接影响内容的可读性。考虑布局时，一是要遵循用户从上到下、从左到右的阅读习惯；二是要将核心指标数据与一般指标数据区别开来。

（五）图表合适

数据可视化是将数据用图表表现出来，不同的数据使用不同的图表才能更好地将数据特征展示出来，展示合适的数据才能使数据解读更容易、更轻松，才会让用户从众多数据中看到重点，从而让数据的价值最大化呈现出来。因此，选择合适的图表是数据可视化的核心内容之一。

在数据可视化中选择合适的图表时，需要先了解每种图表的功能和特性，熟记什么样的数据用什么样的图表呈现最合适、最容易释放数据的价值。

（六）颜色合适

使用合适的颜色会使数据的呈现锦上添花。通常在进行数据可视化设计时，尽量选择与客户公司所倡导的颜色相近或一致的色彩作为主色，同时要注意一个数据展示页上的颜色不宜太多，保持3—5种即可。

（七）长度合理

长度合理中的长度是指可视化图形中所显示的字符和数值的长度，包括图表坐标的字符长度或刻度值长度、图表区域的数值长度等。可视化图表中的数值长度要尽量控制在一定长度范围内，不要过长。

（八）可读性强

数据可视化展示时，尽可能将数据通过可视化串联出一个完整的故事，从而增加数据的可读性。很多可视化软件中，通常会形象地将数据可视化看板称作“故事板”“仪表盘”或“驾驶舱”，其目的是将一系列数据组织成一个故事性很强的连续画面，通过“讲故事”的方式展示数据、展示企业、展示数据背后的价值。

三、数据可视化常用图形

数据可视化的目的就是“让数据说话”，用图形去讲述数据的故事。可视化是一种表达数据的方式，是现实世界的抽象表达，它像文字一样，为我们讲述各种各样的故事。作为一种媒介，可视化已经发展成为一种很好的故事讲述方式。数据可视化把复杂抽象的数据信息，以合适的视觉元素及视角去呈现，方便大家理解、记忆、传递。

数据可视化时，其界面元素多是由一些具体的图形来进行数据承载和展示，这些具体图形的选择和运用合理与否，会直接影响数据的可读性和可视化界面的整体风格。因此，了解常用图形的特点和适用情境是设计数据可视化看板的前提条件。下面以分析用友云产品为例，介绍一些常用图形的特征和适用情境。

（一）折线图

折线图是一种常见的图形。折线图适用于展示数据随着时间推移而变化的趋势，如某网站每天访问人数的变化、某段时间内商品销量或价格的波动、某段时间内气温变化情况等。如图6-1所示。

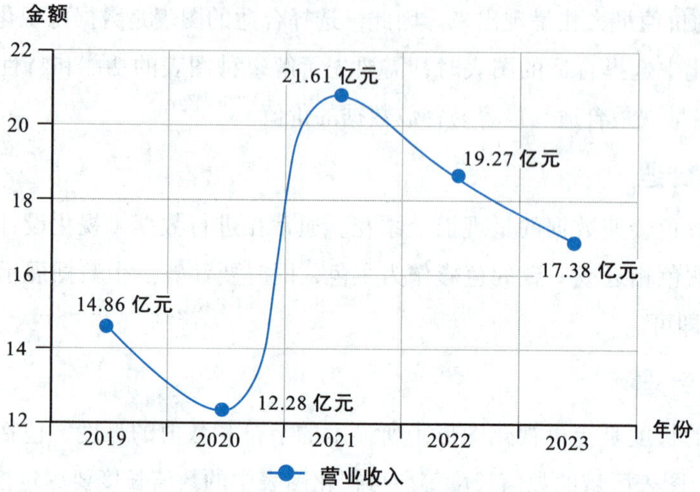

图 6-1　折线图

（二）柱形图/条形图

柱形图/条形图也是一种常见的图形。柱形图/条形图适用于比较不同类别数据值的大小，如不同性别的人数、不同品牌的市场占有率、不同时期的资产负债率等。柱形图/条形图使用不同高度（垂直方向，柱形图）或不同长度（水平方向，条形图）的矩形条来表示不同大小的数值。如图 6-2 所示。

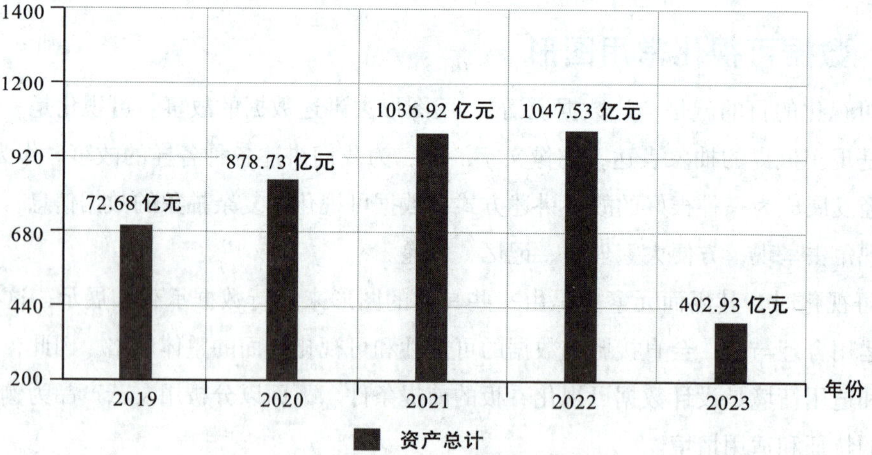

图 6-2　柱形图 / 条形图

（三）双轴图

双轴图适用于在一个图中同时分析两类相差较大的数据，如同时查看一组数值和一组百分比的时间趋势、同时查看一年中各月的降雨量和湿度等。双轴图的特点是同一个 X 轴、多个（≥ 2）Y 轴，多呈现为柱形图+折线图的结合（见图 6-3）。

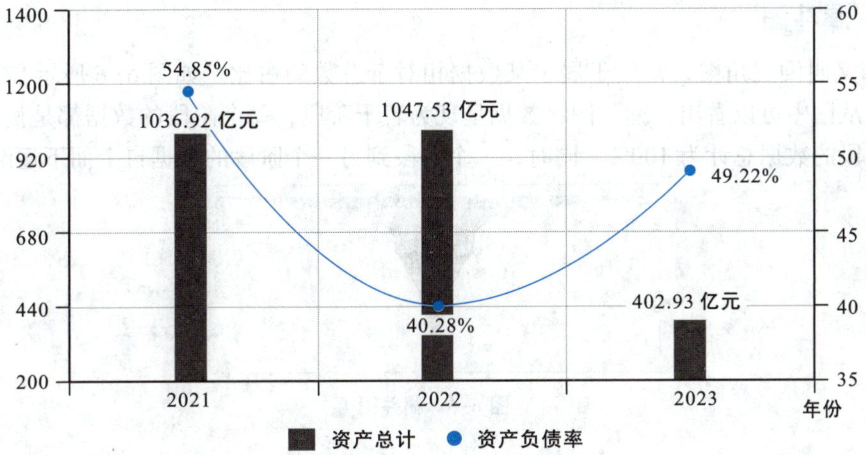

图 6-3　双轴图

（四）饼图/环形图

饼图/环形图主要适用于展现不同类别的数值相对于总数的占比情况，如各大浏览器市场份额占比、不同学历的员工人数占比、各大股东持股比例等。饼图/环形图中的每个扇区的弧长表示该类别的占比大小，所有扇区占比总和为 100%（见图 -4）。

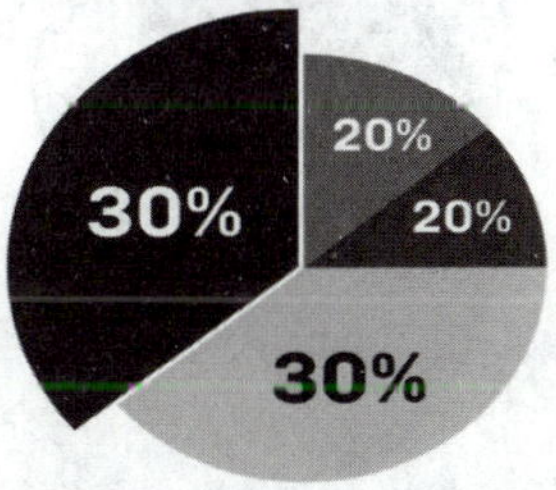

图 6-4　饼图 / 环形图

（五）词云图

词云图适用于突出显示一段文本中出现频率较高的“关键词”，使信息浏览者能清晰领略该段文本的主旨。如提取一段新闻的关键词汇、提取公司年报的关键词汇、提取年度热词等（见图 6-5）。

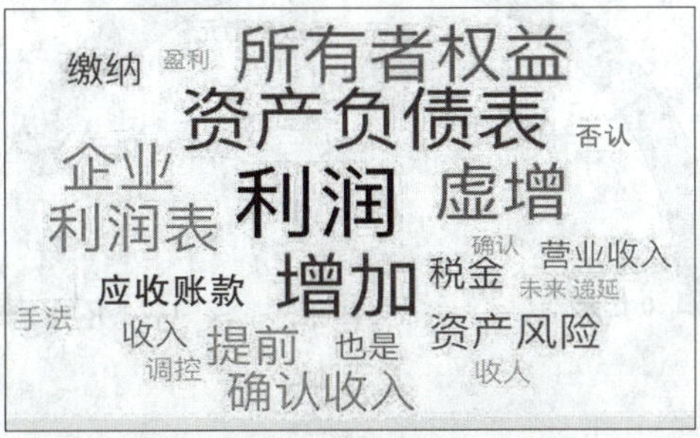

图 6-5　词云图

（六）漏斗图

漏斗图又叫倒三角图，常用于展示某数据相对于总数的占比。如图 6-6 所示是访客转化分析漏斗图，从图中可以看出，漏斗图将数据呈现为若干阶段，每个阶段的数据都是整体中的一部分，所有阶段的数据总计为 100%，同时，一个阶段到另一个阶段的数据自上而下逐渐下降。

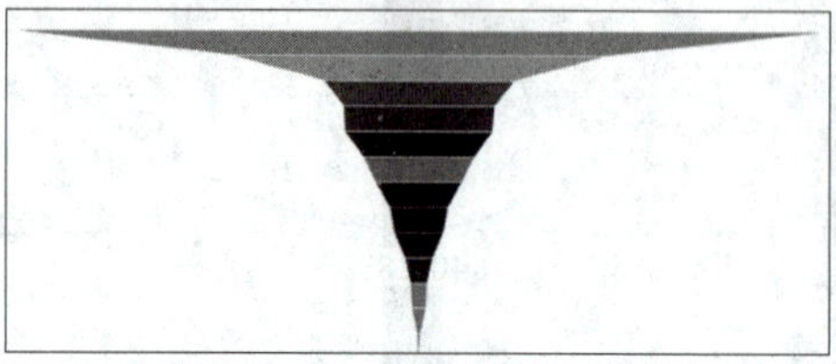

图 6-6　漏斗图

（七）玫瑰图

玫瑰图是弗罗伦斯·南丁格尔发明的一种圆形的柱形图，又称南丁格尔玫瑰图、鸡冠花图、坐标区域图、极区图等。玫瑰图将柱形图转化为饼图形式，是极坐标化的圆形柱式图（见图 6-7）。

图 6-7　玫瑰图

（八）仪表图

仪表图可以清晰地展示某个指标值所在的范围。由于仪表图用一个单独的图形界面展现一个指标值，故而可帮助用户快速理解信息。如图 6-8 所示是用仪表盘展示货币资金所在的范围。

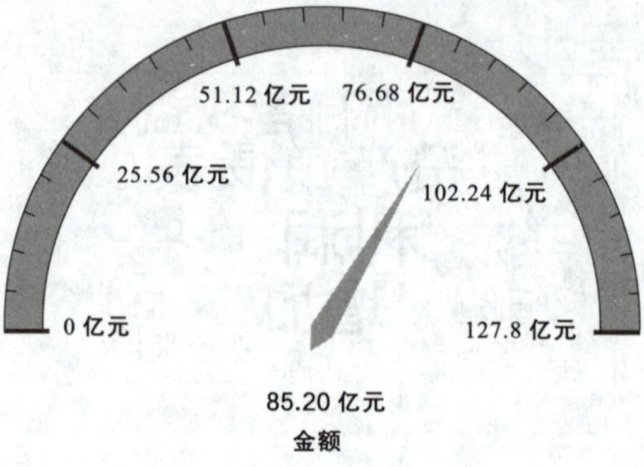

图 6-8　仪表图

（九）雷达图

雷达图是用二维图表的形式显示多变量数据的图形方法，它用从同一点开始的轴表示三个或更多个定量变量的数据（见图 6-9）。

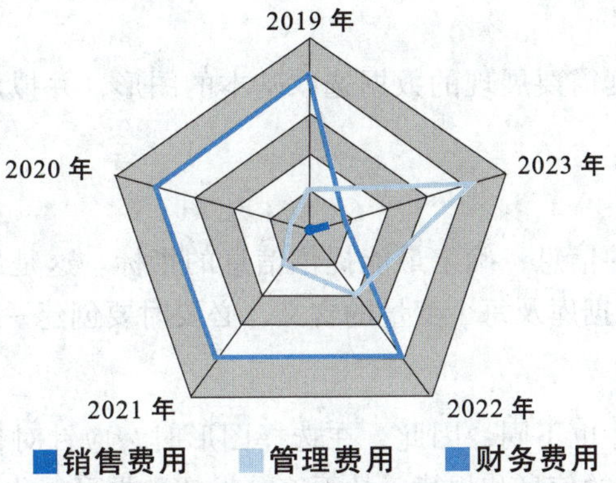

图 6-9 雷达图

（十）其他可视化图

还有更多可视化图形，如图 6-10 所示。

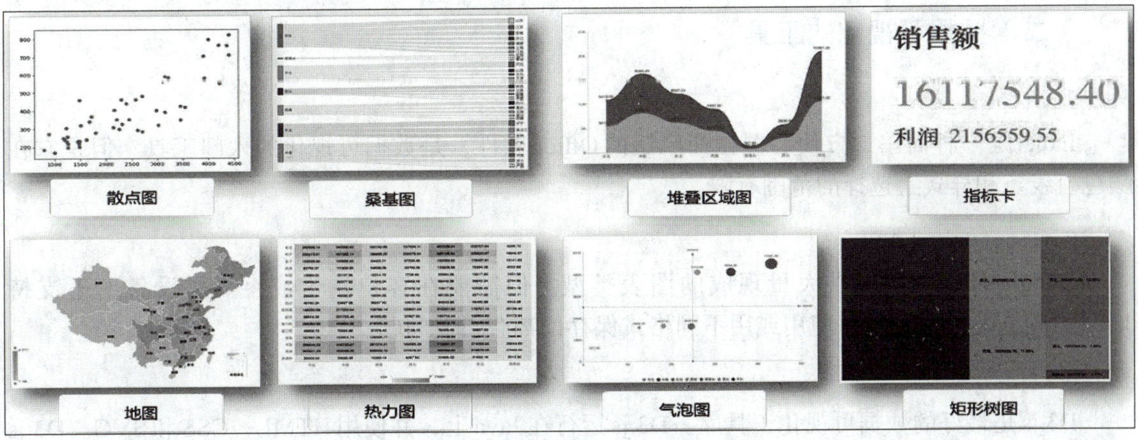

图 6-10 其他可视化图

四、数据可视化的步骤和工具

（一）数据可视化的步骤

数据可视化的设计不仅是选取图形，前期还需要根据分析目标进行构思设计，选取关键指标等，通常有如下步骤（见图 6-11）。

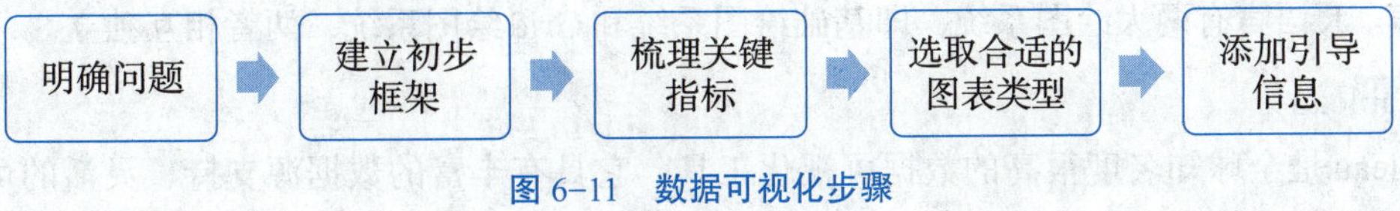

图 6-11 数据可视化步骤

1. 明确问题

当着手一项可视化分析任务时，第一步是明确要解决的问题，也就是明确希望通过数据可视化实现怎样的目标。

2. 建立初步框架

明确问题后，可以根据需要展现的数据选取基本的图形，并拟订可视化的形式，从而建立一个初步框架。

3. 梳理关键指标

这一步是要明确传达的信息，确定最能提供信息的指标。这是最关键的一个步骤，在梳理关键指标时，要充分了解数据库及每个变量的含义，必要时要创建一些新指标。

4. 选取合适的图表类型

不同的图形适用的条件也不同，因此，在选择图形时，应针对目标选取最合适的。这样才有助于用户理解数据中隐含的信息和规律，从而充分发挥数据可视化的价值。

5. 添加引导信息

在展示数据可视化结果时，可以利用颜色、大小、比例、形状、标签、辅助线等元素将用户的注意力引向关键的信息。例如，辅助线可以让用户快速地感知数据处于什么水平。

（二）数据可视化的工具

1. Excel

Excel是一种简单、方便、覆盖面广泛的Office软件，是数据可视化的入门工具。但是它在颜色、线条和样式上选择的范围有限。

2. Google chart API

Google chart API提供大量现成的图表类型，但需要在客户端生成，如果设备上不支持JavaScript、非互联网状态使用或用不同格式保存，都会引发问题。

3. D3.js

D3.js是最好的数据可视化工具库。D3.js运行在Java上，并使用HTML、CSS和SVG。D3.js是开源工具。

4. Python

Python是一种开源免费、简单易学、用途广泛的编程语言。Python有很多可视化库，包括Matplotlib、Pyecharts、Seaborn、Bokeh等。

5. R语言

R语言是非常流行、免费且开源的统计分析软件，是一种用途广泛的编程语言，也是非常复杂的语言。R语言有两大绘图系统，即基础绘图系统和Grid绘图系统，两者相互独立。

6. Tableau

Tableau是全球知名度很高的数据可视化工具，它具有丰富的数据源支持、灵活的可视化功能和强大的数据图表制作能力。Tableau是常用的可视化报表工具，但这款软件需要付费。

与其他工具相比，Tableau的可视化效果虽不华丽，但很出色，而且Tableau给用户提供了非常自由的图表制作能力。如果用户会写代码并且愿意花时间，那么基本都能做出绝大多数想要的图表。

7. 用友分析云

用友分析云是国内一款基于大数据、云计算技术的分析云服务，其致力于为企业提供专业的数据分析解决方案。目前，用友分析云支持36种可视化图形，并能根据用户数据特点自动推荐合适的分析图形。

用友分析云支持用户根据业务问题把可视化进行串联，形成自定义故事板，以便于在公司内部分享分析结果。

8. Power BI

Power BI是微软开发的商业分析工具，它可以很好地集成微软的其他办公软件。在Power BI中，用户可以自由地导入任何数据，如文档、网页和各类数据库文件。

第二节　财务看板

一、项目背景介绍

新公司管理层计划召开公司月度经营分析会议，要求分析师通过业务数据与财务数据，做出一个可视化看板进行汇报。

二、任务要求

1. 从资源处下载本项目数据，上传分析云；
2. 通过不同可视化效果，做出财务看板可视化图表。

三、项目任务指引

（一）确定数据源

从分析要求中可以确定本次分析需要用到的数据表为：资产负债表、利润表和客户销售情况表，将这几张表上传至分析云。

（二）数据关联

根据分析指标的取数范围，确定是否需要数据关联操作。若指标数据均来自资产负债表，则无须为资产负债表建立与其他表的关联；若指标数据既取自资产负债表，也取自利润表，则需要将资产负债表和利润表进行关联。

（三）可视化设计

根据分析需求创建可视化图表，设置辅助线与预警设置。

（四）故事板设计

在故事板中排列和美化可视化图表。

（五）预览、导出

分享故事板，将故事板预览或分享。

四、任务实战

登录新道大数据教学平台，进入“可视化设计”，如图 6-12 所示，根据平台中任务指南完成操作。

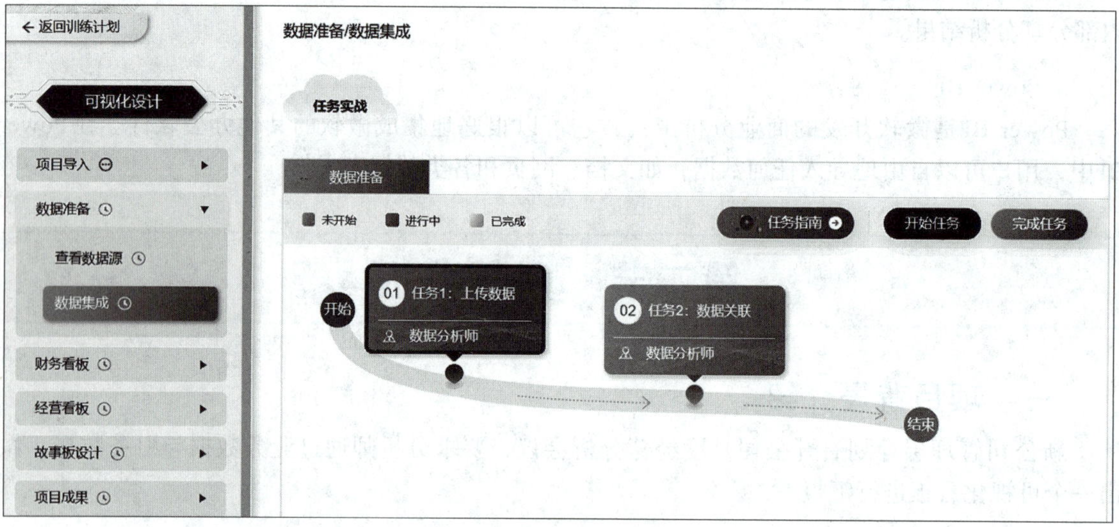

图 6-12　可视化设计

下面分别以财务看板中的营业收入趋势图、营业收入平均值、营业收入预警图、资产负债率为例，说明在分析云设计可视化看板的操作步骤。

（一）营业收入趋势图

第一步：新建可视化

1. 进入故事板设计页面，单击【可视化】；
2. 单击【新建】；
3. 将可视化命名为：营业收入趋势图。

第二步：选择数据源

1. 可以选择自己在数据集成中完成的 AJ 公司利润表与资产负债表合集；
2. 或选择系统内置数据（AJ 利润表 & 资产负债表合集）。

第三步：维度与指标的选择

1. 维度选择：年_报表日期；
2. 指标选择：营业收入（见图 6-13）。

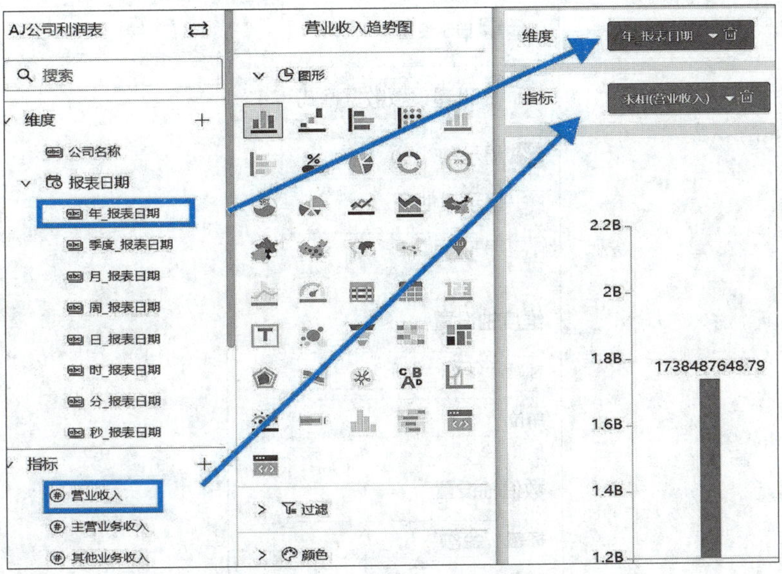

图 6-13　维度与指标的选择

第四步：排序

1. 将维度“年_报表日期”升序排列；
2. 单击维度“年_报表日期”标签的向下箭头，选择“升序”，选择“年_报表日期”。

第五步：选择可视化图形

图形选择：折线图。

第六步：修改数据格式（启用千分位，小数位保留 2 位）

1. 单击指标“营业收入”；
2. 单击“数据格式”；
3. 千分位：启用；
4. 小数位：2（见图 6-14）。

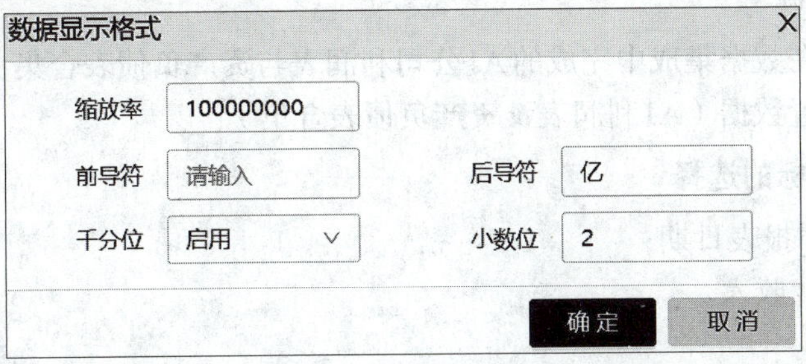

图 6-14　修改数据格式

第七步：显示设置

1. 维度轴设置：标题为“年份”；
2. 数值轴设置：标题为“金额”（见图 6-15）。

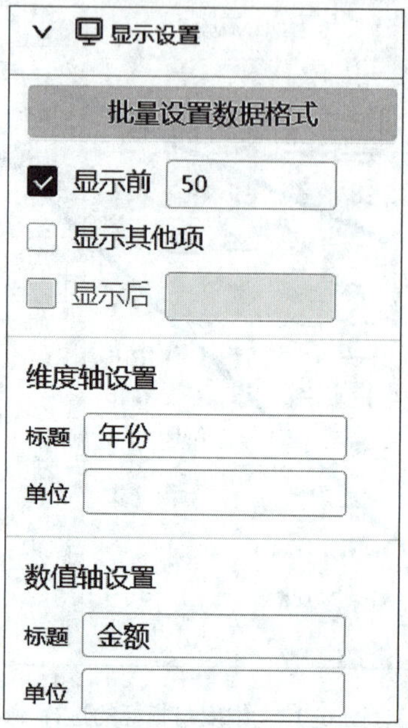

图 6-15　显示设置

第八步：保存可视化

1.单击【保存】；

2.单击【退出】，回到故事板界面。

（二）营业收入平均值

第一步：新建可视化

1.进入故事板设计页面，单击【可视化】；

2.单击【新建】；

3.将可视化命名为：营业收入平均值。

第二步：选择数据源

1.可以选择自己在数据集成中完成的AJ公司利润表与资产负债表合集；

2.或选择系统内置数据（AJ利润表&资产负债表合集）。

第三步：维度与指标的选择

1.维度选择：年_报表日期；

2.指标选择：营业收入。

第四步：排序

1.将维度“年_报表日期”升序排列；

2.单击维度“年_报表日期”标签的向下箭头，选择“升序”，选择“年_报表日期”。

第五步：选择可视化图形

图形选择：折线图。

第六步：修改数据格式（启用千分位，小数位保留 2 位）

1. 单击指标“营业收入”；
2. 单击“数据格式”；
3. 千分位：启用；
4. 小数位：2。

第七步：显示设置

1. 维度轴设置：标题为“年份”；
2. 数值轴设置：标题为“金额”。

第八步：设置辅助线（将营业收入的平均值作为辅助线显示）

1. 单击“辅助线”；
2. 将指标“营业收入”拖曳至辅助线下面，系统弹出“设置辅助线”窗口；
3. 辅助线计算方式：计算线选择“平均值”；
4. 颜色设置为红色（颜色可任意选择）。如图 6-16 和图 6-17 所示：

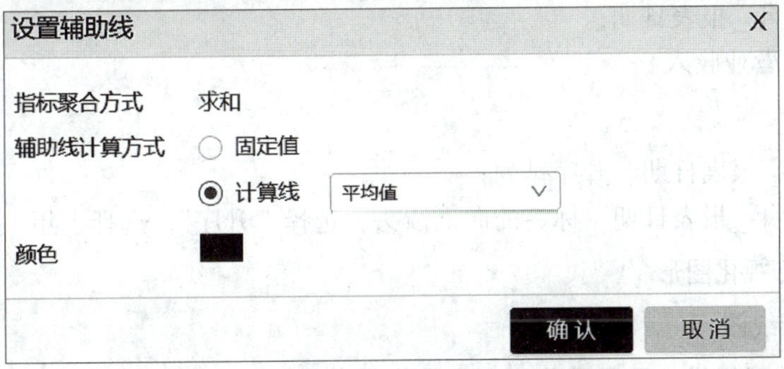

图 6-16 设置辅助线

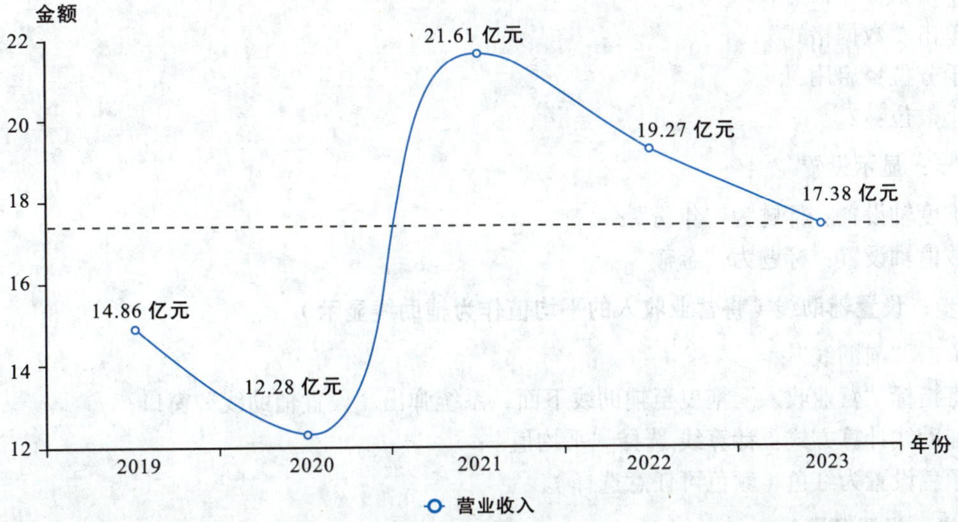

图 6-17　营业收入平均值

第九步：保存可视化

1.单击【保存】；

2.单击【退出】，回到故事板界面。

（三）营业收入预警图

第一步：新建可视化

1.进入故事板设计页面，单击【可视化】；

2.单击【新建】；

3.将可视化命名为：营业收入预警图；

第二步：选择数据源

1.可以选择自己在数据集成中完成的AJ公司利润表与资产负债表合集；

2.或选择系统内置数据（AJ利润表＆资产负债表合集）。

第三步：维度与指标的选择

1.维度选择：年_报表日期；

2.指标选择：营业收入。

第四步：排序

1.将维度“年_报表日期”升序排列；

2.单击维度“年_报表日期”标签的向下箭头，选择“升序”，选择“年_报表日期”。

第五步：选择可视化图形

图形选择：折线图。

第六步：修改数据格式（启用千分位，小数位保留2位）

1.单击指标“营业收入”；

2.单击“数据格式”；

3.千分位：启用；

4.小数位：2。

第七步：显示设置

1.维度轴设置：标题为“年份”；

2.数值轴设置：标题为“金额”。

第八步：设置辅助线（将营业收入的平均值作为辅助线显示）

1.单击“辅助线”；

2.将指标“营业收入”拖曳至辅助线下面，系统弹出“设置辅助线”窗口；

3.辅助线计算方式：计算线 选择“平均值”；

4.颜色设置为红色（颜色可任意选择）。

第九步：设置预警线

添加预警规则：

1.指标聚合方式：求和；
2.预警指标满足：任一条件；
3.营业收入：小于1800000000（18亿元）（见图6-18）。

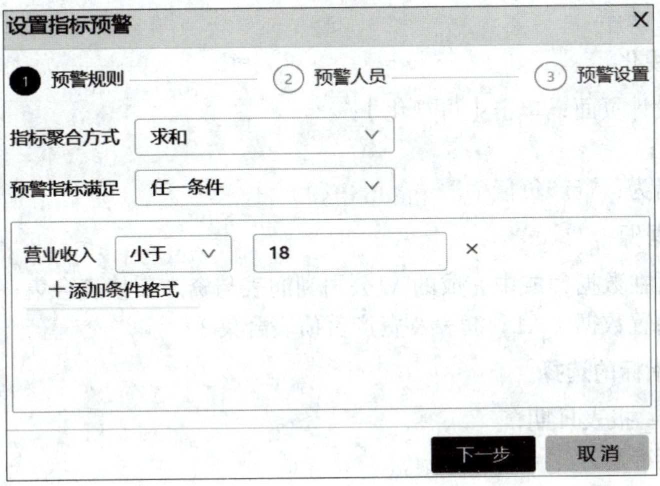

图6-18　设置预警线

4.单击【下一步】添加预警人员；
5.可以选择自己的手机号码，或选择BQ管理员；
6.选中后单击→箭头；
7.单击【下一步】添加预警设置；
8.预警级别：可根据需求添加（一般、重要、重大）；
9.添加预警线颜色：黄色（颜色可任意选择）；
10.单击【确认】，结果如图6-19所示。

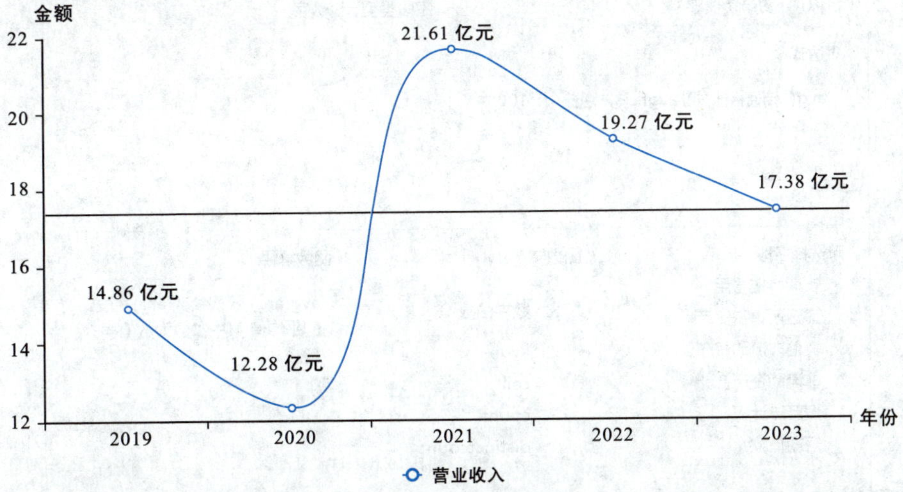

图6-19　营业收入预警图

第十步：保存可视化

1.单击【保存】；

2.单击【退出】，回到故事板界面。

（四）资产负债率

第一步：新建可视化

1.进入故事板设计页面，单击【可视化】；

2.单击【新建】；

3.将可视化命名为：资产负债率。

第二步：选择数据源

1.可以选择自己在数据集成中完成的AJ公司利润表与资产负债表合集；

2.或选择系统内置数据（AJ利润表&资产负债表合集）。

第三步：维度与指标的选择

1.维度选择：年_报表日期；

2.指标选择：资产总计。

第四步：新建指标

1.单击指标旁边【+】按钮；

2.单击“计算字段”；

3.添加字段，名称为“资产负债率”；

4.字段类型“数字”；

5.表达式：avg（负债合计）/avg（资产总计），此处需要从“函数”中选择数学函数中的avg，并从“可选择字段”中选择负债合计与资产总计（见图6-20）。

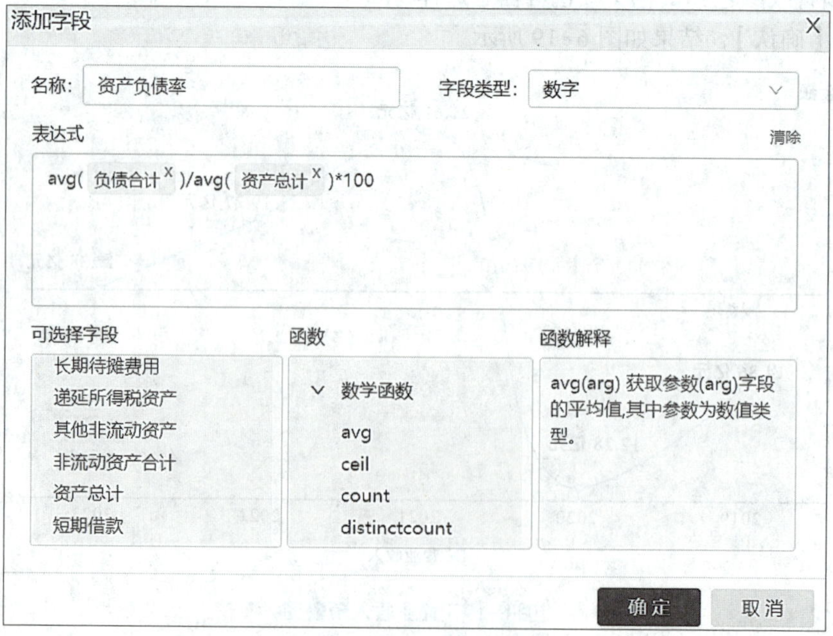

图6-20　资产负债率表达式

6. 单击【确定】；

7. 将资产负债率拖曳到指标字段。

第五步：排序

1. 将维度“年_报表日期”升序排列；

2. 单击维度“年_报表日期”标签的向下箭头，选择“升序”，选择“年_报表日期”。

第六步：选择可视化图形

图形选择：双轴图。

第七步：添加过滤条件

1. 年_报表日期 包含 2021 年、2022 年、2023 年；

2. 单击【确定】（见图 6-21）。

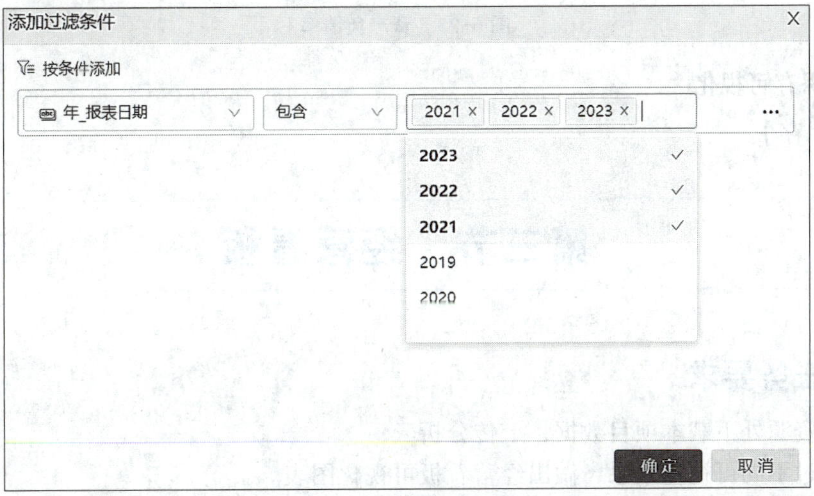

图 6-21　添加过滤条件

第八步：设置数据格式

1. 单击指标“资产负债率”标签向下箭头；

2. 单击“数据格式”；

3. 设置缩放率：0.01；

4. 后导符：%（见图 6-22 和图 6-23）。

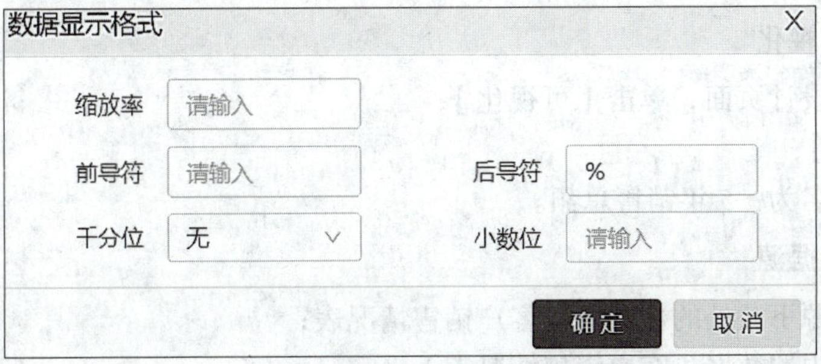

图 6-22　设置数据格式

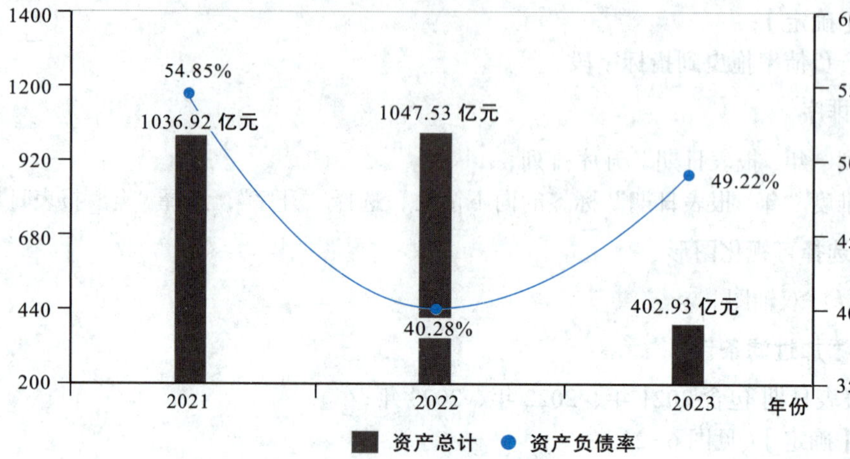

图 6-23　资产负债率

第九步：保存可视化

单击【保存】。

第三节　经营看板

一、任务要求

（一）从资源处下载本项目数据，上传分析云；

（二）通过不同可视化效果，做出经营看板可视化图表。

二、任务实战

登录新道大数据教学平台，进入“可视化设计”“经营看板”，根据平台中任务指南完成操作。

下面分别以经营看板中的 5 年销售总额、TOP5 客户排名、客户销售区域市区分布为例，说明在分析云设计可视化看板的操作步骤。

（一）5年销售总额

第一步：新建可视化

1. 进入故事板设计页面，单击【可视化】；

2. 单击【新建】；

3. 将故事板命名为：5 年销售总额。

第二步：选择数据源

1. 可以选择资源下载处的数据表：客户销售情况表；

2. 或选择系统内置数据（客户销售情况表）。

第三步：维度与指标的选择

1. 维度选择：空；
2. 指标选择：金额。

第四步：选择可视化图形

图形选择：速度计。

第五步：修改数据格式（启用千分位，小数位保留 2 位）

1. 单击指标“金额”向下箭头；
2. 单击“数据格式”；
3. 缩放率：100000000
4. 后导符：亿元；
5. 千分位：启用；
6. 小数位：2（见图 6-24 和图 6-25）。

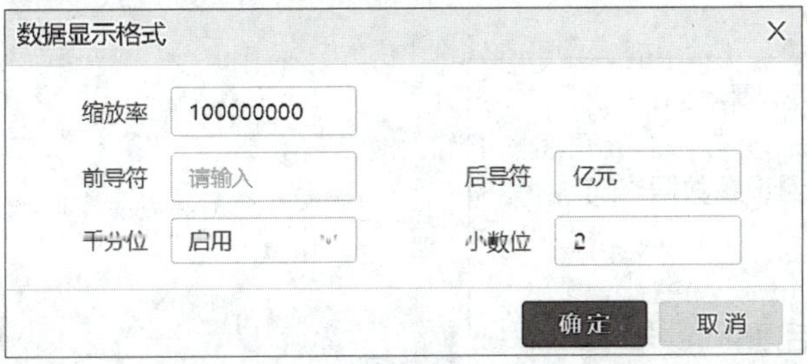

图 6-24　修改数据格式

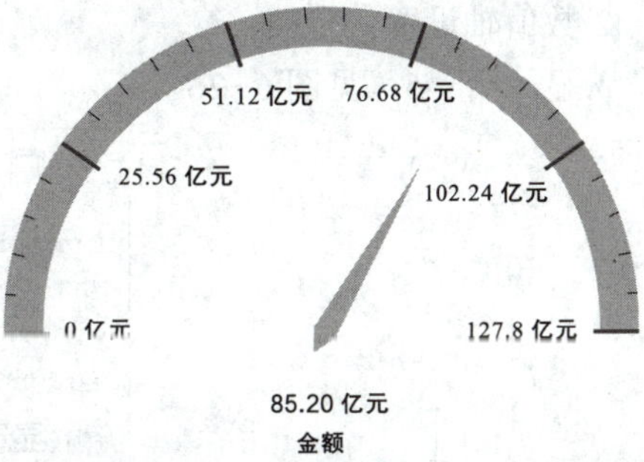

图 6-25　5 年销售总额

第六步：保存可视化

1. 单击【保存】；
2. 单击【退出】，回到故事板界面。

（二）TOP5客户排名

第一步：新建可视化

1. 进入故事板设计页面，单击【可视化】；
2. 单击【新建】；
3. 将故事板命名为：TOP5 客户排名。

第二步：选择数据源

1. 可以选择资源下载处的数据表：客户销售情况表；
2. 或选择系统内置数据（客户销售情况表）。

第三步：维度与指标的选择

1. 维度选择：客户档案名称；
2. 指标选择：金额。

第四步：选择可视化图形

图形选择：条形图。

第五步：排序

1. 单击指标“金额”向下箭头；
2. 单击“升序”。

第六步：修改数据格式

1. 缩放率：100000000；
2. 后导符：亿元；
3. 千分位：启用；
4. 小数位：2。

第七步：显示设置

1. 维度轴设置：客户名称；
2. 数值轴设置：金额；
3. 显示后：5（见图 6-26）。

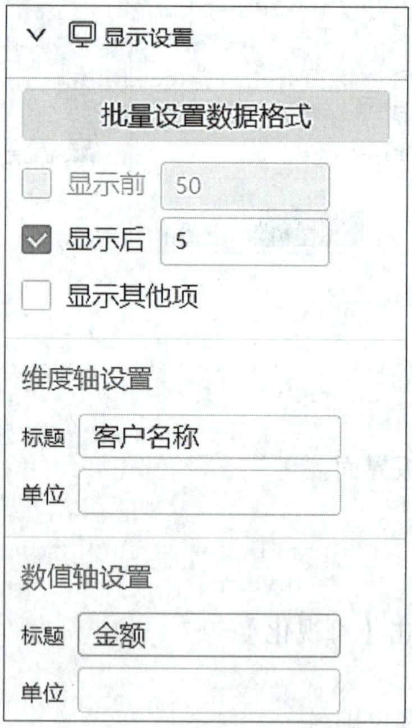

图 6-26　显示设置

第八步：保存可视化

1. 单击【保存】；
2. 单击【退出】，回到故事板界面。

（三）客户销售区域市区分布

第一步：新建可视化

1. 进入故事板设计页面，单击【可视化】；
2. 单击【新建】；
3. 将故事板命名为：客户销售区域市区分布。

第二步：选择数据源

1. 可以选择资源下载处的数据表：客户销售情况表；
2. 或选择系统内置数据（客户销售情况表）。

第三步：新建维度

1. 单击维度旁边【+】按钮；
2. 单击【层级】；
3. 输入层级名称：省－市；
4. 选择钻取路径：省 > 市，将“省”与“市”勾选，单击向右侧箭头；
5. 单击【确定】。如图 6-27 所示。

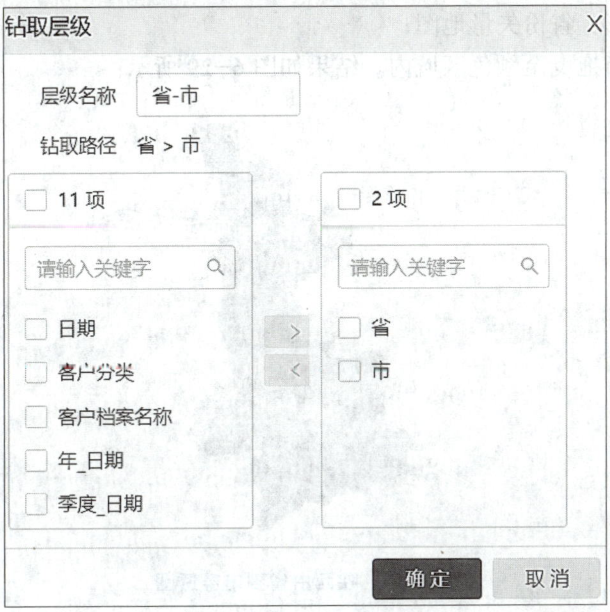

图 6-27　新建维度

第四步：维度与指标的选择

1. 维度选择：省－市；
2. 指标选择：金额。

第五步：选择可视化图形

图形选择：中国地图。

第六步：颜色设置

将维度标签“省”拖曳至颜色区域内，如图 6-28 所示：

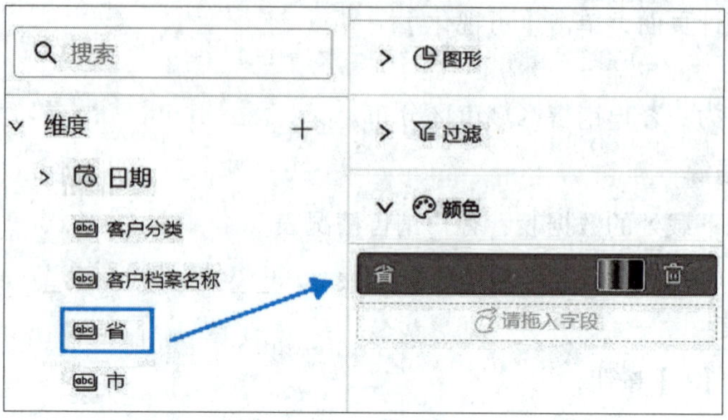

图 6-28　颜色设置

第七步：选择由省到市穿透图（以陕西省为例）

1. 单击陕西区域；
2. 选择可视化图形：省份矢量地图；
3. 颜色设置：将市拖曳至颜色区域内。结果如图 6-29 所示：

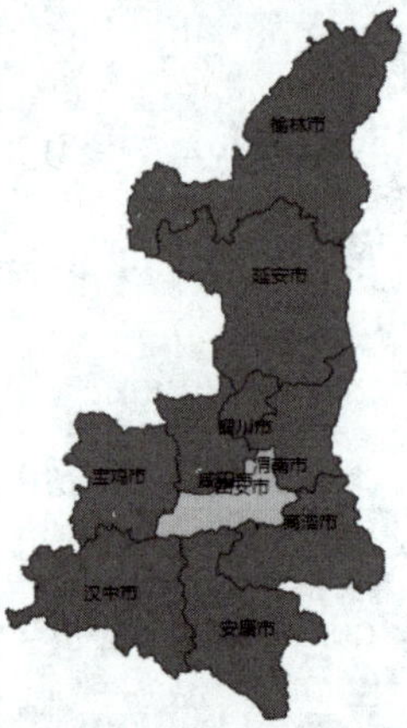

图 6-29　陕西由省到市穿透图

第八步：保存可视化

1. 单击【保存】；
2. 单击【退出】，回到故事板界面。

第四节　故事板设计

一、任务要求

利用分析云，在“财务看板”和“经营看板”的可视化图形中挑选出六张可视化图形，任意组合成一个新的故事板。

二、任务实战

登录新道大数据教学平台，进入“可视化设计”“故事板设计”，根据平台中任务指南完成操作。

下面分别以故事板设计中的调用可视化看板、主题和时间设置为例，说明在分析云设计可视化看板的操作步骤。

（一）调用可视化看板

第一步：单击【可视化】；

第二步：单击【仓库】；如图 6-30 所示：

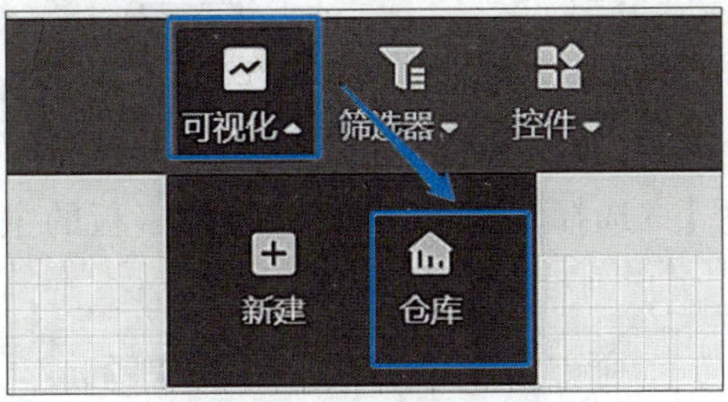

图 6-30　单击【仓库】

第三步：任意选择 6 个可视化看板，组成一个新的故事板，如图 6-31 所示。

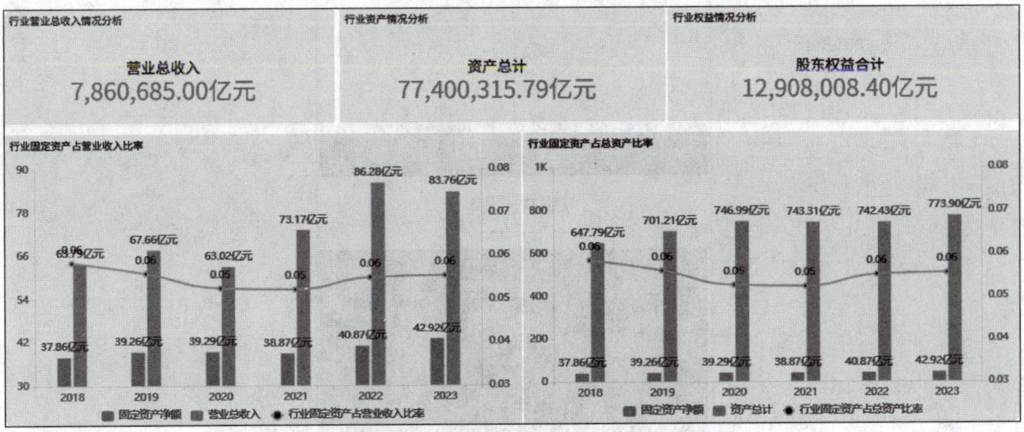

图 6-31　新故事板

（二）主题和时间设置

1. 设置故事板主题

步骤一：回到故事板界面，将可视化图形按业务逻辑排序。

步骤二：选中画布，右侧出现【画布】设置面板，可以在此处设置画布的尺寸大小（见图 6-32）。

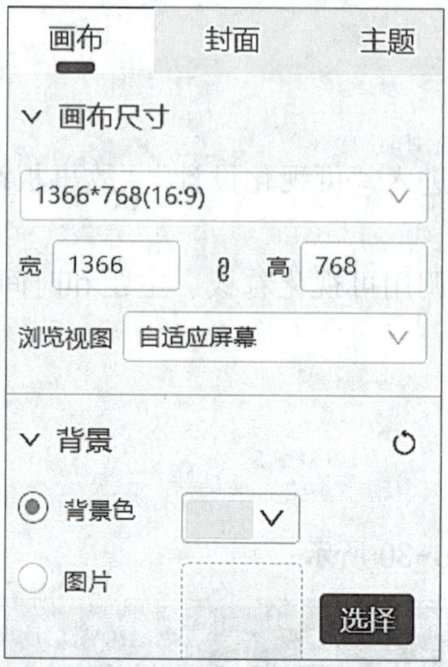

图 6-32　选中画布

▶▶ 步骤三：单击【主题】-选择“暗色主题”，将故事板的主题颜色变为暗色显示（见图 6-33）。

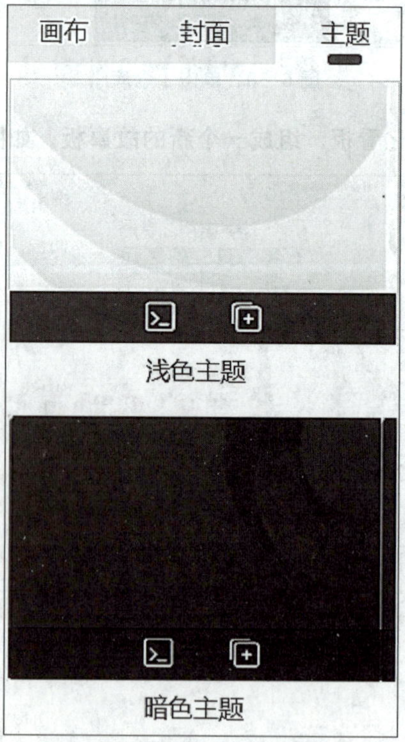

图 6-33　选择“暗色主题”

2. 设置筛选器

▶▶ 步骤一：单击【筛选器】-【树形筛选器】-【树下拉】。如图 6-34 所示：

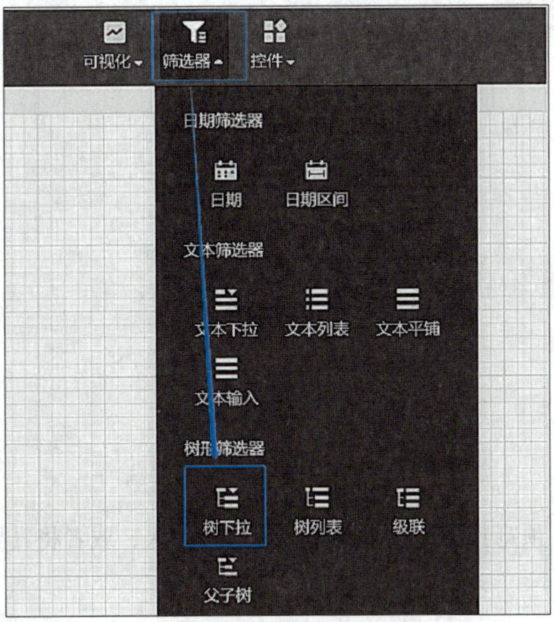

图 6-34　筛选器

▶▶ 步骤二：在右侧选择数据源“资产与利润关联表”；

▶▶ 步骤三：将“年_报表日期”拖曳至“筛选字段”下（见图 6-35）。

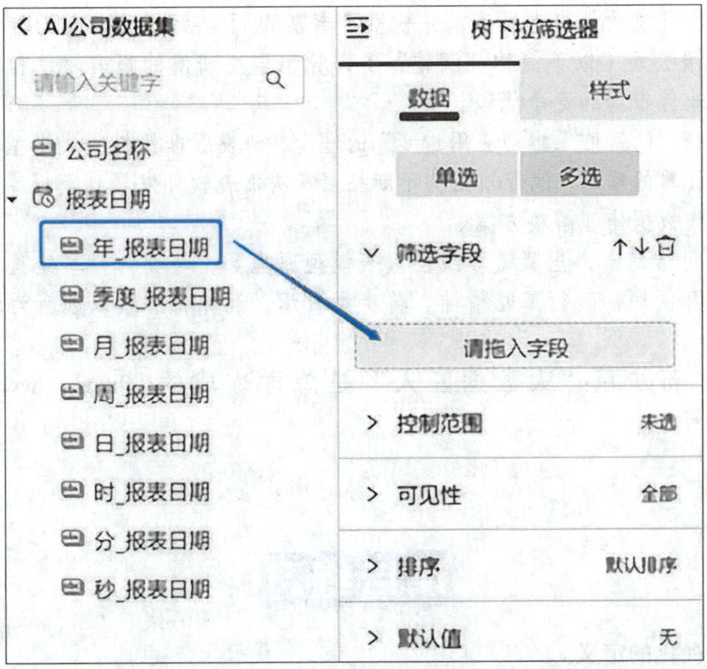

图 6-35　拖曳筛选字段

▶▶ 步骤四：在“树下拉筛选器”中，选择年份为“2023”，则故事板中所有以“资产与利润关联表”为数据源的可视化图表都将显示 2023 年的数据（见图 6-36）。

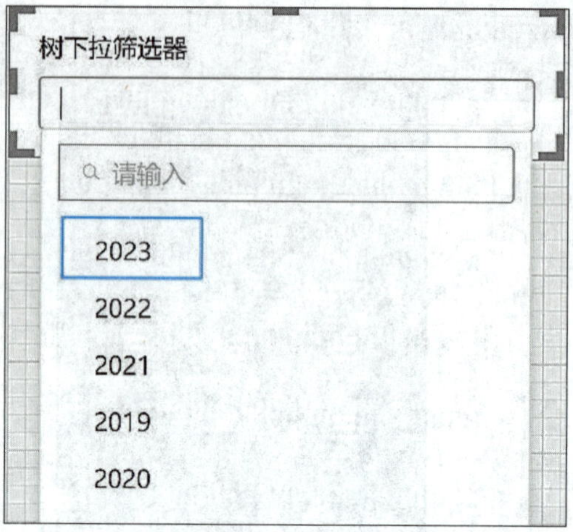

图 6-36　2023 年的数据显示

故事板设计完成后，预览其设计效果，将其分享给他人，或者将其导出。

思政一刻

蒋步星是 1989 年中国首次获得国际数学奥林匹克竞赛团体冠军的主力队员，后在清华大学学习期间，通过讲课和开发软件自力更生，并积累了丰富的 IT 实践经验。2000 年，他创办了北京润乾信息系统技术有限公司（以下简称“润乾”），凭借自主研发的报表软件和数据计算引擎，成功建立了在企业级软件市场的竞争优势。

蒋步星始终坚持“创新技术推动应用进步”的理念，研发了非线性报表模型和数据计算引擎，解决了数据展现和计算的难题。他带领团队不断拓展，从报表软件发展到数据库和云数据库产品，为多个行业提供全线数据处理解决方案。

他将核心技术付诸笔端，出版《非线性报表模型原理》，与业内分享经验，并继续引领润乾从客户角度解决实际问题，践行工匠精神。蒋步星表示，润乾将继续以创新为动力，为中国大数据领域贡献力量。

（资料来源：蒋步星：“大数据匠人”是怎样炼成的？https：//www.cs.tsinghua.edu.cn/info/1169/4155.htm）

课后练习

1. 简述数据可视化的定义。
2. 数据可视化的要素是什么？
3. 简述数据可视化的步骤和工具。
4. 数据可视化的常用图形有哪些？

第七章　基础财务报表分析

导　读

基础财务报表分析是财务管理中的核心环节，通过对企业的资产负债表、利润表、现金流量表的深入剖析，可以揭示企业的财务状况、经营成果和现金流动情况。本章将系统介绍基础财务报表的构成及其分析方法，并通过实战演练，使读者能够运用大数据技术，对财务报表中的数据进行全面分析，从而为企业的财务决策提供科学依据。

知识目标

1. 了解财务报表的科目；
2. 了解财务报表的框架；
3. 了解财务报告与财务报表的区别；
4. 了解财务报表的作用。

技能目标

1. 能够识别财务报表科目；
2. 能够熟悉财务报表科目的质量分析。

素养目标

1. 培养学生具备基本的数据素养，培养学生财务报表分析的专业能力，文献收集能力；

2. 拓宽财会青年视野、更新知识储备，培育财会青年直面财会大数据、用好财会大数据的目标和信心。

第一节　项目导入

一、财务报表基础知识

（一）财务报告的含义

财务报告是企业对外提供的反映企业某一特定日期的财务状况和某一会计期间的经营成果、现金流量等会计信息的文件。财务报告包括财务报表及其他应当在财务报告中披露的相关信息和资料。

财务报表具体由会计报表本身及其附注两部分构成，是企业财务会计确认与计量的最终结果体现，投资者等相关使用者主要是通过财务报表来了解企业当前的财务状况、经营成果和现金流量等状况，从而预测未来的发展趋势。

因此，财务报表是向投资者等财务报告使用者提供决策有用信息的主要媒介和渠道，是沟通投资者、债权人、政府及其他利益相关者等与企业管理层之间信息的桥梁和纽带。

财务报告与财务报表的关系如图 7-1 所示。财务报告包括财务报表和其他相关信息。财务报表包括会计报表和附注。会计报表又包括资产负债表、利润表、现金流量表和所有者权益变动表。

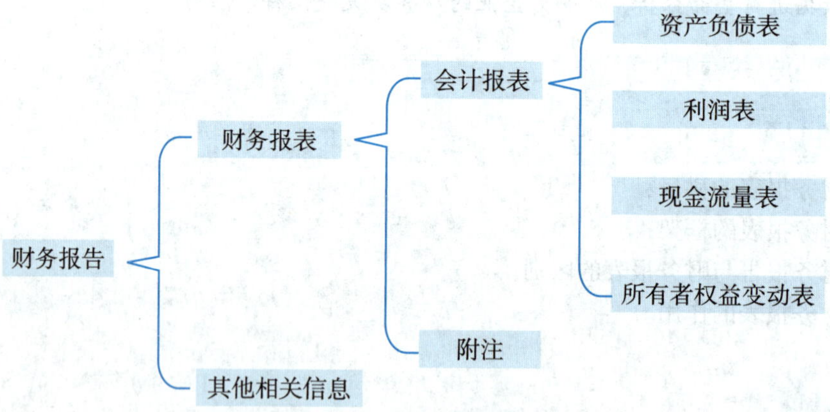

图 7-1　财务报告与财务报表的关系

（二）会计报表的种类

根据会计报表反映的经济内容可分为资产负债表、利润表、所有者权益变动表和现金流量表。资产负债表主要是反映企业在一定日期的资产、负债和所有者权益状况的会计报表。利润表主要是反映企业在某一时期内经营成果的会计报表。所者权益变动表主要是反映构成所有者权益的各组成部分当期的增减变动情况的会计报表。现金流量表主要是反映企业在某一时期内现金流入、流出以及流向状况的会计报表。其具体关系如图 7-2 所示。

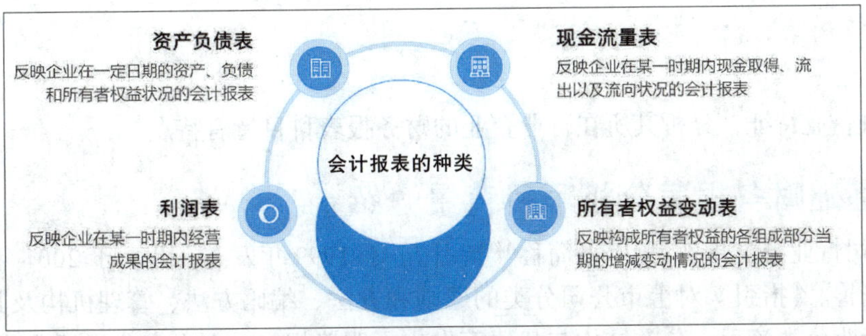

图 7-2　会计报表的种类

（三）财务报表的作用

财务报表的目标就是向信息使用者提供对决策有用的信息，因此其作用是有利于财务报表信息使用者进行经济决策。财务报告的使用者很多，除了包括股东、借款人之外，也包括了政府、社区代表、供应商等。高质量的财务报表能产生多样化信息，给投资人、债权人和其他利益相关者做出合理的决策，具有重要的意义和价值。

二、基础财务报表分析项目任务指引

在 19 个一级分类、90 个二级分类中，选择如图 7-3 所示的 10 个代表企业，对其财务报表进行分析。

序号	代码	类别名称（一级）	类别名称（二级）	代表企业
1	A	农、林、牧、渔业	畜牧业	牧原股份 (002714)
2	B	采矿业	黑色金属矿采选业	金岭矿业 (000655)
3	C	制造业	黑色金属冶炼和压延加工业	首钢股份 (000959)
4	C	制造业	电气机械和器材制造业	格力电器 (000651)
5	E	建筑业	土木工程建筑业	上海建工 (600170)
6	L	租赁和商务服务业	商务服务业	中国中免 (601888)
7	G	交通运输、仓储和邮政业	水上运输业	中远海控 (601919)
8	G	交通运输、仓储和邮政业	航空运输业	中国国航 (601111)
9	I	信息传输、软件和信息技术服务业	软件和信息技术服务业	用友网络 (600588)
10	K	房地产业	房地产业	保利发展 (600048)

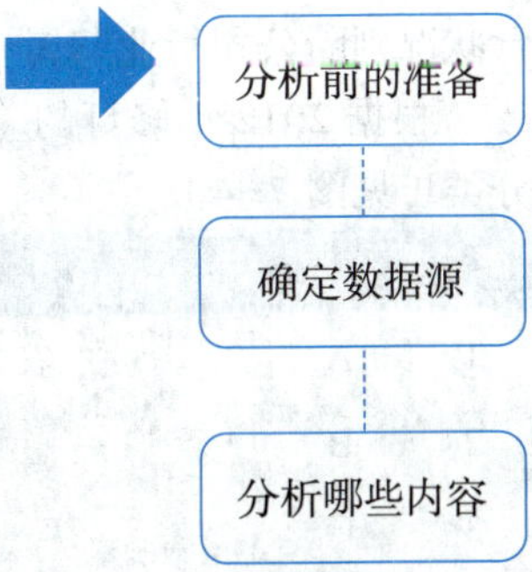

图 7-3　项目任务实施流程

1. 数据准备

（1）分析云财务大数据文件夹中含有“财务分析”文件夹，内置了本项目所需的“基础财务报表分析数据集”；

（2）数据集中涵盖利润表、资产负债表、现金流量表，可直接使用。

2. 财务报表科目分析

（1）将报表划分几个分析的维度，如流动资产分析、长期资产分析、收入与成本分析、费用分析等；

（2）通过阅读平台内课件中的上市企业案例，了解不同报表科目的含义及相关科目之间分析的关联性。

3. 分析结论

结合各自企业特征，分析其所在行业企业的财务报表科目持有特点。

三、基础财务报表分析项目背景介绍

《上市公司行业分类指引》（以下简称《指引》）于1999年发布，此后于2001年、2012年先后进行修改完善。《指引》对上市公司分类的原则和方法、编码方法、管理机构及其职责、沟通反馈机制、行业分类流程、分类结构与代码等做出了明确规定，在上市公司行业分类信息统计、评价、分析等方面发挥着重要作用。

行业分类原则与方法

1. 以上市公司营业收入等财务数据为主要分类标准和依据，所采用财务数据为经过会计师事务所审计并已公开披露的合并报表数据。

2. 当上市公司某类业务的营业收入比重大于或等于50%，则将其划入该业务相对应的行业。

3. 当上市公司没有一类业务的营业收入比重大于或等于50%，但某类业务的收入和利润均在所有业务中最高，而且均占到公司总收入和总利润的30%以上（包含本数），则该公司归属该业务对应的行业类别。

4. 不能按照上述分类方法确定行业归属的，由上市公司行业分类专家委员会根据公司实际经营状况判断公司行业归属；归属不明确的，划为综合类。

根据2012年修订的《上市公司行业分类指引》，目前共有19个一级大类，下设90个二级分类（见图7-4）。

序号	代码	类别名称	序号	代码	类别名称
1	A	农、林、牧、渔业	11	K	房地产业
2	B	采矿业	12	L	租赁和商务服务业
3	C	制造业	13	M	科学研究和技术服务业
4	D	电力、热力、燃气及水生产和供应业	14	N	水利、环境和公共设施管理业
5	E	建筑业	15	O	居民服务、修理和其他服务业
6	F	批发和零售业	16	P	教育
7	G	交通运输、仓储和邮政业	17	Q	卫生和社会工作
8	H	住宿和餐饮业	18	R	文化、体育和娱乐业
9	I	信息传输、软件和信息技术服务业	19	S	综合
10	J	金融业			

图 7-4 类别名称与代码

在19个一级分类、90个二级分类中，选择以下10个代表企业，对其财务报表进行分析（见图7-5）。

序号	代码	类别名称（一级）	类别名称（二级）	代表企业
1	A	农、林、牧、渔业	畜牧业	牧原股份 (002714)
2	B	采矿业	黑色金属矿采选业	金岭矿业 (000655)
3	C	制造业	黑色金属冶炼和压延加工业	首钢股份 (000959)
4	C	制造业	电气机械和器材制造业	格力电器 (000651)
5	E	建筑业	土木工程建筑业	上海建工 (600170)
6	L	租赁和商务服务业	商务服务业	中国中免 (601888)
7	G	交通运输、仓储和邮政业	水上运输业	中远海控 (601919)
8	G	交通运输、仓储和邮政业	航空运输业	中国国航 (601111)
9	I	信息传输、软件和信息技术服务业	软件和信息技术服务业	用友网络 (600588)
10	K	房地产业	房地产业	保利发展 (600048)

图 7-5　项目分析企业

第二节　资产负债表分析

一、流动资产分析

（一）货币资金分析

1. 货币资金概述

货币资金是企业流动性最强的资产，包括库存现金、银行存款和其他货币资金。企业货币资金持有量会受到企业规模、行业特征、融资能力、市场流动性等一系列因素的影响。

2. 货币资金都是企业自己的钱吗

金融业是传统货币资金较多的行业，这些企业货币资金的主要来源是客户存款。中国平安保险（集团）股份有限公司，简称“平安保险”，是一家致力于成为国际领先的个人金融生活服务集团。中国平安业务圈如图 7-6 所示。

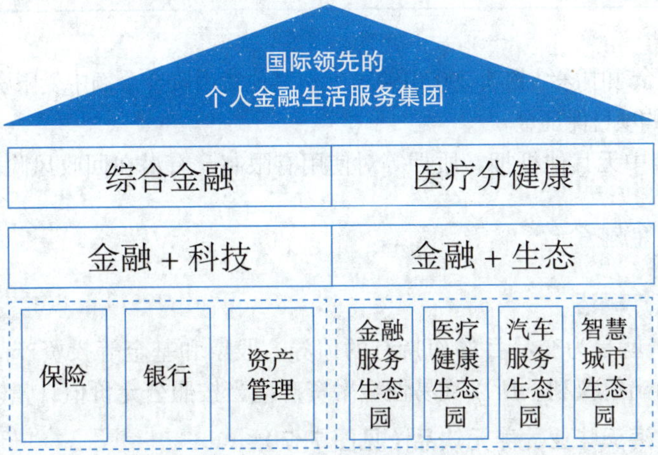

图 7-6　中国平安业务圈

3. 货币资金应结合哪些科目一起分析

对于建筑企业而言，必须拥有一定数量的货币资金以购买材料、租借设备、发放工资等。在分析其货币资金时，可结合该企业的应付账款、短期借款、一年内到期的非流动负债、长期借款等科目，这些都需要货币资金来保障其资金流稳定。

4. 货币资金的特点

（1）货币资金创造价值差。货币资金本身创造价值的能力是最差的，如果我们将货币资金存入银行只收取活期利息并不能创造价值。

（2）考虑资金利用效率。如果一个公司的货币资金过多，则说明这个公司没有对现金进行合理管理和应用。因此，货币资金并非越多越好，还要考虑资金的利用效率。

（3）现金分红或投资。当企业的货币资金较为充裕时，企业可以将多余的货币资金通过现金分红或者回购的方式归还给股东或者进行投资。

5. 货币资金里的受限资金

案例：乐视网

乐视网 2021 年年报显示，期末货币资金余额依然高达 29.82 亿元，但是受限资金高达 21.53 亿元（见表 7–1）。

受限资金包括外埠存款、银行汇票存款、银行本票存款、信用证存款和信用卡存款等，这些资金一般在其他货币资金核算。

表 7–1　乐视流动资产

单位：元

项目	期末余额	期初余额
库存现金	134795.47	424576.15
银行存款	829385404.31	1482118516.72
其他货币资金	2152896629.44	2186603263.21
合计	2982416829.22	3669146356.08
其中：存放在境外的款项总额	5211458.82	18650622.15

其他说明：

①期末银行存款余额中冻结款项 2907019436 元；其他货币资金余额中受限资金 2151200000.00 元，为TCL多媒体股权并购项目保证金。

②期末货币资金中无其他抵押、质押等对使用有限制、有潜在回收风险的款项。

（二）交易性金融资产

1. 交易性金融资产概述

交易性金融资产就是为交易目的而持有的债券、股票和基金等投资产品。交易性金融资产持有的目的是近期内出售获利，所以交易性金融资产应当按照公允价值计量。

案例一：海通证券、海天味业、养元饮品（见图 7–7）

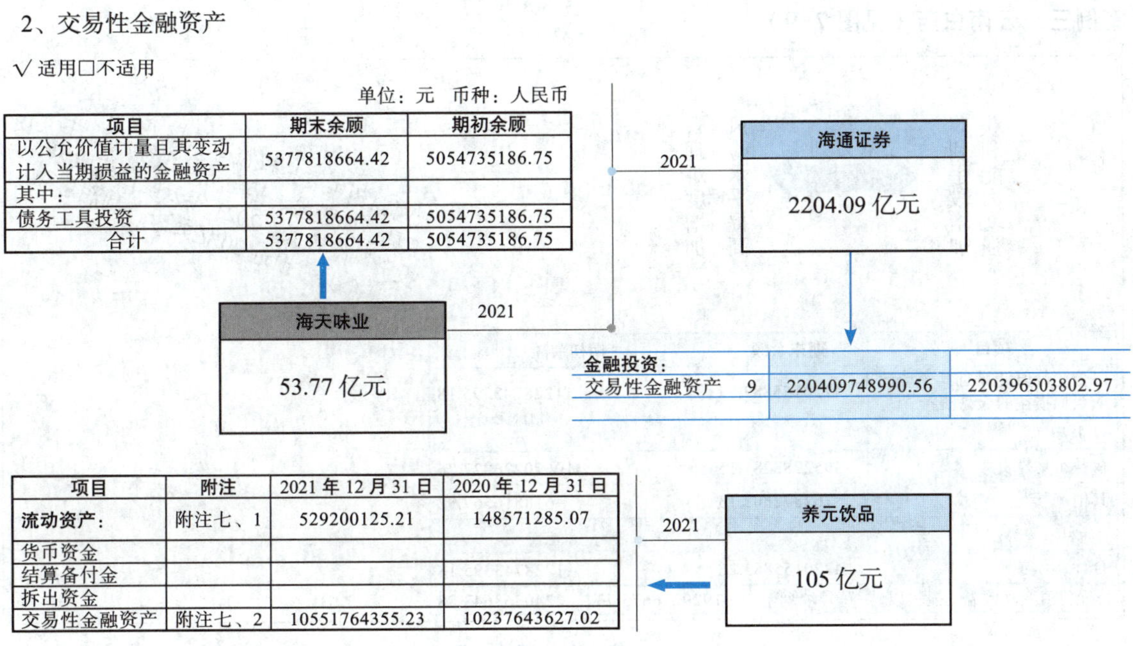

2、交易性金融资产

√适用□不适用

单位：元 币种：人民币

项目	期末余额	期初余额
以公允价值计量且其变动计入当期损益的金融资产	5377818664.42	5054735186.75
其中：		
债务工具投资	5377818664.42	5054735186.75
合计	5377818664.42	5054735186.75

金融投资：			
交易性金融资产	9	220409748990.56	220396503802.97

项目	附注	2021 年 12 月 31 日	2020 年 12 月 31 日
流动资产：	附注七、1	529200125.21	148571285.07
货币资金			
结算备付金			
拆出资金			
交易性金融资产	附注七、2	10551764355.23	10237643627.02

图 7-7 交易性金融资产对比图

2. 交易性金融资产分析

交易性金融资产内容不同，风险也不同。

案例二：青岛啤酒（见图 7-8）

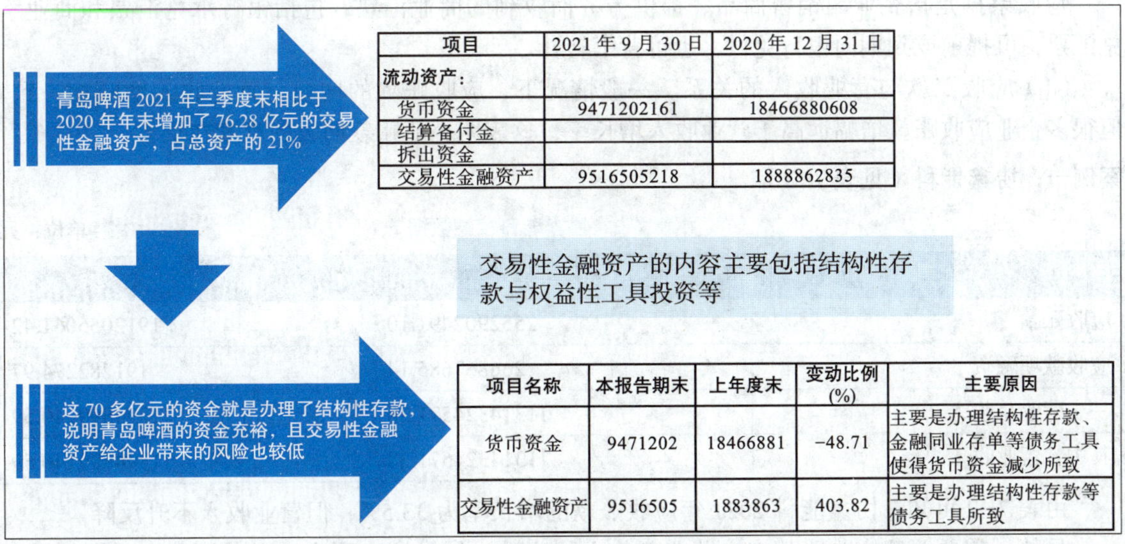

项目	2021 年 9 月 30 日	2020 年 12 月 31 日
流动资产：		
货币资金	9471202161	18466880608
结算备付金		
拆出资金		
交易性金融资产	9516505218	1888862835

项目名称	本报告期末	上年度末	变动比例(%)	主要原因
货币资金	9471202	18466881	-48.71	主要是办理结构性存款、金融同业存单等债务工具使得货币资金减少所致
交易性金融资产	9516505	1883863	403.82	主要是办理结构性存款等债务工具所致

图 7-8 青岛啤酒交易性金融资产

案例三：云南白药（见图 7-9）

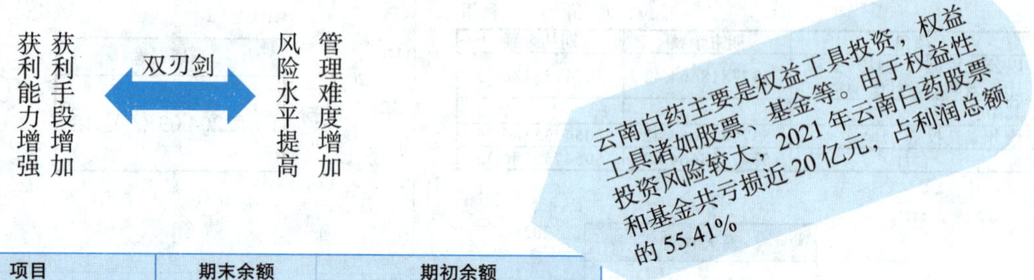

项目	期末余额	期初余额
以公允价值计量且其变动计入当期损益的金融资产	4720155883.28	11228743395.18
其中：		
权益工具投资	3952283281.15	10610226827.26
其他	767872602.13	618516567.92
其中：		
合计	4720155883.28	11228743395.18
公允价值变动收益（损失以"－"号填列）	−1929216675.73	2240368643.38

图 7-9　云南白药交易性金融资产

（三）应收款项分析

1. 应收款项定义

应收款项泛指企业拥有的将来获取现款、商品或劳动的权利。它是企业在日常生产经营过程中发生的各种债权，是企业重要的流动资产。应收款项主要包括应收账款和应收票据等。

应收票据是指企业因销售商品、提供劳务而收到的商业汇票，包括银行承兑汇票和商业承兑汇票，可提前或到期向银行兑付，也可背书转让。

（1）应收账款与营业收入的关系。一般情况下，应收账款的增幅与营业收入增幅相一致。但很多企业应收账款增幅远高于营业收入增长率，这表明企业账款回收的难度在加大。

案例一：协鑫能科（见表 7-2）

表 7-2　协鑫能科相关数据

单位：元

项目	2021 年度	2000 年度
应收账款	2552902491.10	1912055061.42
应收款项融资	266867685.14	191282274.97
一、营业总收入	11314324571.38	11394899140.59
其中：营业收入	11314324571.38	11394899140.59

由表 7-2 可知，协鑫能科 2021 年应收账款的增长率为 33.5%，但营业收入不升反降。

另外，需要关注应收账款占主营业务收入的比重，如果该比重达 50% 甚至以上，那就需要警惕企业业务持续性问题和财务状况恶化问题。

案例二：天源环保

表 7-3　天源环保相关数据　　单位：元

项目	2021 年 12 月 31 日	2020 年 12 月 31 日
流动资产：		
货币资金	1172260345.13	265138597.69
结算备付金		
拆出资金		
交易性金融资产		
衍生金融资产		
应收票据		
应收账款	371504629.65	241529526.28
项目	2021 年度	2020 年度
营业总收入	759912065.43	549888.582.59

由表 7-3 可知，天源环保在 2021 年应收账款占营业收入的比例为 48.9%，将近 50%。

（2）应收账款质量。应收账款的质量除要关注公司赊销的前五大客户外，还要关注赊销大客户是否为关联方（见表 7-4）。

表 7-4　通信公司股权结构　　单位：万元

序号	出资方	出资金额	出资比例
1	上海电气集团股份有限公司	12000	40.00%
2	上海星地通通信科技有限公司	8550	28.50%
3	鞍山盛华科技有限公司	2550	8.50%
4	北京富信丰源贸易有限公司	2550	8.50%
5	上海东骏投资管理有限公司	2550	8.50%
6	上海奈攀企业管理合伙企业（有限合伙）	1800	6.00%
合计		30000	100.00%

由表 7-4 可知，2021 年上海电气集团股份有限公司因应收账款逾期可能造成归母净利润 83 亿元的损失。从其中主要的主体上海通讯来看，除第一大股东上海电气集团股份有限公司持有其 40% 股权外，上电通讯其他股东均为民营背景（占比 60%），且这些股东均存在关联交易。

2. 预付款项定义

预付款项，包括预付货款和预付工程款等。作为两类常见的流动资产，预付账款与应收账款都属于公司的债权，但两者产生的原因不同，应收账款是公司应收的销货款，通常是用货币清偿的，而预付账款是预付给供货单位的购货款或预付给施工单位的工程价款和材料款，通常是用商品、劳务或完工工程来清偿的。

二、长期资产分析

（一）固定资产分析

1. 固定资产概述

固定资产是指同时具有下列特征的有形资产：第一，为生产商品、提供劳务、出租或经营管理而持有的；第二，使用寿命超过一个会计年度。固定资产主要包括企业自用的房屋及建筑物、机器设备、运输工具、工具器皿等。

分析固定资产时：关注固定资产规模的合理性；关注固定资产的结构；关注固定资产的折旧政策；关注固定资产减值。

2. 重资产型/轻资产型

通过固定资产占比（固定资产 ÷ 总资产 100%）我们可以判断企业属于重资产型公司还是轻资产型公司。

案例一：中国东航

公司总部位于上海，作为中国国有控股三大航空公司之一，前身可追溯到 1957 年 1 月原民航上海管理处成立的第一支飞行中队。公司于 1997 年分别在纽约、中国香港、上海证券交易所成功挂牌上市，是中国民航首家三地上市的航空公司。

截至 2021 年年末，公司运营着 758 架客运飞机（其中包括公务机 6 架）组成的现代化机队，主力机型平均机龄约 7.7 年，在全球大型航空公司中拥有机龄最年轻的机队、技术最先进的机型。“东方万里行”常旅客会员可享受天合联盟 19 家航空公司会员权益及全球 790 余间机场贵宾室优质服务（见表 7–5）。

表 7–5　中国东航长期股权投资

单位：亿元

长期股权投资	四（11）、十五（3）	2261	2387
其他权益工具投资	四（10）	457	995
套期工具	四（3）		37
投资性房地产	四（12）	118	166
固定资产	四（13）	89954	97681

由表 7–5 可知，中国东航 2021 年的总资产为 2865.48 亿元，其中固定资产总计 899.54 亿元，占总资产的 31.39%，属于重资产型公司。固定资产大多是飞机的价值。

案例二：中信证券（见表 7–6）

表 7–6　中信证券资产明细

单位：元

项目	行次	金额
固定资产	14	6621835845.10
在建工程	15	1178523715.68
无形资产	16	3592200798.44
商誉	17	8675972708.73
递延所得税资产	18	9492914168.65
使用权资产	19	1893724187.44
其他资产	20	6074264963.00
资产总计		1278664775096.62

由表 7–6 可知，中信证券 2021 年固定资产为 66.21 亿元，总资产为 12786.64 亿元，固定资产占总资产比例仅为 0.5%，属于轻资产型企业。

3. 固定资产利用效率

除了关注固定资产占总资产的比例，还要关注营业收入与固定资产的关系。营业收入与固定资产的比值越高，表示每 1 元固定资产支持的销售收入越高，固定资产利用效率越高。

案例三：上汽集团（见表 7–7）

表 7-7　上汽集团营业收入与非流动资产对照表　　单位：元

项目	2021 年度	2020 年度
营业总收入	779845786393.56	742132450370.73
其中：营业收入	759914635560.08	723042589215.28
非流动资产：		
发放贷款和垫款	102546002349.07	96942418741.25
债权投资	399394000.00	408000000.00
其他债权投资	34252527.10	4640259677.07
长期应收款	12522123373.74	9811655479.38
长期股权投资	60849205220.58	59649816410.57
其他权益工具投资	22543932882.53	20698468429.89
其他非流动金融资产	8200237311.05	1879590033.02
投资性房地产	3242049907.81	3080372835.91
固定资产	78350634327.37	82982337001.90

由表 7-7 可知，上汽集团 2021 年固定资产价值为 783.5 亿元，营业收入为 7599.14 亿元，意味着每一个单位的固定资产对应会产生 9.7 元的营业收入。

4. 固定资产消耗方式

案例四：保利发展（见表 7-8）

表 7-8　保利发展固定资产明细表　　单位：元

项目	房屋及建筑物	运输工具	电子及办公设备	其他设备	合计
4. 期末余额	12500767652.53	268595356.00	525455985.63	4413789294.49	13738608288.65
二、累计折旧					
1. 期初余额	1498474195.45	229943610.16	37507290474.00	31051077808.00	2414001488.43
2 本期增加金额	429217308.70	22046088.88	60522293.80	3288967248.00	544625363.86
（1）计提	226776264.09	21250010.96	59836748.21	32273269.10	340136292.36

由表 7-8 可知，房地产企业保利发展 2021 年计提的折旧额为 3.4 亿元，大部分为房屋及建筑物的折旧额。

（二）在建工程分析

在建工程指企业资产的新建、改建、扩建，或技术改造、设备更新和大修理工程等尚未完工的工程支出，包括物资成本、人工成本、相关税费、资本化的借款费用等。在建工程在达到预定可使用状态时可以转入固定资产。

一般而言，上市公司对于重大的投资项目都会在年报中披露项目实施计划，并且在建设期持续披露投入的金额以及施工进度。上市公司可以通过延迟将在建工程转入固定资产，减少企业当期的财务费用和折旧费用，从而优化企业当期利润。

随着企业的发展在建工程，增长是正常的，同时能说明该企业规模是逐渐扩大的，竞争力也是持续增长的。

借款费用符合资本化条件时，利息支出可以计入在建工程，而不是当作当期利息费用。当在建工程转入固定资产之后，可以通过固定资产折旧乃至某年计提大额固定资产减值的方式把虚增部分分摊掉。

三、流动负债分析

（一）应付账款概述

应付账款是指因购买材料、商品或接受劳务供应等而发生的债务，这是买卖双方在购销活动中由于取得物资与支付货款在时间上不一致而产生的负债。应付账款是企业在正常的生产经营过程中因购进货物或接受劳务应在 1 年以内偿付的债务。

很多人把应付账款看作选择的一个重要指标，因为能够赊款的企业产业链地位一般很强势，或者品牌强大，这部分企业议价能力很强，经营良好，所以供应商愿意赊销。

一般情况下，我们可以从企业应付账款的变化程度判断出，上下游行业的发展情况，辅助我们判断公司价值，从侧面反映出企业在整条产业链的行业的发展状况。应付款项大幅上升，可能是由于企业产业议价能力上升，占用上游供应商的资金的能力增强。

应付账款周转率越小，表明企业的议价能力越强，公司较同行可以更多占用供应商的货款，而且不用支付利息，企业相当于获得了一笔无息贷款，这对企业的运营来说是有好处的。

（二）其他流动负债分析

1. 流动负债

主要包括短期借款、应付票据、应付账款、预收账款、应付职工薪酬、应交税费、应付股利和预计负债等。确认流动负债的目的，主要是将其与流动资产进行比较，反映企业的短期偿债能力。

2. 短期借款

短期借款是指企业向银行或其他金融机构等借入的偿还期限在一年以下的各种借款。短期借款包括质押借款、抵押借款、保证借款、信用借款、信托借款和其他借款等，用于解决企业流动资金匮乏一般不用于长期资产的资金需求。

我们首先要看短期借款总额，尤其要关注货币资金能否覆盖有息负债。短期借款作为有息负债，需要重点关注其占总资产的比例。优秀的公司短期借款占总资产的比率不会太高，一般不超过 5%。

短期借款的主要类型有信用借款、保证金借款以及抵押借款。如果企业是通过信用借款，那就说明公司的信用得到银行的认可，企业经营状态良好。

3. 短期借款

短期借款是指企业采用商业汇票结算方式延期支付购入货物应付的票据款。财务分析人员应关注应付票据是否带息，企业是否发生过延期支付到期票据的情况，以及企业开具的商业汇票是银行承兑汇票还是商业承兑汇票。

4. 应付职工薪酬与应缴税费

职工薪酬是指职工在职期间和离职后提供给职工的全部货币性薪酬和非货币性薪酬，既包括提供给职工本人的薪酬，也包括提供给职工配偶、子女或其他被赡养人的福利等。应缴税费是指企业在生产经营过程中产生的应向国家缴纳的各种税费，主要包括增值税、消费税、城市维护建设税、教育费附加等。

（三）预收账款分析

预收账款是指企业在销货之前预先向购买方收取的款项，应在 1 年以内使用产品或劳务来偿还。如果大量的预收账款是由关联方交易产生的，则分析人员应当注意这是不是企业之间的一种变相借贷方式，以缓解企业当前的资金紧张状况。

预收账款是公司盈利能力的一种表现，很多投资者将这一指标作为判断投资对象的标准。预收款项虽然在账面上是负债，但本质上是企业将在未来实现的收入，而且一般不需要还款，也就是没有偿债压力，当开具销售发票后，这部分预收款项就变成了营业收入。

预收账款的多少与公司所处行业息息相关。最为明显的是房地产行业，房地产行业一般是预售制，提前收款，所以账面上有大量的预收款。另一个预收款项比较多的行业是商超行业，经常逛超市的朋友会购买购物卡，通常能得到一点折扣。当购买购物卡的时候，商超收到的钱要计入预收账。

如果公司的预收账是一次性收入，比如预收的拆迁款，这会导致公司预收账款短期内大幅增长，但其实与自身经营业绩无关。

（四）长期负债分析

应付债券与长期应付款分析。

1. 应付债券概述

应付债券是企业为筹集长期资金而实际发行的债券及应付的利息。对于企业发行的债券，分析人员应当关注债券的有关条款，查看该债券的付息方式是到期一次还本付息、分期付息到期还本还是分期还本付息。如果存在溢折价，看企业对于溢折价的摊销和实际利息费用的确认是否准确。再有，应关注债券是否存在可赎回条款，企业是否具有可用于赎回的资金准备。

可转债一般指可转换债券。可转换债券是债券持有人可按照发行时约定的价格将债券转换成公司的普通股票的债券。如果债券持有人不想转换，则可以继续持有债券，直到偿还期满时收取本金和利息，或者在流通市场出售变现。

除了关注总额之外，我们还要关注应付债券财报注释里披露的内容，尤其是可转债。目前可转债已成为大股东无风险快速减持套利的工具。

2. 长期应付款概述

长期应付款是指企业除长期借款和应付债券以外的各种长期应付款项，包括采用补偿贸易方式下引进国外设备应付的价款、融资租入固定资产的租赁费等。长期应付款一般包括以下内容：补偿贸易引进设备款、应付融资租赁款、具有融资性质的延期付款购买资产、应付售后回租款、递延房租收益、应计房租、受托经营资金、其他长期应付款。行业不同，长期应付款金额也有很大的不同。

四、所有者权益

所有者权益是指企业资产扣除负债后由所有者享有的剩余权益，是资产总额抵减负债总额后的净额，是企业所有者对企业净资产的要求权。我国的所有制权益主要包括四个项目：实收资本（股本）、资本公积、盈余公积和未分配利润。

实收资本是指所有者在企业注册资本的范围内实际投入的资本，在股份公司中称为股本。所有者可以使用不同形式的资产进行出资，包括货币和非货币资产。

资本公积包括的事项比较广泛，如资本溢价、长期股权投资权益法下被投资单位资本公积发生变动、可供出售金融资产的公允价值变动、以权益结算的股份支付、可转债的转换权价值、认股权证等。

企业的盈余公积与未分配利润都来自历年企业经营净利润的留存，通称为留存收益。

股本资金雄厚有利于企业经营和规模扩张；注册资本低抗风险能力也更弱。

第三节　利润表分析

一、收入与成本分析

（一）营业收入概述

营业收入是指企业在从事销售商品、提供劳务和让渡资产使用权等日常经营过程中取得的收入，分为主营业务收入和其他业务收入两部分。主营业务收入是指企业进行经常性业务取得的收入，是利润形成的主要来源。

对于营业收入要关注：企业营业收入的品种构成；企业营业收入的区域构成；企业营业收入中来自关联方的比重。

在分析营业收入时，我们可以观察营业收入增减变化的趋势。营业收入增减变动的原因有很多，产品不同、市场不同、企业不同，增减变动的原因也各不相同，有可能是产品销量变动，也可能是商品价格变动。对于周期性强的行业，企业每季度的收入波动会比较大。

（二）营业成本概述

营业成本是指与营业收入相关的，已经确定了归属期和归属对象的成本。与营业收入相对应，营业成本也分为主营业务成本和其他业务成本两部分。对于营业成本要关注：企业存货发出的方法及其变动；应检查企业营业收入与营业成本之间的匹配关系；企业是否存在操纵营业成本的行为。

营业收入减去营业成本，就是一家企业的毛利润。毛利润对于绝大多数企业都是关键数字，如果企业连毛利润都没有，一般很难存活下去。毛利润占营业收入的比例被称为毛利率。不同行业的毛利率差别非常大。

比如在零售业，大部分企业毛利率可能很低。例如零售业中营业收入很高的ST易购，每年的毛利率仅为6.6%左右。而在服饰行业中的珠宝企业，一般来说毛利率可能很高，如周大生近三年的毛利率为27%～40%。

二、费用分析

（一）销售费用概述

销售费用是指企业销售商品和材料、提供服务的过程中发生的各种费用，具体包括广告宣传费、服务费、销售人员薪酬、咨询费、会展费、促销活动费等。

如何判别销售费用与本期收入之间是否匹配：如果销售费用有较大的增长，应观察增长的内容是什么，如果是企业广告费的大额支出，应对其作用期间进行判断。企业如果在新地域和新产品上投入较多的销售费用，如在新地域设立销售机构和销售人员的支出等，这些新的支出不一定在本期就能增加销售收入，分析人员对此也应当慎重分析，以判定其对今后期间收入增加的效应。

（二）管理费用概述

管理费用是指企业行政管理部门为组织和管理生产经营活动而发生的各种费用。包括公司经费、工会经费、待业保险费、劳动保险费、董事会费、聘请中介机构费、咨询费、诉讼费、业务招待费、办公费、差旅费、邮电费、绿化费、管理人员工资及福利费等。

①管理费用的支出水平与企业规模相关，对管理费用有效的控制可以体现企业管理效率的提高，但是有些项目的控制或减少对企业长远发展是不利的。②因为管理费用多数项目属于固定性费用，与企业营业收入在一定范围和期间内没有很强的相关性。③如果财务分析人员能够获得企业内部财务预算，通过与预算数的对比，可以更容易地得到企业管理费用的质量状况。

（三）财务费用概述

财务费用是指企业为筹集生产经营所需资金等而发生的费用。具体项目有：利息净支出（利息支出减利息收入后的差额）、汇兑净损失（汇兑损失减汇兑收益的差额）、金融机构手续费以及筹集生产经营资金发生的其他费用等。

财务费用主要包括三大类：①自有资金利息收入；②债务的利息支出；③在银行等金融机构办理业务支出的手续费。这个科目主要和资产负债表的货币资金科目及有息负债相关。财务费用有可能为正，也有可能为负。

最后我们要关注汇兑净损益。财务费用中还有一类即汇兑净损益，一些持有外币交易的企业，由于汇率的浮动所产生的差额会影响财务费用，从而会对当期利润产生很大影响。

（四）研发费用概述

研发费用指的是研究阶段发生的费用及无法区分研究阶段研发支出和开发阶段研发的支出。

①从技术上来讲，完成该无形资产以使其能够使用或出售具有可行性。②具有完成该无形资产并使用或出售的意图。③无形资产产生未来经济利益的方式，包括能够证明运用该无形资产生产的产品存在市场或无形资产自身存在市场；无形资产将在内部使用时，应当证明其有用性。④有足够的技术、财务资源和其他资源支持，以完成该无形资产的开发，并有能力使用或出售该无形资产。⑤归属于该无形资产开发阶段的支出能够可靠地计量。对于无法区分研究阶段研发支出和开发阶段研发支出的，应当将其全部费用化，计入当期损益（研发费用）。

三、营业外收支分析与利润

（一）营业外收支概述

营业外收支包括营业外收入与营业外支出。营业外收入是指企业在经营业务以外取得的收入，主要包括固定资产出售净收益、罚款收入和政府补助收入等。营业外支出是指企业在经营业务以外发生的支出，包括固定资产盘亏、毁损、报废和出售的净损失，以及非常损失、对外捐赠支出、赔偿金和违约金支出等。

（二）利润概述

利润总额是亏损总额的对称，是企业在一定时期内通过生产经营活动所实现的最终财务成果。利润总额的金额里面包含了净利润的金额。净利润是指企业当期利润总额减去所得税后的金额，即企业的税后利润。

第四节　现金流量表分析

一、经营活动现金流量分析

（一）经营活动现金流量概述

企业经营活动现金流量包括：销售商品、提供劳务收到的现金，收到的税费返还，收到其他与经营活动有关的现金，购买商品、接受劳务支付的现金，支付给职工以及为职工支付的现金，支付的各项税费，支付的其他与经营活动有关的现金。

（二）经营活动现金流量净额

一般而言，上市公司经营活动产生的净现金流量应为正数，且经营活动的现金流量占全部现金流量的比重越大，说明公司的财务状况越稳定，支付能力越有保证。

房地产企业的经营活动现金流净额是一段时期内以销售为主的日常经营活动带来的现金流入与流出的净值，是反映房地产企业真实经营状况的重要指标。

（三）经营现金流量与净利润的结合

我们可以通过经营活动现金流净额与净利润的结合，引入“净现比”指标，进一步衡量其经营质量。通常而言，净现比越接近于1.0，说明企业净利润以现金形式实现的比例越高，盈利能力越强。

通过对比销售商品、提供劳务收到的现金与购买商品、接受劳务支付的现金的差额大小来粗略地估算出毛利率的大小，如果收到的远远大于支出的，那毛利率一般比较高。

二、投资活动现金流量分析

投资活动现金流量是指企业长期资产（通常指一年以上）的购建及其处置产生的现金流量，包括收回投资收到的现金，取得投资收益收到的现金，处置固定资产、无形资产和其他长期资产收回的现金净额，处置子公司及其他营业单位收到的现金净额，购建固定资产、无形资产和其他长期资产支付的现金，投资支付的现金，取得子公司及其他营业单位支付的现金净额。

对内投资净额大幅增长的公司往往面临着新的发展机遇或投资机会。当期对外投资活动的现金净流出量大量增加，说明该公司的经营活动没有能够充分地吸纳公司的资金，从而游离出大笔资金，通过对外投资为其寻求获利机会。

三、筹资活动现金流量分析

筹资活动现金流量是指企业经营过程中所产生的与筹资活动相关的现金流入和现金流出的差额。它是企业资本及债务的规模和构成发生变化的活动所产生的现金流量。包括吸收投资收到的现金，取得借款收到的现金，偿还债务支付的现金，分配股利、利润或偿付利息支付的现金，收到其他与筹资活动有关的现金。

一般来说，债务性筹资风险会大一些，欠银行的钱到期就必须还。而权益性筹资则不同，能够增强企业资金实力，对股价也有一定的促进作用，而且没有定期偿还的压力，风险较小。

第五节　基础财务报表分析操作实战演练

一、数据准备

（一）查看分析云数据，如图7-10所示。

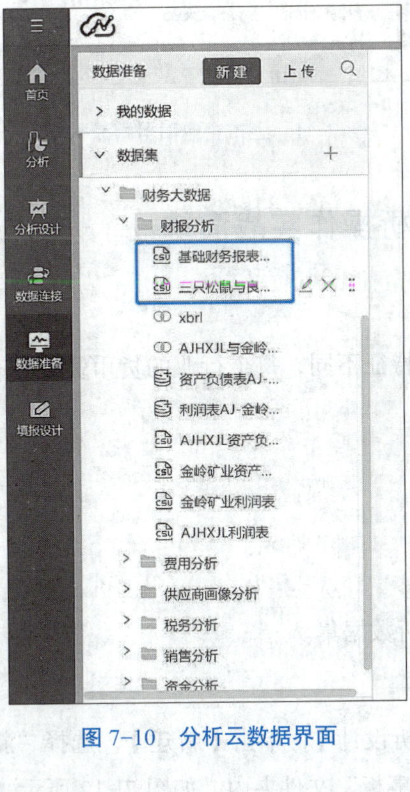

图 7-10　分析云数据界面

（二）查看大数据中心

单击【工作应用】，单击【大数据中心】，可以查看上市企业财务报表数据（见图 7-11）。

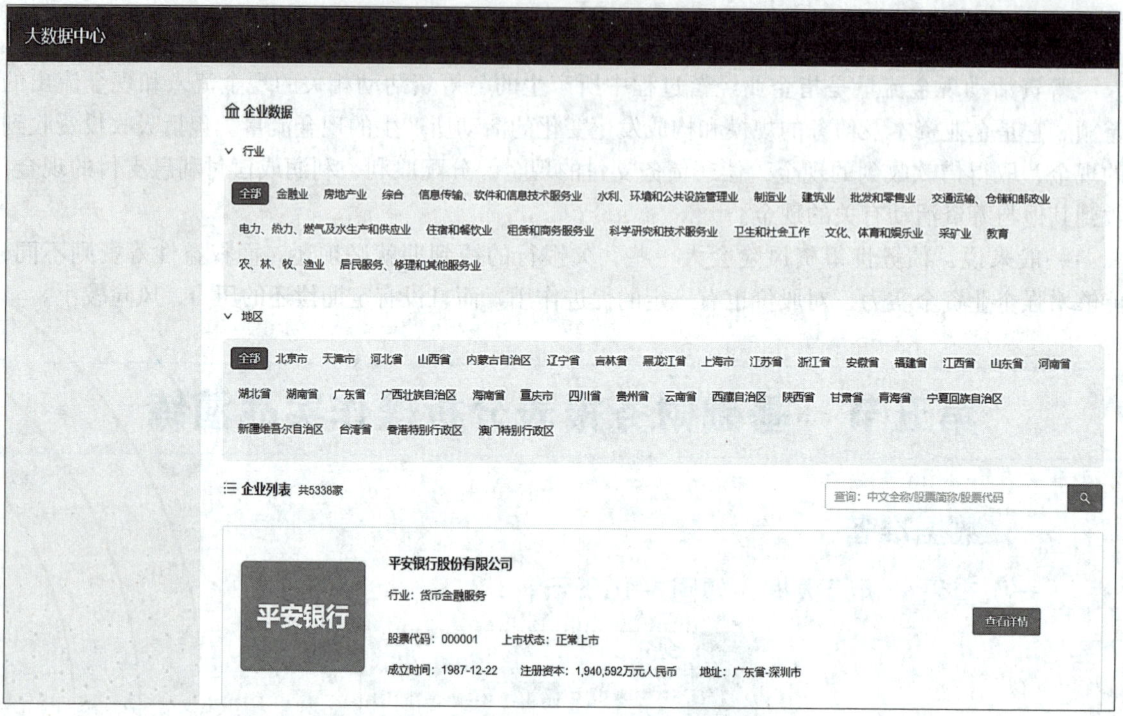

图 7-11 上市企业财务报表数据

二、资产负债表分析操作实战演练

任务描述

在上市公司中，由于行业特征不同，每个行业的货币资金各有不同，分析给定 10 个行业的代表型公司 2021 年的货币资金。

操作步骤

任务1 货币资金分析

数据表：基础财务报表分析数据集。

（一）新建文件夹

进入分析云后，单击【分析设计】，单击【新建】，选择“新建文件夹”，命名为“基础财务报表分析”，保存在“我的故事板”文件夹内，如图 7-12 所示。

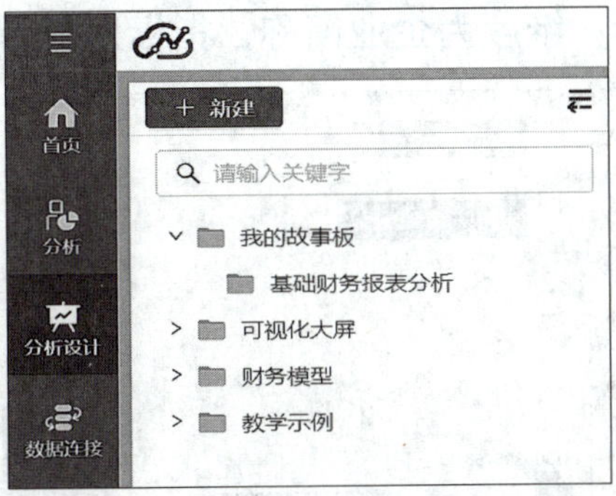

图 7-12　新建基础财务报表分析文件夹

（二）新建故事板：流动资产分析，如图7-13所示。

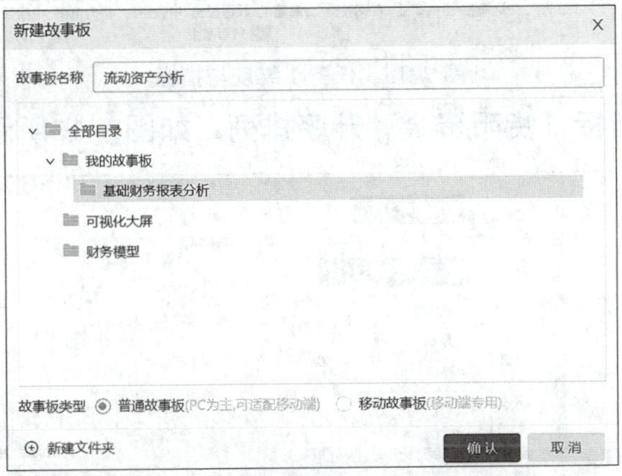

图 7-13　新建流动资产分析故事板

（三）新建可视化：2021年货币资金分析，如图7-14所示。

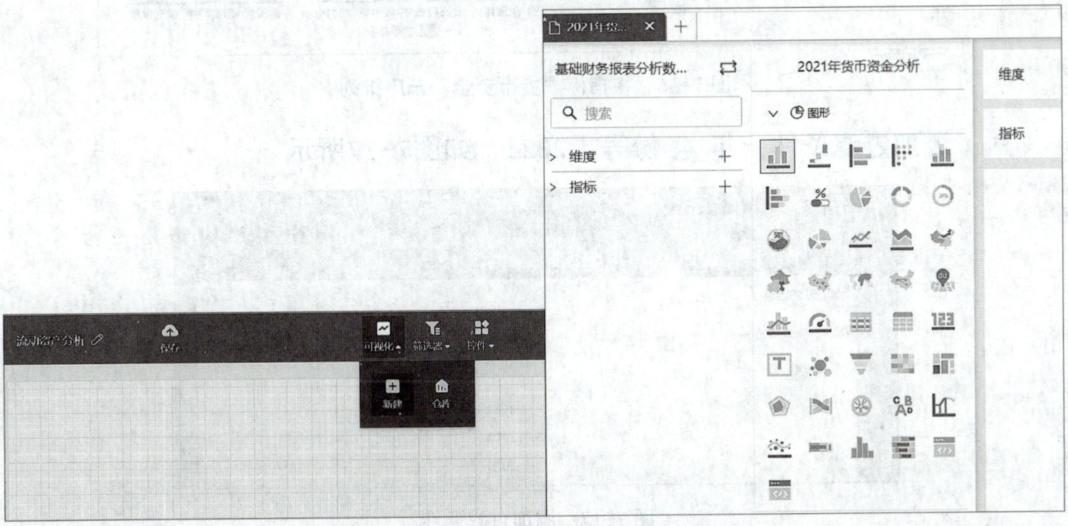

图 7-14　新建 2021 年货币资金分析可视化

（四）选择维度与指标：维度为企业简称，指标为货币资金，如图7-15所示。

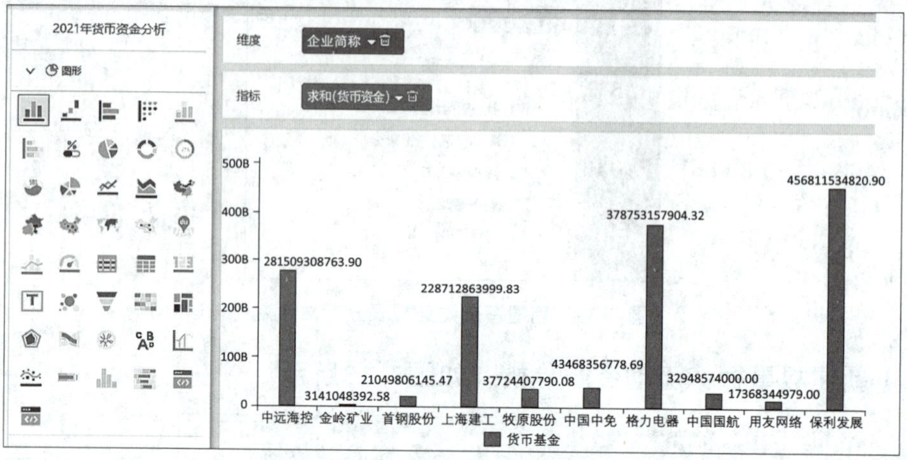

图 7-15　任务 1 维度与指标

（五）排序：将指标“货币资金”升序排列，如图7-16所示。

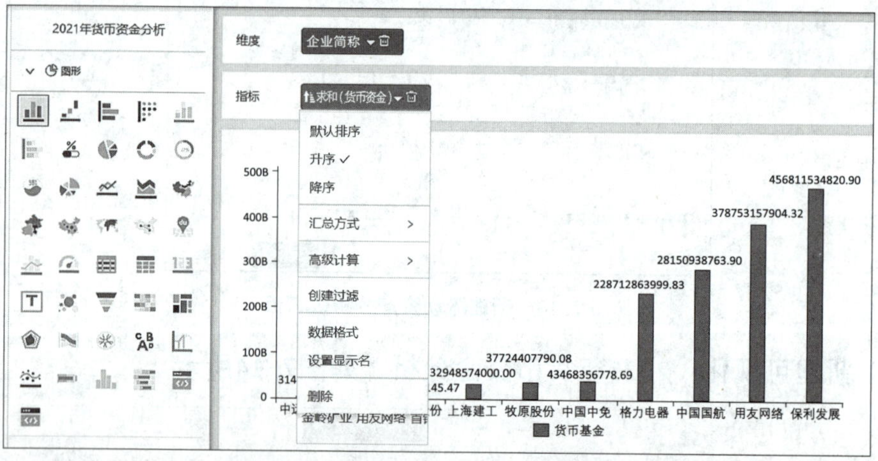

图 7-16　将指标“货币资金”升序排列

（六）添加过滤条件：年_年份等于2021，如图7-17所示。

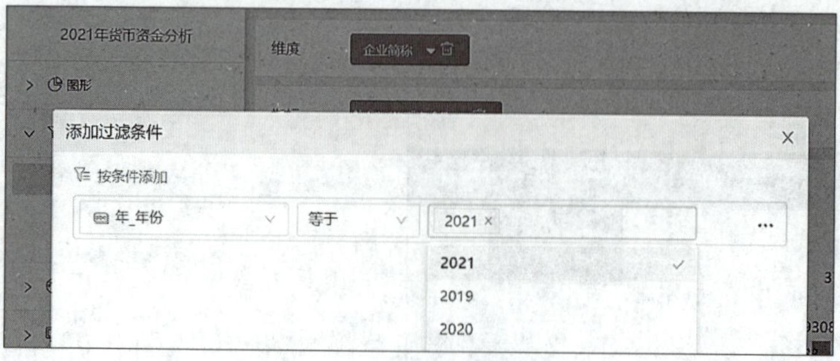

图 7-17　添加过滤条件

（七）选择显示图形:条形图，如图7-18所示。

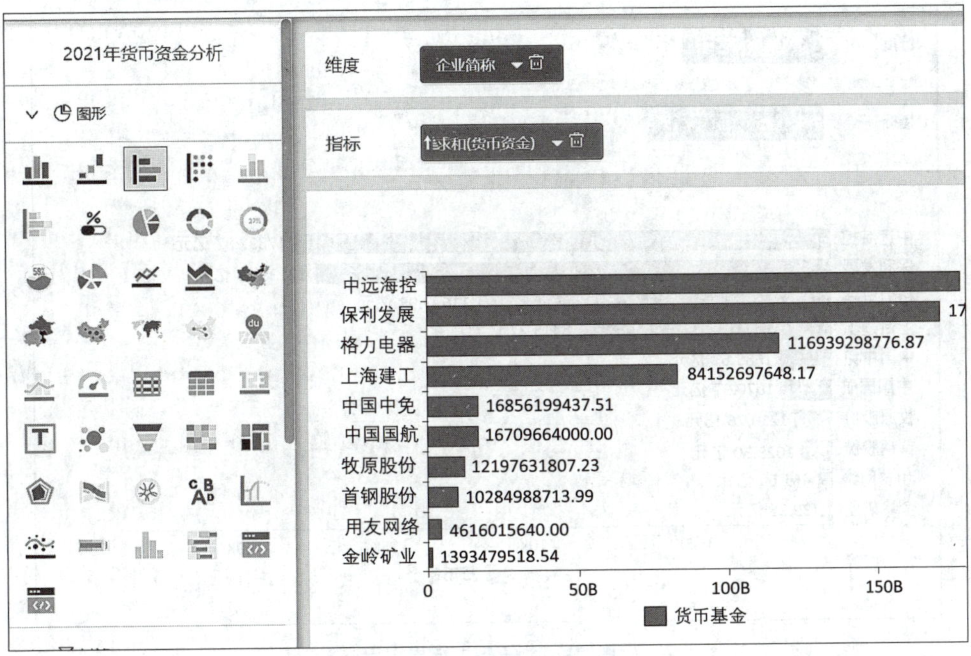

图 7-18　选择显示图形为条形图

（八）数据格式设置

缩放率：10000000；千分位：启用；小数位：2；后导符：亿元。如图 7-19 所示。

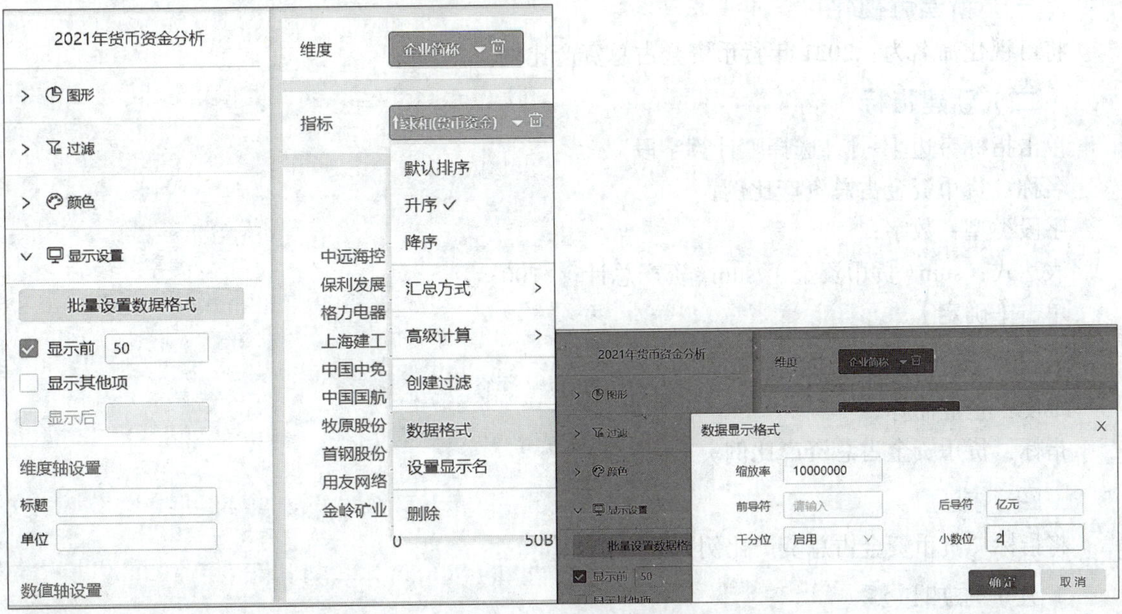

图 7-19　数据格式设置

（九）单击【确定】，结果如图7-20所示。

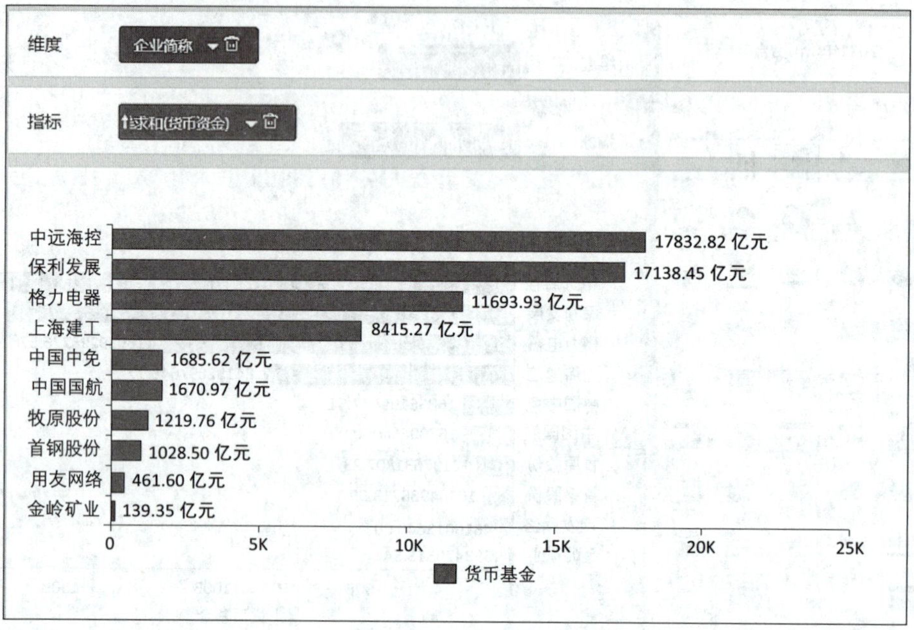

图 7-20　任务 1 结果显示

任务2　货币资金占总资产比例分析

数据表：基础财务报表分析数据集。

（一）新建可视化

将可视化命名为：2021 年货币资金占总资产比例。

（二）新建指标

单击指标旁边【+】，选择“计算字段”；

名称：货币资金占总资产比例；

字段类型：数字；

表达式：sum（货币资金）/sum（资产总计）*100；

单击【确定】。

（三）选择维度与指标

维度：企业简称；

指标：货币资金占总资产比例。

（四）排序

将指标“货币资金占总资产比例”升序排列。

（五）添加过滤

年_年份等于 2021。

（六）选择显示图形

建议选择：条形图。

（七）数据格式设置

后导符：%。

（八）单击【保存】，结果如图7-21所示。

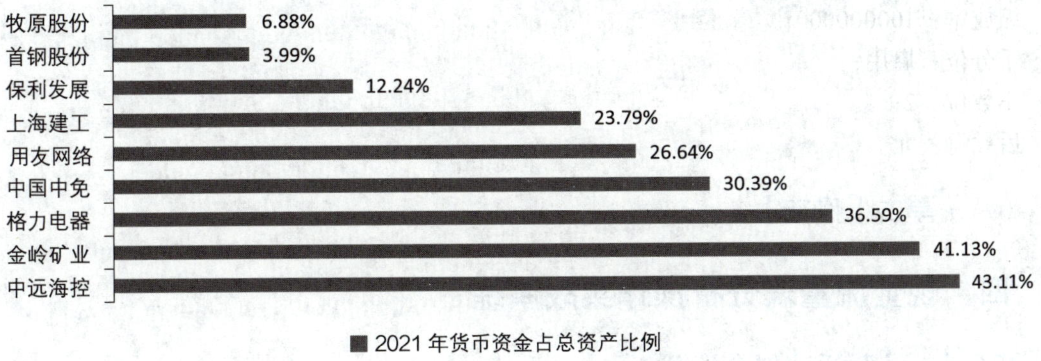

图 7-21　任务 2 结果显示

三、利润表分析操作实战演练

任务3　营业收入分析

在上市公司中，各个行业特征不同，其营业收入也各有不同，请分析给定 10 个行业的代表型公司 2021 年的营业收入。

操作步骤

数据表：基础财务报表分析数据集。

（一）新建故事板

将故事板命名为：利润表分析。

（二）新建可视化

将可视化命名为：2021 年营业收入分析。

（三）选择维度与指标

维度：企业简称；

指标：营业收入。

（四）排序

将指标"营业收入"升序排列。

（五）添加过滤

年_年份等于 2021。

（六）选择显示图形

建议选择：条形图。

（七）数据格式设置

缩放率：100000000；
千分位：启用；
小数位：2；
后导符：元。

（八）单击【保存】

四、现金流量表分析操作实战演练

任务4　经营活动现金流分析

数据表：基础财务报表分析数据集。

（一）新建故事板

将故事板命名为：现金流量表分析，如图 7-22 所示。

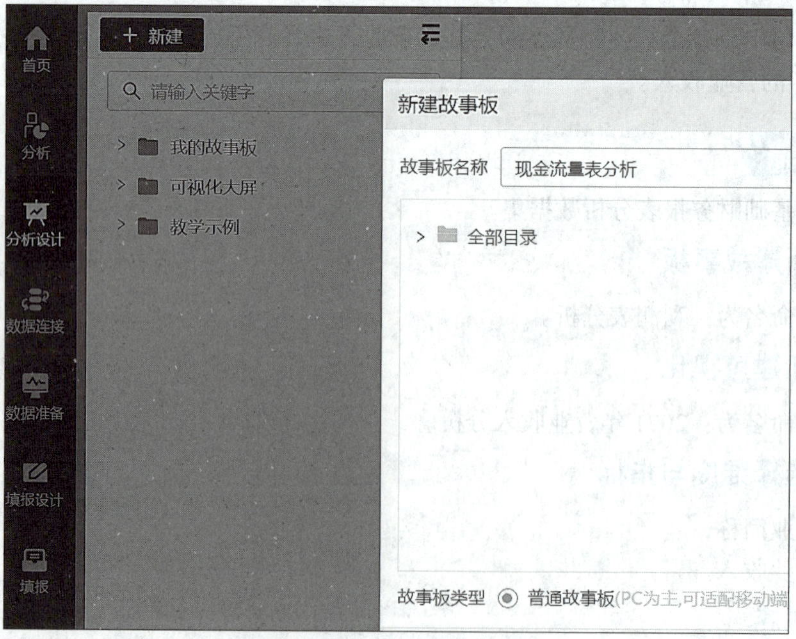

图 7-22　新建现金流量表分析故事板

（二）新建可视化：2021年经营活动现金流分析，如图7–23所示。

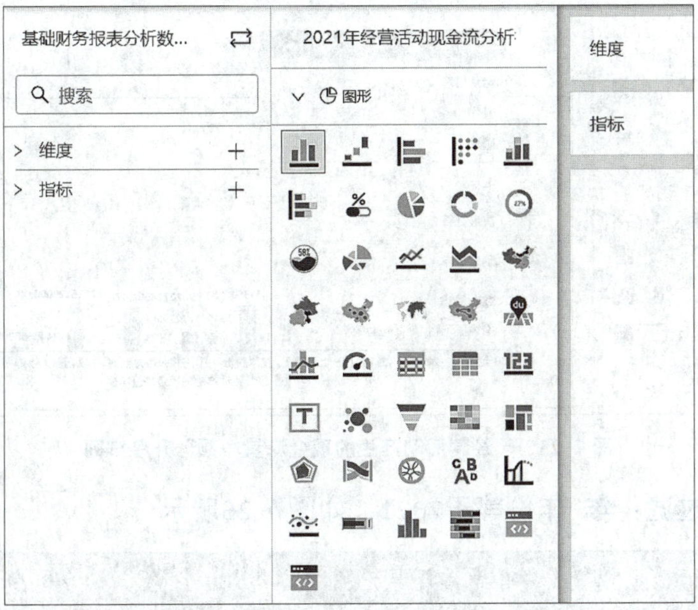

图 7–23　新建　2021 年经营活动现金流分析可视化

（三）选择维度与指标：维度为企业简称，指标为经营活动产生的现金流量净额，如图7–24所示。

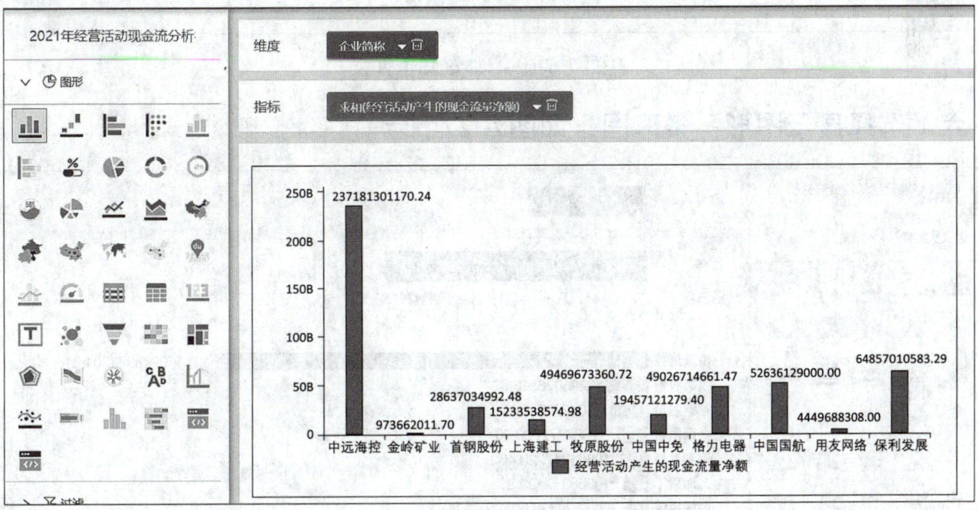

图 7–24　设定维度与指标

（四）排序

将指标“经营活动产生的现金流量净额”升序排列，如图 7–25 所示。

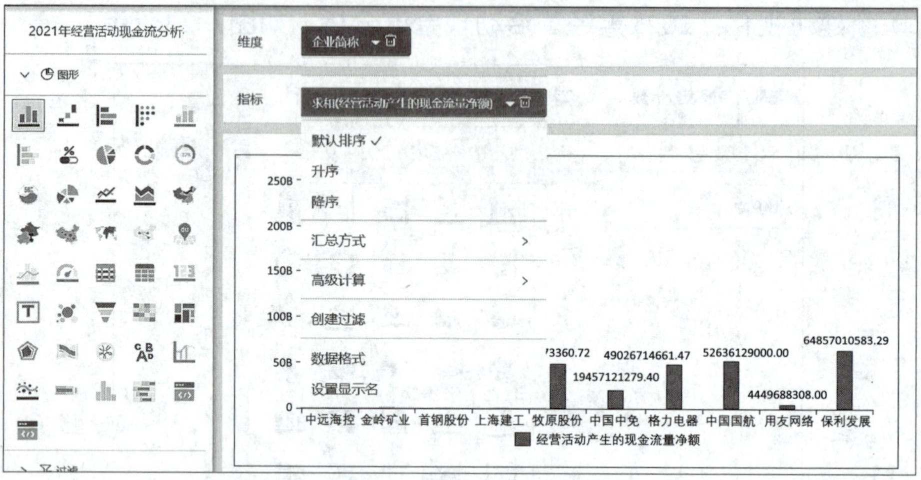

图 7–25　“经营活动产生的现金流量净额”升序排列

（五）添加过滤：年_年份等于2021，如图7–26所示。

图 7–26　添加过滤条件

（六）选择显示图形：条形图，如图7–27所示。

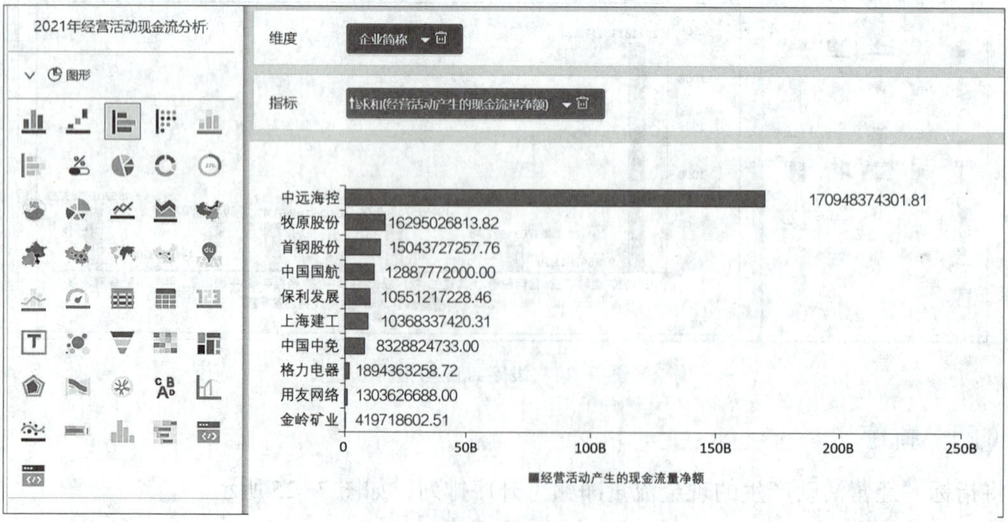

图 7–27　选择显示图形：条形图

（七）数据格式设置

缩放率：10000000；
千分位：启用；
小数位：2；
后导符：亿元；
如图 7-28 所示。

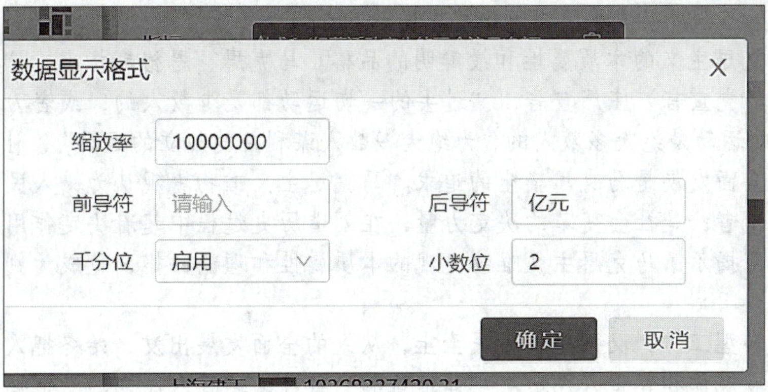

图 7-28 数据格式设置

（八）单击【确定】，结果如图7-29所示。

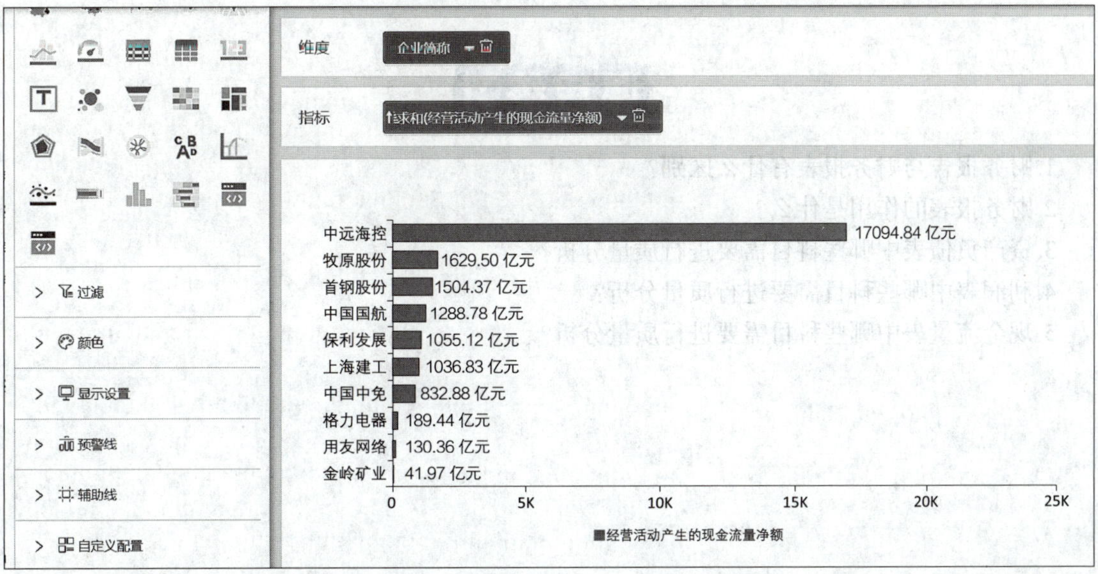

图 7-29 任务 25：结果显示

思政一刻

让数字发展成果更多造福人民

新形势下，数字化转型已经成为大势所趋，以数据和数字技术为基础支撑的数字化转型正深刻影响着这个时代。人作为发展的主体，既是数字化转型的重要参与者和推动者，也是数字化转型的最大受益者和见证者。坚持人民至上，推动人的全面发展，是马克思主义唯物史观的根本要求，也是我们做好一切工作的基本遵循。数字化转型过程中，必须坚持人民至上，让数字政府、数字经济、数字社会和数字生态的发展成果更多地造福人民。

人民性是马克思主义的本质属性和最鲜明的品格。马克思、恩格斯指出，“历史活动是群众的活动”。《共产党宣言》庄严宣告，“过去的一切运动都是少数人的，或者为少数人谋利益的运动。无产阶级的运动是绝大多数人的、为绝大多数人谋利益的独立的运动”。让人民获得解放，寻求人的自由而全面发展是马克思毕生的追求。马克思主义唯物史观认为，人民是社会物质财富和精神财富的创造者，是社会变革的决定力量，在创造历史过程中起着决定作用。是否站在最广大人民的立场上，揭示了马克思主义唯物史观的本质属性和理论品格，也成为判断马克思主义政党的试金石。

做好数字化转型工作，必须坚持人民至上，从人的全面发展出发，始终把人民放在第一位，坚持尊重社会发展规律和尊重人民历史主体地位的一致性，站稳人民立场、把握人民愿望、尊重人民创造、集中人民智慧，将人民的获得感、幸福感、安全感作为数字化转型工作的出发点和落脚点。

（数据来源：https：//baijiahao.baidu.com/s？ id=1749664771684157274&wfr=spider&for=pc）

课后练习

1.财务报告与财务报表有什么区别？

2.财务报表的作用是什么？

3.资产负债表中哪些科目需要进行质量分析？

4.利润表中哪些科目需要进行质量分析？

5.现金流量表中哪些科目需要进行质量分析？

第八章　经营者角度财务报表分析

导　读

信息是当今社会最重要的资源之一，任何经济活动都离不开信息，而且都表现为一个信息处理过程，即对信息的收集、加工、处理与分析，依据分析的结果做出经济决策和实施经济决策，并依据决策实施过程中反馈的信息控制实施过程。

企业财务报表是集中反映企业一定时期经营活动、投资活动和筹资活动等各类财务信息的载体，财务信息是企业日常经济活动中最重要的信息资源，而财务报表解读与分析则是研究如何利用财务信息进行科学决策的一门科学与艺术，包括使用简单数学方法理解会计在报表形成过程中的作用和评价企业战略，其目的是通过研究公司财务报表了解公司的历史面貌、当前状态及未来前景，为改善企业经营状况提供线索，同时在信用决策、评价证券、分析竞争者和评估经理人员业绩等方面起着重要作用。

知识目标

1. 掌握投资分析应用的各项指标；
2. 理解财务报告的分析方法；
3. 掌握各项能力指标数据可视化工具；
4. 掌握财务分析报告的写作框架。

技能目标

1. 能确定并计算各项投资分析指标；
2. 能完成财报分析的可视化看板设计；
3. 能撰写财务分析报告。

素养目标

1. 通过财报指标计算分析，培养良好职业操守，保证数据安全；
2. 通过对投资企业财报分析，激发创新创业的信心和能力。

第一节　财务分析概述

一、财务分析的含义

财务分析是以企业的财务报告等会计资料为基础，对企业的财务状况、经营成果和现金流量进行分析和评价的一种方法。

二、财务分析的作用

1. 评价企业在一定时期内的各种财务能力，从而分析企业经营活动中存在的问题，总结财务管理工作中的经验教训，促进企业经营活动，提高管理水平。

2. 为企业外部投资者、债权人和其他有关部门以及人员提供更加系统完整的会计信息，为其投资决策、信贷决策和其他经济决策提供依据。

（三）检查企业内部各职能部门和单位完成经营计划的情况，考核企业和单位的经营业绩，有利于企业建立和完善业绩评价体系，协调各种财务关系，保证其财务目标的实现。

三、财务分析的主体

由于财务分析的角度不同，如分析的主体不同、客体不同、目的不同等，财务分析的形式也有所不同。财务分析根据分析主体的不同，可以分为内部分析和外部分析。

（一）内部分析

内部分析主要是指企业内部经营者对企业财务状况的分析。

内部分析的目的是判断和评价企业生产经营是否正常。例如，通过对企业经营目标完成情况的分析，可考核与评价企业经营业绩，及时、准确地发现企业的成绩与不足，为企业未来生产经营的顺利进行，以及提高经济效益指明方向。

（二）外部分析

外部分析主要是指企业外部的投资者、债权人及政府部门等，根据各自需要对企业相关情况进行的分析。

投资者分析关注的主要是企业的盈利能力与发展后劲，以及资本的保值与增值状况。

债权人分析主要看企业的偿债能力和信用情况，判断其本金和利息是否能及时、足额收回。

政府相关部门对企业的财务分析主要是看企业的经营行为是否规范、合法，以及对社会的贡献状况。

四、财务报表分析的含义

财务报表是利用会计数据进行决策的一种基本工具，传统的财务报表都是以绝对的数值列示各个项目的信息，但决策者想要进行更深入的分析时，比如构成总资产的各项资产的比重，或经营费用的变化趋势等，财务报表的绝对值就无法提供有效的信息了。此时，决策者需要将一系列的相关数据简化成根据一个既定基础计算得出的一系列百分比，再用这些百分比作为深入分析和决策的数据依据，这种方法就是财务报表分析。

五、财务报表分析的方法

（一）比较分析法

比较分析法是指通过对比主要项目或指标值的变化，确定其差异，从而进行分析和判断财务状况和经营状况的一种方法。比较分析的标准有历史标准、行业标准、预算标准、经验标准等。按照比较形式的不同，比较分析法可以分为绝对数比较和相对数比较。

（二）比率分析法

比率分析法是利用企业同一时期的会计报表中两个或两个以上指标之间的某种关联关系，计算出一系列财务比率，据以考察、分析和评价企业财务状况和经营业绩的分析方法。

（三）趋势分析法

趋势分析法是将连续数期的财务报表中的某些项目或指标进行比较，计算前后期的增减方向和幅度，并形成一系列具有可比性的百分比，以预测企业财务状况或经营成果的变动趋势的一种分析方法。这种分析方法不仅能够为财务报表使用者提供财务报表中某些项目或指标的变动趋势，而且可以通过对过去财务报表中某些项目或指标的发展变动规律的研究，揭示未来财务状况与经营成果的发展趋势。

（四）因素分析法

因素分析法是依据分析指标与其影响因素之间的关系，按照一定的程序和方法，确定各因素对分析指标差异影响程度的一种方法。因素分析法根据其分析特点可分为连环替代法和差额计算法两种。

六、财务报表分析的侧重点

（一）确定财务分析的范围，搜集有关的经济资料

财务分析的范围取决于财务分析的目的，它可以是企业经营活动的某一方面，也可以是企业经营活动的全过程。如债权人可能只关心企业偿还债务的能力，不必对企业经营活动的全过程进行分析，企业的经营管理者则需进行全面的财务分析。财务分析的范围决定了所要收集的经济资料的数量，范围小，所需资料也少；全面的财务分析，则需要收集企业各方面的经济资料。

（二）选择适当的分析方法进行对比，作出评价

财务分析的目的和范围不同，所选用的分析方法和指标也不同。常用的财务分析方法有比率分析法、比较分析法等，这些方法各有特点，在进行财务分析时可以单独使用，也可以结合使用。局部的财务分析可以只选择其中的某一种方法，全面的财务分析则应该综合运用各种方法，以便进行对比，做出客观和全面的财务评价。选择分析方法之后，就要确定分析指标。分析指标是根据财务分析的目的确定的，不同的分析目的所使用的分析指标也不同，如分析偿债能力应当采用流动比率、资产负债率等指标。

（三）进行因素分析，抓住主要矛盾

通过财务分析，可以找出影响企业经营活动和财务状况的各种因素。在诸多因素中，有的

是有利因素，有的是不利因素；有的是外部因素，有的是内部因素。在进行因素分析时，必须抓住主要矛盾，即影响企业生产经营活动和财务状况的主要因素，然后才能有的放矢提出相应的办法，作出正确的决策。

（四）为作出经济决策，提供各种建议

财务分析的最终目的是为经济决策提供依据。通过上述的比较与分析，就可以提出各种方案，然后权衡各种方案的利弊与得失，从中选出最佳方案，作出经济决策。这个过程也是一个信息反馈过程，决策者可以通过财务分析总结经验，吸取教训，以改进工作。

七、大数据对财务分析的影响

（一）数据来源的影响

传统的财务分析数据主要来源于内部财务账表中以货币计量的结构化数据。大数据时代，财务分析数据的来源除了内部财务账表中以货币计量的结构化数据外，还有各类非结构化数据、业务数据等，并且可用的外部数据也越来越多。

（二）分析方法的影响

财务分析的方法有很多种，主要包括趋势分析法、比率分析法、因素分析法。传统财务分析以企业内部数据对比分析（纵向对比分析）为主，横向对比分析由于可取的外部数据受限而较少采用。在大数据时代，由于大数据处理方法的应用，尤其是数据挖掘技术、爬虫技术等，使获取外部数据变得容易，因而横向对比分析也变得更为容易。传统财务分析偏重于因果分析，遵循从结果到原因的分析思路。比如，对于利润变化，通常会从利润变化这一结果查找原因，如收入、成本、费用等是否发生变化，如图 8-1 所示。

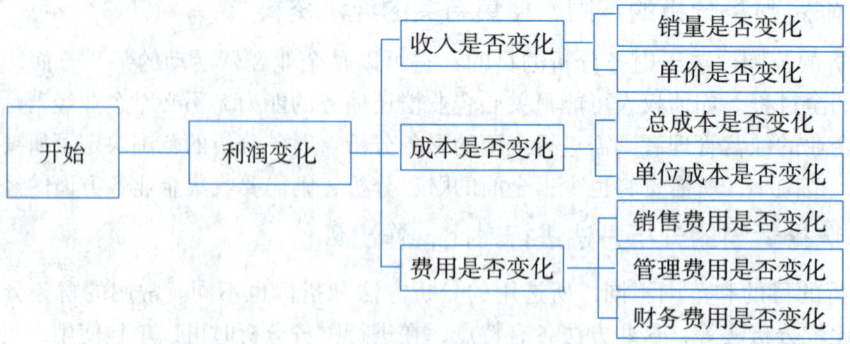

图 8-1　利润变化原因查找

大数据时代的财务分析偏重于相关分析，即根据某一相关项目的变化去分析另一相关项目是否发生变化，如没有变化或者变化不合常规，再分析其影响因素，以解释没有变化或者变化不合常规是否合理。比如，由于收入变化了，因此分析利润是否发生变化，如果利润没有变化或者变化不合常规，那么再分析成本、费用是否发生变化，并通过分析成本、费用变化是否合理来判断利润没有变化或变化不符合规是否合理，如图 8-2 所示。

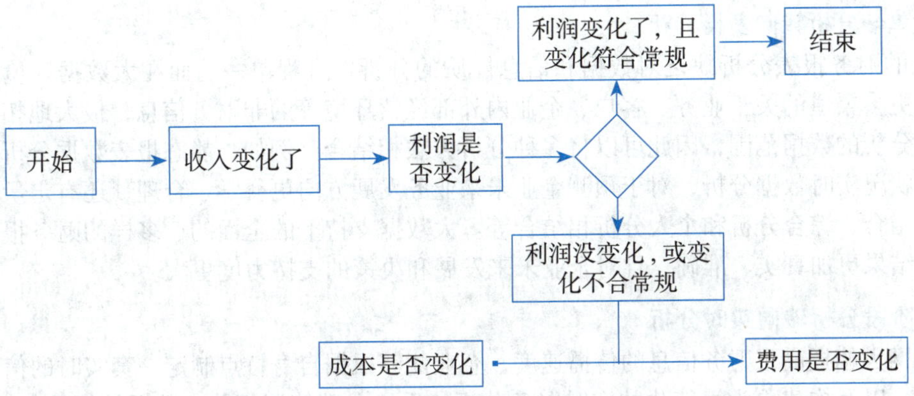

图 8–2　根据收入变化分析利润是否发生变化

（三）分析结果的影响

传统的财务分析一般限于对表层原因的分析，对于更深层次的原因，由于数据来源的限制，较少涉及。比如，本期销售收入减少了，传统财务分析仅限于分析销量是否减少或单价是否降低，对于质量、口碑、消费者以及供求变化等深层次原因，由于数据来源的限制，一般不做分析。再如，传统财务分析可能会得出本期维修费用增加是造成本期成本升高的原因，而对于维修费用增加的直接原因一般不做分析。在大数据时代，财务分析不仅可以分析出表层原因，还可以追踪分析到深层次原因。如对于本期销售收入的减少，不仅可以分析出销量是否减少或者单价是否降低，还可以分析出对某客户销售量的减少，是否为质量变差、口碑不好、消费者爱好发生变化等深层次原因。而对于成本增加的原因，不仅可以分析出是维修费用的增加，还可以分析出是因为哪台机器损坏、机器的哪个部位损坏以及操作不当、新员工培训不到位等深层次原因。

（四）分析架构的影响

1. 加入事前分析和预警分析

爱德华·奥特曼的“Z计分法”是财务分析领域早期的财务失败预警模型。随着大数据和人工智能的兴起和发展，已经有了Logistic模型、神经网络模型等基于数据挖掘技术的决策树模型和其他财务预警模型。企业运用财务报表分析智能系统，构建与企业发展相关的关键指标，连接关键要素。智能系统固化数据整理和分析的方式，并有一套分析执行的标准化、流程化工具和模型，提前设好不同的变量，输出不同指标的分析结果，最终确定与企业发展战略目标相符合的指标及目标值。在目标的执行过程中，也可以定期去关注、分析指标的变动情况，发现异动指标立即预警，从而可以加强管控的力度，及时纠偏。财务报表分析智能系统可以自动地实现取数和对标，且能够对结果进行分析和评价，对异动情况深入挖掘背后原因，根据原因分析关键因素并及时提出可行的解决方案。大数据的先天优势，使财务报表分析结果能指导事前预测，解决方案又可用于发展战略的实施，充分利用了财务报表分析预测、控制和评估的功能。目标值的不断修正，使企业运营各环节得到指导和管控，形成了一个强大的贯穿业务流程和产品生命周期的财务报表分析系统。事前分析和预警分析在发挥作用的同时，还进行事中的管控和事后的评价，大大提高了分析的价值。

2. 由单一分析转向多样分析

传统的财务报表分析缺乏对数据和信息性质的分析，过程单一。而在大数据环境下，可以采集来自更多渠道的关于业务、客户、企业内外部经营环境等的非财务信息，极大地拓展了可采集和可供分析的数据范围，因此可以将多种分析方法相结合。例如，静态报表数据分析结合动态企业财务状况实时数据分析，对于预测企业未来业务发展方向更科学、合理；还有定量分析和定性分析相结合、综合分析和个人分析相结合等。大数据支持下的全面的、多样的财务报表分析将使得分析结果更加真实、准确，且对企业未来发展和决策的支持力度更大。

3. 由阶段分析转向实时分析

互联网大幅提高了财务信息的传播速度，企业能够根据自身特点制定一套实时的信息收集与整理系统，以及构建更为智能化的实时财务分析体系，合理使用相关大数据挖掘的方法和工具，由传统的阶段性财务分析转向即时、实时的财务分析，从客户内部管理流程、财务流程以及企业的学习与成长等方面，全方位地客观评价企业的经营状况，挖掘财务数据背后的信息和规律。

第二节　内部经营分析

一、内部经营分析的含义

内部经营分析主要是企业内部经营者对企业财务状况的分析。内部分析的目的是判断和评价企业生产经营是否正常。在实际工作中，内部经营管理分析应用更多，可以用于检查业绩完成情况，对异常情况进行追踪溯源，为经营决策提供数据支持。

二、内部经营分析的步骤

（一）本期财务指标计算

根据报表数据进行盈利、偿债、营运、发展四大能力的本期指标计算，展示本期的经营绩效。

1. 盈利能力分析

盈利能力是指企业获取利润、实现资金增值的能力，是企业持续经营和发展的保证。利润率越高，盈利能力越强；利润率越低，盈利能力越差。企业经营业绩的好坏最终可通过企业的盈利能力来反映。根据盈利能力可以判断企业经营人员的业绩，进而便于发现问题、完善企业的管理模式。

盈利能力分析的常用指标如表 8-1 所示。

表 8-1　盈利能力分析的常用指标

指标名称	公式
营业利润率	营业利润率 = 营业利润 ÷ 营业收入 ×100%
营业净利率	营业净利率 = 净利润 ÷ 营业收入 ×100%
营业毛利率	营业毛利率 =（营业收入 − 营业成本）÷ 营业收入 ×100%
总资产净利率	总资产净利率 = 净利润 ÷ 平均资产总额 ×100%

2. 偿债能力分析

偿债能力是指企业偿还各种到期债务的能力。能否及时偿还到期债务，是反映企业财务状况好坏的重要标志。偿债能力分析包括短期偿债能力分析和长期偿债能力分析。偿债能力分析有利于企业经营者进行正确的经营决策，有利于正确评价企业的财务状况。

偿债能力分析的常用指标如表 8-2 所示。

表 8-2 偿债能力分析的常用指标

指标类型	指标名称	公式
短期偿债能力指标	流动比率	流动比率 = 流动资产 ÷ 流动负债
	速动比率	速动比率 = 速动资产 ÷ 流动负债
	现金比率	现金比率 =（货币资金 + 交易性金融资产）÷ 流动负债 ×100%
长期偿债能力指标	资产负债率	资产负债率 = 负债总额 ÷ 资产总额 ×100%
	产权比率	产权比率 = 负债总额 ÷ 所有者权益总额 ×100%

3. 营运能力分析

营运能力是指企业资产运用、循环效率的高低。资产周转速度越快，流动性越高，企业的运营能力越强，资产获取利润的速度就越快。企业资产营运能力如何，从根本上决定了企业的经营状况和经济效益。

营运能力分析的常用指标如表 8-3 所示。

表 8-3 营运能力分析的常用指标

指标名称	公式
总资产周转率	总资产周转率 = 营业收入 ÷ 总资产 ×100%
固定资产周转率	固定资产周转率 = 营业收入 ÷ 固定资产净额 ×100%
流动资产周转率	流动资产周转率 = 营业收入 ÷ 流动资产合计 ×100%

4、发展能力分析

发展能力是指企业扩大规模、壮大实力的潜在能力，又称成长能力。发展能力的作用：一是补充和完善传统财务分析，展望未来，是盈利能力、营运能力以及偿债能力的综合体现；二是可以为预测分析与价值评估铺垫，提供基础数据来源；三是满足利益相关者的决策需求，比如对于股东而言，可以通过发展能力分析衡量企业创造股东价值的能力，从而为采取下一步战略行动提供依据。

发展能力分析的常用指标如表 8-4 所示。

表 8-4 发展能力分析的常用指标

指标名称	公式
总资产增长率	总资产增长率 =（年末资产总额 - 年初资产总额）÷ 年初资产总额 ×100%
营业收入增长率	营业收入增长率 =（本年营业收入 - 上年营业收入）÷ 上年营业收入 ×100%
净利润增长率	净利润增长率 =（本年净利润 - 上年净利润）÷ 上年净利润 ×100%

（二）财务指标纵向分析

经营者在分析企业内部财务指标时，常用的分析方法是纵向分析，即同比或环比。简单来说，就是本期数据相较于去年同期的情况，或本期数据相较于上月的情况。通常会使用同比与环比的分析方法，看企业财务指标数据的趋势变化，如相较于基期数据，本期数据增长还是减少，是什么原因导致的数据变化，具体变化原因还需进一步做数据动因分析。指标仅仅是一个数值，作为一个经营者，找出指标变化背后的真正原因更为重要。

1. 同比分析

同比分析是指本期水平与上年同期水平对比分析，也就是与历史同期比较。

同比增长率=（本期数－同期数）÷同期数×100%，指与上年同期相比较的增长率。

2. 环比分析

环比分析是指本期与上一期对比分析。

环比增长率=（本期数－上期数）÷上期数×100%，指与上期相比较的增长率。

通过同比、环比、预算比等，分析各项目增减变化的趋势，同时对成本、收入等的变化继续深入分析，如发现问题，应要求相关职能部门做出分析或解释。

（三）财务指标横向分析

横向分析是指一个企业与其他企业在同一时点（或时期）进行比较。对比企业的选择需要按照一定的标准进行，通常从业务可比性与财务可比性两方面进行筛选。

业务可比性是指该公司与可比公司属于同一行业，提供的产品与服务相同或类似，并且累计经营当前业务已经有一定的年限，有着相同的客户与终端市场。

财务可比性主要是指该公司与可比公司在财务能力上具有可比性。

与同行的竞争对手进行对比分析，或者是和行业均值进行对比，通过横向对比分析，可以知己知彼，学习别人的长处、克服自己的短处，才能使企业发展得更好。

第三节　经营者角度财务报表分析实战演练

一、案例背景

AJHXIL矿业科技有限公司（以下简称“AJHXIL公司”）于2003年成立，是一家集矿山采选技术研究、矿产资源勘查、矿山设计、矿山投资开发、矿产品加工、销售于一体的集团化企业。

总公司下辖28家子公司，拥有矿山31个，资源占有量16.61亿吨。其中铁矿资源8.97亿吨，钼矿资源4.9亿吨，原煤资源1.3亿吨，方解石资源463万吨，远景储量1000万吨，铜矿资源930万吨。目前已投产的铁矿山22个，煤矿2个，钼矿1个，方解石矿1个，铜矿1个。年产铁精粉550万吨，钼精粉15000吨，铜金属4200吨，锌精粉3000吨，铅精粉800吨，磷精粉110万吨，硫精粉15万吨，硫酸11万吨，硫酸钾4万吨，磷酸氢钙2万吨。公司通过自我勘查与合作勘查，在内蒙古、青海、云南、西藏、河北等地拥有铁、铜、煤等资源探矿权。

公司现有员工 3200 人，其中博士、硕士学位人才 20 余人，学士学位人才 100 余人，各专业技术人才 1500 人。

二、任务目标

财务分析师对 AJHXIL 公司的四大能力进行分析，利用财务数据与业务数据，计算盈利、偿债、营运和发展能力的指标，通过纵向分析与横向分析对比发现差距，通过数据溯源找到问题，为经营决策提供数据支撑。

三、任务实现

登录新道大数据教学平台，进入“经营者角度财报分析”，如图 8-3 所示，根据平台中任务指南完成操作。

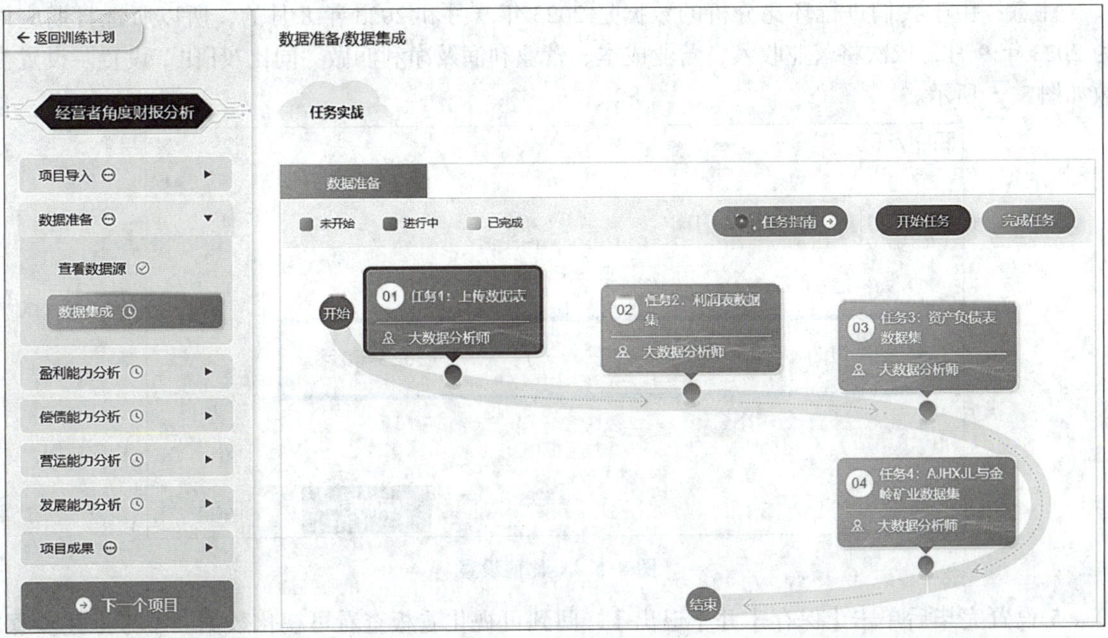

图 8-3 经营者角度财报分析

下面分别以盈利能力分析中的环比分析、异常项数据溯源为例，说明在分析云设计可视化看板的操作步骤。

（一）环比分析步骤

1. 新建可视化，将其命名为“环比分析”，数据表使用 AJHXIL 公司的利润表。

2. 设置维度与指标，维度为空值，指标分别选择营业收入、营业成本、营业利润、净利润。

3. 选择适合本数据指标的图形，可以选择表格。

4. 设置环比值。在各指标中选择“高级计算”中的“同比/环比”，如图 8-4 所示。

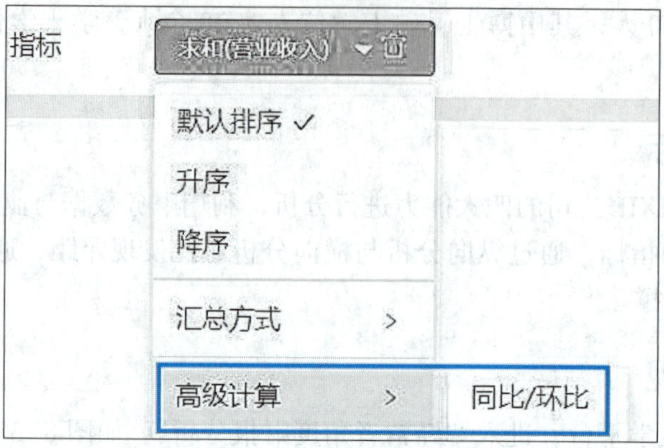

图 8-4　选择环比分析设置

注意：由于我们进行环比分析的数据是 2023 年 9 月和 2023 年 8 月的，所以所选日期应该为 2023 年 9 月，依次将营业收入、营业成本、营业利润及净利润做“同比/环比”设置。设置参数如图 8-5 所示。

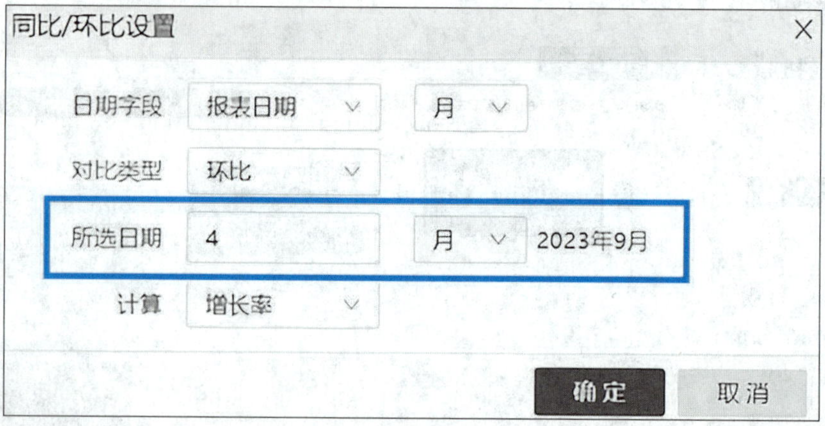

图 8-5　环比值设置

5.设置完毕后单击【保存】并【退出】，回到可视化看板查看可视化数据。参考上述步骤，依次做出其他三个盈利能力指标的环比分析值，如图 8-6 所示。

环比分析

营业收入	营业成本	营业利润	净利润
0.58%	0.47%	-83.92%	-83.98%

图 8-6　盈利能力环比分析

（二）异常项数据溯源

下面以营业利润为例，对异常数据进行溯源，操作步骤如下：

1.新建可视化。将其命名为“营业利润环比值下降原因洞察”，数据表用 AJHXIL 公司的利润表。

2. 设置维度与指标。维度选择年和月（升序排列），指标选择营业利润。

3. 选择合适数据指标的图形，可选择折线图。

4. 设置过滤条件。环比分析是 2023 年的 9 月与 2023 年 8 月的数据进行环比，所以过滤条件为年等于 2023。

5. 环比值下降原因洞察，在指标中依次添加影响营业利润的指标，直至发现一个指标的变动趋势与营业利润的变动趋势基本吻合。操作完毕后，单击【保存】。结果如图 8-7 所示。

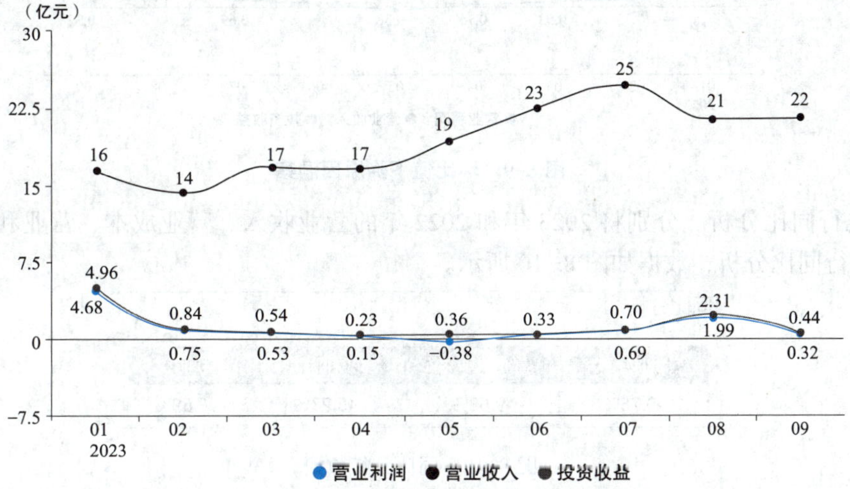

图 8-7　营业利润环比值下降原因洞察

（三）结果解读

以盈利能力分析为例。分别将 2023 年 9 月与 2023 年 8 月的营业收入、营业成本、营业利润及净利润四个指标数据进行环比分析，分析数据如图 8-8 所示。

环比分析

营业收入	营业成本	营业利润	净利润
0.58%	0.47%	-83.92%	-83.98%

图 8-8 环比分析数据

由图 8-8 可见，2023 年 9 月相比 2023 年 8 月营业利润下降 83.92%，但营业收入与营业成本均为正增长，增长比率仅相差 0.11%，较为接近；说明在营业收入增长的同时，营业成本同比例增长，营业成本的增长对营业利润的影响并不大。进一步查找环比值下降的原因，考虑到营业利润受收入、成本、费用及投资收益等财务指标的影响，依次选择所需指标数据，与营业利润折线图进行匹配，找到一条曲线与营业利润曲线趋势一致的指标，视该指标为导致营业利润变动的主要原因。如图 8-9 所示，投资收益曲线与营业利润曲线的趋势基本吻合，说明本期营业利润受投资收益影响较大。

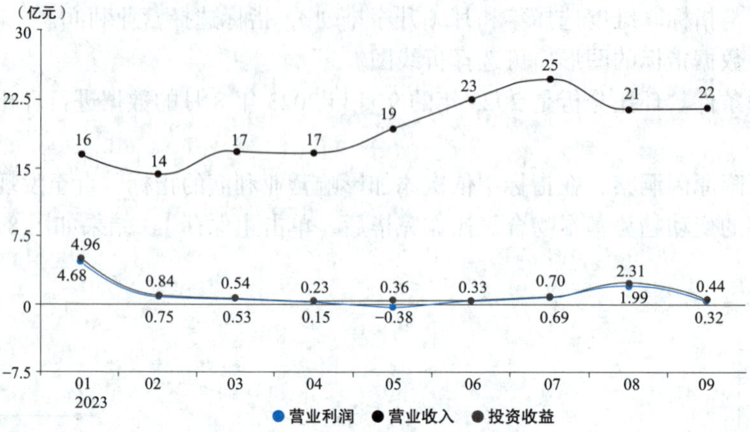

图 8-9　环比值下降原因洞察

下面进行同比分析。分别将 2023 年和 2022 年的营业收入、营业成本、营业利润和净利润四个指标进行同比分析，数据如图 8-10 所示。

同比分析

营业收入	营业成本	营业利润	净利润
-9.78%	-9.69%	-45.27%	-45.59%

图 8-10　同比分析数据

选择所需指标数据，即影响利润的因素，如费用、投资收益等，找到一条曲线与营业利润曲线趋势一致。从指标曲线上来看，投资收益为导致营业利润下降的主要原因，而销售费用与管理费用对营业利润下滑的影响较小，如图 8-11 所示。

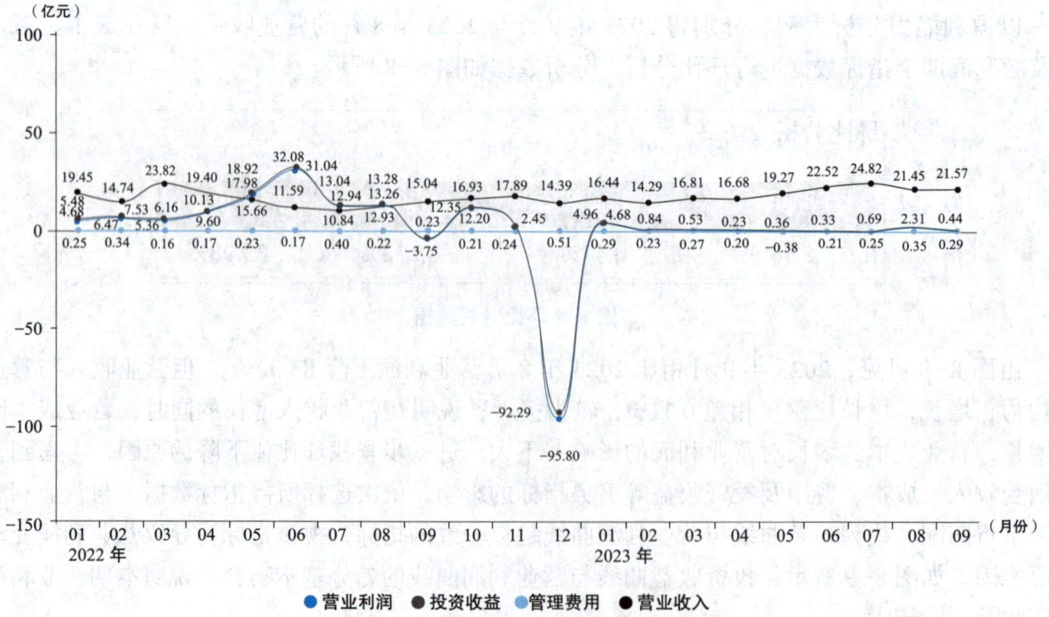

图 8-11　同比值下降原因洞察

观察营业利润与投资收益指标，投资收益只是影响营业利润的一个科目，最终影响营业利润的不仅有投资收益，还有很多损益类科目。例如，营业利润还受公允价值变动损益、资产减值损失、管理费用、财务费用、销售费用、营业收入、营业成本等的影响。

其他指标的结果分析由学生根据分析云中的可视化图表进行解读。

思政一刻

在社会生产经营活动中，各种社会资源是维系国民经济运行的基本因素，被称为“生产要素”。生产要素贯穿人类社会经济发展的全过程，不同时期不同要素的影响权重各异。农业时代，土地和劳动力是主要生产要素；工业时代，技术成为新的要素，解放了生产力；随着工业革命的发展，资本的重要性逐渐显现，合理配置资本进一步推动了生产力的发展。

随着科学技术的发展，数字化信息处理方式极大地促进了信息的留存和共享，这种信息被称为“数据”。信息记录贯穿人类文明的发展历程，从原始社会的结绳记事到现代的数字化数据，信息的保存与分享是社会生产力发展的基础。2020 年，《中共中央、国务院关于构建更加完善的要素市场化配置体制机制的意见》将数据列为与土地、劳动力、技术、资本并列的生产要素，强调了数据在现代经济中的重要性，作为基础资源和创新引擎，数据将推动社会生产力的跨越式增长。

（资料来源：https：//baijiahao.baidu.com/s ？ id=1801645078484032711&wfr=spider&for=pc）

课后练习

1. 简述财务分析与财务报表分析的联系与区别。
2. 财务报表分析的方法主要有哪些？
3. 大数据对财务报表分析的影响体现在哪些方面？
4. 内部经营分析的含义是什么？
5. 内部经营分析的步骤是什么？
6. 发展能力分析的意义是什么？

第九章　费用分析

导　读

费用分析是企业财务管理中非常重要的一项工作。它将企业的成本费用分成不同的类别，然后对每个类别进行详细的成本费用分析，以获得对企业整体经营绩效的深度洞察。费用控制得好，能够使企业在激烈的市场竞争中拥有更强大的实力，更好地立足于现代经济社会。

通过费用分析，可以合理控制、降低成本费用，提高企业经营管理水平，增强市场竞争力，最终获取良好的经济效益。此外，费用分析还可以为决策提供依据，帮助团队根据所涉及的成本、资源和风险确定最高和最好的投资回报。

知识目标

1. 了解费用的构成；
2. 了解企业费用管理的重要性；
3. 掌握费用分析与数据洞察的过程与方法。

技能目标

1. 能够会创建费用整体分析管理驾驶舱；
2. 能够会创建可视化图表进行数据的同比分析；
3. 能够对异常费用项目分析其发生的部门和人员，要求给出费用发生的解释，并通过财务收集信息验证其解释的真实性；
4. 能够将需要分析的数据进行指标分析并形成分析报告。

素养目标

1. 培养学生具备基本的费用分析素养，为企业运营提供可视化的费用数据操作、分析和讨论的基本素质支撑；

2. 拓宽智能化费用管理在实际业务中的应用，提高青年知行合一的能力。

第一节 费用整体分析

一、费用分析概述

企业的费用控制是企业增加收益、提高市场竞争力的重要手段。生产企业的费用主要包括生产成本费用和期间费用两部分。其中，生产成本费用主要涉及企业生产过程的料、工费等内容，对企业正常生产过程的影响比较大，从而使得生产成本费用的压缩空间相对有限；期间费用包括销售费用、管理费用和财务费用三个方面，弹性相对较大。

在通常情况下，企业通过对销售费用、管理费用和财务费用这三个方面的成本费用管控来实现以下价值：

1. 准确的费用数据是制定价格的依据，便于企业提高市场竞争能力。

2. 直接经济效益的体现，费用的降低能够提高企业的利润。

3. 费用关系到公司每个部门、员工，通过不必要浪费现象的有效监控，规范了库存材料的核算管理，减少资金占用，进而提高经济效益。

4. 费用管理水平的提高可以带动和促进整个公司管理水平的提高。

二、费用分析的目标与方法

（一）费用分析的目标

费用分析的三个目标：一是分析费用形成原因；二是研究影响费用升降的各种因素；三是寻找降低费用可以采取的措施和途径。

（二）费用分析的方法

从费用数据分析中发现问题，核心分析方法是对比。首先需要明确分析目标；其次是确定数据范围，也就是对比什么数据；最后是选择对比的方法。常用的对比方法有历史对比、横向对比、结构百分比、多维度分析等。

1. 历史对比

历史对比即同比与环比，也就是分析要素相同，但分析时间不同。例如，将本月费用合计数与上月费用合计数做比较，或将本月费用合计数与去年同期费用合计数做比较。该分析方法可以判断出费用浮动的合理性，当然，为了给出准确的分析结果，还需要进一步了解数据背后的实际意义，做深入的数据洞察溯源分析。

2. 横向对比

横向对比是将本企业费用数据指标与同行业均值数据指标做比对，或将本企业费用数据指标与行业内对标企业数据指标做对比，这样可以更好地了解本企业费用指标在行业内的排名，及时优化低于行业均值的费用指标，从而进一步提高企业的利润。

3. 结构百分比

由于行业不同，每家公司产生的管理费用、销售费用、财务费用等也有所不同，如何判断企业相关费用的合理性，可以参考结构百分比分析法，找到利润表中较为重要的一项，如营业收入数据作为100%，然后分别找到销售费用、管理费用以及财务费用与营业收入的比重关系。结构百分比法排除了规模的影响，使不同比较对象建立起可比性。

4. 多维度分析

当需要分析的数据项越多，可以发现的问题及洞察的机会也就越多。比如，本月与上月销售费用总量对比没有太大异常，但对比各部门费用分析就会发现异常，总量不变的情况下，各部门费用是不同的；或者各部门费用分析没有异常，但单一的报销科目有异常，如发生大额异常业务招待费等。多维度的分析，要求使用的分析指标也是不同的。例如平均数、中位数、最大值、最小值以及各个比率。

三、费用整体分析思路与指标

（一）费用整体分析思路

要做到了解费用背后的意义，除了对企业的业务有一定了解以外，还需要对企业费用做整体分析，以及找出费用高低的合理性，并及时对费用做支出管控，也就是费控，从而提高企业费效比及毛利率。具体分析思路如下：

1. 本期总额

在做企业费用分析时，首先应该关注本期费用总额是多少，年累计费用总额是多少。

2. 结构分析

对费用有一个整体的把控之后，还需要关注费用的结构以及结构内各项占比。

3. 影响项分析

找出影响费用总额的主要因素是哪个。

4. 固定性费用分析和偶发性费用分析

按照费用的发生频率对费用做一个划分。例如哪些费用是固定性费用，也就是日常经营所需固定发生的费用（如办公室租赁费），哪些费用是偶发性费用（如因特殊事件产生的一次性咨询费）。

5. 其他分析

对其他会影响费用的项目进行分析。

综上所述，对一个企业的费用做整体分析时，主要是看本期费用、全年累计费用、固定费用与变动费用。

（二）费用整体分析指标

常见的费用整体分析指标如表 9-1 所示。

表 9-1 费用整体分析指标

常见分析指标	含义	数据来源
本期费用总额	反映费用整体情况	内部数据
全年累计总额	反映费用整体情况	内部数据
费用占本季度费用比例	反映费用在本季度中的情况	内部数据
费用占全年费用比例	反映费用在本年度中的情况	内部数据
全年累计中各月费用占比	反映费用的浮动情况	内部数据
费用环比上月数值	反映本期费用变化趋势	内部数据
费用同比去年同期数值	反映本期费用与去年情况	内部数据
费用构成及占比	反映费用结构情况	内部数据
费用历史趋势	反映费用历史变动情况	内部数据
费用收入比	反映费用与收入的配比	内部数据
本期管理费用率、销售费用率、财务费用率	反映三大费用与收入的关系	内部数据
与行业均值对比	反映企业与行业均值高低	外部数据
与对标企业对比	反映企业与对标企业的高低	外部数据

第二节 财务费用分析

一、财务费用概述

（一）财务费用的概念

财务费用是指企业为筹集生产经营所需资金等而发生的费用。具体项目包括：利息净支出（利息支出减利息收入后的差额）、汇兑净损失（汇兑损失减汇兑收益的差额）、金融机构手续费以及筹集生产经营资金发生的其他费用等。

在企业筹建期间发生的利息支出，应计入开办费；为购建或生产满足资本化条件的资产发生的应予以资本化的借款费用，通过“在建工程”“制造费用”等账户核算。

（二）财务费用的核算内容

1. 利息收支

利息收支指企业短期借款利息、长期借款利息、应付票据利息、票据贴现利息、应付债券利息、长期应付引进国外设备款利息等利息支出（除资本化利息外）减去银行存款等的利息收入后的净额。

2. 汇兑损益

汇兑损益指企业因向银行结售或购入外汇而产生的银行买入、卖出价与记账所采用的汇率之间的差额，以及月度（季度、年度）终了，各种外币账户的外币期末余额按照期末规定汇率折合的记账人民币金额与原账面人民币金额之间的差额等。

3. 相关手续费

相关手续费指发行债券所需支付的手续费（需资本化的手续费除外）、开出汇票的银行手续费、调剂外汇手续费等，但不包括发行股票所支付的手续费等。

4. 其他财务费用

如融资租入固定资产发生的融资租赁费用等。

（三）财务费用分析的意义

通过对财务费用分析能够评价资金管理成效。针对公司业务的特殊性，对POS手续费、汇兑损益和利息支出等进行明细分析，从而实现对企业财务和资金规范、科学、合理的管理。

二、财务费用的降低途径

（一）充分利用商业汇票的优点，灵活安排资金

在采购定价时，企业应比较商业汇票价与现款价的差异确定理财方式。如果采用现款价的折扣大于贴现利率，则将商业汇票贴现取得现款来支付货款；反之，则支付商业汇票。如果投资理财收益率大于贴现利率，企业可以将商业汇票贴现取得的款项用于短期理财。在现金紧张的情况下，企业可以向银行申请开具商业汇票用于支付货款，也可将企业取得的商业汇票用于背书转让或质押等。

（二）加速收款，减少资金占用

由于应收款项会增加资金占用，因此企业要妥善制定收账政策，尽可能缩短应收款项的收回时间，及时补充流动资金。同时，要重视陈年老账的催讨工作，把损失降到最低，一旦形成坏账损失企业应及时办理核销手续。

（三）力争现金流量同步，减少资金沉淀

在资金调度过程中，企业应尽量做到现金流入与流出发生的时间趋于一致，尽可能将库存现金量降到最低。例如，公司在支付大额资金时，在合同的定付款日当天通过票据贴现获得现款予以支付，达到了现金流量同步的目的，减少了资金沉淀。这样既保证了公司的信誉，又降低了财务费用。

（四）合理利用现金浮游量，减少财务费用

企业在开出支票后，收款人收到支票送交银行，到银行将款项划出企业账户中间需要一段时间，这期间资金仍在企业的存款账户上。企业应当与收款人保持联系，控制好这部分资金的使用时间，避免出现透支。

三、财务费用分析指标

目前我国企业财务费用负担往往较重，是企业的一个沉重包袱。企业可以通过财务费用率这个指标的计算，分析企业的财务负担，调整筹资渠道，改善资金结构，提高盈利水平。

财务费用率表达式为：

财务费用率=财务费用÷主营业务收入×100%

第三节　管理费用分析

一、管理费用概述

（一）管理费用的概念

管理费用是指企业的行政管理部门为管理和组织经营而发生的各项费用。包括管理人员工资和福利费、公司一级折旧费、修理费、技术转让费、无形资产和递延资产摊销费及其他管理费用（办公费、差旅费、劳保费、土地使用税等）。

（二）管理费用的核算范围

企业管理人员基本工资、工资性补贴、职工福利费；企业办公费、企业办公用文具、纸张、账表、印刷、邮电、书报、会议、水、电、燃煤（气）等费用。固定资产使用费，指企业管理用的、属于固定资产的房屋、设备、仪器等折旧费和维修费等。差旅交通费，指企业管理人员差旅费、探亲路费、劳动力招募费、离退休职工一次性路费及交通工具油料费、燃料费、牌照费和养路费等。其他，如职工教育经费、业务招待费、税金、技术转让费、无形资产摊销、咨询费、诉讼费、开办费摊销、上缴上级管理费、劳动保险费、待业保险费、董事会会费、财务报告审计费、筹建期间发生的开办费等。

（三）管理费用的核算科目

企业应通过“管理费用”科目，核算管理费用的发生和结转情况。该科目借方登记企业发生的各项管理费用，贷方登记期末转入“本年利润”科目的管理费用，结转后该科目应无余额。该科目按管理费用的费用项目进行明细核算。

（四）管理费用分析目的与途径

找出管理费用合理性以及费用在管理中有待优化的地方。分析管理费用明细表是进行管理费用分析的一个途径，明细表记录了企业一定时期内发生的管理费用及其构成情况，是管理费用分析的基础表。通常管理费用分析为按月进行或按季度进行，定期出具管理费用报告是对管理费用管控的有效手段。

二、管理费用分析指标

（一）管理费用率

管理费用是影响企业盈利能力的重要因素，反映了企业经营管理的水平。管理费用率是管理费用分析常见指标之一，管理费用率指标高，说明企业的利润被组织、管理性的费用消耗得太多，必须加强管理费用的控制才能提高盈利水平。

管理费用率表达式为：管理费用率=管理费用÷主营业务收入×100%

（二）管理费用率分析注意事项

1.由于管理费用中大部分属于不变成本，所以随着销售额的增长，管理费用率应呈现下降趋势。

2.一般情况下，管理费用率会因为行业不同而存在较大差异。例如，零售行业一般较低，金融行业一般较高。

第四节　销售费用分析

一、销售费用概述

（一）销售费用的定义

销售费用是指企业销售商品和材料、提供劳务的过程中发生的各种费用，包括企业在销售商品过程中发生的保险费、包装费、展览费和广告费、商品维修费、预计产品质量保证损失、运输费、装卸费等，以及为销售本企业商品而专设的销售机构（含销售网点、售后服务网点等）的职工薪酬、业务费、折旧费等经营费用。企业发生的与专设销售机构相关的固定资产修理费用等后续支出也属于销售费用。

（二）销售费用的核算范围

1.保险费、包装费、展览费和广告费、商品维修费、预计产品质量保证损失、运输费、装卸费等费用。

2.为销售本企业商品而专设的销售机构（含销售网点、售后服务网点等）的职工薪酬、业务费、折旧费等经营费用。

3.企业发生的与销售商品和材料、提供劳务以及专设销售机构相关的不满足固定资产准则规定的固定资产确认条件的日常修理费用和大修理费用等固定资产后续支出。

二、销售费用分析指标

销售费用分析常用指标：销售费用率、销售费用与销售回款比、“销售费用—业务招待费”占销售回款比、“销售费用—差旅费”占销售回款比、“销售费用—广告费”占销售回款比。

（一）销售费用率

销售费用率通常体现企业为取得单位收入所花费的单位销售费用，或者销售费用占据了营业收入的多大比例。

其表达式为：销售费用率=销售费用 ÷ 主营业务收入 × 100%

通过分析各行各业的销售费用率指标，可以对所分析企业本指标数据高低的合理性进行判断。

（二）销售费用与销售回款比

销售回款相比销售收入能够体现公司市场营销团队的工作质量。通过与竞争对手对比销售费用与销售回款的比例，分析公司的销售费用各项支出是否合理，将有助于对公司销售队伍和销售模式的持续改进。

（三）“销售费用—业务招待费”占销售回款比

业务招待费取“销售费用—业务招待费”这一科目金额。若该项指标相比同行业差异较大，且市场人员人均回款和人均创收较低，首先应考虑公司的发展阶段和行业地位；其次应考虑公司销售模式、销售团队能力相比竞争对手的差异；最后再考虑公司对于业务招待费的预算、考核和内部控制是否存在不足。

（四）“销售费用—差旅费”占销售回款比

差旅费取“销售费用—差旅费”这一科目金额。若该项指标相比同行业差异较大，且市场人员人均回款和人均创收较竞争对手低，首先应考虑公司在对客户攻关的资源分配是否较为分散且缺少重点，其次应考虑销售分支机构的分布是否合理，最后再考虑公司对于“销售费用—差旅费”的预算、考核和内部控制是否存在不足。

（五）“销售费用—广告费”占销售回款比

若该项指标相比同行业差异较大，公司应分析公司的广告投放渠道和受众对象相比竞争对手是否存在较大差距。

第五节 费用分析实战演练

一、案例背景

参照第八章第三节案例背景。

二、任务目标

AJHXIL公司将举办业务经营会议。要求财务总监对企业的费用情况进行专项分析，对费用的异常项做洞察与溯源，深度挖掘，查明原因，为后续的经营决策提供数据支持。

财务分析师从整体费用、管理费用、销售费用、财务费用四个方面展开分析，洞察数据背后的含义，溯源分析指标增减比率的合理性与异常项，给管理层后续决策提供支持。

三、任务实现

（一）费用整体分析

登录新道大数据教学平台，进入“费用整体分析任务 1：本期费用结构分析”，如图 9-1 所示，根据平台中任务指南完成操作。

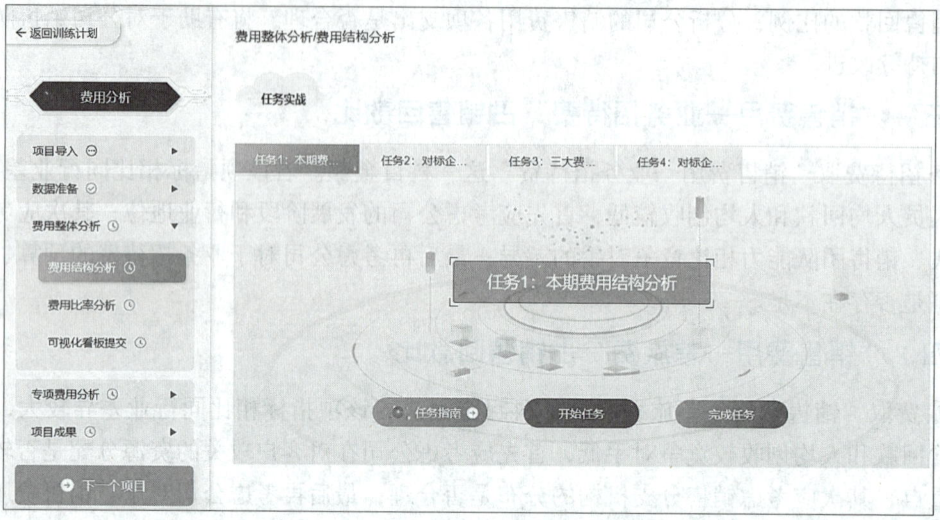

图 9-1　费用分析

下面以“任务 1：本期费用结构分析”为例，说明在分析云设计可视化看板的操作步骤。

1. 新建可视化，将可视化命名为：本期费用结构。
2. 选择维度与指标，维度：无；指标：财务费用、销售费用、管理费用。
3. 添加过滤条件，年_报表日期；等于；2022，如图 9-2 所示。

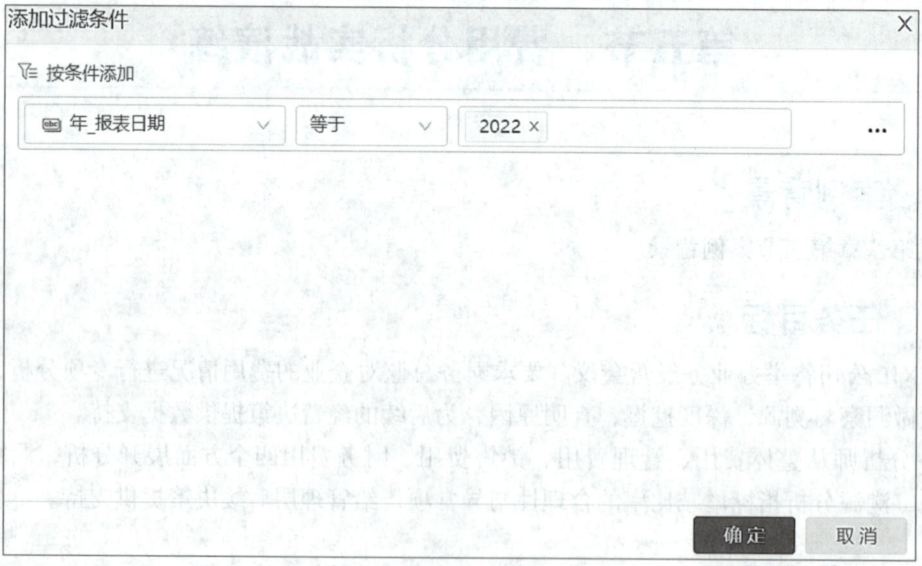

图 9-2　添加过滤条件

4.选择显示图形，可以选择饼图，如图 9-3 所示。

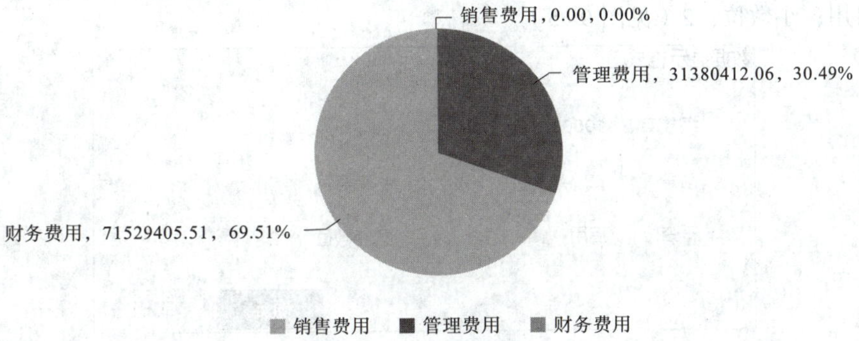

图 9-3　本期费用结构

通过本期费用结构图可以看出，AJHXIL 公司 2022 年财务费用占整体费用的比重较大，占比为 69.51%。

（二）专项费用分析

登录新道大数据教学平台，进入“专项费用分析”，如图 9-4 所示，根据平台中任务指南完成操作。

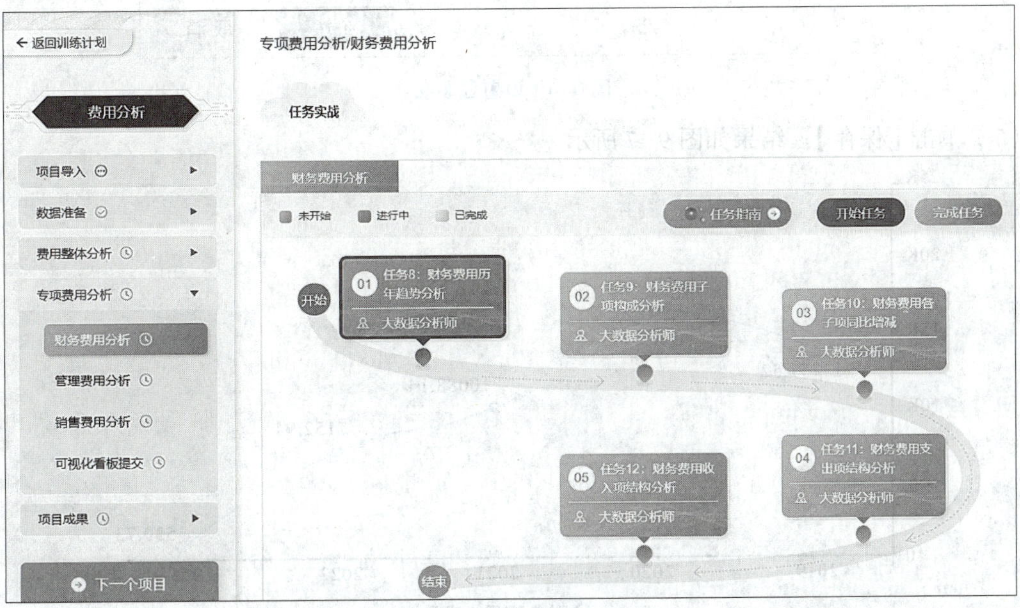

图 9-4　专项费用分析

1.下面以“任务 8：财务费用历年趋势分析”为例，说明在分析云设计可视化看板的操作步骤。

（1）新建可视化，将可视化命名为：财务费用历年趋势。

（2）选择维度与指标，维度：年_报表日期，指标：财务费用。

（3）选择显示图形，可以选择折线图。

（4）维度升序，将维度“年_报表日期”按照升序排序。

（5）设置数据显示格式：单击指标“财务费用”，单击【数据显示格式】：缩放率：10000；千分位：启用；小数位：2（见图 9-5）。

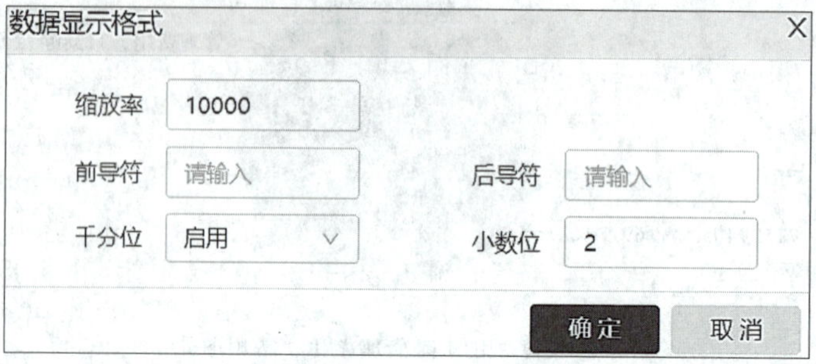

图 9-5　设置数据显示格式

（6）设置显示名，单击指标“财务费用”，单击【设置显示名】，别名设置为：财务费用（万元）（见图 9-6）。

图 9-6　设置显示名

（7）单击【保存】。结果如图 9-7 所示。

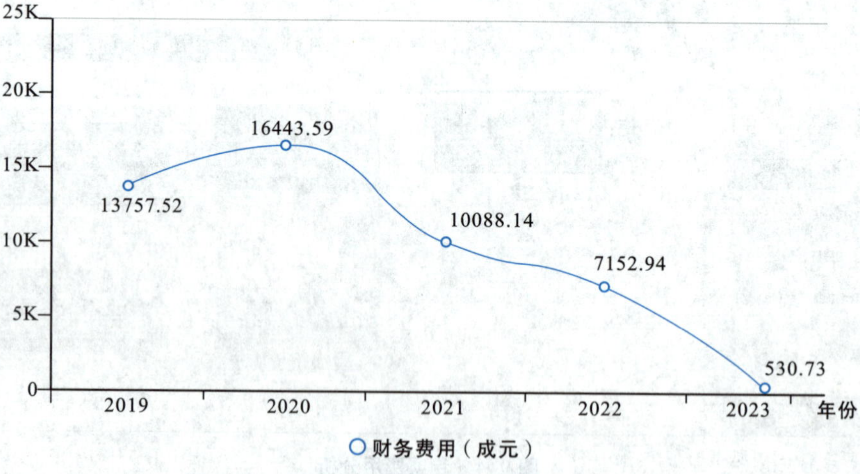

图 9-7　财务费用历年趋势

2. 下面以“任务 9：财务费用子项构成分析”为例，说明在分析云设计可视化看板的操作步骤。

（1）新建可视化，将可视化命名为：财务费用子项构成，数据表用财务费用统计表。

（2）设置层级，单击维度旁边【+】，选择“层级”；层级名称：子项穿透；钻取层级路径：一级子项 > 二级子项；单击【确定】（见图 9-8）。

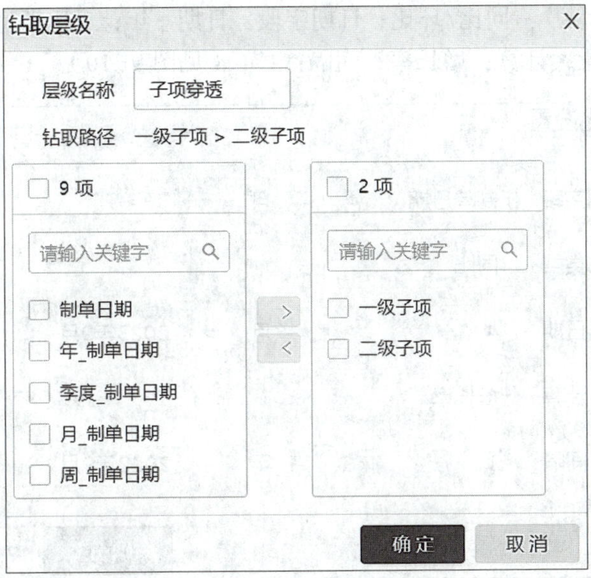

图 9-8　设置层级

（3）选择维度与指标，维度：子项穿透，指标：金额。

（4）选择显示图形，建议图形：条形图。

（5）设置数据格式，单击指标“金额”，单击【数据格式】；缩放率：10000；千分位：启用；小数位：2。

（6）设置显示名，单击指标“金额”，单击【设置显示名】，别名设置为：金额（万元），结果如图 9-9 所示。

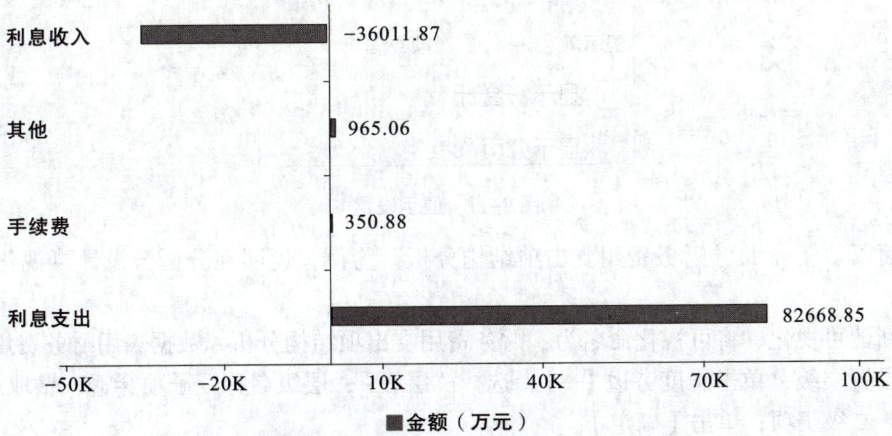

图 9-9　财务费用子项构成

3. 下面以“任务 10：财务费用各子项同比增减”为例，说明在分析云设计可视化看板的操作步骤。

（1）新建可视化，将可视化命名为：财务费用各子项同比增减，数据表用财务费用统计表。

（2）选择维度与指标，维度：一级子项；指标：金额。

（3）设置“高级计算”－同比/环比；日期字段：日期－年；对比类型：同比；所选日期：需要对应2023年自行设置；计算：增长率；间隔：1年（见图9-10）。

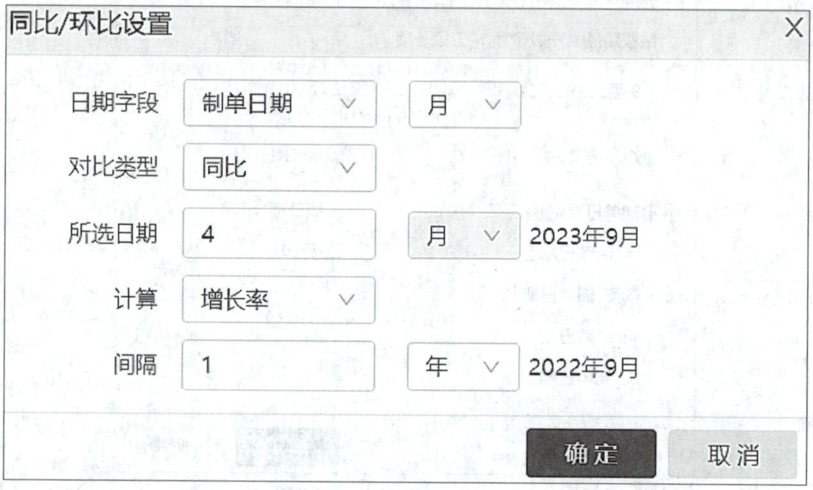

图9-10　同比/环比设置

（4）选择显示图形，建议图形：表格。

（5）显示设置，取消勾选“显示行合计”。如图9-11所示。

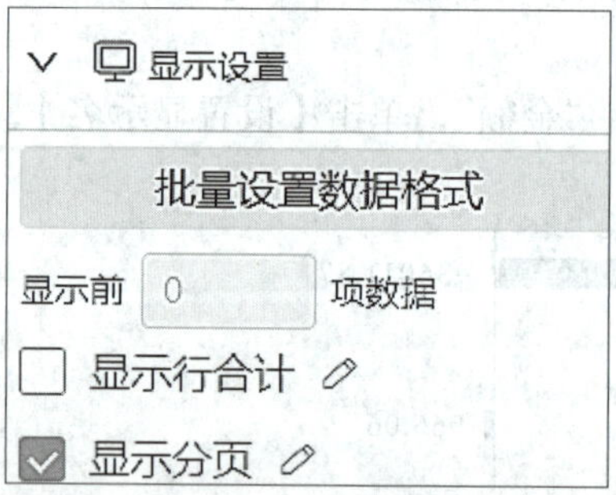

图9-11　显示设置

4.下面以“任务11：财务费用支出项结构分析”为例，说明在分析云设计可视化看板的操作步骤。

（1）新建可视化，将可视化命名为：财务费用支出项结构分析，数据表用财务费用统计表。

（2）设置层级，单击维度旁边【+】，选择“层级”；层级名称：子项穿透；钻取层级路径：一级子项 > 二级子项；单击【确定】。

（3）选择维度与指标，维度：子项穿透；指标：金额。

（4）添加过滤条件，一级子项；包含；利息支出、手续费、其他（见图9-12）。

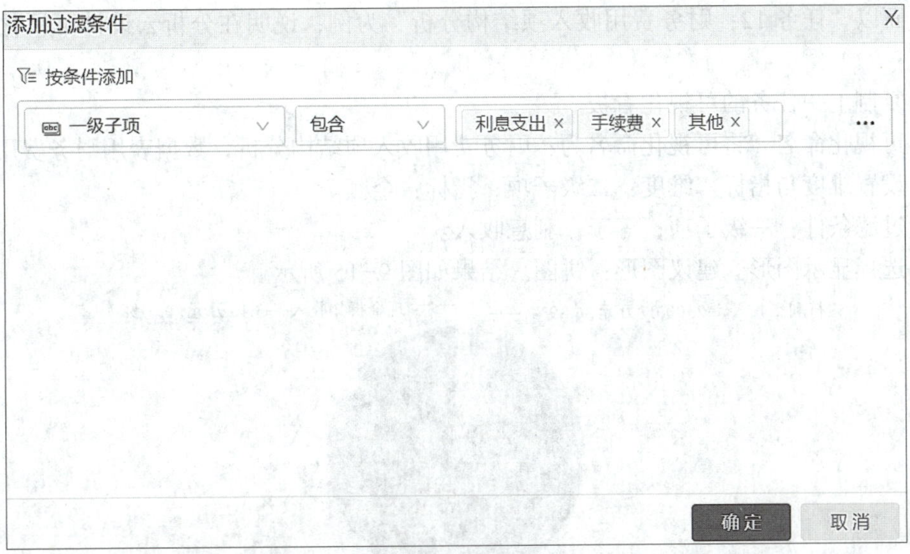

图 9-12　添加过滤条件

（5）选择显示图形，建议图形：饼图。

（6）设置数据显示格式，缩放率：10000；后导符：万元；千位符：启用；小数位：2，如图 9-13 所示。

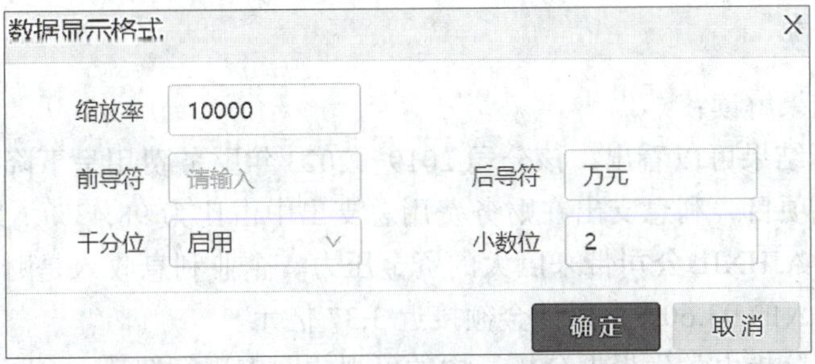

图 9-13　数据格式设置

（7）单击最大的支出项，查看其明细，图形建议设置为环形图，并设置数据格式（参考步骤 6），结果如图 9-14 所示。

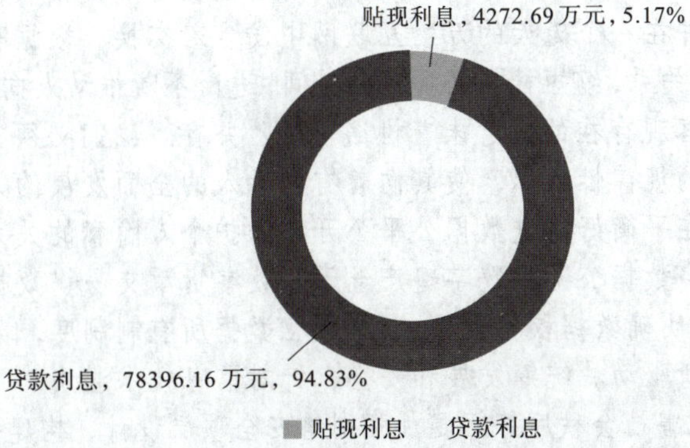

图 9-14　财务费用支出项结构分析

5. 下面以“任务 12：财务费用收入项结构分析”为例，说明在分析云设计可视化看板的操作步骤。

（1）复制上一任务的可视化看板。

（2）可视化命名。将可视化命名为：财务费用收入项结构分析，数据表用财务费用统计表。

（3）设置维度与指标。维度：二级子项；指标：金额。

（4）过滤条件：一级子项；等于；利息收入。

（5）选择显示图形。建议图形：饼图。结果如图 9–15 所示。

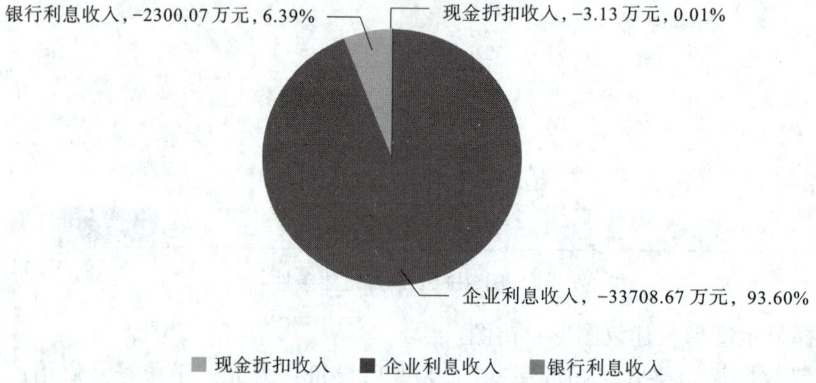

图 9–15　财务费用收入项结构分析

（三）结果解读

财务费用分析结果解读：

从财务费用分析结果可以看出，该公司 2019—2023 年财务费用呈下降趋势，利息支出是财务费用最主要的构成项目，利息支出在财务费用总支出中占比为 98.43%，累计金额接近 8.27 亿元，可见利息支出给 AJHXIL 公司带来巨大的资金压力。企业利息收入是财务费用收入的主要来源；占财务费用总收入的 93.60%，累计金额接近 3.37 亿元。

其他指标的结果分析由学生根据分析云中的可视化图表进行解读。

思政一刻

在数字技术创新速度大幅提升的今天，人们启动智能设备并链接到网络，我们的日常生活行为被转化为一个数据，并在一个庞大的万物互联网中发生着交换。数据和数字技术极大地提升了生产力水平，重塑了生产关系，缩短社会必要劳动时间，进而不断推动人向“全面发展”的目标迈进。

数据和数字技术是客观存在的，意味着机遇与风险并存。我们必须充分发挥人类主体作用，深入把握对数字化转型的规律性认识，使其向着有利于人的全面发展的方向不断演进。一是强化数据共享与隐私保护。在平衡好促进数据公平公开与保护个人隐私的关系的前提下，打破数据不平等现象，立足现实围绕数据公开、数字遗产继承、数字货币交易、数据流动共享等方面制定数据和数字技术相关规则，明确数据权属边界，适当确立数据所有制制度，做到利益分配的相对公平。二是注重安全治理与创新驱动。统筹发展和安全，针对信息技术滥用、平台监管不力、污染网络环境、影响舆论导向、危害社会秩序等问题加强网络安全顶层设计，构建以网络安全、数据安全、用户安全等为重点的保障体系，筑牢数字化转型建设安全防线。三是加强数字权益保护和法治建设。构建信息和数据安全领域的基本框架，明确数据各主体的权利义务关系，保护各自的数字权益，确保数字中国建设行稳致远。

在推动我国数字化转型过程中，人的发展与数据、数字技术融合，创新出了发展的新模式、新关系和新格局。数字化转型要坚持发展为了人民、发展依靠人民、发展成果由人民共享，让数字政府、数字经济、数字社会和数字生态的发展成果更多地造福人民。

（资料来源：http：//theory.people.com.cn/n1/2022/1130/c40531-32577288.html）

课后练习

1. 费用分析的意义是什么？
2. 降低财务费用的方法有哪些？
3. 管理费用的核算内容有哪些？
4. 销售费用分析的常用指标有哪些？

第十章　销售分析与预测

导　读

大数据时代下，内部经营管理者分析销售收入，一方面要看收入的整体增长率与增长额；另一方面要深入分析销售增长或下降的具体原因，要对客户、产品、价格进行多维度分析。

销售预测是在充分调查研究的基础上，借助历史资料，运用科学的方法，预测未来一定期间内有关产品的销售数量、销售状态及其变化趋势的一种管理活动。同时，它也是企业进行生产经营活动的起点，是进行正确经营决策的基本前提，是开展其他经营预测的基础。通过销售预测，可以为企业生产经营提供可靠的信息和数据，使企业按需组织生产，提高企业的竞争能力，防止因信息失灵、盲目生产造成滞销积压和损失浪费。

知识目标

1. 理解销售分析整体思维；
2. 掌握销售收入整体分析指标；
3. 了解客户维度、产品维度、价格维度相关概念和意义；
4. 理解多元回归分析的概念；
5. 掌握销售价格预测的基本环节。

技能目标

1. 能够依据案例资料进行销售收入整体情况分析；
2. 能够使用数据表进行销售收入客户维度分析；
3. 能够使用数据表进行销售收入产品维度分析；
4. 能够使用数据表进行销售收入价格维度分析；
5. 能够根据收集的信息运用多元回归法对销售价格进行预测。

素养目标

1. 树立学生通过数据思维进行销售分析与预测的意识；
2. 培养学生运用分析云进行销售分析及预测的能力；
3. 强化学生善于运用数据进行分析预测的职业素养。

第一节　销售收入整体分析

一、销售收入整体分析的意义

销售收入整体分析是对企业销售业绩进行全面评估和分析的过程。它的意义在于提供对销售活动的深入了解，帮助企业管理层做出战略决策和改进销售策略的依据。下面是销售收入整体分析的几个重要意义。

（一）业绩评估与趋势分析

通过对销售收入的整体分析，企业能够评估自身的业绩表现，了解销售趋势。这有助于识别业务增长点、确定关键业务周期，并对企业的整体经营状况进行综合评估。比如，是否存在销售季节性变化、产品销售组合的偏好、不同地区或渠道的销售差异等。这些趋势和模式的发现可以帮助企业制定相应的销售策略和计划。

（二）市场份额和竞争力评估

通过比较企业的销售收入与市场总体规模，可以评估企业在市场中的份额。这有助于了解企业相对于竞争对手的竞争力，并指导制定相关的市场战略。

（三）产品组合优化

销售收入整体分析可以揭示不同产品或服务的销售表现。基于这些信息，企业可以优化产品组合，加强热门产品的推广，改进不足的产品或淘汰低效产品。

（四）客户行为分析

通过整体分析销售收入，企业能够深入了解客户的购买行为，包括购买频率、购买渠道等。这为更好地满足客户需求、提供个性化服务提供了依据。

（五）预算规划与资源分配

销售收入整体分析为企业提供了对未来销售趋势的洞察，有助于更准确地进行预算规划和资源分配。这包括生产、市场推广、人力资源等方面的规划。

（六）风险管理

通过对销售收入的整体分析，企业能够及时识别潜在的风险因素，包括市场波动、竞争压力等。这使企业能够采取相应的措施，降低潜在风险带来的负面影响。

（七）决策支持

整体分析提供了全面的销售数据，为管理层的决策制订提供依据。在制定战略、扩大市场份额、进入新市场、产品定价、销售渠道等方面，销售收入整体分析为决策者提供了数据支持和洞见。

二、销售收入整体分析指标

销售收入也称营业收入，营业收入按比重和业务的主次情况，一般可分为主营业务收入和其他业务收入。分析企业的销售收入，首先要了解销售收入的一个整体情况。如本期销售收入总额是多少，本季度销售收入总额是多少，累计销售收入总额是多少，同比去年同期或环比上月的销售收入是增加还是减少，这些数据相比同行业其他企业的销售收入数据是高是低？是好是坏？

企业的销售分析，还需要分析其他相关性指标。例如销售收入增长率与其他财务指标增长率的关系，如净利润增长率、应收账款增长率以及预收账款增长率等。整体分析销售收入时，可从以下几个方面考虑：

（一）总量分析

销售总额与增长速度是表明企业整体实力的重要标志，增长速度越快，企业抵消风险的能力越大。销售总额分析不仅仅是分析企业本期收入总额，还需要对各产品以及各区域的销售总额进行详细分析。

1. 总销售收入是指某特定时间段内企业的总销售额，反映销售规模。

2. 各产品销售收入是指不同产品在销售收入中的贡献比例，用于了解产品销售发展趋势及新产品的市场表现。

3. 各区域销售收入是指不同地区在销售收入中的贡献比例，用于了解市场规模和潜力，提出下阶段区域布局策略。

（二）增长性分析

企业要了解本期指标的好坏，需要对本期指标做同比与环比，同比和环比侧重点不同。

1. 同比增长率

当前期与同一期（一年前）相比的销售收入增长率，用于评估业绩的稳定性和增长速度，规避了季节因素的影响。其计算公式为：

同比增长率 =（当前期销售收入 − 同期销售收入）÷ 同期销售收入 × 100%。

2. 环比增长率

当前期与前一个期间（如上一季度或上一月份）相比的销售收入增长率，用于观察季节性变化和趋势。其计算公式为：

环比增长率 =（当前期销售收入 − 前一期销售收入）÷ 前一期销售收入 × 100%。

（三）纵向对比分析

纵向对比分析反映企业现在与过去的增减变化趋势。通过纵向分析可以分析出销售收入的季节因素，将行业销售淡旺季规律与销售数据中的销售行程进行对比，分析企业淡旺季的发展规律。除此之外，还可以为客户提供渠道压货规则及生产运作规则。纵向对比可以分析影响企业发展的潜在因素，进行前瞻性预测。一般的纵向对比可以按年比较，按季度比较，或按月比较等。

1. 按年纵向对比分析

将企业在不同年份的销售收入进行比较，了解年度变化趋势和长期发展情况。

2. 按季度纵向对比分析

将企业在不同季度的销售收入进行比较，观察季节性变化和季度趋势。

3. 按月纵向对比分析

将企业在不同月份的销售收入进行比较，观察月度变化趋势、季节性和周期性。

（四）横向对比分析

横向对比分析指本企业与其他企业的比较。通过横向对比分析，了解企业在行业中的地位及与标杆企业的差距。标杆企业一般是指具有行业代表性的企业，如知名度较高、信誉较好、有发展潜力或综合实力强的企业。行业标准是以一定时期、一定范围的同类企业为样本采用一定的方法对相关数据进行测算，从而得出的平均值。如果想要获悉本企业的真实情况，就需要对本企业与行业内标杆企业或行业均值做一个比较分析。

1. 行业均值

某个特定行业内所有企业在某个指标上的平均水平。通过将企业的销售收入与行业均值进行对比，可以了解企业在行业中的相对表现。

2. 行业标杆

某个特定行业中具有较高绩效或代表性的企业的指标值。与行业标杆进行对比可以帮助企业评估自身与行业领先企业之间的差距，了解自身的优势和改进的方向。

通过与行业均值和行业标杆进行横向对比分析，企业可以了解自身在行业中的定位和水平。如果企业的销售收入高于行业均值或接近行业标杆，说明企业在销售收入方面表现较好，具备竞争优势。如果企业的销售收入低于行业均值或远低于行业标杆，可能需要进一步分析原因，并采取措施来提升销售收入和竞争力。

（五）相关性分析

相关性分析用于衡量两个变量之间的关联程度，帮助企业了解这些变量之间的关系。销售收入相关性分析是指与企业收入相关的各项财务指标，只有综合分析这些指标，管理者才能清楚影响企业销售收入的真实情况，才能做到有的放矢地作出决策。

1. 收入增长率与净利润增长率

与收入关联性最紧密的是利润，本期收入与本期利润的关联性，可以反映很多问题。利润增长率反映了企业的利润增长速度，若高于销售收入增长速度，说明企业的盈利能力增强。而销售收入增长率明显高于利润增长率，可以反映毛利率变化的趋势或企业成本与费用的变化趋势。具体指标包括：

收入增长率 =（当前期销售收入 − 上期销售收入）÷ 上期销售收入 × 100%。

净利润增长率 =（当前期净利润 − 上期净利润）÷ 上期净利润 × 100%。

2. 收入增长率与应收账款增长

一般来说，应收账款与销售收入存在一定的正相关关系。在较好的经营状况下，应收账款的增长率往往小于销售收入的增长率。当应收账款增长率大于销售收入增长率时，说明销售收入中的大部分属于赊销，资金回笼较慢，企业的资金利用效率有所降低，影响了企业的资产质量，从而加大了经营风险，应收账款的变现速度仍有待加强。具体指标包括：

收入增长率=（当前期销售收入－上期销售收入）÷ 上期销售收入 ×100%。

应收账款增长率=（当前期应收账款－上期应收账款）÷ 上期应收账款 ×100%。

在日常经营中，往往会出现应收账款增长率与营业收入增长率不匹配的现象，原因有以下几点：

（1）企业更改赊销政策，销售额虽然有所增长，但增长幅度小于应收账款的增长幅度；

（2）关联方销售占总销售的比例较高，收款无规律；

（3）企业管理不善，原有应收账款无法收回，又盲目发展新客户；

（4）市场形式变得异常火爆，出现客户先付款后提货的局面，这点需结合预收账款进行分析；

（5）企业无法适应市场变化，销售业务锐减，但应收款收不回来。

3. 收入增长率与预收账款增长率

预收账款是企业下游议价能力的体现，也是收入的先行指标。预收账款大幅增加的企业，未来销售收入大概率也会增加。但考虑预收账款时必须区分行业，常见预收账款模式的行业有房地产、酒类、软件科技类企业等。具体指标包括：

收入增长率=（当前期销售收入－上期销售收入）÷ 上期销售收入 ×100%。

预收账款增长率=（当前期预收账款－上期预收账款）÷ 上期预收账款 ×100%。

第二节　客户维度分析

一、销售收入客户维度分析的意义

销售收入客户维度分析是将销售收入按照不同客户进行分析和评估的过程。它的意义在于帮助企业深入了解客户的购买行为、需求和价值，以及客户对销售业绩的贡献和潜力。以下是销售收入客户维度分析的几个重要意义。

（一）客户洞察和销售预测

通过按客户维度分析销售收入，企业可以深入了解每个客户的购买习惯、偏好和需求。这有助于建立更深入、更富有洞察力的客户画像，为个性化营销和客户关系管理提供基础。通过深入了解不同客户群体的购买模式和行为，企业可以更准确地进行销售预测。这有助于优化库存管理、生产计划和供应链策略，提高运营效率。

（二）客户细分和目标定位

将客户根据其贡献度、忠诚度或其他关键指标等进行细分，通过向特定客户群体提供个性化的产品、服务或促销活动，优化企业资源分配，这有助于提高市场覆盖率、销售效果和客户满意度。

（三）建立长期合作关系

通过客户维度分析，企业可以了解客户的购买行为和偏好，帮助企业提供更好的客户服务和支持。通过建立长期的合作关系，企业可以稳定客户群体，增加客户忠诚度和重复购买率，实现可持续的销售收入增长。

（四）优化营销策略和资源配置

通过客户维度分析，企业可以了解不同客户群体的销售表现和潜力。这有助于企业调整营销策略，合理分配销售资源，将资源集中在具有较高销售潜力和回报的客户群体上，提高销售效率和销售收入。

销售收入客户维度分析的意义在于深入了解客户的价值和贡献，发现客户需求和行为趋势，实施客户细分和目标定位，建立长期合作关系，并优化销售策略和资源配置。这样的分析可以帮助企业更好地了解和满足客户需求，提升销售业绩和市场竞争力。

二、客户分类方法

（一）企业客户与个人客户

B2B（Business-to-Business）为企业客户，是指一个企业将产品或服务销售给另一个企业供其自行使用或销售给其他企业使用。

B2C（Business-to-Consumer）为个人客户，是指直接面向消费者销售产品和服务，也就是通常说的商业零售。

进行数据分析时要注意客户属性不同，数据呈现的特点也不同，如图 10-1 所示，企业客户与个人客户的差异主要表现在以下几方面。

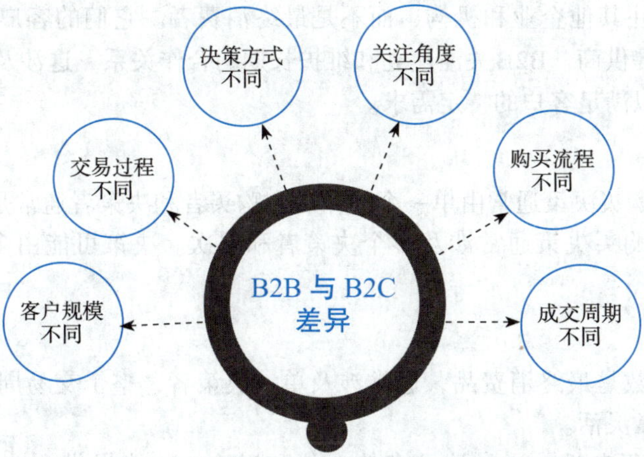

图 10-1　B2B 与 B2C 差异

1. 客户规模不同

B2C企业服务的是大规模的客户群体，通常提供更为标准化的服务和产品，但每个消费者对企业的贡献相对较小。

B2B企业通常服务较小但更具深度的客户群体。由于目标客户是其他企业、制造商、批发商或服务提供商，因此客户数量相对较少但每个客户可能有较大的交易规模。由于客户数量相对较小，B2B企业易于提供个性化的服务，对目标客户群进行精准定位，宏观上有利于把控市场规模、市场分布、行业趋势，微观上有利于专注产品价值、进行个性化营销。

2. 交易过程不同

B2C交易通常更注重即时满足消费者的需求，通过在线零售商、电商网站和移动应用程序等电子商务平台进行，其在线购物、快速结账和即时交付是B2C交易的典型特征。

B2B往往涉及较大规模的交易，涉及的订单金额通常较高，这需要更严格的财务审查和决策。以最简单的一次性付款合同为例，就涉及采购申请、领导审批、财务付款三个环节。如果涉及定金生产、批交批结合同，整个交易周期可能包括工厂制样、样品确认、大货出产、验货出厂、质保期限等环节，整个过程复杂而漫长。

3. 决策方式不同

在B2C环境中，购买决策通常由个体消费者做出。决策过程相对较为简单，通常在短时间内完成。B2C购买决策常常受到情感驱动。消费者可能会受到广告、品牌形象、口碑等方面的影响，作出更为情感化的购买决策。

在B2B环境中，购买决策通常需要专业知识和技能，并涉及多个决策者和决策层次。B2B决策过程通常更为复杂，包括问题识别、需求分析、供应商评估、谈判、合同签订等多个阶段。这与B2C的相对简单的决策过程形成鲜明对比。

4. 关注角度不同

B2C企业关注点主要是最终消费者。他们致力于满足个人消费者的需求，提供符合市场趋势和消费者偏好的产品和服务。消费者在价格方面通常更为敏感，因此B2C企业需要注意价格定位和促销策略，以吸引更多消费者。

B2B企业主要关注其他企业和机构，而不是最终消费者。它们的客户通常是其他企业、制造商、批发商或服务提供商。B2B关注建立和维护长期的合作关系。这涉及与客户深入合作、提供支持和解决方案，以满足客户的特定需求。

5. 购买流程不同

在B2C环境中，购买决策通常由单一个体作出。购买者和决策者通常是同一人。

在B2B环境中，购买决策通常涉及多个决策者和层次。决策可能由多个部门或团队参与，而不仅是个别决策者。

6. 成交周期不同

因B2C交易大多数是最终消费品，通常涉及单一决策者，整个交易周期较短，基本实现一手交钱一手交货，非常灵活。

由于客户需求的复杂性，通常涉及多轮会议和讨论，才能提供个性化的解决方案，导致B2B成交周期的滞后性。

（二）新客户与老客户

客户分类中的新客户和老客户是根据他们与企业的关系时长和经验水平而划分的两个主要

群体。新客户是近期才建立关系的客户，通常对产品或服务不太熟悉，需要引起关注并通过特别优惠促使首次交易。而老客户则是已经与企业有长期合作关系的客户，对品牌更加熟悉，关注产品质量和服务体验，需要通过持续的个性化服务和忠诚度计划来保持他们的忠诚度和提高交易价值。通过有针对性的策略，企业可以更好地满足不同群体的需求，促进客户关系的持续增长。

（三）客户ABC分类法

客户ABC分类法是根据客户价值和重要性将客户分为A类、B类和C类。这种分类方法基于客户对企业销售收入和利润的贡献程度进行划分，通常是根据客户的消费金额、购买频率和忠诚度等指标来评估客户的价值。A类客户是高价值和高利润客户，B类客户是中等价值和利润客户，而C类客户则是低价值和低利润客户。这种分类方法可以帮助企业重点关注高价值客户，并采取相应的营销和服务策略。

三、客户维度分析指标（见表10-1）

表10-1　客户维度分析指标

指标名称	含义	数据来源
客户总销售额	特定时间段内所有客户的总销售额	销售数据系统或企业销售数据库
客户平均销售额	所有客户销售额的平均值	销售数据系统或企业销售数据库
客户购买频率	客户在特定时间段内的平均购买次数	销售数据系统或企业销售数据库
客户生命周期价值	客户在与企业建立关系期间的总价值	客户关系管理系统或销售数据系统
客户忠诚度指数	衡量客户对企业的忠诚程度和再购买意愿的指标	客户调研或满意度调查数据
客户流失率	特定时间段内流失的客户占总客户数的比例	客户关系管理系统或销售数据系统
客户增长率	特定时间段内新客户增长与流失客户的综合指标	客户关系管理系统或销售数据系统
客户细分指标	根据特定标准对客户进行细分的分类指标	市场调研数据或客户分析报告

第三节　产品维度分析

一、销售收入产品维度分析的意义

销售收入产品维度分析是将企业的销售收入按照不同产品进行分析和评估的过程。它的意义在于帮助企业深入了解产品的销售表现、市场需求和竞争力，以及产品对销售业绩的贡献和潜力。以下是销售收入产品维度分析的几个重要意义。

（一）了解产品销售表现

通过产品维度分析，企业可以了解不同产品的销售情况，包括销售额、销售份额和销售增长率等指标。这可以帮助企业识别畅销产品和低销产品，了解产品在市场中的表现和竞争力。

（二）发现市场需求和趋势

通过产品维度分析，企业可以深入了解不同产品的市场需求和消费者趋势。这有助于企业调整产品定位和市场策略，提供符合市场需求的产品和服务，增加市场份额和满足消费者的需求。

（三）产品组合优化

通过产品维度分析，企业可以了解产品组合中不同产品的贡献和潜力，以优化产品组合和产品结构。这可以帮助企业判断产品组合中的核心产品和辅助产品，调整产品定价和市场推广策略，提高整体销售收入和利润。

（四）新产品开发和创新

通过产品维度分析，企业可以发现市场中的产品空白和机会，为新产品开发和创新提供指导。通过了解消费者对产品的反馈和需求，企业可以根据市场需求推出新产品或改进现有产品，以满足不断变化的市场需求。

（五）产品策略和定位

通过产品维度分析，企业可以评估产品策略的有效性和市场定位的准确性。通过了解不同产品的销售表现和市场反馈，企业可以调整产品策略，如定价策略、促销策略和产品特性，以提升产品竞争力和市场占有率。

二、波士顿矩阵

产品是企业赖以生存的根本，而产品创新是企业的生命线，产品的优劣对于一个企业是至关重要的。销售收入的增长分析，可以按照客户多维度分析，还可以按照产品多维度分析。在大数据时代，最常用的产品分析方法是波士顿矩阵模型来做产品预测。

波士顿矩阵，又称市场增长率－相对市场份额矩阵，由美国著名的管理学家、波士顿咨询公司创始人布鲁斯·亨德森于 1970 年首创。波士顿矩阵是通过把销售增长率（反映市场吸引力的指标）和市场占有率（反映企业实力的指标）作为两个判断指标，将企业现有产品分为 4 类，针对各类产品的特点时调整投资方向。分析的四个类型产品结构，分别是明星产品 (Stars)、金牛产品 (Cash Cows)、问题产品 (QuestionMarks) 和瘦狗产品 (Dogs)。如图 10–2 所示，以下是波士顿矩阵的概念、图示和四个维度的具体内容。

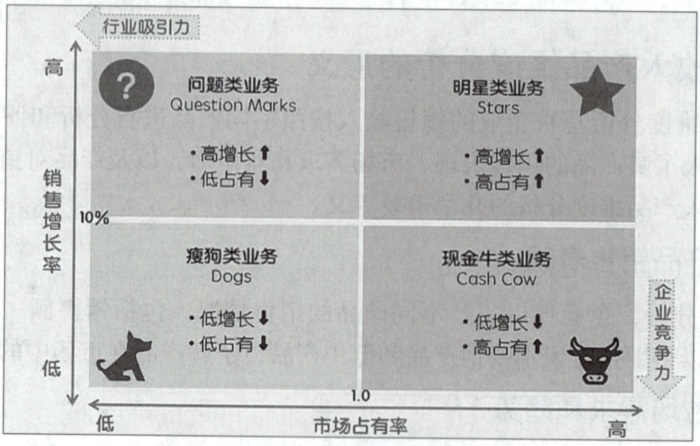

图 10–2　波士顿矩阵图

（一）明星产品（Stars）

明星是指市场份额高且市场增长率高的产品。这些产品在快速增长的市场中占据领导地位，具有强大的竞争力和高收益潜力。企业应投入足够的资源和资金来进一步发展和支持这些产品，以保持竞争优势。

（二）问题产品（Question Marks）

问题产品是指市场增长率高但市场份额低的产品。它们面临较大的市场竞争和不确定性，尚未实现充分的市场占有率。企业应考虑投资和发展这些产品，提升其市场份额，并决定是否进一步培养成明星产品或选择退出。

（三）金牛产品（Cash Cows）

金牛是指市场份额高但市场增长率低的产品。这些产品在成熟市场中占据主导地位，能够稳定产生现金流和利润。企业应保持对这些产品的管理和支持，最大化其利润贡献，并考虑将部分收益用于其他产品的发展。

（四）瘦狗产品（Dogs）

瘦狗是指市场份额低且市场增长率低的产品。它们在竞争激烈的市场中表现较差，难以产生高利润。企业应评估这些产品的战略地位，并根据情况决定是否继续支持或选择退出。

通过波士顿矩阵的分析，企业可以清晰地了解产品在市场中的定位和发展阶段，制定相应的产品策略和资源配置。明星产品和问题产品可能需要更多的投资和资源来实现其潜力，而金牛产品则可以为企业提供稳定的现金流，瘦狗产品则可能需要重新评估其市场地位和未来发展前景。

三、产品维度分析指标（见表10–2）

表 10–3　产品维度分析指标

指标	含义	数据来源
产品销售收入排名	找到公司的拳头产品	内部数据
产品毛利率排名	找到公司最赚钱的产品	内部数据
产品收入增长率	综合三个指标，找到公司的现金牛、明星、问题和瘦狗产品	内部数据
产品成本增长率		内部数据
产品市场占有率		外部数据
产品收入增长因素分析	分解为价格因素与销量因素	内部数据、外部数据

第四节　价格维度分析

一、销售收入价格维度分析的意义

增加销售收入的途径之一就是提高产品价格。但如何提高，提高多少是顾客可接受的？价格过高，会导致客户的流失，价格过低，会导致销售收入的减少，从而影响到相关财务指标降低，影响企业的整体运营表现。可见，价格的变化会导致产品需求量的变化。

销售收入价格维度分析是将销售收入按照不同价格进行分析和评估的过程。它的意义在于帮助企业了解产品定价对销售收入的影响、市场定位和竞争力，以及制定合适的定价策略。以下是销售收入价格维度分析的几个重要意义。

（一）了解产品定价策略的有效性

通过价格维度分析，企业可以评估不同价格水平下的销售收入变化情况。这有助于企业了解产品的价格弹性和市场需求的敏感度，评估当前的定价策略是否有效，是否需要调整定价水平或采取差异化定价策略。

（二）评估产品的市场定位和竞争力

通过价格维度分析，企业可以对不同价格区间的销售收入进行比较，了解产品在市场中的定位和竞争力。高价位可能意味着产品的高附加值和独特性，而低价位可能表示产品的价格敏感性和市场占有率。通过比较不同价格区间的销售收入，企业可以评估自身产品在市场中的竞争地位。

（三）确定最佳定价策略

通过价格维度分析，企业可以识别最佳的定价策略。这包括确定产品的定价范围、价格弹性、市场定位和利润最大化等因素。企业可以通过实验和市场调研来确定最佳的定价策略，以实现销售收入的最大化和市场份额的增加。

（四）调整定价策略和销售策略

通过价格维度分析，企业可以根据不同价格区间的销售收入情况，调整定价策略和销售策略。如果高价位的销售收入较低，可能需要降低价格以提高市场占有率和销售量。如果低价位的销售收入较低，可能需要提高产品附加值或采取差异化策略来提高定价和利润。

销售收入价格维度分析的意义在于帮助企业了解产品定价策略的有效性、评估市场定位和竞争力，确定最佳定价策略，并调整销售策略和定价策略。这样的分析可以帮助企业实现销售收入的最大化、提高市场占有率和盈利能力，同时满足市场需求和客户的价格敏感性。

二、影响价格的因素

产品价格的确定受到多种因素的影响，这些因素涵盖了供给和需求、成本结构、市场竞争、政府政策等多个方面。以下是一些主要影响产品价格的因素。

（一）供需关系

市场上的供给和需求关系是最基本的价格决定因素。如果需求增加，而供给不变，价格通常会上涨，反之亦然。

（二）成本

生产商品所需的成本，包括原材料、劳动力、运输和生产设备等，会直接影响商品价格。如果生产成本上升，生产者可能会将这些成本转嫁给消费者，导致价格上涨。

（三）市场竞争

市场上的竞争程度也会影响价格。在激烈的竞争中，企业可能会降低价格以吸引更多消费者，而在垄断或垄断性竞争市场中，企业可能较高地定价。

（四）货币政策

货币政策的变化，如利率的变动，会影响消费者的购买力和企业的融资成本，从而对价格产生影响。

（五）政府政策

政府的税收政策、补贴政策、进口限制等政策也会直接或间接地影响商品价格。

（六）技术创新

新技术的引入可能会降低生产成本，从而影响价格。同时某些技术的独占性或高昂的研发成本可能导致产品价格上升。

（七）品牌和差异化

具有知名品牌和差异化特色的产品通常可以在市场上实施较高的价格，因为消费者可能愿意支付额外的费用以获取特定品牌或独特特性。

这些因素相互交织，导致了市场上商品价格的波动。不同的行业和商品受到这些因素的影响程度各异，在实际市场中，价格的确定是一个综合考量多种因素的结果。

三、价格维度分析指标（见表10-3）

表 10-4　价格维度分析指标

指标	含义	数据来源
主营产品的销售价格历史趋势	比较其价格与市价的关系，判断其市场地位	内部数据
主营产品市场价格历史趋势		外部数据
主营产品的采购价格历史趋势	比较进销差价，判断其盈利区间	内部数据
主营产品的进销差价对比		内部数据
主营产品的厂商数量	判断竞争程度	外部数据
主营产品的国内外政策影响	判断政策对价格的影响	外部数据

第五节　销售价格预测

一、销售价格预测的意义

销售价格预测指的是通过分析市场和企业内部因素，预测未来销售产品或服务的价格水平。

它的意义在于帮助企业做出合理的定价决策，优化库存管理，提高销售效益，增强市场竞争力，并为企业实现销售目标和盈利能力提供支持。以下是销售价格预测的一些主要作用。

（一）定价决策支持

销售价格预测可以为企业的定价决策提供支持和依据。通过预测市场价格趋势和竞争态势，企业可以合理确定产品的价格水平，帮助企业吸引更多的消费者，提高销售量，并在市场中保持竞争力。

（二）盈利最大化

准确的销售价格预测有助于企业实现盈利最大化。通过了解市场需求和竞争状况，企业可以设定价格水平，既能满足消费者需求，又能保持适当的利润率。

（三）优化库存管理

准确的销售价格预测有助于优化企业的库存管理。通过对销售趋势的了解，企业可以更好地规划生产和库存水平，避免过多或过少的库存，提高库存周转率，减少滞销和断货风险。

（四）提高销售效率

通过了解市场需求，企业可以更好地调整销售策略和资源分配，以提高销售效率。这包括确定最有效的促销活动、优化销售渠道和提高销售预测的准确性。

（五）提高客户满意度

合理的价格战略有助于提高客户满意度。如果产品价格合理且符合市场期望，消费者更有可能感到满意，从而增强品牌忠诚度和口碑。

二、影响销售价格预测的因素

销售价格预测受到多个因素的影响，以下是一些常见的影响因素。

（一）市场需求和消费者行为

市场需求的变化和消费者行为对销售价格预测有直接影响。因此，对市场需求趋势、消费者购买偏好和行为的深入了解是进行准确预测的重要基础。

（二）竞争态势

竞争对手的定价策略和市场表现对销售价格预测具有重要影响。了解竞争对手的定价水平、策略和市场份额等信息可以帮助企业进行准确的销售价格预测。

（三）成本和利润目标

企业的成本结构和利润目标会影响销售价格预测。需要考虑生产成本、运营成本、市场费用以及期望的利润水平等因素，以确定产品定价的合理范围。

（四）宏观经济环境

宏观经济因素如通货膨胀率、汇率波动、利率变动等也会对销售价格预测产生影响。这些因素可能导致价格变动、成本压力和消费者购买力的波动，需要在预测中加以考虑。

（五）产品特性和竞争优势

产品的特性、品质、品牌价值和竞争优势也会影响销售价格预测。不同产品在市场中的独特性和附加值会对价格敏感性和市场接受度产生影响。

三、销售价格预测的方法

销售价格预测是通过使用不同的方法和技术来估计未来销售产品或服务的价格水平。以下是三种常用的销售价格预测方法的概念和应用。

（一）历史数据加权平均值法

历史数据加权平均值法是一种基于历史销售价格数据进行预测的方法。它通过对历史销售价格进行加权平均，赋予较近期的销售数据更高的权重，从而预测未来销售价格的趋势。该方法适用于销售价格相对稳定、趋势较为平稳的产品或市场。通过对历史销售价格数据的加权平均，可以获得一个相对平滑的价格趋势，作为未来销售价格的预测参考。这种方法简单易用，尤其适用于缺乏其他市场数据的情况下进行价格预测。

（二）周权重指数法

周权重指数法是一种基于周销售数据赋予不同权重的方法。它通过给不同周的销售数据分配不同的权重，反映市场需求和消费者行为的季节性或周期性变化，从而预测未来销售价格的趋势。该方法适用于销售价格受到季节性或周期性影响较大的产品或市场。通过考虑不同周的权重，可以更准确地捕捉销售价格的季节性或周期性变化，从而进行未来销售价格的预测。这种方法常用于零售行业、季节性产品或具有明显销售周期的市场。

（三）线性回归预测法

线性回归预测法是一种基于历史数据和相关因素之间的线性关系进行预测的方法。它通过建立销售价格与相关因素（如成本、竞争价格、市场需求等）之间的线性回归模型，来预测未来销售价格的变化。该方法适用于销售价格受多个相关因素影响的复杂情况。通过收集并分析历史销售价格和相关因素的数据，建立线性回归模型，可以探索销售价格与各因素之间的关系，并基于模型进行未来销售价格的预测。这种方法需要较多的数据和统计分析技术，适用于需要考虑多个因素影响的市场和产品。

第六节　销售分析实战演练

一、案例背景

新奥洁矿业有限公司(简称AJ矿业)于2003年成立，是一家集矿山采选技术研究、矿产资源勘查、矿山设计、矿山投资开发、矿产品加工、销售于一体的集团化企业。

总公司下辖28家子公司，拥有矿山31个，资源占有量16.61亿吨。其中铁矿资源8.97亿吨，钼矿资源4.9亿吨，原煤资源1.3亿吨，方解石资源463万吨，远景储量1000万吨，铜矿资源930万吨。目前已投产的铁矿山22个，煤矿2个，钼矿1个，方解石矿1个，铜矿1个。年产铁精粉550万吨，钼精粉15000吨，铜金属4200吨，锌精粉3000吨，铅精粉800吨，磷精粉110万吨，硫精粉15万吨，硫酸11万吨，硫酸钾4万吨，磷酸氢钙2万吨。公司通过自我勘查与合作勘查，在内蒙古、青海、云南、西藏、河北等地拥有铁、铜、煤等资源探矿权。

公司现有员工3200人，其中博士、硕士学位人才20余人，学士学位人才100余人，各专业技术人才1500人。

二、任务目标

2023年10月8日，AJ矿业公司召开业务经营分析会，会上要求财务总监对公司的销售情况进行专项分析，全面深入地分析公司的销售收入状况，为经营决策提供数据支撑。

财务分析师从整体收入、客户维度、产品维度、价格维度四个方面展开分析，洞察数据背后的含义，溯源分析指标增减变动的合理性与异常项，给管理层后续决策提供支持。

三、任务实现

（一）销售收入整体分析

登录新道大数据教学平台，进入“销售收入整体分析”模块，根据平台中任务指南完成本期集团营业收入、各机构营业收入分析、AJ公司营业收入结构分析、AJ公司各项产品收入构成分析、AJ公司营业收入趋势分析、销售整体分析故事板设计等操作任务。

以“本期集团营业收入”为例，操作步骤如下：

1.新建文件夹

进入分析云后，单击左侧菜单栏中的【分析设计】，单击【新建】，选择“新建文件夹”，如图10-3所示。

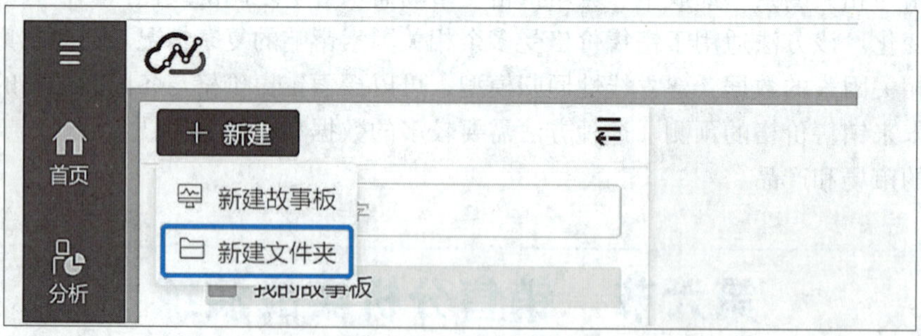

图10-3　新建文件夹

将文件夹命名为“企业销售分析（学生姓名）”，保存在“我的故事板”文件夹内容（备注：学生姓名为学生自己的名字），如图10-4所示。

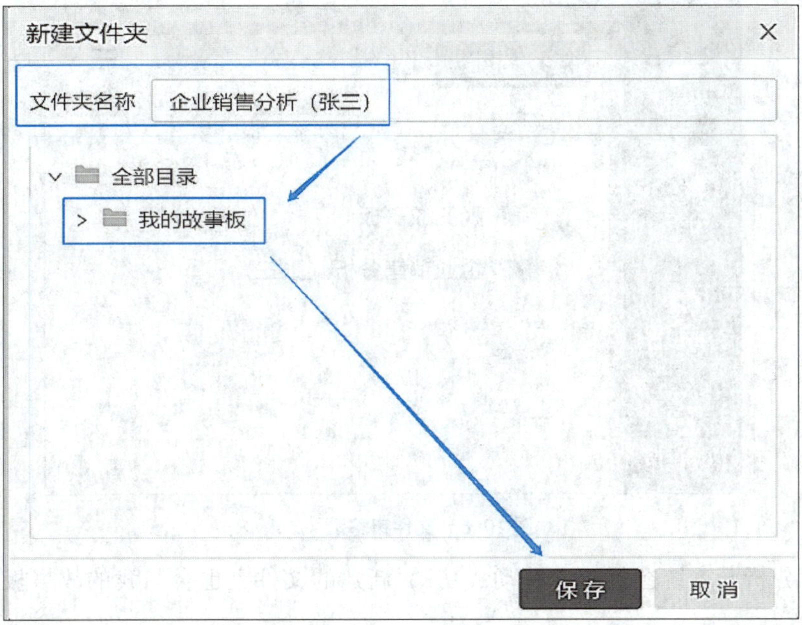

图 10-4　文件夹命名

单击新建立好的“企业销售分析（学生姓名）”文件夹右侧三个圆点，选择【移动到】，如图 10-5 所示。

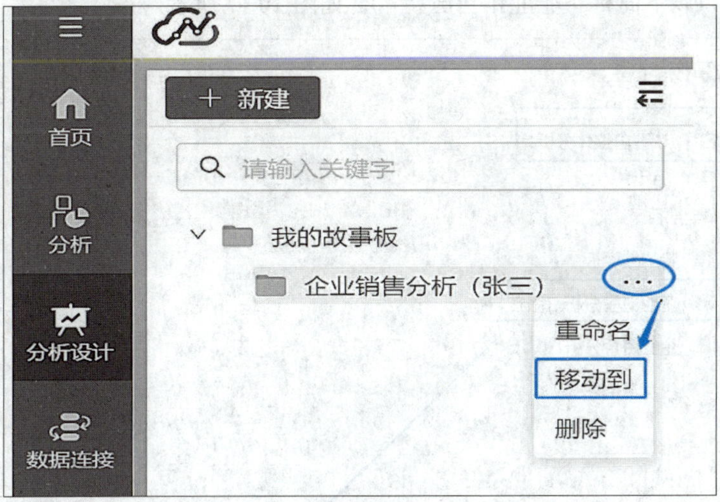

图 10-5　文件夹移动（1）

将新建文件夹移动到“全部目录”文件夹内，如图 10-6 所示。

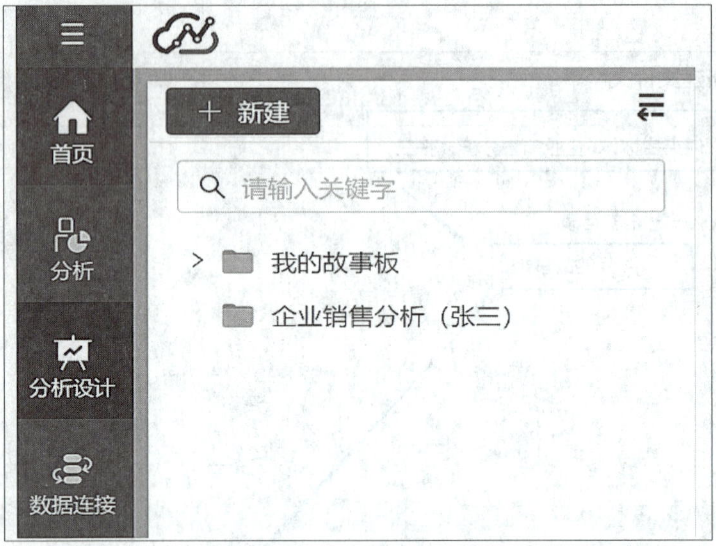

图 10-6　文件夹移动（2）

移动后，分析云系统会提示“移动成功”，新建的文件夹也会与我的故事板在同一层级目录下。

2. 新建故事板

建立好文件夹后，再次单击左侧菜单栏中的【分析设计】中的【新建】，选择【新建故事板】；将故事板命名为：销售整体分析，并保存在“企业销售分析”文件夹中（备注：“企业销售分析（学生姓名）”以下简称“企业销售分析”），如图 10-7 所示。

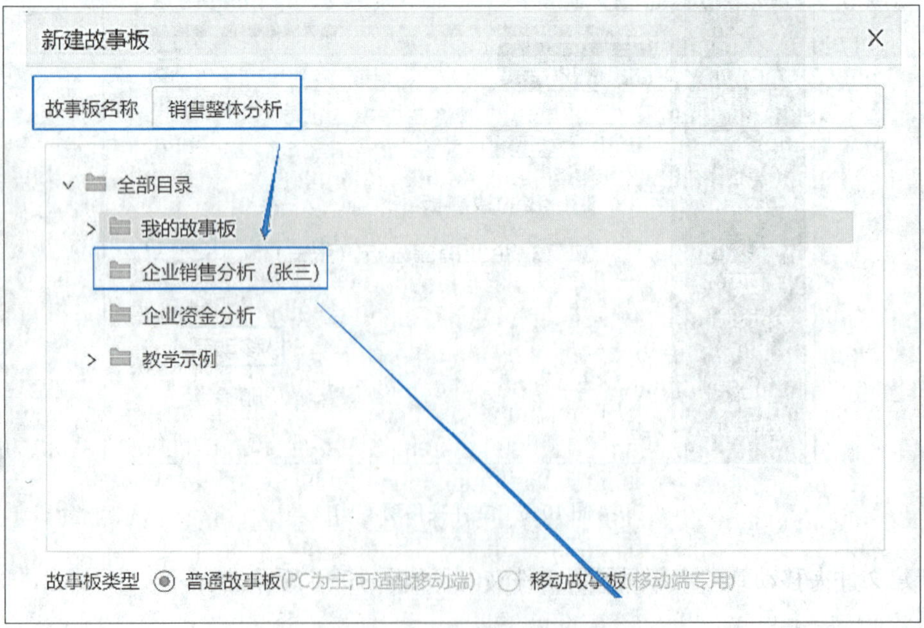

图 10-7　新建故事板

3. 新建可视化

进入到故事板后，单击上侧菜单栏中的【可视化】，单击【新建】；选择数据源为“数据集—财务大数据分析—企业销售分析—集团收入统计表”；进入到建立好的可视化后，将可视化命名为：本期集团营业收入；如图 10-8 所示。

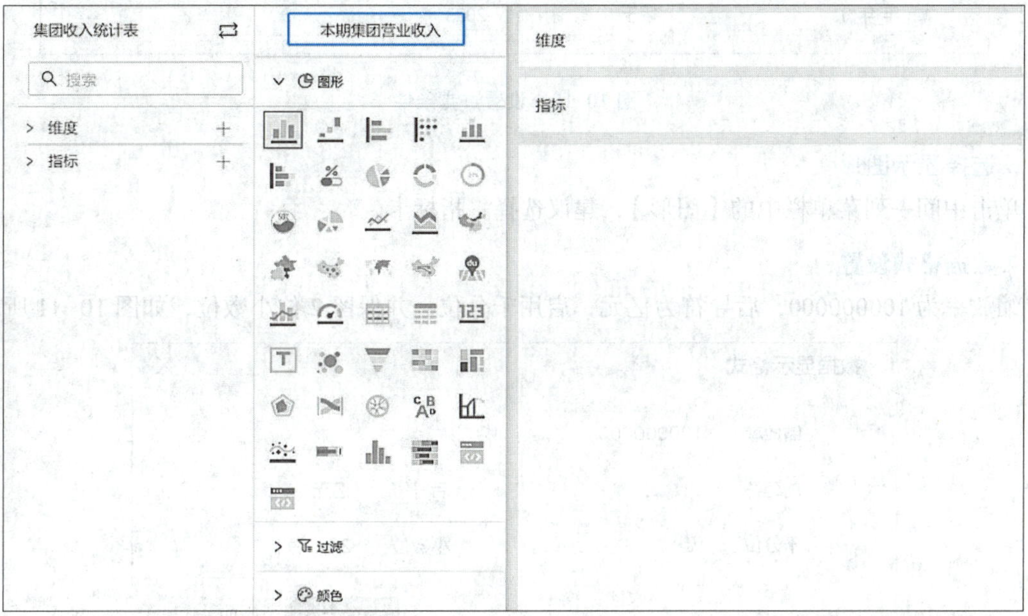

图 10-8　可视化命名

4. 设置维度与指标

维度为空值，指标选择金额（汇总方式为求和），如图 10-9 所示。

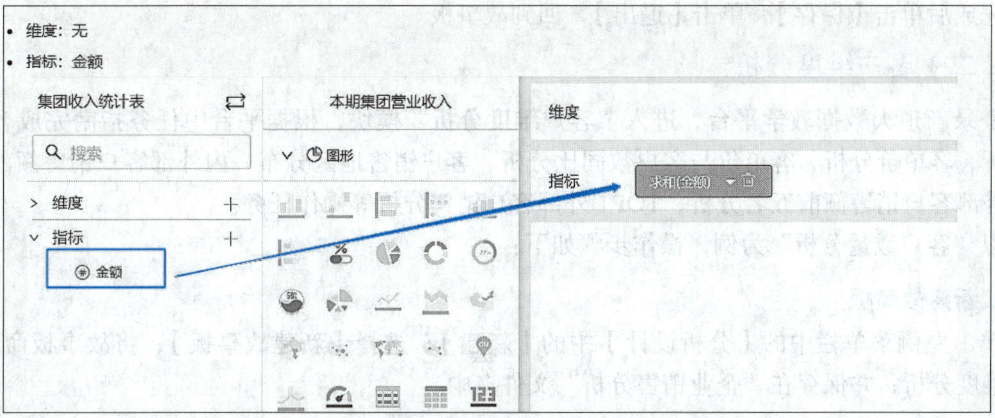

图 10-9　设置维度与指标

5. 设置过滤条件

由于是对 2023 年收入进行分析，所以需要添加一级子项，包含主营业务收入和其他业务收入：“年”等于“2023”，如图 10-10 所示。

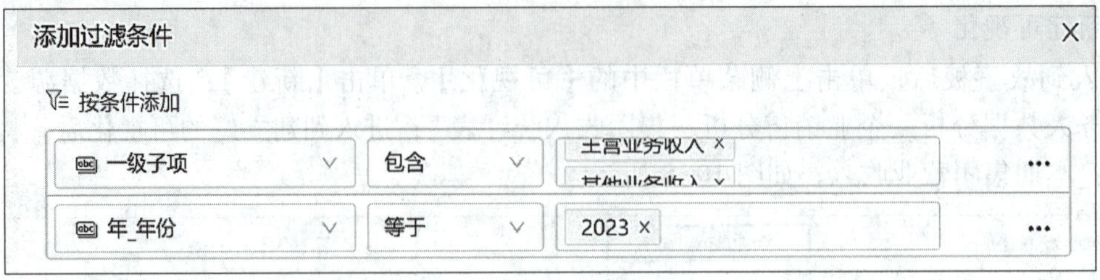

图 10-10　设置过滤条件

6. 选择显示图形

单击中间一列菜单栏中的【图形】，建议选择：指标卡。

7. 数据格式设置

缩放率为 100000000，后导符为亿元，启用千分位，并保留 2 位小数位，如图 10-11 所示。

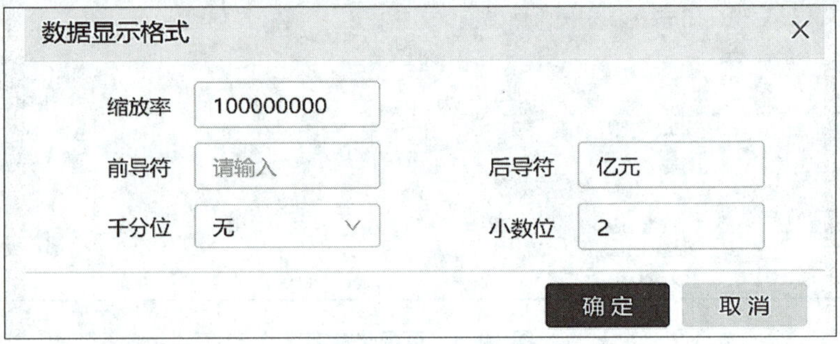

图 10-11　数据格式设置

8. 保存可视化

完成后单击【保存】，单击【退出】，回到故事板。

（二）客户维度分析

登录新道大数据教学平台，进入“客户维度分析”模块，根据平台中任务指南完成客户数量分析、客单价分析、客单价与客户数同比分析、客户销售地区分布、内外部客户销售额占比分析、外部客户销售额前五名分析、TOP1 外部客户销售分析等操作任务。

以“客户数量分析”为例，操作步骤如下：

1. 新建故事板

单击左侧菜单栏中的【分析设计】中的【新建】，选择【新建故事板】；将故事板命名为：客户维度分析，并保存在“企业销售分析”文件夹中。

2. 新建可视化

进入到客户维度分析故事板后，单击上侧菜单栏中的【可视化】，单击【新建】；选择数据源为：数据集—财务大数据分析—企业销售分析—AJ 客户销售情况表；进入到建立好的可视化后，将可视化命名为：客户数量分析。

3. 新建指标

单击指标右侧【+】按钮，单击【计算字段】，如图 10-12 所示。

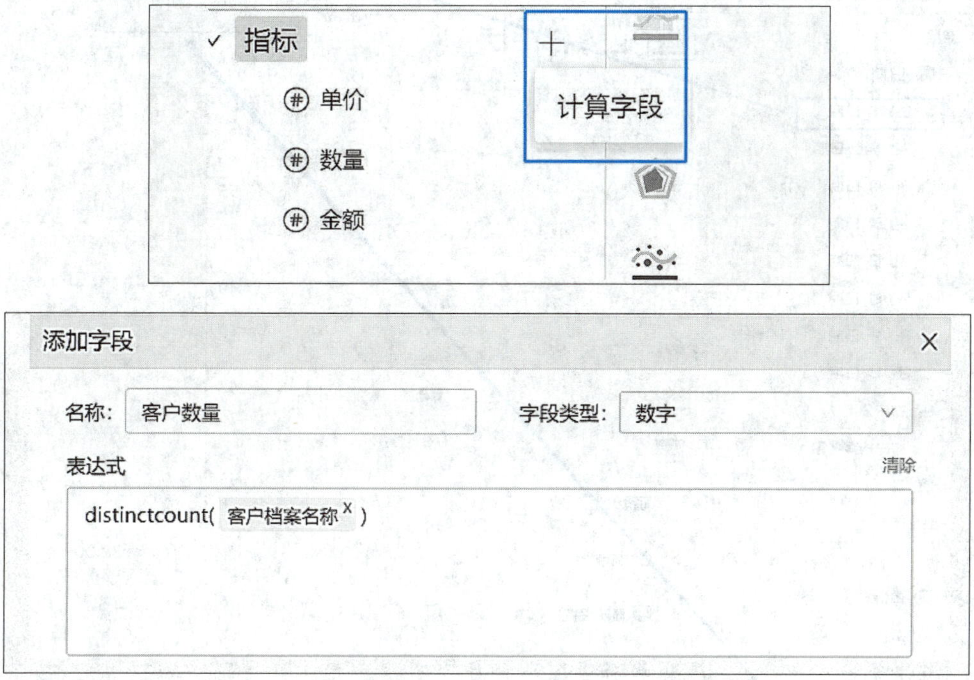

图 10-12　新增计算字段

字段名称为客户数量，字段类型为数字型，计算公式：distinctcount(客户档案名称)，如图 10-13 所示。

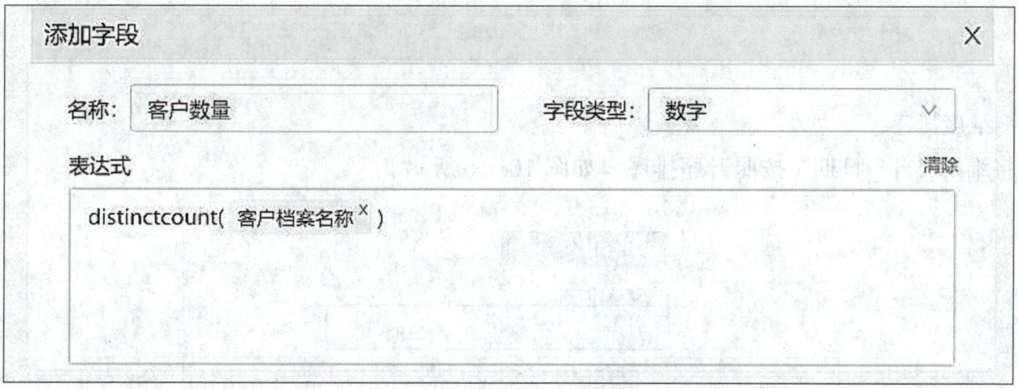

图 10-13　新建指标：客户数量

4. 设置维度与指标

维度：年_日期，指标：客户数量；如图 10-14 所示。

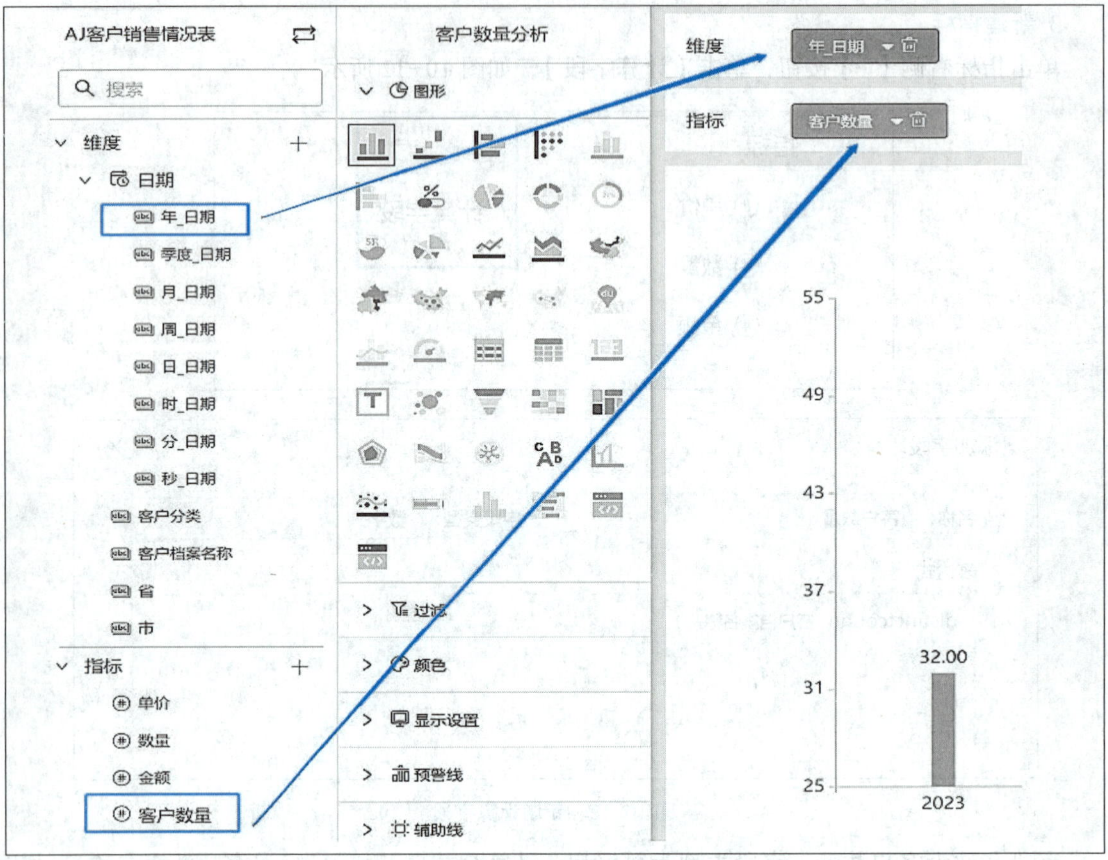

图 10-14 设置维度与指标

5. 维度排序

将维度“年_日期”按照升序排序，如图 10-16 所示。

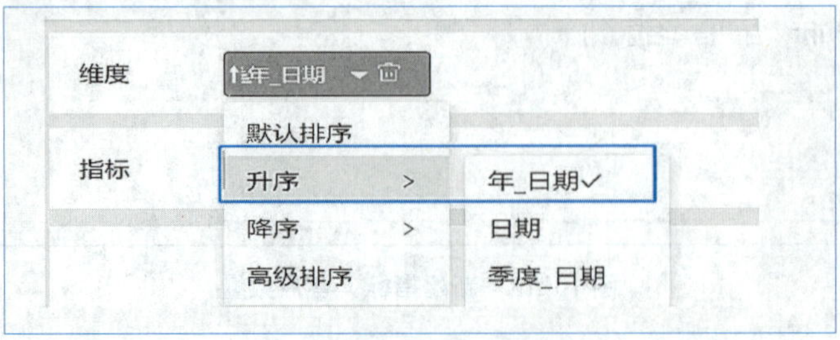

图 10-16 维度排序

6. 设置显示图形

单击中间一列菜单栏中的【图形】；建议选择：柱状图，如图 10-16 所示。

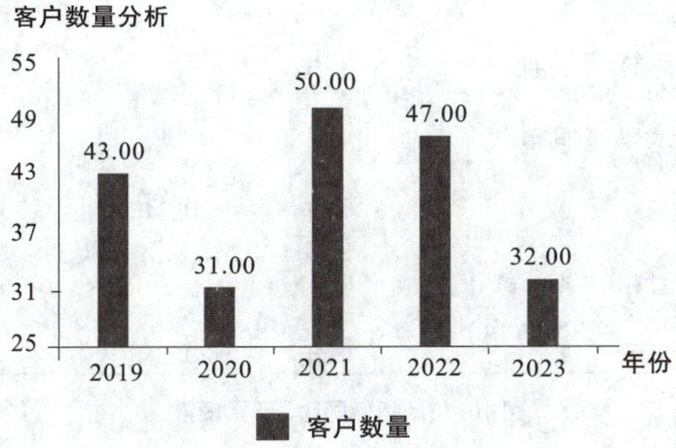

图 10-16 客户数量分析

7. 保存可视化

完成后单击【保存】，单击【退出】，回到故事板。

（三）产品维度分析

登录新道大数据教学平台，进入“产品维度分析”，根据平台中任务指南完成产品销售收入排名分析、产品销量排名分析、产品售价排名分析、营业收入增长趋势与铁精粉增长趋势对比分析、铁精粉收入增长因素分析、产品毛利率分析、产品毛利率增长趋势分析、产品维度分析故事板设计等操作任务。

以“铁精粉收入增长因素分析”为例，操作步骤如下。

1. 新建可视化

进入产品维度分析故事板后，单击上侧菜单栏中的【可视化】，单击【新建】；选择数据源为“数据集—财务大数据分析—企业销售分析—铁精粉销售明细表”；进入建立好的可视化后，将可视化命名为：铁精粉收入增长因素分析。

2. 设置维度与指标

维度：无，指标：单价、数量、金额。

3. 设置指标汇总方式

单击指标“单价”向下箭头，单击【汇总方式】，单击“平均值”；数量与金额的汇总方式为默认方式：求和。

4. 设置同比/环比高级计算

依次对指标中的单价、数量、金额进行高级计算中的同比\环比设置。设置内容如下：日期为年；对比类型为同比；所选日期为 0 期；计算为增长率；间隔为 1 年，如图 10-17 所示。

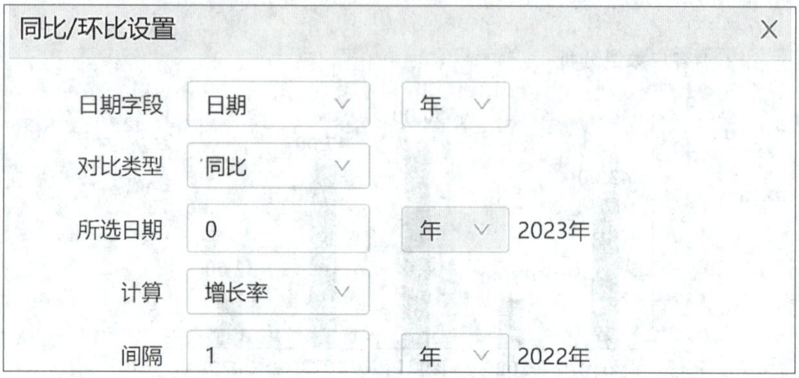

图 10-17　指标同比 / 环比设置

5. 设置图形

单击中间一列菜单栏中的【图形】，建议选择：表格；如图 10-18 所示。

铁精粉收入增长因素分析

单价	数量	金额
22.51%	-21.99%	-4.04%

图 10-18　铁精粉收入增长因素分析

6. 保存可视化

完成后单击【保存】，单击【退出】，回到故事板。

（四）价格维度分析

登录新道大数据教学平台，进入“价格维度分析”，根据平台中任务指南完成现金牛产品的销售价格历史趋势分析、明星产品的销售价格历史趋势分析、现金牛产品市场价格趋势分析、明星产品的市场价格历史趋势分析、价格维度分析故事板设计等操作任务。

以“现金牛产品的销售价格历史趋势”为例，操作步骤如下：

1. 新建故事板

进入分析云后，单击左侧菜单栏中的【分析设计】，单击【新建故事板】。

将故事板命名为：价格维度分析，并保存在“企业销售分析”文件夹中。

2. 新建可视化

进入到价格维度分析故事板后，单击上侧菜单栏中的【可视化】，单击【新建】；选择数据源为“数据集—财务大数据分析—企业销售分析—铁精粉销售明细表”；进入建立好的可视化后，将可视化命名为：现金牛产品销售价格历史趋势。

3. 新建层级

层级名称为年穿透月，如图 10-19 所示。

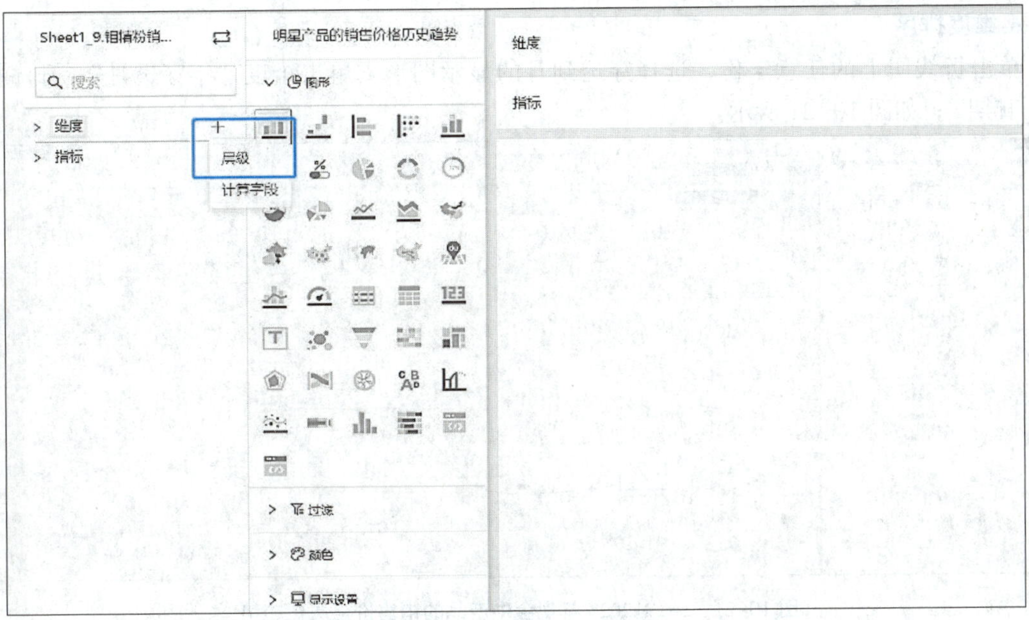

图 10-19　新建层级：年穿透月

钻取路径：年_日期，月_日期，单击【确定】；如图 10-20 所示。

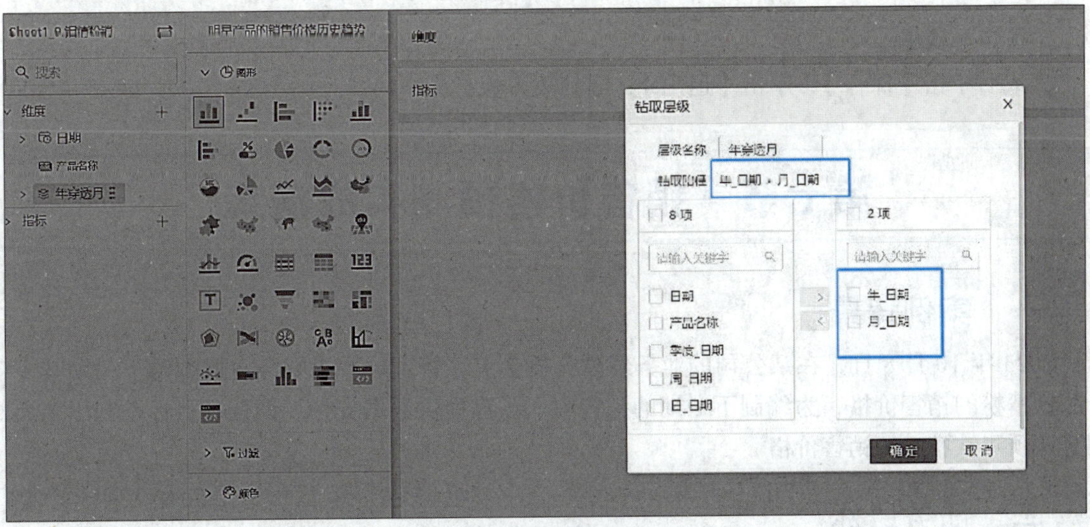

图 10-20　设置钻取路径

4. 设置维度与指标

维度：年穿透月，指标：单价；将指标“单价”按照平均值方式汇总。将维度“年穿透月”按“年_日期”升序排序。

5. 设置图形

单击中间一列菜单栏中的【图形】，建议选择：折线图。

6. 维度排序

单击折线图上的任意年份，选择穿透到月的显示图形，单击维度“年穿透月”，升序排列“月_日期”；如图 10-21 所示。

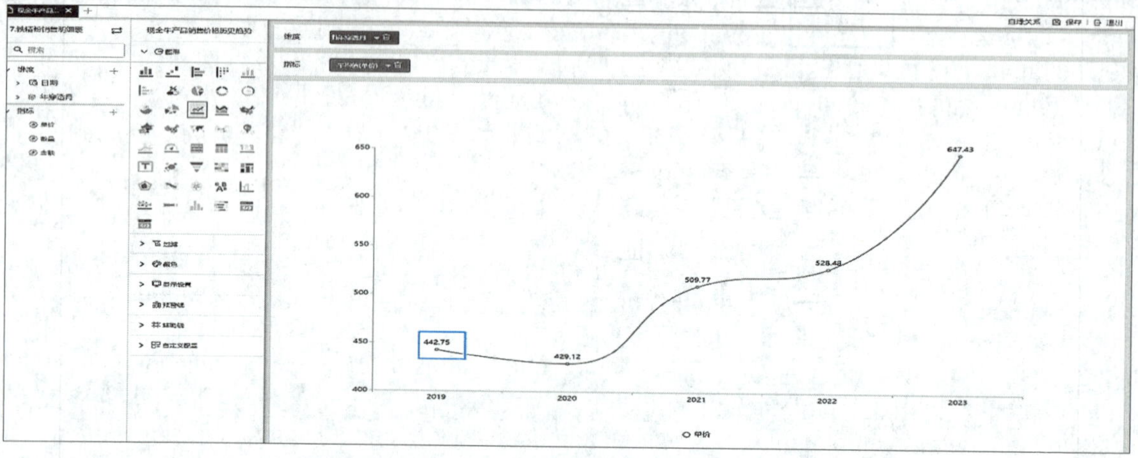

图 10-21　2019–2023 年现金牛产品的销售价格历史趋势

7. 数据格式设置

单击指标“单价”，单击【设置显示名】，将别名设置为：单价（元）。

6. 保存可视化

完成后单击【保存】，单击【退出】，回到故事板。

第七节　销售价格预测实战演练

一、案例背景

2023 年 10 月 8 日，在某公司的业务经营分析会上，管理层要求财务总监预测下一期其主营产品铁精粉的销售价格，为编制下一期的销售收入预算提供数据支持。即任务目标是利用多元回归算法预测铁精粉的销售价格。

二、任务目标

实现以上任务目标，需要以下四步：第一步，确定销售价格的影响因素；第二步，收集影响因素的历史数据；第三步，对收集的数据进行清洗；第四步，使用多元回归算法进行价格预测。

三、任务实现

（一）确定销售价格的影响因素

如前所述，一般影响销售价格的关键词就是成本、产量、国际贸易价格、下游需求，替代产品、产品库存变化、国家相关政策、宏观经济形势等。

本次确定的影响因素为：国内市场价格、下游钢材产量、下游钢材价格、国家政策。也可以定义其他的影响因素，但是在定义时，一定要注意这些影响因素历史数据的可获得性。

（二）收集影响因素的历史数据

收集影响因素的历史数据，比如“国内市场价格”，可以直接从网上获取(比如铁精粉的市场价格，“钢易网”上有每天的价格)。

国家政策的数据，是收集对应期间有无和铁精粉、采矿等相关的政策发布，如果有，就标注为“1”，没有就标注为“0”。如果某些期间发布了多项政策，也可以输入政策条数数据。

（三）数据清洗

在收集数据时，可能某些月份的数据收集不到，价格因素数据表中存在空值，如图10-22所示。

1	日期	公司铁精粉销售价格	国内市场铁精粉价格	下游钢材产量	下游钢材价格	政策影响
2	2015-01	498.58	570		2550	0
3	2015-02	492.40	630	8240.20	2503	0
4	2015-03	491.53		10510.10	2462	0
5	2015-04	445.60	620	10409.50	2423	0
6	2015-05	449.92	590	11766.20	2383	1
7	2015-06	447.60	530	12848.10	2356	0
8	2015-07	447.47	530	12619.00	2135	0
9	2015-08	426.71	535	12381.40	2095	0
10	2015-09	426.47	535	13156.40	1955	0
11	2015-10	424.33	427.5	12534.80	1837	0
12	2015-11	394.48	420	11753.30	1782	0
13	2015-12	367.93	335	11967.20	1628	1
14	2016-01	345.31	305		1821	0
15	2016-02	333.88	325		1816	0
16	2016-03	397.84	365	9815.80	1975	0
17	2016-04	402.30	427.5	10256.70	2140	1
18	2016-05	440.08	455	10754.10	2545	0
19	2016-06	406.27	385	12106.40	1975	0
20	2016-07	394.19	395	11574.30	2341	0
21	2016-08	423.77	430	11506.90	2420	1
22	2016-09	459.90	482.5	11892.70	2384	0
23	2016-10	354.26	485	11928.90	2240	0
24	2016-11	647.30	495	11667.90	2600	0
25	2016-12	544.31	535	11938.60	3000	0
26	2017-01	538.15	535		2889	1
27	2017-02	567.04	555		3349	1
28	2017-03	604.16	645	11361.00	3488	1
29	2017-04	539.54	585	10337.20	3200	0
30	2017-05	465.91	495	10748.10	3152	0

图 10-22　价格影响因素表

这些空值我们可以用清洗规则中的缺失值填补，填补方式为“均值填补”(即用该列的平均值填充)。

数据清洗的具体操作步骤如下。

1. 上传数据

进入数据清洗界面，单击【选择数据源】，左侧会出现一个上传数据的界面，单击【上传数据】，把收集到的数据进行上传，上传完毕后，对所上传的数据进行查看。如图 10-23 所示。

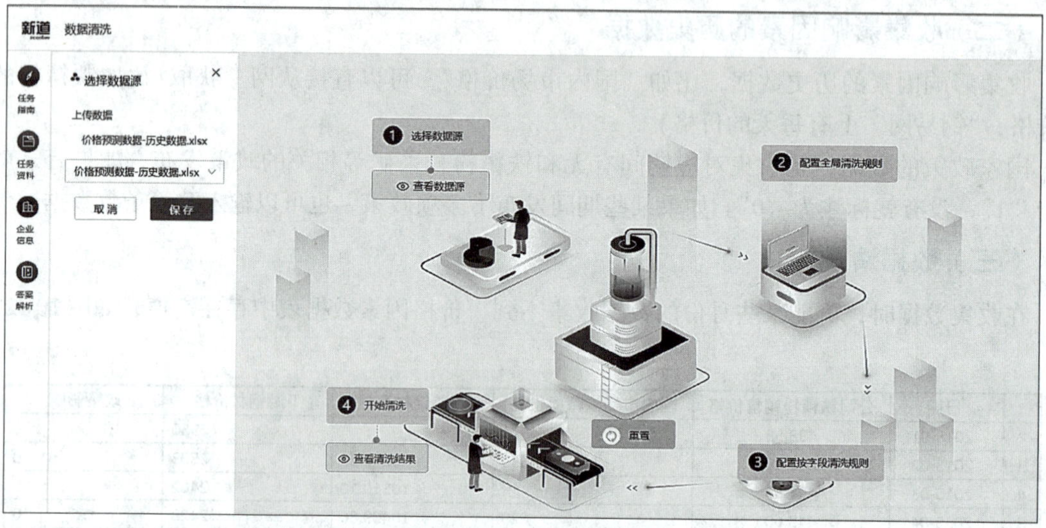

图 10-23　上传数据

注：如果没有收集数据的同学可以参考资源下载区的“价格预测数据 - 历史数据”，先将该数据表格下载到本地计算机上，然后进行上传。

2. 配置清洗规则

如图 10-24 所示，单击【配置按字段清洗规则】，左侧会出现添加规则，单击【添加规则】，选择下拉菜单中【缺失值填补】，单击【加号】，选择填补字段内容，本案例可以选择国内市场价格、下游钢材产量、下游钢材价格，填补方法为【均值填补】，设置完毕后单击【保存】。

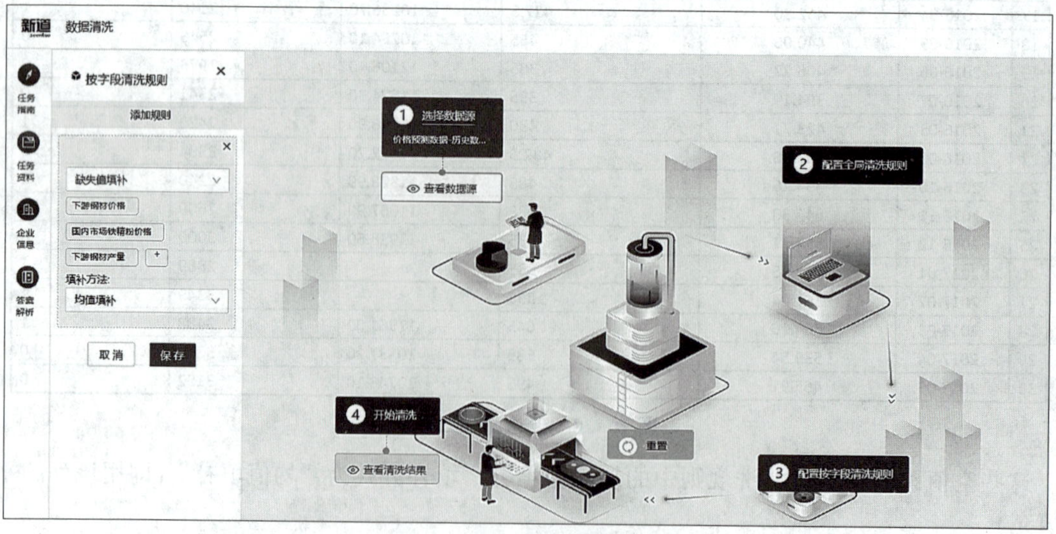

图 10-24　配置清洗规则

3. 数据清洗

单击【开始清洗】按钮，单击【确定】，清洗成功后，查看清洗结果并下载保存在本地计算机里，数据清洗操作完毕。

（四）预测产品销售价格

数据清洗之后，可以使用多元回归方法对产品销售价格进行预测，操作步骤如下。

1. 选择数据源

在操作平台里，已经内置好了“价格预测数据（清洗后）”，可以直接使用。如果想自行上传数据，可以单击【选择数据源】，上传所需数据，单击【保存】，如图 10-25 所示。

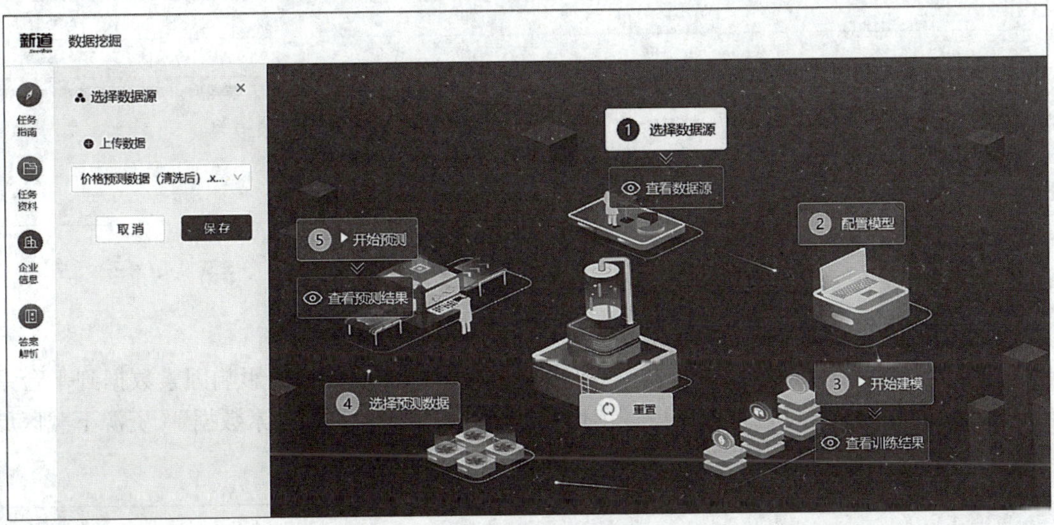

图 10-25　数据上传

2. 配置模型

单击【配置模型】，平台左侧区域会出现很多可以选择的模型，做价格预测可以使用【线性回归】，设置自变量与因变量，自变量可选择政策影响、下游钢材价格、下游钢材产量、国内市场价格；因变量可以选择公司销售价格。除此之外，还需选择测试集比例，这里我们选 0.25（意味着缺省值为 25%，这也意味着训练集比例是 75%）。

3. 开始建模

单击【开始建模】开始建模，建模完毕之后【查看训练结果】，将结果导出保存在本地计算机上。

注意：在查看训练结果时，需要查看“决定系数R_2”的大小，R_2 越大说明预测结果越准确，如图 10-26 所示。

测试集预测结果与真实值对比结果（预览）

导出

	国内市场铁精粉价格	下游钢材产量	下游钢材价格	政策影响	真实值	预测值
0	620	10409.5	2423	0	445.6	530.1653
1	500	11549.1	3710	0	543.2	500.2885
2	430	11506.9	2420	1	423.77	425.5982
3	482.5	11892.7	2384	0	459.9	440.2332
4	575	8291.6	3696	0	605.7	563.8831
5	500	6550.2	3698	0	470.26	532.1381
6	605	7078.7	3760	0	646.57	591.2474
7	645	11361	3488	1	604.16	588.4772
8	427.5	12534.8	1837	0	424.33	384.7936
9	500	6476	3807	0	451.99	536.5456

数据默认10条，若想查看全部数据，请点击表格右上角导出按钮

截距：0.0000　　自变量个数：4　　因变量个数：1

评估模型

均方误差（MSE）：2618.6654　　决定系数（R2）：0.7203

图 10-26　查看数据结果

4. 预测数据上传

本案例需要对下期价格进行预测，所以需要上传影响下期价格的影响因素数据到平台系统中。单击【选择预测数据】，数据上传，选择“价格预测数据－下期因素数据”（资源下载区域内有该数据），单击【保存】，如图 10-27 所示。

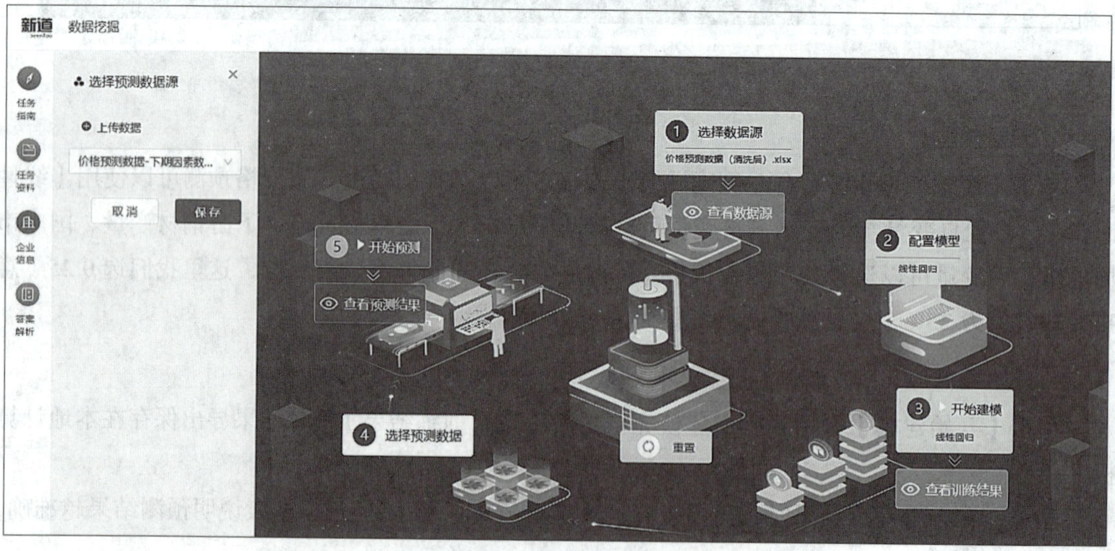

图 10-27　选择预测数据

5. 预测数据

下面进行最后一步的操作，单击【开始预测】，并对预测结果进行查看。如图 10-28、图 10-29 所示。

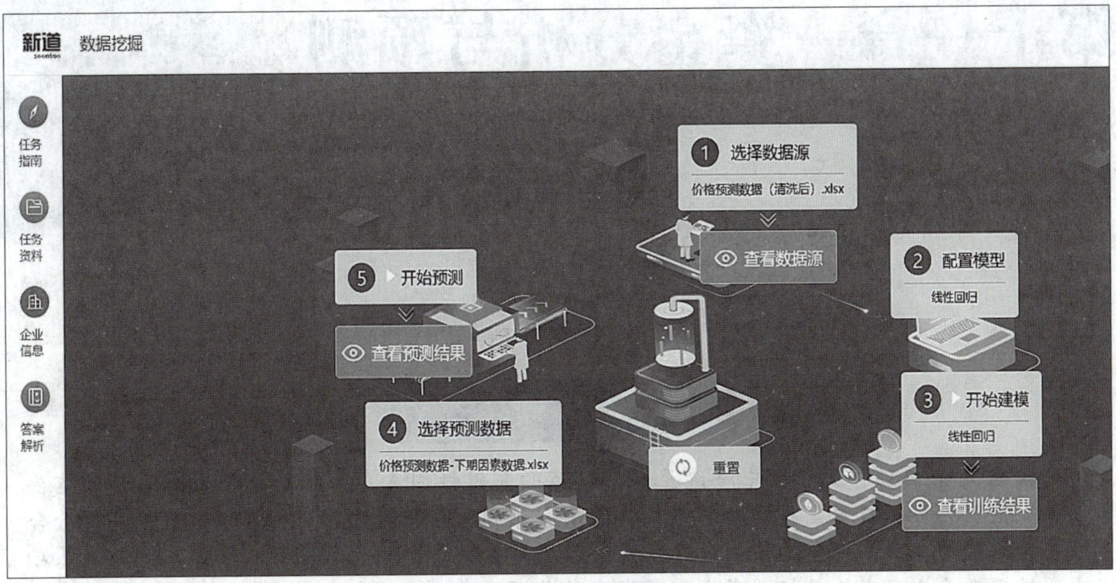

图 10-28　预测数据

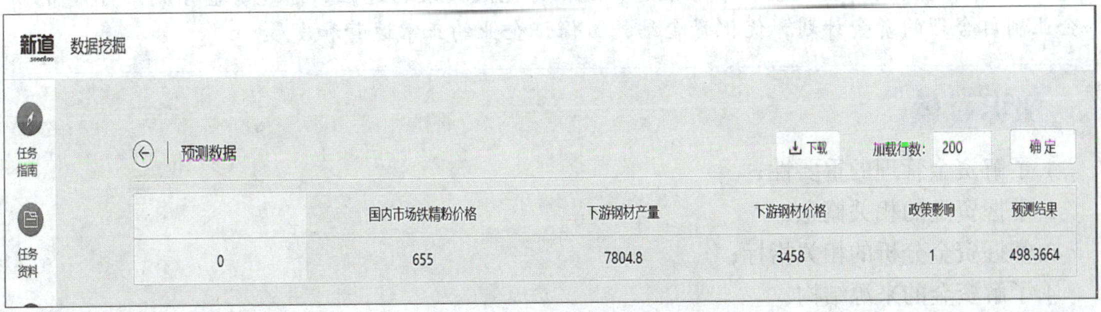

图 10-29　预测结果查看

注意：第三步中 R_2 的值越大，这里的预测结果越准确。

课后练习

1. 大数据时代如何实现更为精准的销售模式？
2. 请思考大数据背景下销售管理可能会面临哪些挑战？

第十一章　资金分析与预测

导读

资金是企业经营及管理中渗透至每个环节的关键性因素，承担着整个公司运转的重要任务。借助大数据技术，对资金的筹集、运用、盈利和分配等方面进行管理，可提高资金合理安排的能力，提高资金的使用效率。资金预测是在销售预测、利润预测和成本预测的基础上，根据企业未来发展目标并考虑影响资金的各项因素，运用专门方法推测出企业在未来一定时期内所需要的资金数额、来源渠道、运用方向及效果的过程。通过资金预测，可以帮助企业制订合理的资金计划，优化资金结构，保证企业的正常运营和发展。

知识目标

1. 了解资金管理的重要性；
2. 掌握资金的相关概念；
3. 掌握资金分析的相关指标；
4. 了解资金的来源结构；
5. 了解债务的构成。

技能目标

1. 能够依据案例资料分析企业资金状况；
2. 能够使用数据表进行资金存量可视化分析；
3. 能够使用数据表进行资金来源可视化分析；
4. 能够使用数据表进行债务分析与预警可视化。

素养目标

1. 树立学生通过数据思维进行数据分析的意识；
2. 培养学生运用分析云进行数据处理和分析的能力；
3. 强化学生独立钻研数据分析实操的职业素养。

第一节　资金分析

一、资金分析概述

资金分析是指对一个组织或企业的资金状况进行系统、全面的分析和评估。它通过对资金的筹集、运用、盈利和分配等方面进行研究，帮助管理者了解企业的资金流动状况，为决策提供准确的数据和信息。资金分析是财务管理中不可或缺的重要环节，它旨在帮助企业管理者全面掌握资金的现状，找出问题并采取相应的措施，以确保企业的持续稳健发展。

（一）资金筹集

分析企业在资金筹集过程中所涉及的各种渠道、方式和成本，并评估其可行性和效果。

（二）资金运用

研究企业如何有效地运用资金，包括资产投资、生产经营、人力资源配置等方面的分析。

（三）资金盈利

分析企业的盈利能力，包括利润率、收益率等指标的计算和对比。

（四）资金分配

研究企业如何合理地分配盈利，包括红利政策、留存利润、再投资等方面的分析。

二、资金分析的意义

资金分析对企业的发展和决策具有重要的意义，主要体现在以下几个方面。

（一）决策支持

资金分析为企业管理者提供了客观、全面的数据和信息，帮助他们作出准确的决策。通过对资金的分析，管理者可以了解企业的资金状况、运作情况以及盈利能力，从而作出更明智的投资、融资、运营等决策，优化资源配置，提高经营效益。

（二）风险管理

资金分析可以揭示企业的财务状况，帮助管理者及时发现潜在的问题和风险。通过对资金筹集、运用、盈利和分配等方面的分析，可以评估企业的偿债能力、盈利能力、资本结构等，发现资金短缺、流动性风险、盈利下降等问题，并及时采取措施予以解决。

（三）优化资金管理

资金分析可以帮助企业优化资金管理，提高资金的使用效率和效益。通过对资金的分析，可以确定合适的资金筹集方式，合理配置资金，控制资金成本，提高资金周转速度，降低资金风险，提高资金利用率，从而实现财务目标的最大化。

（四）提升融资能力

资金分析可以帮助企业提升融资能力，为企业的发展提供更多的资金支持。通过对资金筹集渠道、方式和成本的分析，可以找到适合企业的融资方式，并评估其可行性和效果，为企业的融资决策提供科学依据，增强企业的融资能力和抗风险能力。

三、资金分析的框架

资金分析时应关注：资金的安全性、资金的收益性以及资金的流动性。从企业经营者和管理者的角度来看，资金分析的框架具体包括资金存量分析、资金来源分析及债务分析与预警，如图 11-1 所示。

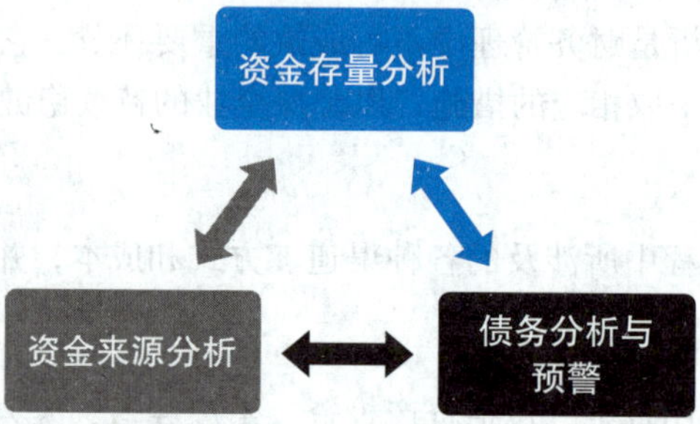

图 11-1　资金分析框架

第二节　资金存量分析

一、资金存量的概念

资金存量是指企业在某一特定时间点上的可支配资金总额，也称为资金余额或资金存货。它反映了企业当前的现金和其他货币资金的实际情况，是企业财务状况的一个重要指标。资金存量的分析能够帮助企业了解自身的流动性状况、偿债能力以及应对突发情况的能力。

二、资金存量的形式

（一）现金

现金是指在企业生产经营过程中暂时停留于货币形态的资金，通常包括库存现金、可以随时用于支付的银行存款以及其他货币资金。

在资产负债表中将现金并入货币资金，列示为流动资产，但应注意具有专门用途的现金只能作为投资项目等列为非流动资产。

（二）货币资金

货币资金是指企业持有的各种货币性资金，包括银行存款、短期投资和其他货币资金等。货币资金具有流动性强、风险低的特点，可以随时用于支付和投资。

需要注意的是，凡不能立即支付使用的（如银行承兑汇票保证金、银行冻结存款等），均不能视为货币资金。为了总括反映企业货币资金的基本情况，资产负债表上一般只列示“货币资金”项目，不再按货币资金的各组成项目单独列示。

（三）现金及现金等价物

现金等价物指企业持有的期限短、流动性强、易于转换为已知金额现金、价值变动风险很小的投资（通常投资日起三个月到期国库券、商业本票、货币市场基金、可转让定期存单、商业本票及银行承兑汇票等皆可列为现金等价物）。

现金等价物虽然不是现金，但其支付能力与现金差不多，可视同现金，或称"准现金"。企业为了不使现金闲置，通常购买短期债券，在需要现金时可以变现。在判断企业短期偿债能力时，也可使用现金及现金等价物余额与其短期债务进行比较。

（四）受限资金

受限资金指企业因为合同、法律或其他限制而无法自由支配的资金，如押金、预付款、股东资金等。受限资金不能直接用于企业的日常运营，但也是企业资金结构中的一部分，在分析资金存量时要重点关注。

三、资金存量分析指标

资金是企业赖以生存和发展的基础，其运转不仅涉及企业生产经营活动的各个方面，还与企业的管理水平和经济效益密切相关。不同的财务指标，反映了企业资金运营的好坏。资金存量分析主要包括资金存量总量分析、资金存量使用效率分析及资金存量偿债能力分析三个方面。

（一）资金存量总量分析

企业资金存量的总量分析是财务管理中必须掌握的重要指标，它反映了企业的直接支付能力。从财务管理的角度来看，如果货币资金过低，将会对企业的正常经营活动产生影响，限制企业的发展，从而影响企业的商业信誉；反之，如果货币资金过高，意味着企业正在错失潜在的投资机会，同时可能显示企业管理层的资金运用不当。如图 11–2 所示，指标N_1用于衡量公司的货币资金备付能力，其数值越高，表明企业具备更强的直接支付能力。指标N_2，进一步扩展了货币资金储备的范围，反映了公司的直接支付能力。

指标	公式
N_1	库存现金 + 银行存款 + 其他货币资金
N_2	N_1+ 交易性金融资产 + 应收票据

图 11–2　资金存量总量分析指标

（二）资金存量使用效率分析

资金存量的使用效率是评估资金利用效果的重要参数，它反映了资产使用的有效性和充分性。常用的分析指标计算公式如图 11–3 所示。

指标	公式	指标较高	指标较低
N_1占总资产比重	N_1 ÷ 总资产 ×100%	可能说明资金使用效率低	可能导致支付风险
N_2占总资产比重	N_2 ÷ 总资产 ×100%	可能说明资金使用效率低	可能导致支付风险

图 11–3　资金存量使用效率分析指标

（三）资金存量偿债能力分析

在进行企业资金存量的偿债能力分析时，常用的分析指标之一是货币资金占流动负债的比重。这是衡量企业短期偿债能力的重要指标之一。对于债权人而言，较高的比率意味着企业具备更强的偿债能力。然而，对于经营者来说，该比率不宜过高。由于货币资金是企业资产中获利能力较差的部分，过多地将资金保留在货币资金上会使企业失去许多获利机会，从而降低获利能力。常用的分析指标计算公式如图 11-4 所示。

指标	公式	指标含义	指标较高	指标较低
货币资金与流动负债的比率	N_1 ÷ 流动负债 ×100%	反映企业现时直接偿债能力	偿债能力强	支付、偿债风险高
可用资金与流动负债的比率	N_2 ÷ 流动负债 ×100%	反映企业直接偿债能力，部分货币性资金可能需要一定时间转化才能使用	偿债能力强	支付、偿债风险高

图 11-4　资金存量偿债能力分析指标

第三节　资金来源分析

一、资金的来源

资金的来源是指企业获取资金的渠道和途径。通过从现金流量表的视角出发，可以分析企业的资金来源。企业的资金来源主要包括以下几个方面。

（一）经营活动现金流入

这是企业经营主业所带来的现金流入，包括销售商品、提供劳务所收到的现金，以及与主营业务相关的其他现金流入。

（二）投资活动现金流入

这是企业进行投资活动所带来的现金流入，包括处置长期资产、子公司及其他营业单位收回的投资等所收到的现金流入。

（三）筹资活动现金流入

这是企业通过筹资活动所带来的现金流入，包括借款所获得的现金、吸收投资者投资所收到的现金，以及发行债券等所获得的现金流入。

以上是常见的资金来源渠道，企业根据自身情况可能还存在其他特殊的资金来源。资金的来源与企业的经营规模、行业特点、市场环境等因素密切相关。

二、资金来源的结构

资金来源的结构是指不同来源所占比重和构成情况。了解资金来源的结构对于评估企业的财务状况、经营稳定性以及融资能力具有重要意义。

资金的三个来源处于不同的状态，代表企业的不同经营情况。以经营现金流为主，参考投资和筹资现金流对企业的经营状况做分析，可以分为以下几种情况，如图 11-5 所示。

经营现金流	投资现金流	筹资现金流	企业经营分析
+	+	+	经营和投资收益状况较好，这时仍可以进行融资，通过找寻新的投资机会，避免资金的闲置性浪费
+	+		经营和投资活动良性循环，筹资活动虽然进入偿还期，但财务状况仍比较安全
+		+	经营状况良好，在内部经营稳定进行的前提下，通过筹集资金进行投资，往往是处于扩展时期，应着重分析投资项目的盈利能力
+			经营状况良好。一方面在偿还以前债务，另一方面又要继续投资，应关注经营状况的变化，防止经营状况恶化导致整个财务状况恶化
—	+	+	靠借贷维持生产经营的需要。财务状况可能恶化，应着重分析投资活动现金流是来自投资收益还是收回投资，如果是后者，则形势严峻
—	+		经营活动已经发出危险信号，如果投资活动现金收入主要来自收回投资，则已经处于破产边缘，应高度警惕
—		+	靠借债维持日常经营和生产规模的扩大，财务状况很不稳定。假如是处于投产期的企业，一旦渡过难关，还可能有发展；如果是成长期或稳定期的企业，则非常危险
—	—		财务状况堪忧，这种情况往往发生在高速扩展时期，由于市场变化导致经营状况恶化，加上扩展时投入了大量资金，使企业陷入困境

图 11-5　现金流量表视角下的经营分析

分析一家公司的经营情况，还需要考虑该企业处于什么发展阶段，企业处于不同的发展阶段，对资金的需求也是不同的，如图 11-6 所示。

企业发展阶段	资金来源结构	企业经营分析
初创期	经营活动现金净流量为负数 投资活动现金净流量为负数 筹资活动现金净流量为正数	借款人需要投入大量资金，形成生产能力，开拓市场，其资金来源只有举债、融资等筹资活动
发展期	经营活动现金净流量为正数 投资活动现金净流量为负数 筹资活动现金净流量为正数	经营活动中大量现金回笼，为扩大市场份额，借款人仍需追加投资，仅靠经营活动现金流量净额可能无法满足投资，须筹集必要的外部资金作为补充
成熟期	经营活动现金净流量为正数 投资活动现金净流量为正数 筹资活动现金净流量为负数	销售市场稳定，已进入投资回收期，但很多外部资金需要偿还
衰退期	经营活动现金净流量为负数 投资活动现金净流量为正数 筹资活动现金净流量为负数	市场萎缩、占有率下降，经营活动现金流入小于流出，同时借款人为了偿还债务不得不大规模收回投资以弥补现金的不足

图 11-6　企业发展阶段视角下的经营分析

三、资金来源分析指标

资金来源分析可以通过一些指标来进行评估和分析，以下是几个常用的指标。

（一）销售获现比率

销售获现比率=销售商品或提供劳务收到的现金/营业收入。

这个比率反映了企业实际收到的现金与营业收入的关系。如果销售获现比率大于销售净利率，说明企业每实现1元营业收入能获得较多的现金流量。这意味着企业在实现营业收入时具有较好的现金流入能力，显示出良好的发展前景。

（二）盈利现金比率

该指标将经营活动产生的现金净流量除以当期主营业务收入净额，反映了被投资单位在会计期间每实现1元营业收入能获得多少现金净流量。如果盈利现金比大于销售净利率，表明企业每实现1元营业收入能够转化为较高的现金净流量。这表明企业在实现盈利时能够有效地产生现金流入，具有良好的经营状况和现金管理能力。

（三）现金流量趋势分析

通过分析连续几期的现金流量表中的经营活动、投资活动和筹资活动现金流量的特征，比较、分析和确定各项现金流量的变化趋势和规律，并对未来的发展作出预测。通常选择连续3～5年的现金流量表作为分析的基础。现金流量趋势分析可以帮助预测未来的总体发展和可能面临的风险。通过观察现金流量的变化，可以识别企业的经营情况和资金流动状况，并作出相应的决策和规划。

第四节　债务分析与预警

一、债务结构

债务结构是指企业所承担的债务的类型、比例和偿还期限等方面的组成情况。债务结构的合理性对企业的财务稳定和经营风险具有重要影响。主要考虑以下几个方面的内容。

（一）债务类型

债务可以分为长期债务和短期债务。长期债务通常指偿还期限超过一年的债务，如长期贷款、债券等；短期债务指偿还期限在一年以内的债务，如短期贷款、应付票据等。企业在选择债务类型时需要综合考虑利率、偿还期限、灵活性等因素。

（二）债务比例

债务比例是指企业债务总额与企业资本结构的关系。债务比例过高可能导致企业财务风险增加，因为过多的债务需要支付利息和本金，对企业的经营活动造成压力。因此，合理的债务比例应根据企业的行业特点、盈利能力、现金流情况等因素进行评估和控制。

（三）偿还期限

债务的偿还期限对企业的资金流动和偿债能力有着重要影响。如果企业的债务偿还期限较短，可能面临较高的偿债压力和流动性风险。因此，企业应合理安排债务的偿还期限，以确保资金的平稳流动和偿债能力的稳定。

债务结构的合理性对企业的财务稳定和经营风险具有重要影响。企业应根据自身的财务状况、经营特点和市场环境等因素，合理配置债务类型、控制债务比例，并合理安排债务的偿还期限，以确保财务的稳定和可持续发展。

二、债务预警

债务预警是指对企业的债务状况进行监测和预测，及时发现和预警潜在的债务风险。债务预警的目的是提醒企业管理者注意债务状况，采取相应的措施避免或减轻债务风险的影响。

债务预警受到多个因素的影响，包括企业的财务状况、债务结构、偿债能力、盈利能力、市场环境等。这些因素相互关联，对债务风险的产生和发展起着重要的作用。

债务预警可以通过多种方式进行应用，包括但不限于以下几个方面。

（一）债务比率分析

通过计算债务比率、债务偿还能力等指标，对企业的债务状况进行评估，发现潜在的风险。

（二）债务支付能力分析

通过分析企业的偿债能力，包括现金流量、利润能力等指标，评估企业的债务偿还能力和流动性状况。

（三）债务趋势分析

通过观察企业债务的变化趋势，分析债务的增长速度和方向，预测未来可能的债务风险。

第五节　资金流量预测

一、资金流量预测的概念及意义

资金流量预测是指对企业未来一段时间内的资金流入和流出进行预测和估计的过程。它是企业财务管理中的重要环节，对企业的经营决策、资金筹措和风险管理具有重要意义。

资金流量预测具有多重意义。

（一）经营决策

资金流量预测可以帮助企业管理者预测未来的资金需求和现金流动情况，为经营决策提供依据。通过准确预测资金流量，企业可以合理安排资金的使用，优化资金配置，提高经营效益。

（二）资金筹措

资金流量预测可以帮助企业预测未来的资金缺口，并制订相应的筹资计划。通过准确预测资金流量，企业可以选择合适的融资方式，提前做好资金筹措准备，确保资金的稳定供应。

（三）风险管理

资金流量预测可以帮助企业识别和预警潜在的资金风险，避免流动性危机和偿债风险的发生。通过准确预测资金流量，企业可以及时采取措施，调整资金结构，应对不确定性和风险。

二、资金流量预测的方法

（一）时间序列算法

1. 时间序列概念及作用

时间序列是按时间顺序排列的数据序列，每个时间点都对应着一个特定的数值。在资金流量预测中，时间序列可以是按日、按月、按季度或按年等时间间隔记录的资金流量数据。通过对时间序列的分析，可以揭示数据的变化规律和趋势，为未来的预测提供依据。

2. 时间序列的构成要素

时间序列的构成要素主要包括趋势、季节性和周期性。趋势是指数据长期的变化方向，反映了资金流量的整体增长或下降趋势。季节性是指数据中周期性的波动，可能由于某种特定的季节或周期性因素所引起，如节假日的影响或行业的季节性需求。周期性是指数据中较长时间的波动，通常由经济周期或行业周期等因素所引起。

3. 时间序列的分析方法

针对时间序列数据的分析方法有很多种，常见的包括移动平均法、指数平滑法和趋势分析等。

（1）移动平均法是一种通过计算数据序列中一段时间内的平均值来预测未来的方法。移动平均法可以平滑数据中的波动，减少随机因素的影响，提取出数据的趋势。常见的移动平均方法包括简单移动平均和加权移动平均，选择合适的移动平均窗口大小可以根据实际情况和预测目标进行调整。

（2）指数平滑法是一种通过赋予不同权重给历史数据来预测未来的方法。指数平滑法更加重视最近的数据，对历史数据赋予递减的权重，以反映最新趋势的变化。指数平滑法可以用于捕捉数据中的短期波动和趋势变化，常用的方法有简单指数平滑和双重指数平滑。

（3）趋势分析是通过分析时间序列数据的长期趋势来预测未来的方法。常用的趋势分析方法包括线性趋势分析、指数趋势分析和多项式趋势分析。趋势分析可以帮助识别出资金流量的长期变化趋势，为未来的预测提供依据。

（二）ARIMA算法

1. ARIMA模型

ARIMA（Autoregressive Integrated Moving Average）模型是一种广泛应用于时间序列预测的统计模型。它结合了自回归（AR）、整合（I）和移动平均（MA）的过程。ARIMA模型的阶数表示为（p，d，q）。

自回归（AR）模型是一种基于过去若干个时间点值的加权组合来预测当前时间点值的模型。AR（p）模型依赖于过去最近的p个历史值，其中p表示自回归模型的阶数。通过对历史数据的分析，AR模型可以捕捉到时间序列的趋势和相关性。

整合（I）过程是为了将不平稳的时间序列转化为平稳的时间序列。差分是一种常用的整合方法，通过计算当前值与前一个值之间的差异，将非平稳的时间序列转化为平稳的时间序列。差分的阶数表示为d，代表进行差分操作的次数。

移动平均（MA）模型是一种基于过去若干个时间点预测误差的加权组合来预测当前时间点值的模型。MA（q）模型依赖于过去最近的q个历史预测误差值，其中q表示移动平均模型的阶数。移动平均模型可以捕捉时间序列中的随机波动和预测误差。

将这三个过程结合在一起，就形成了ARIMA模型。ARIMA模型可以通过学习历史数据中的规律和趋势来预测未来的数据。它适用于具有一定自相关性和趋势的时间序列数据。使用ARIMA模型进行预测时，需要确定模型的阶数（p，d，q）。其中，p表示自回归模型的阶数，d表示差分的阶数，q表示移动平均模型的阶数。通过对历史数据进行分析和模型的拟合，可以选择合适的阶数来建立ARIMA模型，并进行未来数据的预测。

ARIMA模型可以表示为：

当前时间点的值 =（一个或多个）常量c +（一个或多个）过去时间点值的加权和 +（一个或多个）过去时间点的预测误差的加权和。其数学公式表示为：

$$y_t = c + \phi_1 y_{t-1} + \cdots + \phi_p y_{t-p} + \theta_1 \varepsilon_{t-1} + \cdots + \theta_q \varepsilon_{t-q} + \varepsilon_t$$

其中：

y_t表示时间序列t时刻的数据。

ε_t表示预测误差（随机误差）：模型预测值－真实值。

ϕ表示自回归（AR）模型的系数，代表当前时间点值与过去时间点值的线性关系。

θ表示移动平均（MA）模型的预测误差，代表模型的随机误差部分。

p表示自回归（AR）模型的阶数，代表过去时间点的数量。

q表示移动平均（MA）模型的阶数，代表预测误差的数量。

2.ARIMA模型流程

ARIMA模型的流程通常包括以下步骤：

（1）平稳性检验。首先对待分析的时间序列进行平稳性检验。如果时间序列是非平稳的，需要进行平稳化处理，例如差分操作，直到序列变得平稳。平稳序列的特征是其均值和方差在时间上是稳定的。

（2）白噪声检验。对于平稳序列，进行白噪声检验。白噪声指的是序列中的数据是独立且具有相同的分布。如果时间序列是白噪声，意味着序列中的数据之间没有相关性和模式，可以认为序列不可预测。

（3）确定模型参数。如果时间序列不是白噪声，需要确定ARIMA模型的参数。通过分析自相关函数（ACF）图和偏自相关函数（PACF）图，或者使用信息准则（如AIC或BIC）来选择最佳的自回归阶数（p）和移动平均阶数（q）。此外，差分操作可以确定整合阶数（d）。

（4）建立ARIMA模型。根据确定的参数（p，d，q），建立ARIMA模型。该模型包括自回归过程、差分过程和移动平均过程。

（5）模型检验。对建立的ARIMA模型进行检验，以确保模型符合预期的要求。常见的模型检验方法包括检查残差序列是否为白噪声、残差的自相关和偏自相关函数是否在阈值内，以及是否满足正态分布假设等。

（6）模型预测。如果模型经过检验合适，可以使用该模型进行未来的数据预测。通过将模型应用于最新的观测值，可以获得对未来时间点的预测结果。预测结果可以用于决策制定和规划。

如果在模型检验阶段发现模型不合适，需要返回到确定参数的步骤，重新选择合适的参数，并重新建立和检验模型。这个过程可能需要多次迭代，直到找到符合要求的模型。

第六节　企业资金分析实战

一、案例背景

2023 年 10 月 8 日，AJHXIL 公司召开业务经营分析会，会上要求财务总监对公司的资金状况进行专项分析，从而全面深入地了解公司资金状况，为经营决策提供资金支撑。

二、任务目标

财务分析师从资金存量、资金来源、债务三个角度对企业资金进行数据分析，洞察数据背后的含义，溯源分析指标增减变动的合理性与异常项，给管理层提供决策支持和重要事项预警提示。

三、任务实现

（一）资金存量分析

登录新道大数据教学平台，进入“资金存量分析”模块，根据平台中任务指南完成集团资金存量分析、集团应收票据分析、集团资金构成分析、集团资金存量前五机构排名、资金结构分析、其他货币资金明细构成分析、保证金与应付票据的比率分析、银行存款流入流出对比分析、企业存量分析故事板设计等操作任务。

以“集团资金存量前五机构排名”为例，操作步骤如下。

1. 新建可视化

进入资金存量故事板后，单击上侧菜单栏中的【可视化】，单击【新建】；选择数据源为“数据集—财务大数据分析—企业资金分析—集团资金存量分析表”；进入建立好的可视化后，将可视化命名为：集团资金存量前五机构排名。

2. 设置维度与指标

维度为机构名称，指标选择“期末余额”。

3. 设置图形

单击中间一列菜单栏中的【图形】，建议选择：条形图。

4. 指标排序

单击指标，将“期末余额”求和汇总并选择升序。

5. 数据格式设置

单击指标，选择【数据格式】；设置数据显示格式，缩放率：100000000，

后导符：亿元，千分位：启用，小数位：2；单击【确定】。

6. 显示设置

单击中间一列菜单栏中的【显示设置】；系统默认勾选的是“显示前 50”，将其取消勾选；勾选“显示后”，输入：5；如图 11-7 所示。

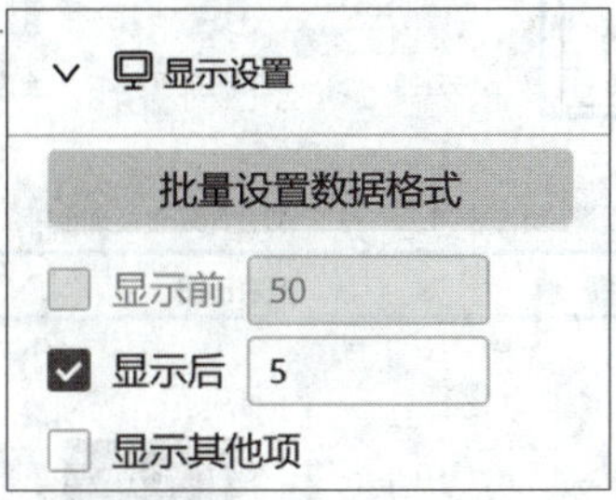

图 11-7　数据显示设置

7. 保存可视化

如图 11-8 所示，完成后单击【保存】，单击【退出】，回到故事板。

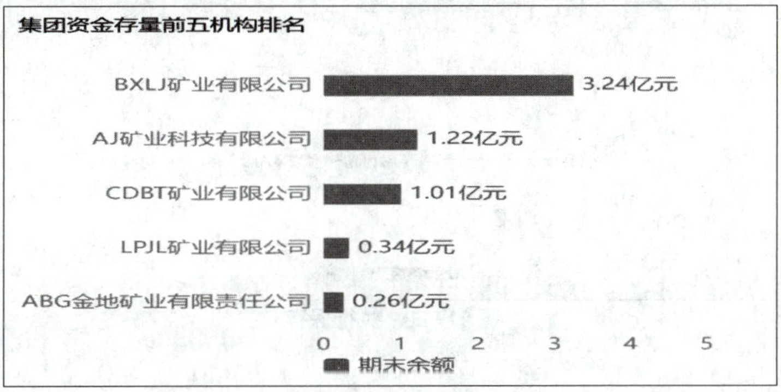

图 11-8　集团资金存量前五机构排名

以“保证金与应付票据的比率分析”为例，操作步骤如下。

1. 新建数据集

进入分析云后，单击【数据准备】，单击【新建】，选择【关联数据集】；数据集命名为：现金及现金等价物明细表关联资产负债表；保存在“我的数据”文件夹内；如图 11-9 所示。

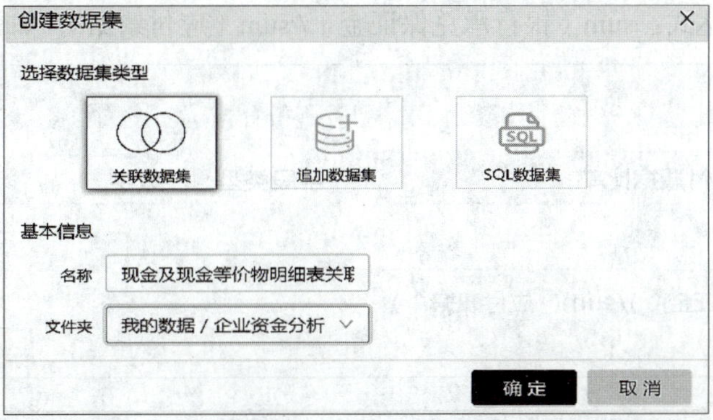

图 11-9　新建关联数据集

建立连接关系：内连接，连接条件：报表日期，单击【确定】，如图 11-10 所示。

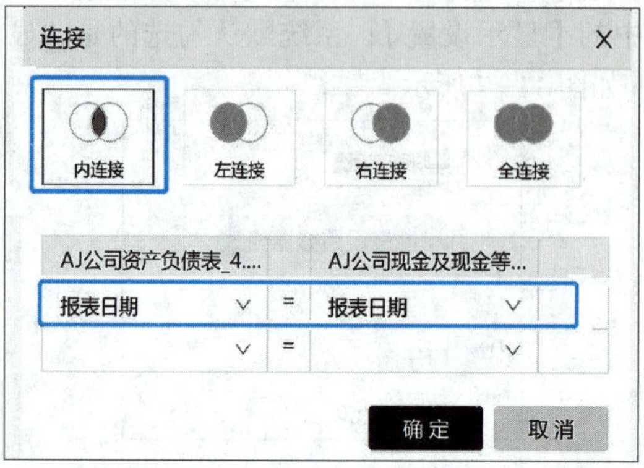

图 11-10　建立内连接

单击【执行】，单击【保存】，如图 11-11 所示。

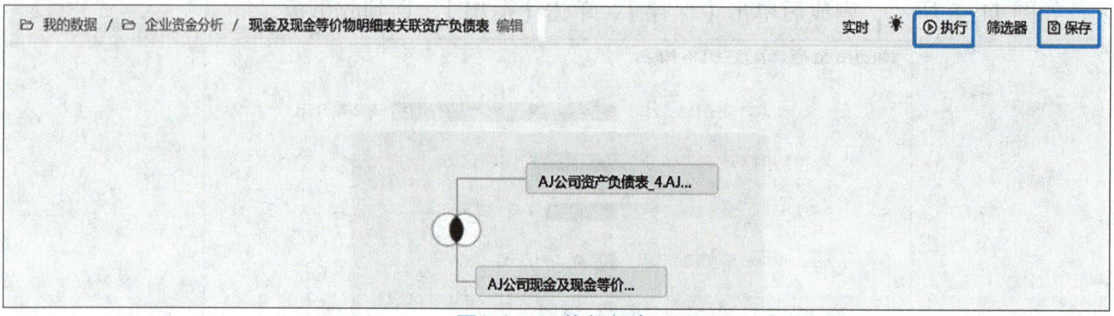

图 11-11　执行保存

2. 新建可视化

进入资金存量故事板后，单击上侧菜单栏中的【可视化】，单击【新建】；选择数据源为“我的数据—现金及现金等价物明细表关联资产负债表”；进入建立好的可视化后，将可视化命名为：AJ 公司保证金与应付票据的比率分析。

3. 新建指标

单击指标右侧【+】，选择【计算字段】；添加字段的名称：保证金与应付票据比率；字段类型：数字；计算表达式：sum（银行承兑保证金）/ sum（应付票据），如图 11-12 所示。

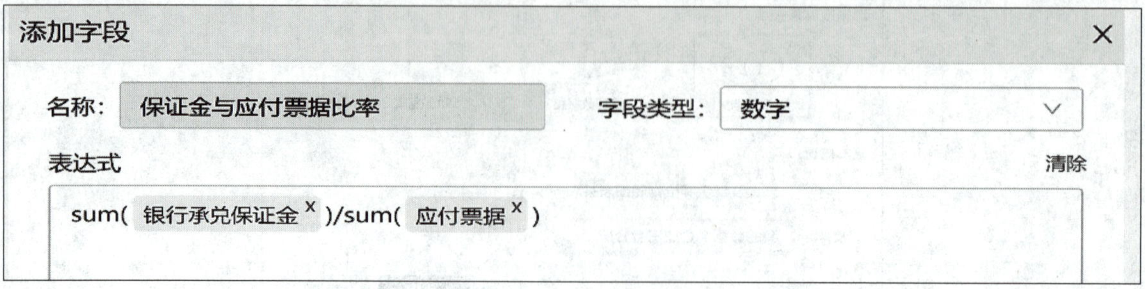

图 11-12　新建“保证金与应付票据比率”指标

4. 设置维度与指标

维度：年_报表日期；指标：保证金与应付票据比率。

5. 维度排序

将"年_报表日期"升序排列。

6. 设置图形

单击中间一列菜单栏中的【图形】；建议选择：柱状图；如图 11-13 所示。

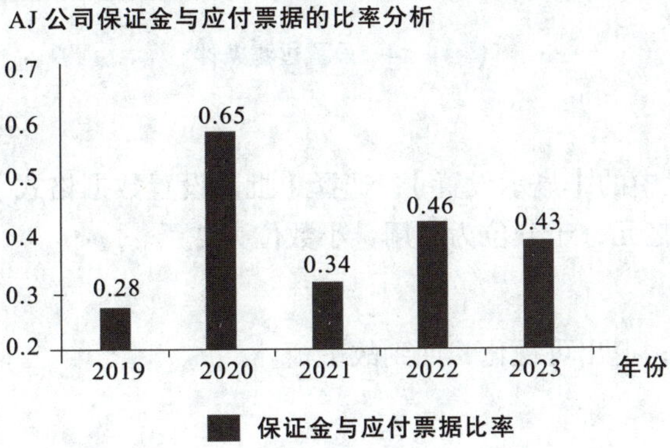

图 11-13　AJ 公司保证金与应付票据比率分析

7. 保存可视化

完成后单击【保存】；单击【退出】，回到故事板。

（二）资金来源分析

登录新道大数据教学平台，进入"资金来源分析"模块，根据平台中任务指南完成现金流量构成分析、三大活动流量净额趋势分析、资金流入项目分析、资金流出项目分析、资金流入项目深入洞察、销售获现比率分析、盈利现金比率分析、企业资金来源分析故事板设计等操作任务。

以"资金流入项目分析"为例，操作步骤如下：

1. 新建可视化

进入资金来源故事板后，单击上侧菜单栏中的【可视化】，单击【新建】；选择数据源为"数据集—财务大数据分析—企业资金分析— AJ公司现金流量表"；进入建立好的可视化后，将可视化命名为：资金流入项目分析。

2. 设置维度与指标

维度为空，指标选择"经营活动现金流入小计、投资活动现金流入小计、筹资活动现金流入小计"。

3. 设置图形

单击中间一列菜单栏中的【图形】；建议选择：饼图。

4. 设置过滤条件

单击中间一列菜单栏中的【过滤】；单击【设置】，单击两次"按条件添加"。

添加条件如下:“年_报表日期”等于“2023”,“月_报表日期”等于“09”。如图 11-14 所示。

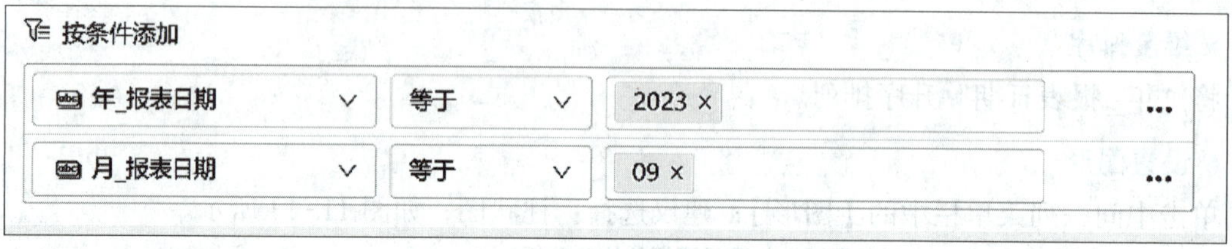

图 11-14　设置过滤条件

5. 显示设置

单击中间一列菜单栏中的【显示设置】;选择【批量设置数据格式】,做以下设置:缩放率为 100000000,后导符为亿元,千分位为启用,小数位为 2。

6. 保存可视化

完成后单击【保存】;退出可视化,回到故事板。

7. 设置可视化标签

单击【可视化】,将分析云右侧菜单栏中的“标签”显示勾选上;维度标签:勾选折行;值标签:勾选换行;百分比标签:勾选换行。

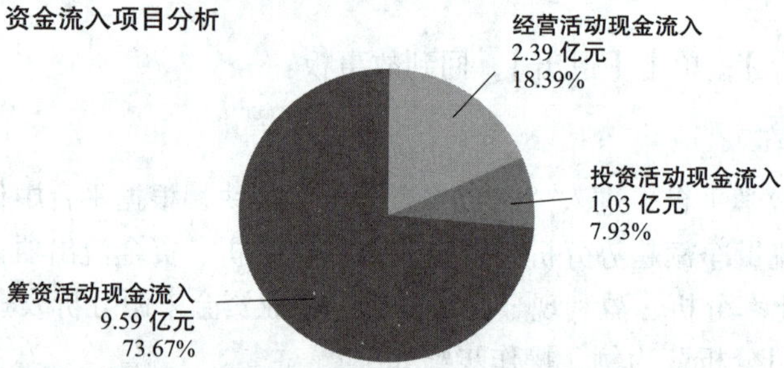

图 11-15　资金流入项目分析

⑥指标计算完毕,单击【保存】,单击【退出】。

(三)债务分析与预警

登录新道大数据教学平台,进入“债务分析与预警”模块,根据平台中任务指南完成短期借款金额分析、长期借款金额分析、未还本金分析、未还款情况预警、债务分析与预警故事看板设计等操作任务。

以“未还款情况预警”为例,操作步骤如下:

1. 新建可视化

进入债务分析与预警故事板后,单击上侧菜单栏中的【可视化】,单击【新建】;选择数据源为“数据集—财务大数据分析—企业资金分析—银行贷款明细表”;进入建立好的可视化后,将可视化命名为:未还款情况预警。

2. 新建维度

单击维度旁边【+】，单击【层级】，进行钻取层级设置；层级名称：贷款单位穿透；钻取路径：贷款单位 > 结束日期；如图 11-16 所示。

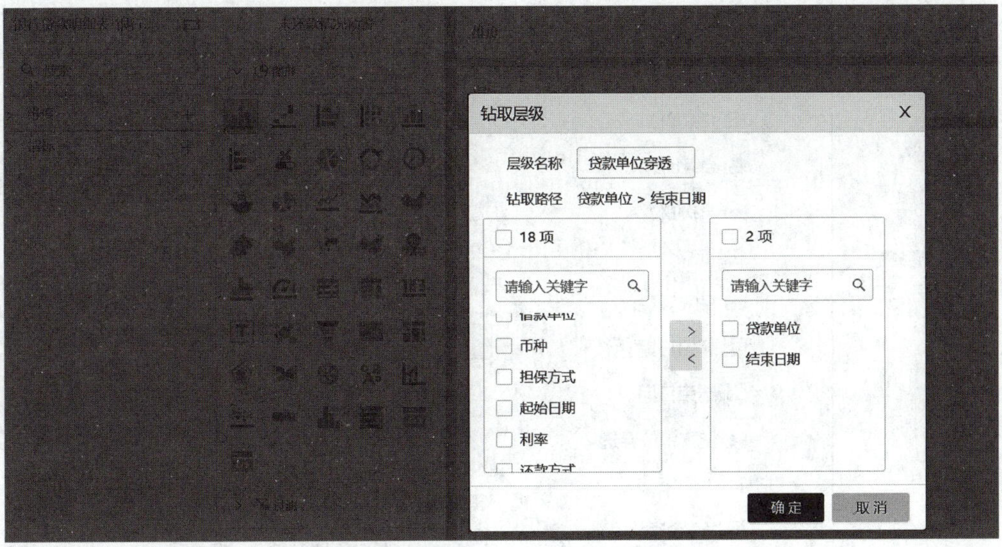

图 11-16　设置层级：贷款单位穿透

3. 设置维度与指标

维度：“贷款单位穿透”；指标：“未还本金”，将指标“未还本金”升序排序。

4. 设置图形

单击中间一列菜单栏中的【图形】；建议选择：条形图。

5. 设置穿透显示图形

单击可视化中任意一个指标，将会穿透到结束日期界面内容；单击中间一列菜单栏中的【图形】；建议选择：折线图。

6. 设置预警

单击“首页”，如图 11-17 所示。

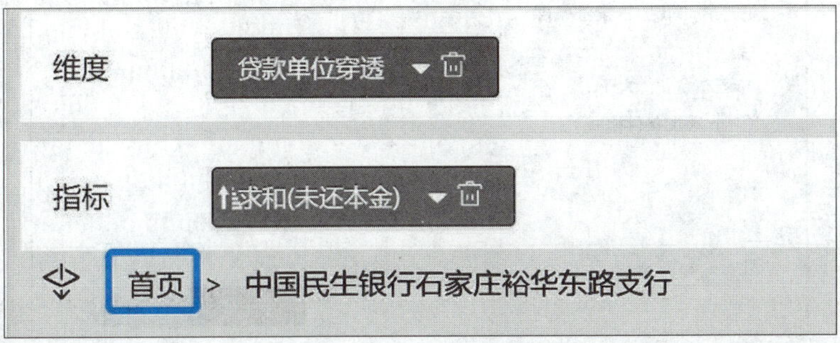

图 11-17　单击“首页”

将指标“未还本金”拖曳至预警设置区域内，如图 11-18 所示。

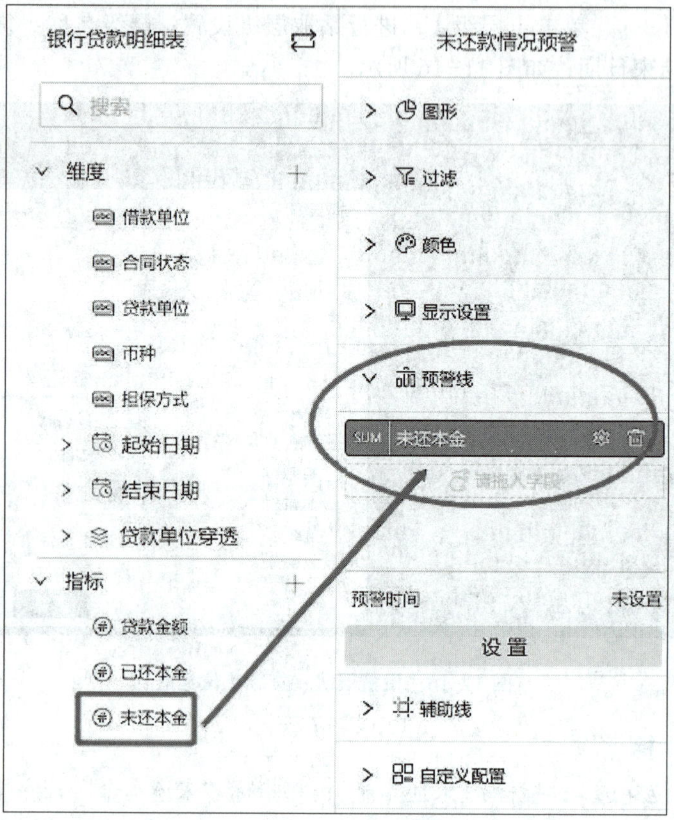

图 11-18　“拖拉”未还本金

设置指标预警，指标聚合方式：求和；预警指标满足：全部条件，未还本金大于等于 100000000；单击【下一步】；如图 11-19 所示。

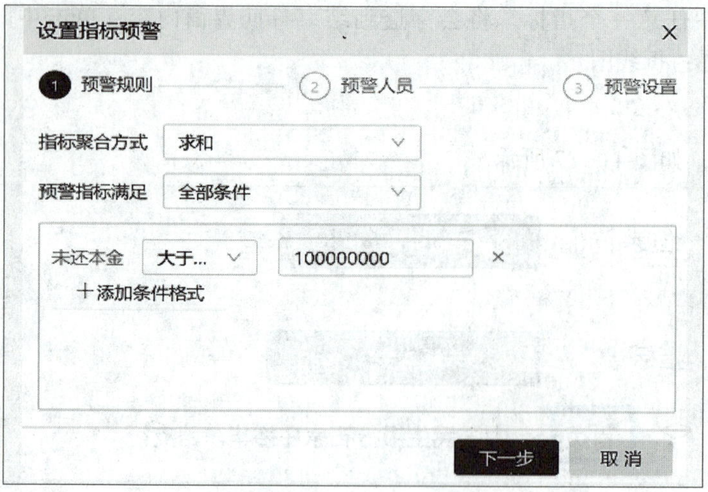

图 11-19　设置指标预警

设置预警人员、预警级别以及预警线颜色，如图 11-20 所示。

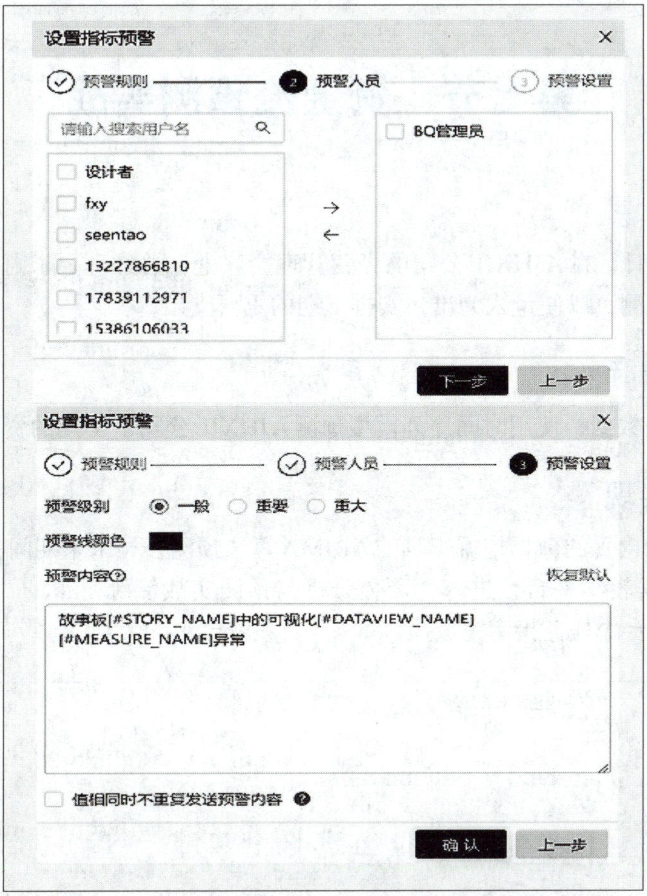

图 11-20　设置预警人员、预警级别以及预警线颜色

7. 保存可视化

如图 11-21 所示，完成后单击【保存】；退出可视化，回到故事板。

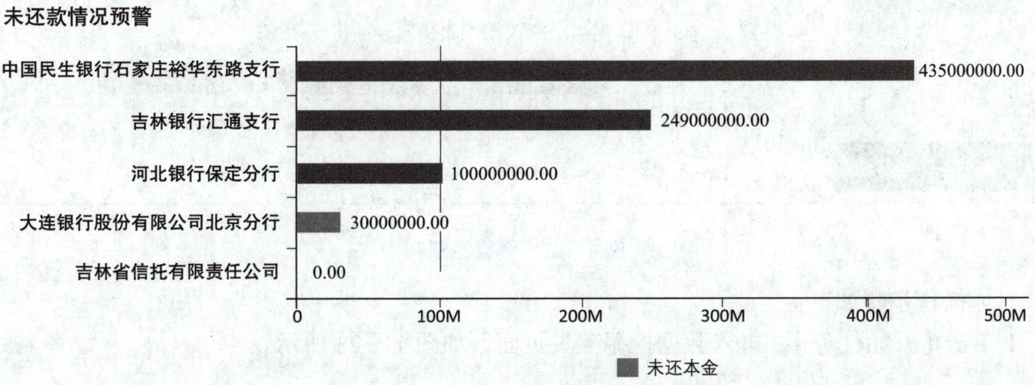

图 11-21　未还款情况预警

第七节　资金流预测实战

一、案例背景

2023 年 10 月 8 日，在 AJHXIL 公司的经营管理会议上，总经理要求财务总监对公司下一期的资金流入量进行预测，以便量入为出，安排下期的重要支出。

二、任务目标

根据给定的历史数据，使用时间序列模型预测 AJHXIL 公司下一期的资金流入量。

三、任务实现

利用教学平台中内置的数据挖掘工具的 ARIMA 算法预测公司未来期间的资金流入量。

登录新道大数据教学平台，进入“资金分析与预测实战演练”下的“资金流预测”，如图 11-22 所示，根据平台中任务指南完成操作。

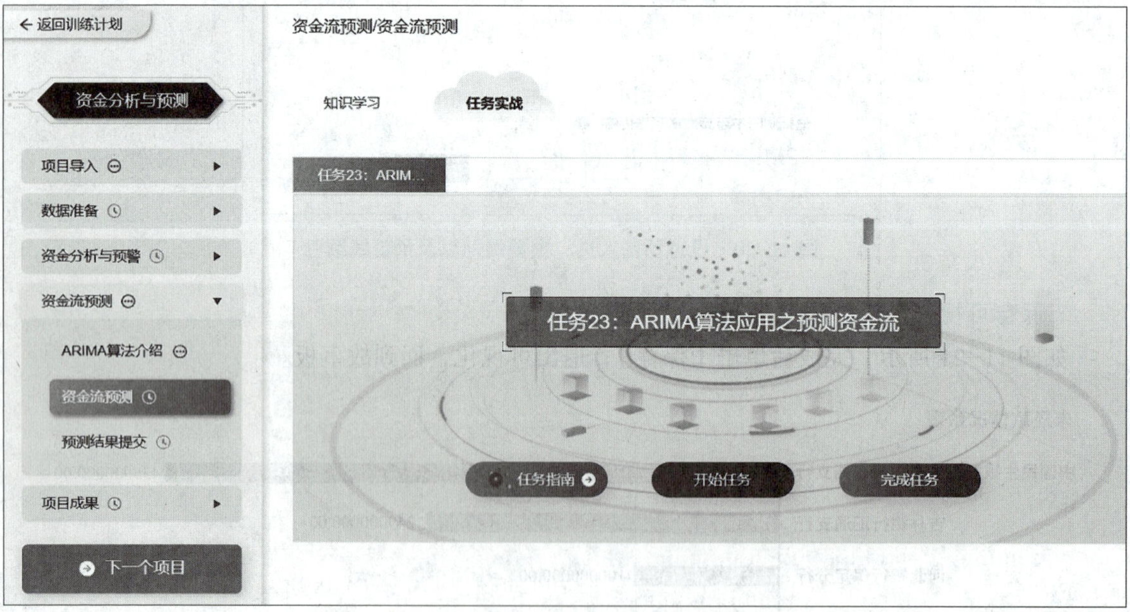

图 11-22　资金流预测

具体操作步骤如下：

1. 单击【开始任务】，进入数据挖掘工具页面，如图 11-23 所示。

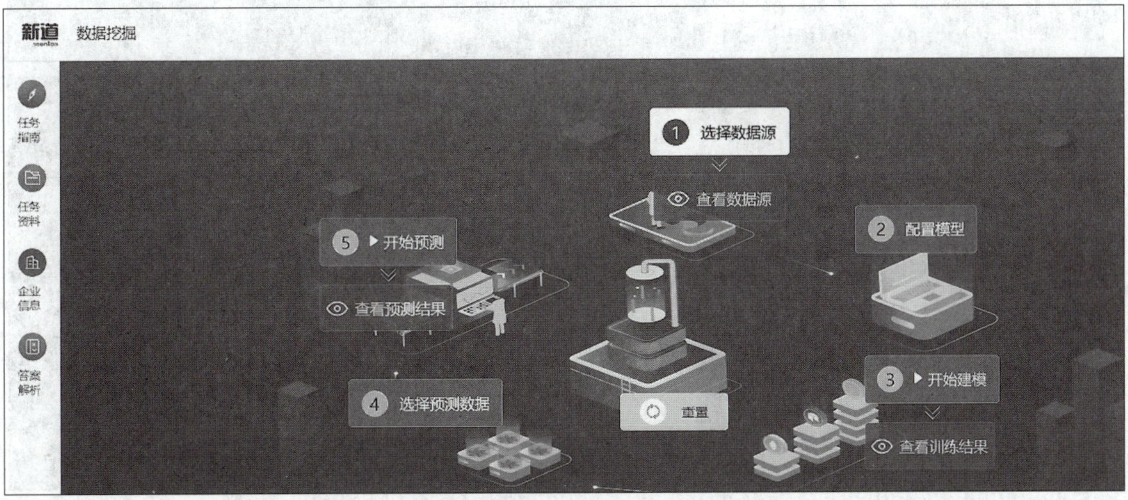

图 11-23 数据挖掘工具页面

2. 选择数据源，如图 11-24 所示，直接下拉选择内置的文件（该文件是 AJHXIL 公司资金流入的历史数据），单击【保存】。

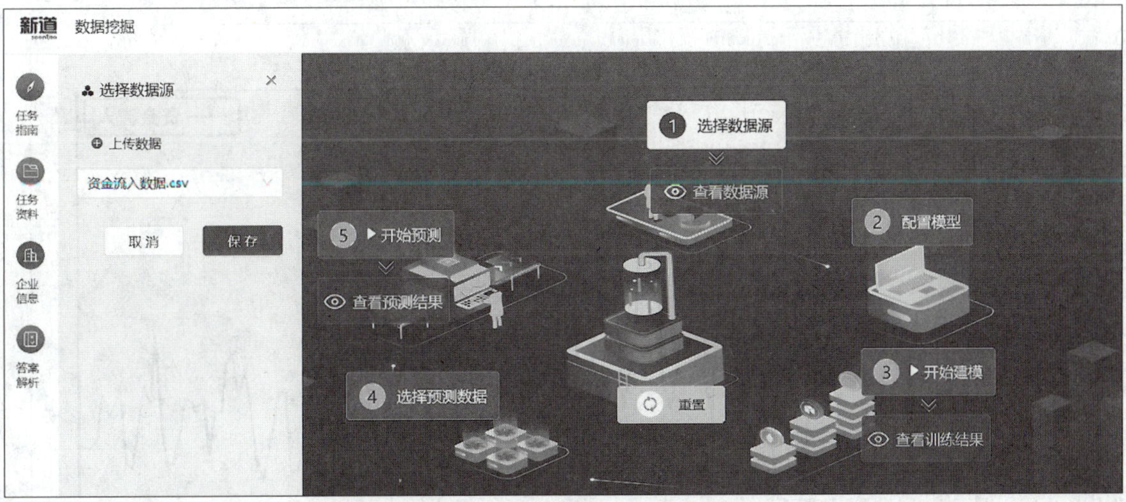

图 11-24 选择数据源

3. 配置模型。单击【配置模型】，选择时间序列下的【ARIMA】。

设置自变量，字段选择“日期”和“资金流入”，如图 11-25 所示。配置完成，单击【确定】，然后保存。

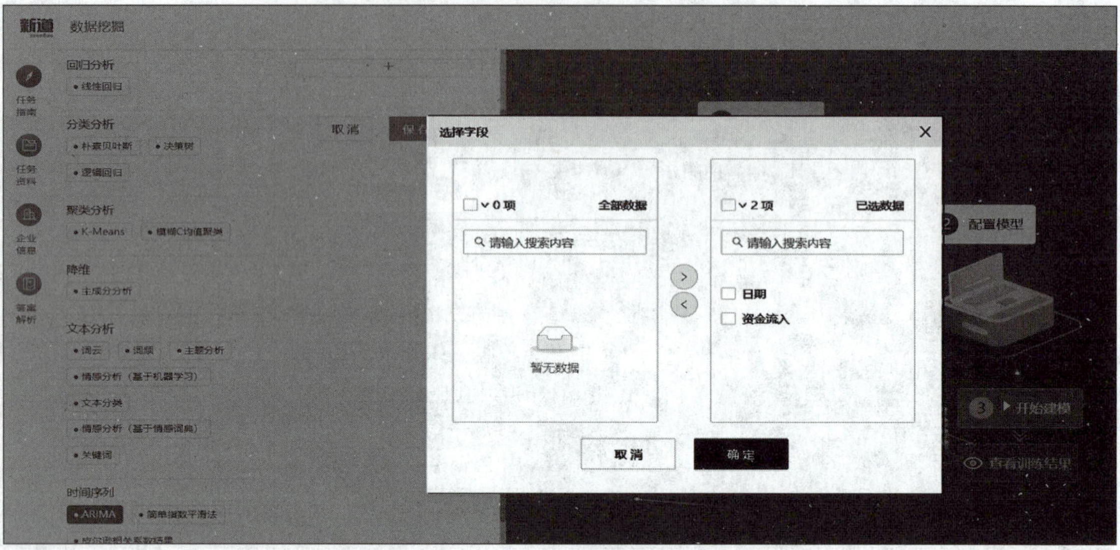

图 11-25　配置模型

4. 开始建模。单击【开始建模】，系统执行建模。建模完成单击【查看训练结果】。

如图 11-26 所示资金流入的序列图，即资金流入随着时间变化的趋势图，观察可知，该序列图是不稳定的，因为数据不在某个常数上下小范围地波动。

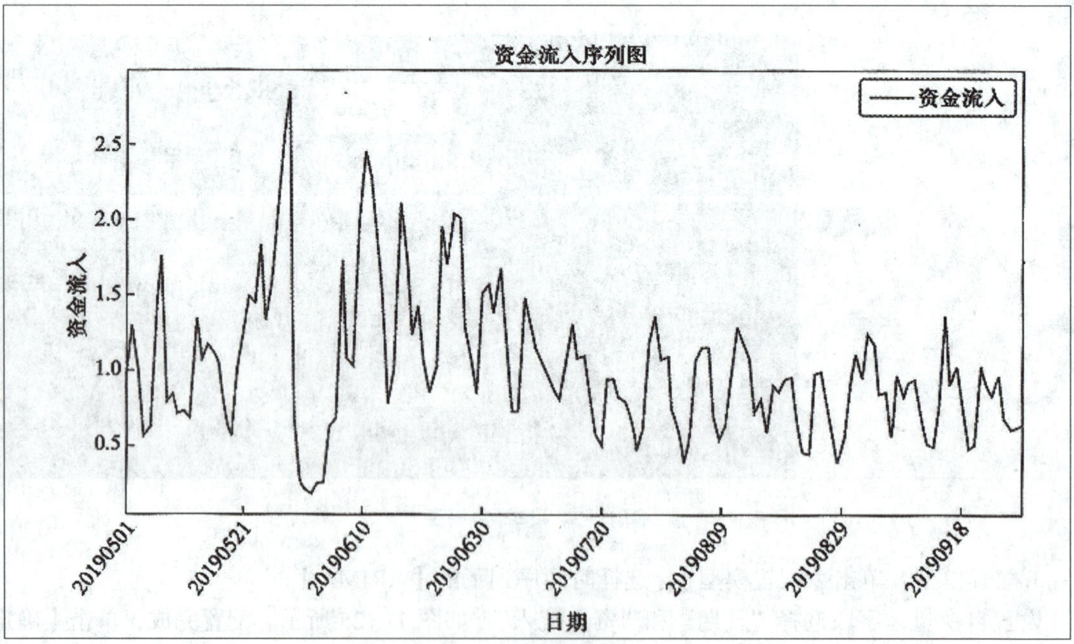

图 11-26　资金流入序列图

如图 11-27 所示残差（真实值－预测值）的序列图，观察可知，该序列图是稳定的，因为数据在某个常数上下小范围地波动。

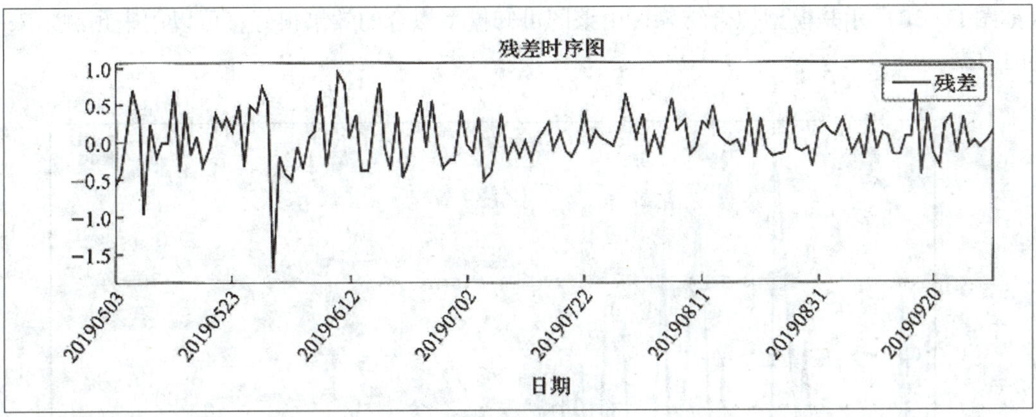

图 11-27　残差时序图

如图 11-28 所示，可以看出残差（真实值－预测值）呈正态分布。

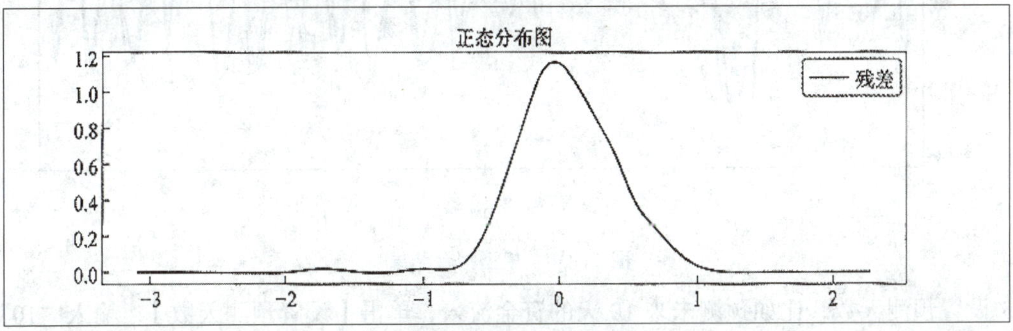

图 11-28　正态分布图

如图 11-29 所示残差的QQ 图，图中的点在红线附近呈现，说明残差的数据是正态分布的。

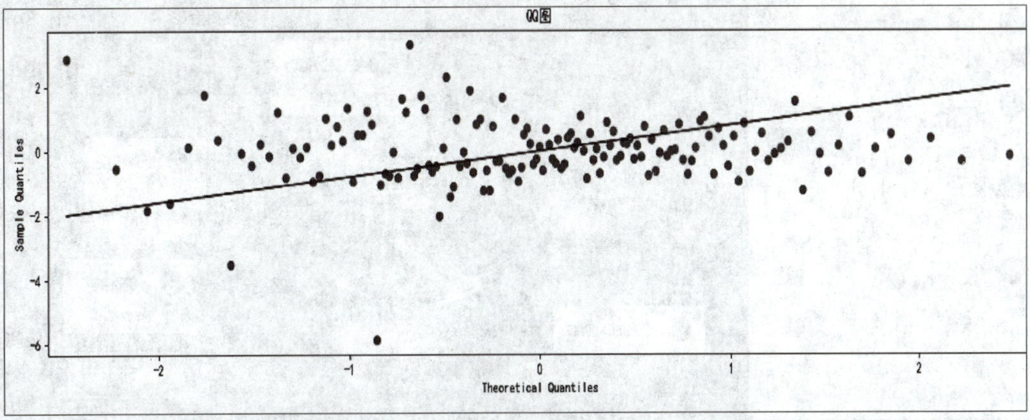

图 11-29　QQ 图

由于残差的时序图是稳定的，且残差的结果是正态分布的，因此模型就是稳定的。只有模型稳定才能进行下一步的预测。

如图 11-30 所示是模型拟合结果，由该图可知模型拟合的效果很好，可以用来预测未来一段时期的数据。

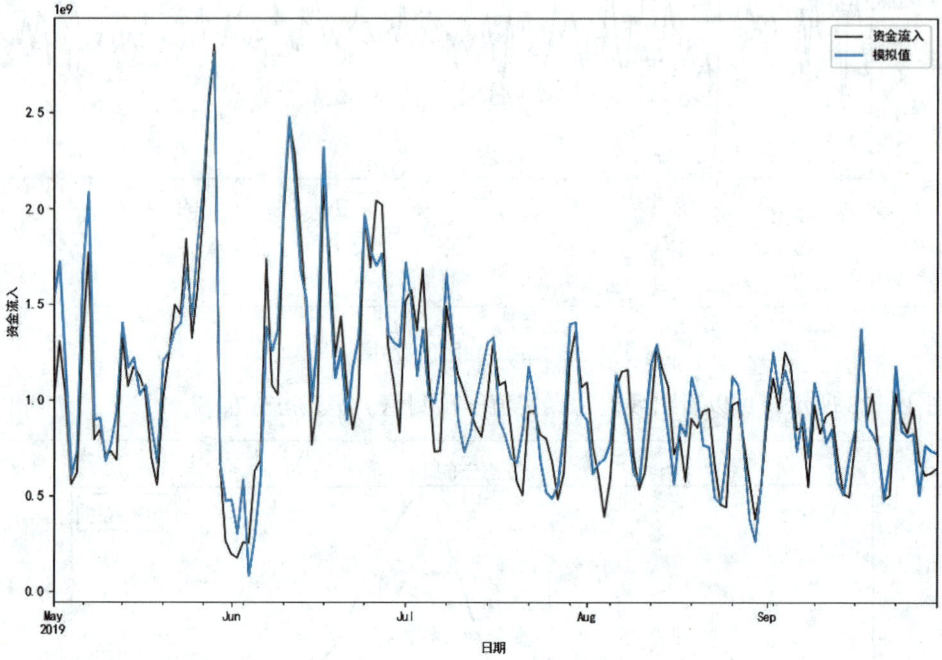

图 11-30　模型拟合结果

5. 设置预测天数，比如预测未来 10 天的资金流入，单击【设置预测天数】，输入“10”，如图 11-31 所示，单击【保存】。

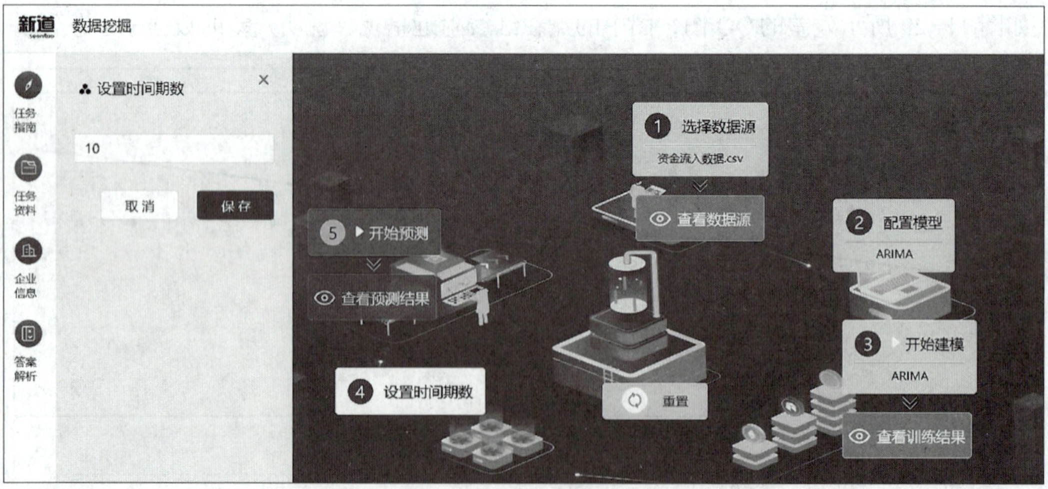

图 11-31　设置预测天数

6. 开始预测，单击【开始预测】，执行完毕，单击【查看训练结果】，资金流入的预测结果如图 11-32 所示。

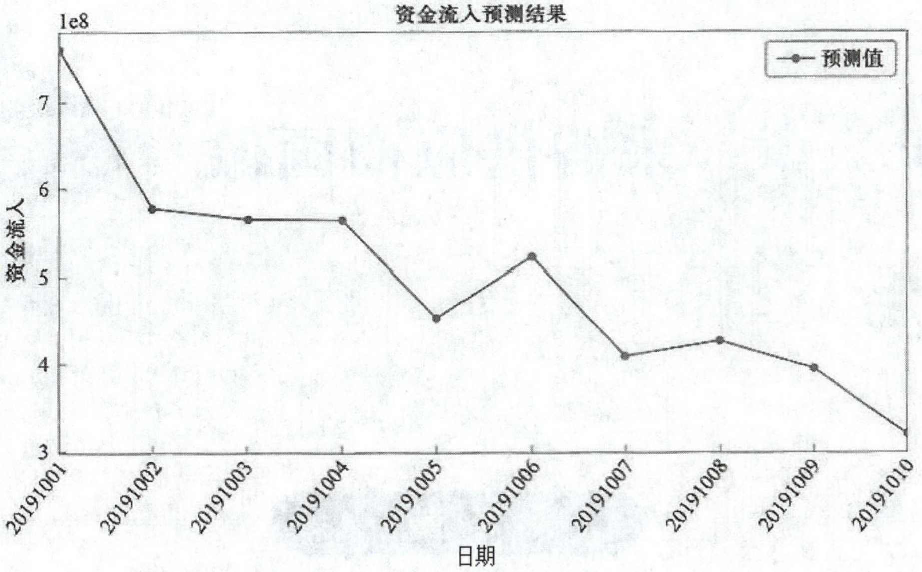

图 11-32　资金流入预测结果趋势图

思政一刻

随着现代数字技术的迅猛发展，网络空间已经成为广大青少年学生学习生活的“第一环境”。充分发挥好以大数据、人工智能等为代表的数字技术在思政工作中的作用，大力推进数字思政建设，以数字化赋能思想政治教育创新，是推进教育数字化转型、加快构建思政工作体系的重要内容和举措。

数字思政是思想政治教育面向数字化这一重大时代背景的范式转型与全面应对。它不是传统思政的简单增补，也不是单纯的方法改进，而是现代思想政治教育内在运行适应数字时空境遇的转型升级。数字思政的研究对象是数字社会的思想政治教育现象及其规律，是对数字社会思想与行为引导规范进行的学理阐释、理论表达和实践创新，从价值、目标、内容、方法等方面推动思政教育新生态构建和体系创新，提升思想政治工作的针对性、实效性。

（资料来源：推进数字思政建设提高网络育人能力，https://baijiahao.baidu.com/s?id=1780058669111737075&wfr=spider&for=pc.）

课后练习

1. 如何利用大数据技术提高资金分析效率？
2. 如何利用大数据技术进行资金流量预测？

第十二章　采购供应商画像

导　读

在大数据时代背景下，企业生产经营环境发生了很大变化，企业采购管理以及供应商管理是企业发展的重要内容。以大数据为基础，对供应商画像进行构建，抢占市场，获取更多的利益。企业可以从不同角度探究供应商数据，获得各方面的信息，构建大数据平台，对供应商高效经营分类，对全供应链平台信息进行全面搜索、整合和优化，提升采购管理和供应商管理质量。

知识目标

1. 了解什么是供应商画像；
2. 了解构建供应商画像的标签；
3. 了解构建供应商画像的流程；
4. 了解大数据技术在供应商画像构建中的应用。

技能目标

1. 能够识别层次分析法的应用；
2. 能够识别熵值法的应用；
3. 能够熟悉数据预处理的技术应用。

素养目标

1. 培养学生基本的数据素养，为企业供应商画像数据化运营提供数据收集、预处理、分析和可视化的基本素质支撑。

2. 拓宽财会青年视野、更新知识储备，培育财会青年直面财会大数据、用好财会大数据的信心。

第一节　供应商及供应商画像

一、供应商画像的概念及作用

供应商画像是指对特定供应商进行详细描述和分析的概念。它涉及收集、整理和分析有关供应商的各种信息，包括但不限于其业务模式、产品和服务、质量标准、供货能力、财务状况、可持续性政策以及与客户的关系等方面的数据。通过构建供应商画像，企业可以更好地了解其供应链中的各个参与方，从而更有效地管理风险、优化成本，并确保满足其业务需求和战略目标。供应商画像的作用主要体现在以下几个方面。

（一）供应商评估与选择

通过构建供应商画像，企业可以对供应商进行分类和评估，了解供应商的核心竞争力、供货能力、质量水平等方面的信息，从而有针对性地选择最合适的供应商合作伙伴。

（二）风险管理

了解供应商的财务状况、供货能力、信誉度、交货周期等关键信息，有助于企业准确地识别潜在的风险，如供应中断、质量问题或道德风险，并采取相应的风险管理措施。

（三）合作关系管理

通过供应商画像，企业可以深入了解供应商的业务模式、经营理念、企业文化以及与客户的关系等方面的信息，从而更好地与供应商进行沟通和协调，建立更紧密、更长期的合作关系，并共同实现业务目标。

（四）优化供应链管理

通过对供应商画像的分析，了解供应商在整个供应链中的地位和作用，发现供应链中的瓶颈和机会，从而优化供应链流程、降低采购成本、库存成本和运输成本，从而提高整体利润率。

二、供应商画像的构建

（一）供应商画像的表现形式

供应商画像的表现形式有很多种，具体选择取决于企业的需求和目标，以下是一些常见的表现形式：

1. 供应商档案

创建供应商档案或档案库，以文档形式记录每个供应商的基本信息，包括公司名称、联系方式、业务范围、历史业绩等。

2. 供应商评估报告

撰写供应商评估报告，对每个供应商进行综合评估和分析，包括评估标准、评分、优缺点、风险和建议等内容。

3. 供应商地图

制作供应商地图，将各个供应商在地理位置上标注出来，以便企业在地域分布和物流规划方面做出决策。

4. 图表和图形化展示

使用图表、图形和可视化工具，将供应商的关键指标和数据以图表的形式呈现出来，如条形图、饼图、雷达图等。

供应商画像可以用单一图形表示，如图 12-1 所示。

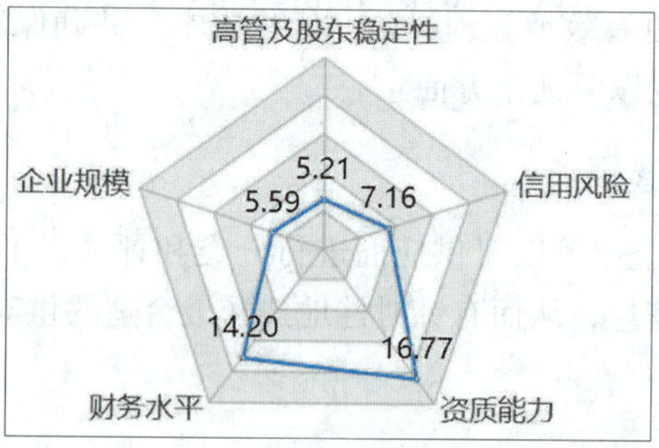

图 12-1　单一图形的供应商画像

供应商画像也可以把多种图形汇聚在一起，展示一个全息的供应商画像，如图 12-2 所示。

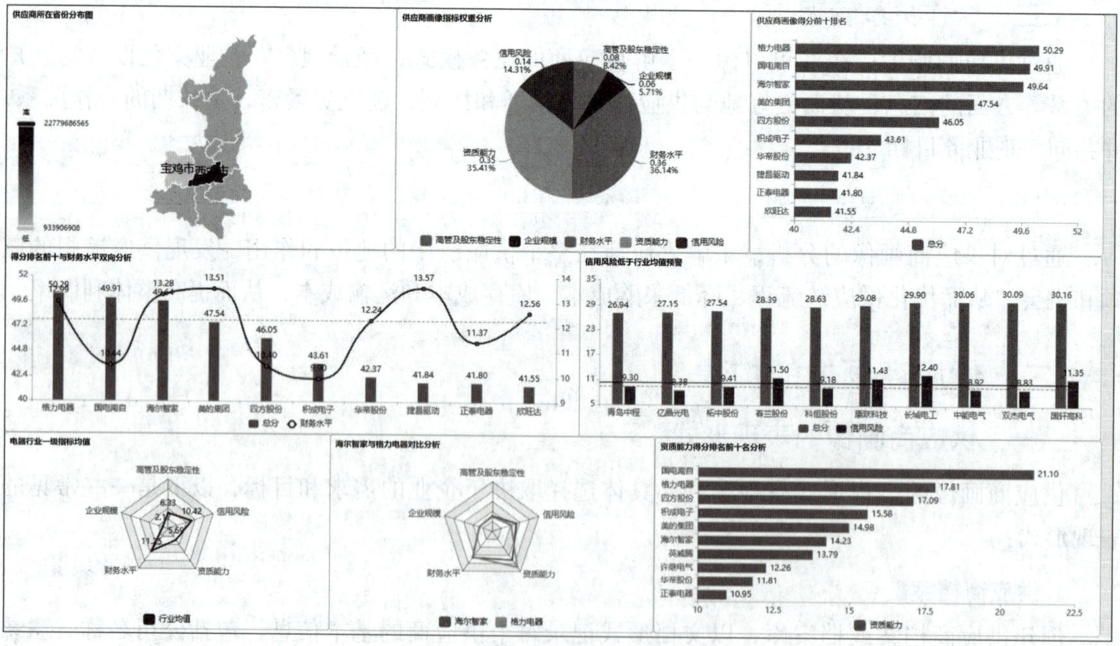

图 12-2　全息的供应商画像

5. 供应商画像平台

建立供应商画像平台或采购管理系统，将供应商的信息集中管理和展示，提供搜索、筛选、比较和分析功能。

6. 供应商绩效评估表

使用表格或评估表格，记录和评估每个供应商的绩效指标，包括交货准时率、质量水平、客户服务等。

（二）构建供应商画像的步骤

画像是对供应商真实情况的描述，可以帮助企业进一步实现对供应商系统化、差异化、可视化、数字化的管理，这也大大提高了供应商评估的准确性与时效性。要想搭建一个全息供应商画像，如图 12-3 所示，主要涉及六个步骤：确定画像标签、数据采集、数据预处理、指标权重计算、指标得分计算、画像可视化展示。

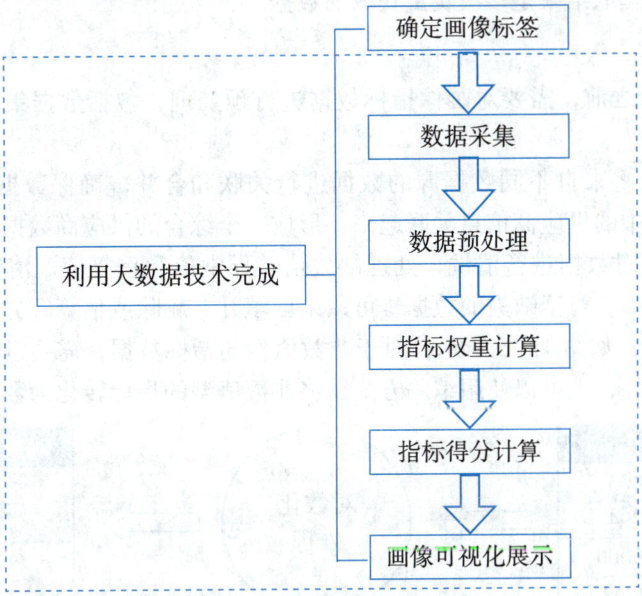

图 12-3　构建供应商画像的步骤

1. 确定画像标签

在构建供应商画像之前，需要明确画像的目标和所关注的指标。这些指标可以包括供应商的基本信息（如公司规模、行业分类）、财务指标（如营业额、净利润）、供货能力（如交货准时率、库存管理）、质量管理（如质量认证、客诉率）、合作历史等。确定好画像标签有助于更有针对性地进行数据收集和分析。

对于供应商画像指标的构建，可以先制定一级指标，当一级指标确定之后，再根据需要，设定二级指标与三级指标。常见指标如图 12-4 所示。

图 12-4　指标数据样例

2. 数据采集

采集供应商画像所需的数据可以通过多种途径，包括企业内部的数据系统、外部数据供应商、供应商调研等。这些数据可以包括供应商的基本档案信息、财务报表、销售数据、采购记录、质量指标等。确保数据的准确性和完整性对于构建准确的供应商画像至关重要。

画像标签确认之后，可以使用大数据爬虫技术获取我们所需的数据信息。例如，使用爬虫技术从“爱企查”网站与“新浪财经”网站爬取所需信息。但在使用爬虫技术进行数据爬取时需要注意，有些网站有反爬机制，有些网站会有监测，如果有数百或数千名同学使用同一IP段或IP同时访问上交所网站，该网站会检测到此IP异常，会暂时关闭此IP的访问权限，导致相关页面无法访问。所以，爬取结果是多次爬虫获取的数据。

3. 数据预处理

在进行数据分析之前，需要对画像指标数据进行预处理，包括数据集成、数据清洗、数据对数化和数据标准化。

（1）数据集成：将来自不同数据源的数据进行关联和合并，确保数据的一致性和完整性。例如，将不同数据表中的供应商信息关联起来，形成一个综合的供应商数据集。

（2）数据清洗：对数据进行清洗，处理缺失值、异常值和重复值。清洗数据可以提高数据的质量和准确性。例如，对于缺失的数据，可以采取填补、删除或估算等方法进行处理。

（3）数据对数化：如图 12-5 所示，对于非数值型的指标数据，需要进行数值化处理，以便进行后续的分析。此外，也可以使用编码方式，将非数值型的指标转化为数值型的编码值。

图 12-5　数据对数化样例

（4）数据标准化：对于不同范围和单位的指标数据，需要进行标准化处理，以消除不同指标之间的量纲影响。常用的标准化方法包括最小 - 最大标准化和z-score标准化。

4. 指标权重计算

数据预处理之后，需要构建供应商画像模型。在这个模型当中，需要对画像标签指标进行一个权重的计算，这也是模型构建中的关键一步。

权重计算的目的在于把不同画像指标数据对于供应商画像的重要性进行一个排序，找出影响最大的指标是哪一个。目前较为成熟的权重计算方法主要分为三大类：主观赋值法、客观赋值法、主客观赋值法。

（1）主观赋值法。主观赋值法是一种用于决策分析和评估的方法。其依靠专家的主观意见和经验，将定性的问题转化为定量的数值，以进行比较和排序。该方法的步骤包括确定评价指标、设定评价等级、评价权重分配、评价标准制定和评价结果计算。

主观赋值法的优点在于其灵活性和综合性。其可以适应各种评价问题，并综合考虑多个指标和权重，提供全面的评价结果。此外，专家的参与也增加了评价结果的准确性和可信度。然而，主观赋值法也存在一些缺点，包括主观性、一致性和可比性的问题。评价结果容易受到专家主观意见的影响，不同专家对指标的权重和评价的标准理解可能存在差异，导致评价结果的一致性较低，评价结果的比较也相对困难。

层次分析法（AHP）是一种主观赋值法的代表模型，其通过使用判断矩阵和特征值分解等方法来计算权重，从而实现对不同因素的定量评估和排序。AHP的核心思想是将一个复杂的决策问题分解成多个层次结构，通过层次之间的两两比较，确定各层次之间的重要性。

层次分析及测算权重的操作步骤：

① 第一步建立层次结构模型。在供应商评估中，可以将供应商评价的各个指标作为最底层的因素，然后构建层次结构，包括指标层、准则层和目标层，如图 12-6 所示。

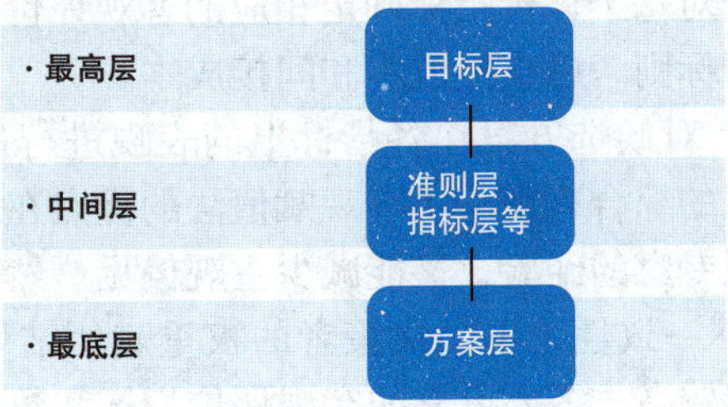

图 12-6　层次分析法的架构

② 第二步构造判断（成对比较）矩阵。决策者需要对每个层次中的因素进行两两比较，判断它们之间的相对重要性，得到判断矩阵。

③ 第三步判断矩阵的一致性检验。在一定范围内，允许判断矩阵不是 100% 一致。一致性检验是指对判断矩阵确定不一致的允许范围，即计算衡量一个判断（成对比较）矩阵 A（n>1 阶方阵）不一致程度的指标 CI。其中，CI=0 表明判断矩阵有完全的一致性；CI 接近于 0 表明判断矩阵的一致性较好，有较满意的一致性；CI 越大表明判断矩阵偏离完全一致性的程度越大。

$$CI=\frac{\lambda_{\max}(A)-n}{n-1}$$

当判断矩阵具有满意的一致性时，需要引入判断矩阵的平均随机一致性指标 RI 值。RI 值即为平均随机一致性指标，是多次（500 次以上）重复进行随机判断矩阵特征根取算术平均值得到。

④ 第四步判断矩阵的层次单排序。

⑤ 第五步判断矩阵的层次总排序及其一次性检验。

AHP 的优点在于它能够将决策问题进行层次化处理，充分考虑各个因素之间的相对重要性，从而避免了简单的主观判断。同时，AHP 提供了一种量化的方法来计算权重，使决策结果更加客观和可靠。在供应商评估中，AHP 可以帮助决策者对不同供应商的关键指标进行比较和权衡，确定各个指标的重要性，从而实现供应商的定量评估和排序。这有助于企业选择最合适的供应商合作伙伴，提高采购决策的准确性和效果。

（2）客观赋值法。客观赋值法是一种用于构建供应商画像和评估其绩效与能力的分析方法。通过对多个评价指标进行量化赋值，将定性的指标转化为定量的分数，以实现对供应商的综合评估。这些指标通常包括供货能力、交货准时率、产品质量和售后服务等，并根据实际数据和预设的权重进行评分。客观赋值法的优势在于其基于实际数据，能够避免主观评价的偏差，使评估结果更加客观和全面。然而，该方法对数据质量和可获得性要求较高，且指标权重的设定仍存在一定的主观性。

熵值法是客观赋值法的一种代表性模型。该方法通过计算指标的离散度来确定权重，并利用这些权重对供应商进行评分和排名。熵值法的主要优点在于它减少了主观因素的干扰，更加客观可靠，尤其适用于多指标、多目标的评估问题。然而，熵值法对数据变化敏感，处理共线性指标时可能存在挑战，且结果可能受到数据分布的影响。

（3）主客观赋值法。主客观赋值法是一种多准则决策方法，旨在解决涉及多个评价指标和候选方案的复杂决策问题。其核心思想是将主观意见与客观数据相结合，从而得出更加准确和全面的决策结果。首先，确定决策所需的评价指标，如成本、质量、效率和可靠性等。其次，决策者根据自身经验和专业知识，对这些指标进行主观权重赋值，通过专家访谈或问卷调查等方式确定各指标的重要性。最后，针对每个评价指标确定相应的客观评价指标，如质量指标可采用不良品率、退货率等数据，成本指标则考虑直接成本和间接成本。

在确定客观评价指标后，对候选方案在各指标上的表现进行量化评估，得出数值化的得分或排名，以表示不同候选方案的综合表现。主客观赋值法的优点在于，它结合了决策者的主观判断和客观数据评价，既能体现专家的经验，又能减少主观偏见。然而，该方法的缺点在于，主观权重赋值可能存在主观性和不一致性，不同决策者的权重赋值结果可能不同，从而影响决策结果。此外，该方法对数据要求较高，需要可靠的客观评价指标和数据支持。

5. 指标得分计算

计算出每个指标的综合权重，还需要换算一下得分，以便后续做供应商画像使用。

（1）第一步导入Python库，并获取数据所需文件。

（2）第二步计算三级指标得分。

由于已经计算出每个指标的标准化数值及权重，现在需要计算每个指标的得分。标准化的取值范围是 0 ～ 1，所以我们将得分放大 100 倍。计算过程是将标准化数据乘以权重数据。

（3）第三步保存各个指标得分。将计算出的指标得分与供应商名称进行匹配。

（4）第四步计算一级指标得分及供应商综合得分。根据一级指标与三级指标的勾稽关系，计算出一级指标的得分，从而计算出备选供应商的分值。

（5）第五步运行代码，得分结果展示。

6. 画像可视化展示

画像可视化展示是一种将供应商画像的数据和分析结果通过图表、图形等形式呈现的过程，使人们能够更直观地理解和分析供应商的特征、属性和关系。在这一过程中，企业可以采用多种图表和图形，如柱状图用于比较供应商的关键指标，折线图展示时间上的变化趋势，饼图显示不同区域或行业的占比情况，散点图展示供应商之间的关系和相似性。此外，还可以使用地图标注供应商的位置，或使用网络图展示供应商之间的连接和依赖关系，以帮助分析供应链的脆弱性和风险。

通过画像可视化展示，企业能够更清晰地了解供应商的整体情况，识别潜在的问题和机会，从而做出更明智的决策和调整。同时，这种可视化展示也便于与相关部门和利益相关方进行沟通和信息共享，促进合作与决策共识。总体而言，画像可视化展示通过将复杂的数据转化为易于理解的视觉形式，有效支持了企业的决策和管理过程。

第二节　采购供应商实战演练

一、案例背景

A公司创建于1989年，是一家全球领先的装备制造业公司，业务覆盖全球150多个国家和地区。主营业务是以“工程”为主题的装备制造业，覆盖混凝土机械、挖掘机械、起重机械、筑路机械、桩工机械、风电设备、港口机械、石油装备、煤炭设备、精密机床等全系列产品。

随着公司的不断发展，A公司的内审部门为防止员工在采购环节出现舞弊行为，于2019年重新编制了供应商管理制度，在原有的制度基础上，增设了财务管理部对供应商入库的前置审批流程，明确了财务管理部需要对采购部提出的供应商入库进行供应商入库资质审查、资料审查、供应商入库竞对比较审查，并从财务风险管理的角度给出专业的审批意见，规避未来可能会发生的由供应商带来的财务风险。

近期，A公司计划采购一批电器设备。为了更好地完成供应商入库机制，财务管理部经理要求财务分析员做一套电器行业的“供应商全息画像”，随时可以查询供应商的信息，方便日后供应商入库审查工作的顺利进行，并提高审查时效性。

A公司管理层要求入库供应商必须具备以下五个因素：大规模企业、低信用风险、财务状况良好、资质能力强、公司高管及股东较稳定。

二、任务目标

根据A公司管理层及财务管理部领导要求，财务分析员开始了供应商画像的工作之旅。

三、任务实现

登录新道大数据教学平台，进入“供应商画像实战演练”，如图4-2所示，根据平台中的任务指南完成操作。

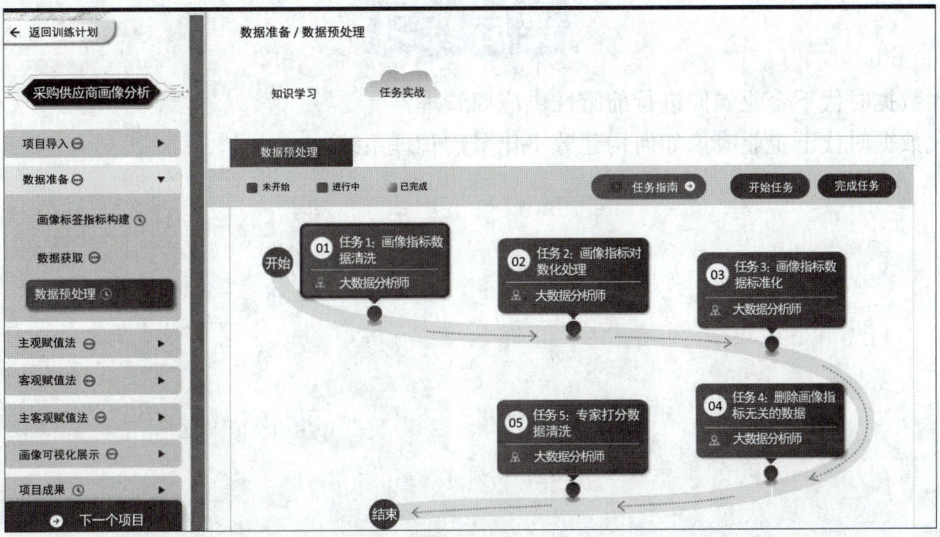

图4-2　采购供应商画像分析

该项任务包含三大步骤：供应商画像建模数据准备、供应商画像模型构建、供应商画像可视化。学员进入该项任务，按顺序依次完成任务操作。

思政一刻

当前，除了充分利用传统思政内容、形式和方法外，推进数字思政建设尤其要做好以下工作。一是推进方法体系创新。数字技术带来由归纳演绎向数据分析、由知识理性向计算理性、由人类认知向机器认知的知识范式转型，数字思政方法体系也处于不断的创新之中，既要秉承传统思政的谈心谈话法、典型案例法、榜样选树法等，也要拓展思政工作的方法工具，依托人工智能、大数据等技术实现定性方法与定量方法相统一，计算思维和思政思维相融合。依托全息投影、虚拟现实、增强现实，将“单向度、讲授式教育教学”升级为“声、光、电多维度教育教学叙事”，从平面到立体、从静态转动态，实现沉浸式场景驱动教育教学。二是加强数据治理。构建思政大数据中心，建设思政数据集成调控的中枢“驾驶舱”，将数据接口辐射至校园生活不同场景，从日常思政工作、思政课程和课程思政中采集受教育者思想动态数据。制定标准化数据管理流程，将庞杂的育人数据资源进行聚合分类、分析研判和动态调配。三是加强算法治理。算法嵌入学生入学至毕业离校全周期，植入思政课教学、志愿服务、社会实践、就业创业指导、心理健康教育等各类场景。合理调控算法梯度和维度，优化动态识别、分类标签、个性推送、信息留痕的算法运行全流程，着眼现实空间、虚拟空间的深度融合和自由转换，实现技术与情感的有机结合。四是加强平台建设。打造集多系统于一体的思政数据监测与信息服务平台，如日常思政层面，创建第二课堂成绩单管理、综合考评与评优评奖、一站式社区育人服务、心理育人智慧系统、志愿服务认证等多维平台，贯穿学校师生的各类互动场景，建强思政金课网络数据系统、“沉浸式”大思政课平台，建设精品课程思政案例库平台。

（资料来源：https://baijiahao.baidu.com/s?id=1666622349838195297&wfr=spider&for=pc）

课后练习

1. 大数据时代下企业如何进行前瞻性供应商管理？
2. 大数据时代下企业应该如何构建数字化采购管理系统？

第十三章　投资者角度财报分析

导　读

如何判断一家公司的营运情况和未来发展，如何预测公司未来盈余和股票内在价值呢？财务报表分析便是寻求答案的过程中不可或缺的工具，也是以格雷厄姆为领军人物的秉承价值投资理念的投资者进行投资决策的制胜法宝。可以说，谁能运用财务报表分析获取更有效率的信息，谁就占据了信息优势。

巴菲特说："只有你愿意花时间学习如何分析财务报表，你才能够独立地选择投资目标。"从投资审视和价值发现的角度，投资者和分析师更关注企业有无投资价值。

知识目标

1.掌握投资分析应用的各项指标；
2.理解财务报告的分析方法；
3.了解聚类算法的原理；
4.掌握各项能力指标数据可视化工具的使用方法；
5.掌握财务分析报告的写作框架。

技能目标

1.能确定并计算各项投资分析指标；
2.能借助聚类算法筛选投资目标企业；
3.能完成财报分析的可视化看板设计；
4.能撰写财务分析报告。

素养目标

1.通过财报指标计算分析，培养良好职业操守，保证数据安全；

2.通过对投资企业财报分析，激发创新创业的信心和能力；

3.通过聚类算法，培养学习新技术的勇气，具备不畏困难、勇于创新的工作精神。

第一节 投资者角度财报分析概述

一、行业环境分析

（一）宏观环境分析

宏观环境一般包括四类因素，即政治、经济、技术、社会文化，简称PEST。政治环境是指那些影响和制约企业的政治要素和法律系统及其运行状态。具体包括国家政治制度、政治军事形势、方针政策、法律法令法规及执法体系等因素。经济环境是指构成企业生存和发展的社会经济状况及国家的经济政策。具体包括社会经济制度、经济结构、宏观经济政策、经济发展水平以及未来的经济走势等。技术环境是指与本企业有关的科学技术现有水平、发展趋势和发展速度，以及国家科技体制、科技政策等。社会文化环境是指企业所处地区的社会结构、风俗习惯、宗教信仰、价值观念、行为规范、生活方式、文化水平、人口规模与地理分布等因素的形成与变动。

（二）微观环境分析

微观环境是企业生存与发展的具体环境。与宏观环境相比，微观环境因素能够更直接地给一个企业提供更为有用的信息，同时更容易被企业所识别。

二、行业内企业财务能力分析

（一）盈利能力分析

盈利能力是指企业获取利润、实现资金增值的能力，是企业持续经营和发展的保证。企业经营业绩的好坏最终可通过企业的盈利能力来反映。根据盈利能力，可以判断企业经营人员的业绩，进而便于发现问题、完善企业的管理模式。

1.盈利能力分析的目的

对股东（投资人）而言，股东们的直接目的就是获得更多的利润，因为对于信用相同或相近的几个企业，人们总是将资金投向盈利能力强的企业。股东们关心企业赚取利润的多少并重视对利润率的分析，是因为他们的股息与企业的盈利能力是紧密相关的；此外，企业盈利能力增加还会使股票价格上升，从而使股东们获得资本收益。

2.盈利能力分析的常用指标

盈利能力分析的常用指标如表 13-1 所示。

表 13-1　盈利能力分析的常用指标

指标名称	公式
营业利润率	营业利润率 = 营业利润 ÷ 营业收入 ×100%
营业净利率	营业净利率 = 净利润 ÷ 营业收入 ×100%
营业毛利率	营业毛利率 =（营业收入 – 营业成本）÷ 营业收入 ×100%
总资产净利率	总资产净利率 = 净利润 ÷ 平均资产总额 ×100%
经营现金流量净利率	经营现金流量净利率 = 净利润 ÷ 经营活动产生的现金流量净额
成本费用利润率	成本费用利润率 = 营业利润 ÷（产品销售成本 + 销售费用 + 管理费用 + 财务费用）
股东权益报酬率	股东权益报酬率 = 净利润 ÷ 平均所有者权益总额 ×100%
股利支付率	股利支付率 = 每股股利 ÷ 每股利润 ×100%
每股收益	每股收益 =（净利润 – 优先股股利）÷ 发行在外的普通股加权平均数

3. 盈利能力分析注意事项

（1）排除非正常经营活动。企业的各项经营活动都会影响盈利，如营业活动、对外投资活动、营业外收支活动等都会引起企业利润的变化。但是在对企业盈利能力进行分析时，一般只分析企业正常经营活动的盈利能力，不涉及非正常的经营活动。这是因为一些非正常的、特殊的经营活动虽然也会给企业带来收益，但它不是经常性的和持续性的，因此不能将其作为企业一种持续性的盈利能力加以评价。

（2）关注长期盈利能力。传统会计资料提供的信息至多能衡量当前或既往的会计利润水平，然而，许多商业机会都以牺牲当前利润换取未来利润，如开发新产品初期会有较高的初始投入，因此有较低的初始利润。在这种情况下，当前利润就不足以反映未来的盈利能力。

（3）关注风险水平。以会计利润等指标衡量企业盈利能力往往会忽略风险水平。当两家企业的风险水平显著不同时，仅依据两者的当前财务指标数值相同而得出两者的盈利能力也相同的结论有时也会犯错误，因此分析企业盈利能力时应动态地比较分析。

（二）偿债能力分析

偿债能力是指企业偿还各种到期债务的能力。能否及时偿还到期债务，是反映企业财务状况好坏的重要标志。偿债能力分析包括短期偿债能力分析和长期偿债能力分析。偿债能力分析有利于债权人进行正确的借贷决策；有利于投资者进行正确的投资决策；有利于企业经营者进行正确的经营决策；有利于正确评价企业的财务状况。

1. 偿债能力分析的目的

（1）了解企业财务状况。能否及时偿还到期债务，是反映企业财务状况好坏的重要标志。

（2）揭示企业所承担财务风险程度。企业负债比率越高，到期不能按时偿付的可能性越大，财务风险就越大。企业是否拥有足够的现金或随时可变现的资产，直接影响企业偿债能力的强弱，决定财务风险大小。

（3）预测企业筹资前景。偿债能力强时，说明企业财务状况较好，信誉较高，债权人就愿意将资金借给企业。

（4）为企业理财活动提供重要参考。偿债能力强，可能表明企业有充裕的资金或其他能随时变现的资产，企业就可以利用暂时闲置的资金进行其他投资活动，提高资产的利用效果。

2. 偿债能力分析的常用指标

偿债能力分析的常用指标如表 13–2 所示。

表 13–2　偿债能力分析常用的指标

指标类型	指标名称	公式
短期偿债能力指标	流动比率	流动比率 = 流动资产 ÷ 流动负债
	速动比率	速动比率 = 速动资产 ÷ 流动负债
	现金比率	现金比率 =（货币资金 + 交易性金融资产）÷ 流动负债
长期偿债能力指标	资产负债率	资产负债率 = 负债总额 ÷ 资产总额 ×100%
	产权比率	产权比率 = 负债总额 ÷ 所有者权益总额 ×100%
	利息保障倍数	利息保障倍数 =（税前利润 + 利息费用）÷ 利息费用

3. 常用指标分析注意事项

（1）短期偿债指标

①流动比率。一般认为流动比率在 2 左右比较合适。

有时较高的流动比率并非代表企业短期偿债能力很强，这可能是存货积压或滞销的结果，而且企业很容易伪造这个比率以掩饰其偿债能力的不足。

如果年终时故意将借款还清，下年初再借入，就可以人为地提高期末流动比率。

因此仅通过流动比率分析企业短期偿债能力具有一定的局限性。

②速动比率。一般认为速动比率在 1 左右比较合适。

通常影响速动比率可信度的重要因素是应收账款的变现能力，如果企业应收账款中有较大部分不易收回，可能成为坏账，那么速动比率就不能真实地反映企业的偿债能力。

在使用速动比率分析企业短期偿债能力时，应结合应收账款账龄结构进行分析。

③现金比率。现金比率反映了企业的直接偿付能力，但是如果这个比率过高，可能意味着企业拥有过多的盈利能力较低的现金类资产，企业的资产未能得到有效运用。

（2）长期偿债指标

①资产负债率。对于资产负债率，企业的债权人、股东和管理者往往从不同角度来评价。

从债权人角度来看，他们更期望较低的资产负债率。因为如果该比率较高，说明企业的全部资产中股东提供的资本所占比重太低，企业财务风险主要由债权人承担。

从股东的角度来看，他们更关注企业负债支付的利率是否低于资产报酬率，以便利用举债经营获取更多投资报酬，因此资产负债率也被称为财务杠杆比率。

从企业管理者的角度来看，他们既要考虑企业的盈利，也要顾及企业的财务风险。资产负债率作为财务杠杆比率，不仅反映了企业的长期财务状况，也反映了管理层的进取精神。如果企业资产负债率较小，说明企业管理层较为保守，利用债权人资本进行经营活动的能力较差。但是负债也必须有一定的限度，负债比率过高，企业的财务风险将增大。

②产权比率。一般认为，产权比率在 1∶1 左右比较合适。因为这意味着企业股东的资本可以足够偿还债权人提供的资本，对债权人来说是安全的借款。

③利息保障倍数。需要注意的是，利息保障倍数计算公式中的“税前利润”是指缴纳所得税之前的利润总额；“利息费用”不仅包括财务费用中的利息费用，还包括计入固定资产成本的资本化利息。

一般认为，企业要维持正常偿债能力，利息保障倍数至少应大于 1。如果利息保障倍数过低，企业将面临亏损、偿债的安全性与稳定性下降等风险，企业难以保证用经营所得来按时按量支付债务利息，这会引起债权人的担心。

（三）营运能力分析

营运能力是指企业资产运用、循环效率的高低。资产周转越快，流动性越高，企业的营运能力越强，资产获取利润的速度就越快。企业资产营运能力如何，从根本上决定了企业的经营状况和经济效益。

1. 营运能力分析的目的

（1）评价企业资产的流动性。营运能力越强，资产的流动性越高，企业获得预期收益的可能性越大。

（2）评价企业资产利用的效益。企业营运能力的实质就是以尽可能少的资产占用，尽可能短的时间周转，产出尽可能多的产品，实现尽可能多的销售收入，创造出尽可能多的利润。

（3）挖掘企业资产利用的潜力。通过企业营运能力分析，可以了解企业资产利用方面存在哪些问题，尚有多大潜力，进而采取有效措施，提高企业资产营运能力。

2. 营运能力分析的常用指标

营运能力分析的常用指标如表 13-3 所示。

表 13-3　营运能力分析的常用指标

指标名称	公式
总资产周转率	总资产周转率 = 营业收入 ÷ 总资产 ×100%
总资产周转天数	总资产周转天数 = 计算期天数 ÷ 总资产周转率
固定资产周转率	固定资产周转率 = 营业收入 ÷ 固定资产净额 ×100%
固定资产周转天数	固定资产周转天数 = 计算期天数 ÷ 固定资产周转率
流动资产周转率	流动资产周转率 = 营业收入 ÷ 流动资产 ×100%
流动资产周转天数	流动资产周转天数 = 计算期天数 ÷ 流动资产周转率
应收账款周转率	应收账款周转率 = 营业收入 ÷ 平均应收账款 ×100%
应收账款周转天数	应收账款周转天数 = 计算期天数 ÷ 应收账款周转率
存货周转率	存货周转率 = 营业成本 ÷ 存货 ×100%
存货周转天数	存货周转天数 = 计算期天数 ÷ 存货周转率

3. 分析注意事项

（1）总资产营运能力分析。通过对总资产产值率、总资产收入率和总资产周转率的分析，揭示总资产周转速度和利用效率变动的原因，评价总资产营运能力。

（2）流动资产周转速度分析。通过对流动资产周转率、流动资产垫支周转率、存货周转率和应收账款周转率的分析，揭示流动资产周转速度变动的原因，评价流动资产的利用效率和资产的流动性。

（3）固定资产利用效果分析。通过对固定资产产值率和固定资产收入率的分析，揭示固定资产利用效果变动的原因，评价资产的效益。

（4）流动资产周转率。企业生产经营的改善会反映为流动资产周转天数缩短，因此可以用该指标来观察和对比企业日常生产经营情况。由于流动资产是企业短期偿债能力的基础，企业应当有一个比较稳定的流动资产数额，并以此提高使用效率，应防止企业以大幅降低流动资产为代价追求高周转率。

（四）发展能力分析

发展能力是指企业扩大规模、壮大实力的潜在能力，又称成长能力。

1. 发展能力的作用

（1）补充和完善传统财务分析，展望未来，是盈利能力、营运能力以及偿债能力的综合体现。

（2）可以为预测分析与价值评估铺垫，提供基础数据来源。

（3）满足利益相关者的决策需求。对于股东而言，可以通过发展能力分析衡量企业创造股东价值的能力，从而为采取下一步战略行动提供依据；对于潜在的投资者而言，可以通过发展能力分析评价企业的成长性，从而选择合适的目标企业做出正确的投资决策；对于经营者而言，可以通过发展能力分析发现影响企业未来发展的关键因素，从而采取正确的经营策略和财务策略促进企业可持续增长；对于债权人而言，可以通过发展能力分析判断企业未来的盈利能力，从而做出正确的信贷决策。

2. 发展能力分析的常用指标

发展能力分析的常用指标如表 13-4 所示。

表 13-4　发展能力分析的常用指标

指标名称	公式
总资产增长率	总资产增长率 =（年末资产总额 − 年初资产总额）÷ 年初资产总额 ×100%
营业收入增长率	营业收入增长率 =（本年营业收入 − 上年营业收入）÷ 上年营业收入 ×100%
净利润增长率	净利润增长率 =（本年净利润 − 上年净利润）÷ 上年净利润 ×100%
营业利润增长率	营业利润增长率 =（本年营业利润 − 上年营业利润）÷ 上年营业利润 ×100%
资本保值增值率	资本保值增值率 = 期末所有者权益 ÷ 期初所有者权益 ×100%

3. 常用指标分析注意事项

（1）总资产增长率。评价总资产增长率指标时，应考虑资产增长的资金来源。例如对外举债而扩大规模、实现盈利而增加了资产、吸收了新的投资而扩大资产规模。有利的资金来源顺序依次是：留存收益→资本公积→追加资本→负债。

会计处理方法和企业发展策略都会影响企业的总资产增长率。会计处理方法的不同会影响企业资产的账面价值，从而影响资产增长率。同时，不同企业采取的发展策略也会体现为资产增长率的不同。

由于一些重要资产无法体现在资产总额中（如人力资产，某些非专利技术），使得该指标难以反映企业真正的资产增长情况。

（2）净利润增长率。净利润增长率指标通常越大越好。相对于营业利润，净利润一部分会支付给股东，另一部分会积累起来用于企业今后的生产和扩张。净利润增长率是衡量企业发展能力最直接的指标，因为净利润的增长直接体现出企业经营创造的价值。

应注意偶发性变动因素对指标的影响，即警惕一次性损益对公司增长的扭曲。

（3）营业收入增长率。营业收入增长率高，表明公司产品的市场需求大，业务扩张能力强。但营业外收入可能会使营业收入增长率受到干扰，所以对于主业单一的企业主营业务收入增长率可以更好地排除这种干扰。

同时，营业收入增长率可以用来衡量企业产品生命周期，判断企业发展所处的阶段。一般来说，如果该比率超过 10%，说明企业产品处于成长期，尚未面临产品更新的风险；如果该比率在 5%—10%，说明企业产品已进入成熟期，可能接下来将进入衰退期，需要着手开发新产品；如果该比率低于 5%，说明企业已进入衰退期，保持市场份额已经较为困难，如果没有已开发好的新产品，企业将步入衰落期。

（4）营业利润增长率。营业收入的扩张可能意味着企业规模的扩大和市场份额的扩张，这个扩张也许是由外部投资和借贷带来的，也可能是低效率的。

对于企业投资人和经营者而言，企业在经营过程中的终极目的是获取利润、带来投资回报，因此营业利润增长率对于企业股东获得回报，以及对于企业积累发展的资本而言，显得尤为重要。

4. 企业整体发展能力分析（见图 13-1）

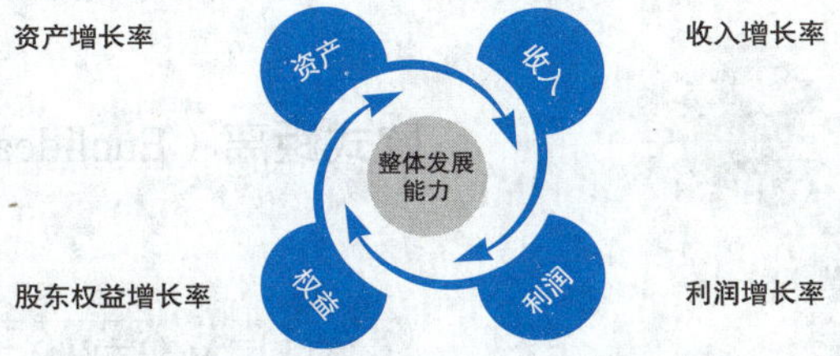

图 13-1　企业整体发展能力分析

只有一个企业的股东权益增长率、收入增长率、利润增长率、资产增长率同时增长，而且增长幅度高于行业平均值时，才能说明这个企业的发展能力比较强。

第二节　投资对象选择

一、聚类基本概念

生活中我们经常讲“物以类聚，人以群分”，说的就是不同的人和事物因特征的相似而归并成一类逐渐形成了很多大大小小的分组/类。

聚类是把数据对象集合按照相似性划分成多个子集的过程。每个子集是一个簇，使得簇中的对象彼此相似，但与其他簇中的对象不相似。

聚类是无监督学习，因为给的数据没有类标号信息。最终由我们来给这些簇（组）及其特征下定义，从而在具体的业务场景中应用它们（见图 13-2）。

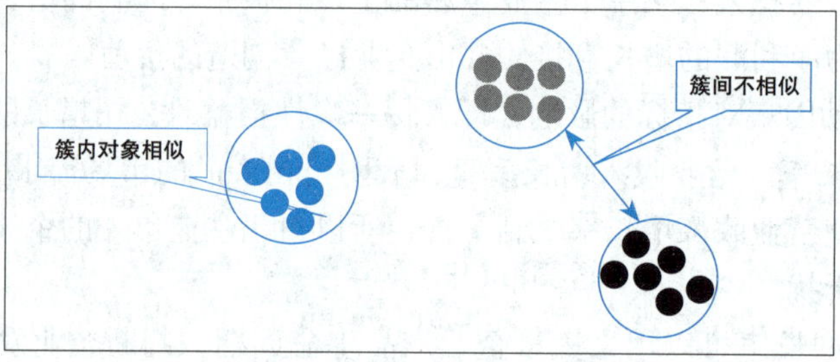

图 13-2　聚类

二、聚类分析（Cluster analysis）

我们有时需要通过观察个体的特征，将群体中的个体归为不同的族群/簇（Cluster），以上的归类过程均称为聚类分析（Cluster analysis）（见图 13-3）。

聚类分析是针对几个特定的业务指标，可以将观察对象的群体按照相似性和相异性进行不同群组的划分。经过划分后，每个群组内部各对象间的相似度会很高，而在不同群组之间的对象彼此间将具有很高的相异度。

组内相似性越大，组间差距越大，说明聚类效果越好。

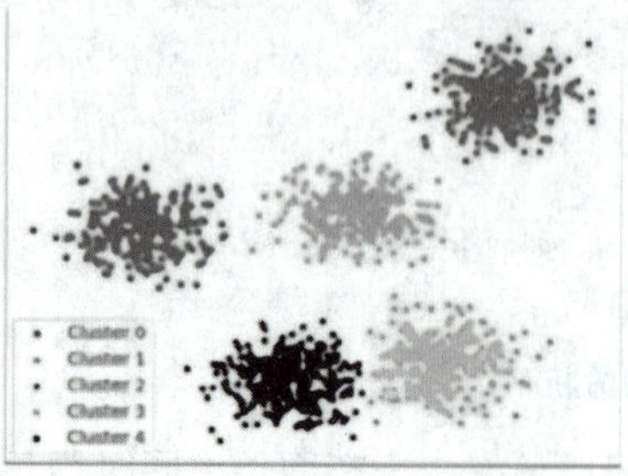

欧式距离（Euclidean Distance）

$$d(x, y)=\sqrt{(x-y)'(x-y)}=\sqrt{\sum_j (x_j-y_j)^2}$$

图 13-3　聚类分析

三、K-means聚类

（一）K-means聚类概念

K-means算法，又叫K均值算法，这是目前最著名的、使用最广泛的聚类算法。

（二）K-means原理

首先，随机选择K个对象，并且所选择的每个对象都代表一个组（簇）的初始均值或初始的组中心值；对剩余的每个对象，根据其与各个组（簇）初始均值的距离，将它们分配给最近的（最相似）的组（簇）；然后，重新计算每个小组新的均值；这个过程不断重复，直到所有对象在K组分布中都找到离自己最近的组，最常见的终止条件是误差平方和（SSE）最小。

（三）K-means算法计算过程

举例：有一个二维空间的一些点，我们要将它们分成三个类，即K=3。

其计算过程如下：

步骤一：随机选择三个点，每一个点为一类（簇中心）。质心指簇中所有点的中心（见图13-4）。

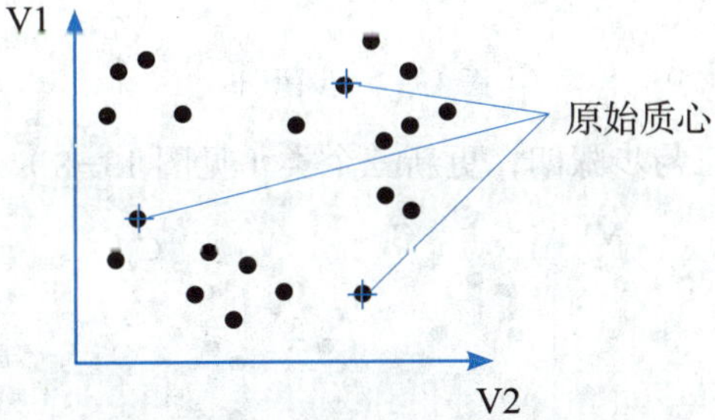

图 13-4 步骤一

步骤二：然后我们计算每个不是簇中心的点到这三个中心点的距离（见图 13-5）。

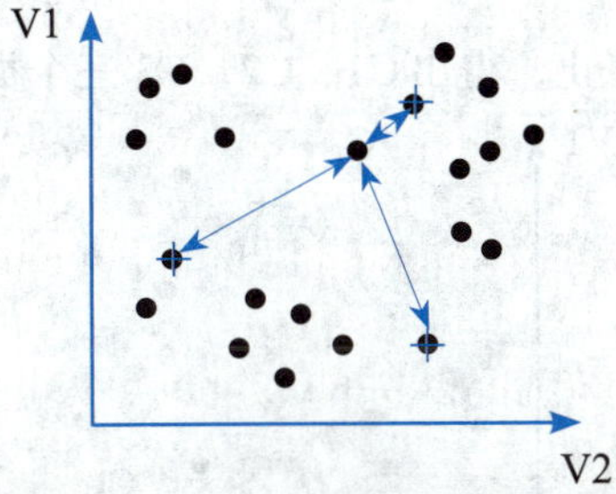

图 13-5 步骤二

步骤三：将这些点归类于距离最近的那个簇中心点的一类（见图 13-6）。

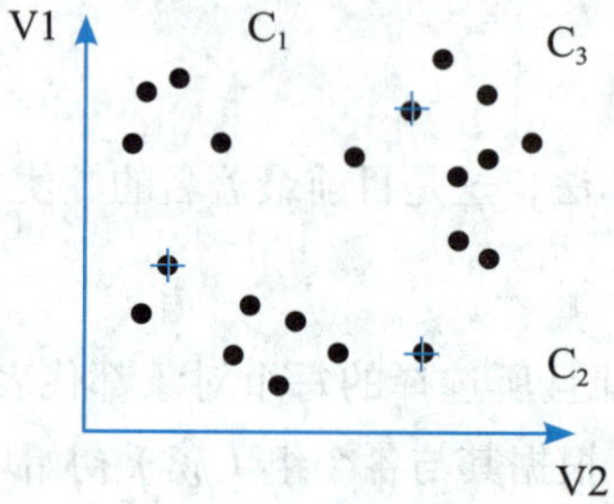

图 13-6　步骤三

步骤四：重新计算这三个分类中，簇中心点距离（见图 13-7）。

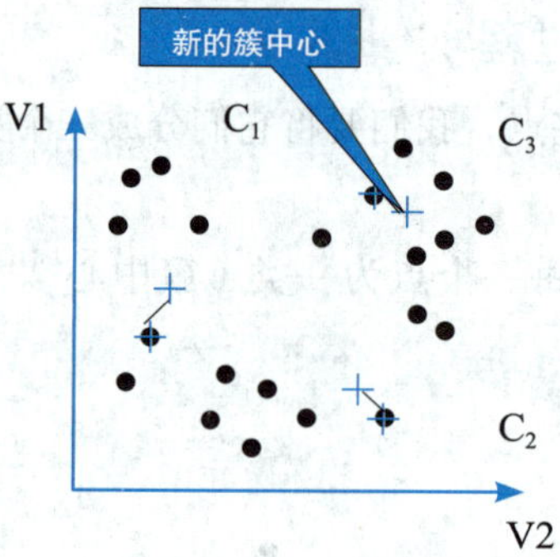

图 13-7　步骤四

步骤五：不断重复步骤三与步骤四，更新三个类（见图 13-8）。

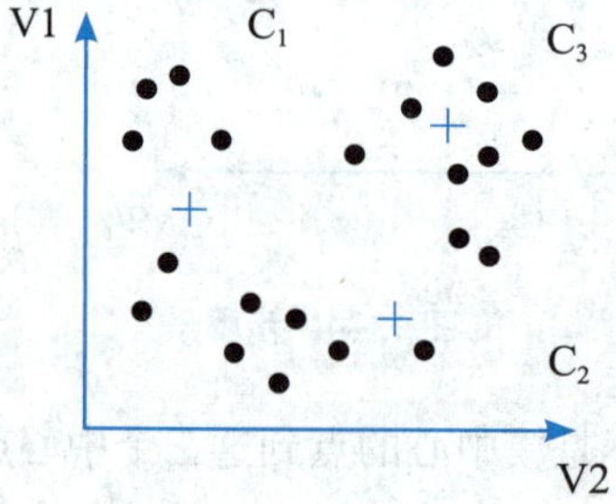

图 13-8　步骤五

步骤六：当稳定以后，迭代停止，得出C1、C2、C3 三个类（见图 13-9）。

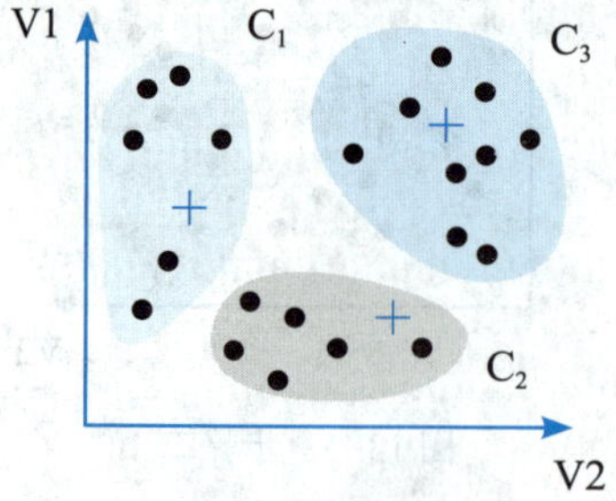

图 13-9　步骤六

K-means算法计算过程如图13-10所示。

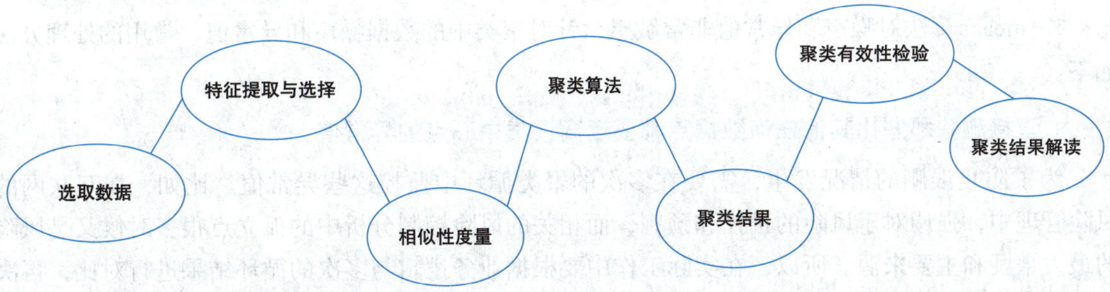

图13-10　K-means算法计算过程

（四）k-means聚类个数的确定

确定k值的方法有误差平方和、手肘法、轮廓系统三种，其中最常用的是手肘法。

手肘法：当选择的k值小于真正的k时，k每增加1，聚类误差就会大幅减小；当选择的k值大于真正的k时，k每增加1，聚类误差的变化就不会那么明显。真正的k值就会在这个转折点，类似肘部的地方（见图13-11）。

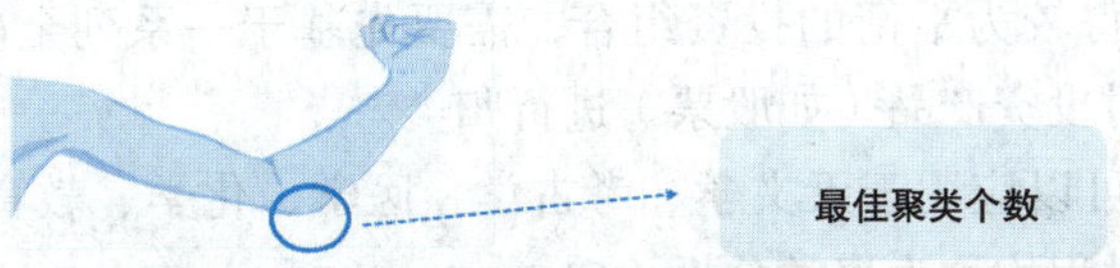

图13-11　手肘法

（五）K-means聚类效果评价标准

1.轮廓系数

轮廓系数是聚类效果好坏的一种评价方式，主要是指任意样本到其他簇内点的平均轮廓距离的最小值与样本到同簇内点的平均距离之差，然后再除以这两个距离的最大值。

轮廓系数接近1，则说明样本聚类合理；

轮廓系数接近-1，则说明样本更应该分类到另外的簇；

若轮廓系数近似为0，则说明样本在两个簇的边界上。

2.DBI指数

戴维森堡丁指数（DBI），又称为分类适确性指标。DBI是指任意两类别（簇）的类内样本到类中心平均距离之和除以两类（簇）中心点之间的距离，取最大值，然后将所有的最大值取平均值。

DBI越小意味着类（簇）内距离越小，同时类（簇）间距离越大，即聚类效果较好。

（六）K-means算法应用的注意事项

K-means算法对噪声和异常值非常敏感，针对聚类中的数据噪声和异常值，常用的处理方法如下：

1. 直接删除那些比其他任何数据点都要远离聚类中心点的异常值

为了防止误删的情况发生，需要在多次的聚类循环中监控这些异常值。比如，在互联网的风险管理中，强调对于风险的预控和预判，而相关的风险控制分析中的孤立点很多时候又是风险的最大嫌疑和主要来源。所以，在实际工作中要根据业务逻辑与多次的循环结果进行对比，再决定是否删除这些异常值。

2. 随机抽样的方法也可以较好地规避数据噪声的影响

针对该随机样本进行聚类分析时。不仅可以避免数据噪声的误导和干扰，而且聚类后的结果作为聚类模型可以应用到剩余的数据集中，完成对整个数据集的聚类划分。

四、聚类分析应用

在市场营销中，基于历史交易信息、消费者背景等对顾客进行划分，从而对不同类型的消费者实施不同的营销策略。

在金融领域，为获得较为平衡的投资组合，需要先基于一系列金融表现变量（如回报率、波动率、市场资本等）对投资产品（如股票）进行归类。

同样的归类思想也可以应用于天文学、考古学、医学、化学、教育学、心理学、语言学和社会学等。以上的归类过程均称为聚类分析（Cluster analysis ）。

第三节　投资者角度财务报表分析实战演练

一、案例背景

参照第八章第三节案例背景。

二、任务实现

下面以盈利能力分析中的“任务 5：毛利率”为例，说明在分析云设计可视化看板的操作步骤。

（1）单击“任务：盈利能力分析”，单击【开始任务】，进入分析云大数据平台。如图 13-12 所示。

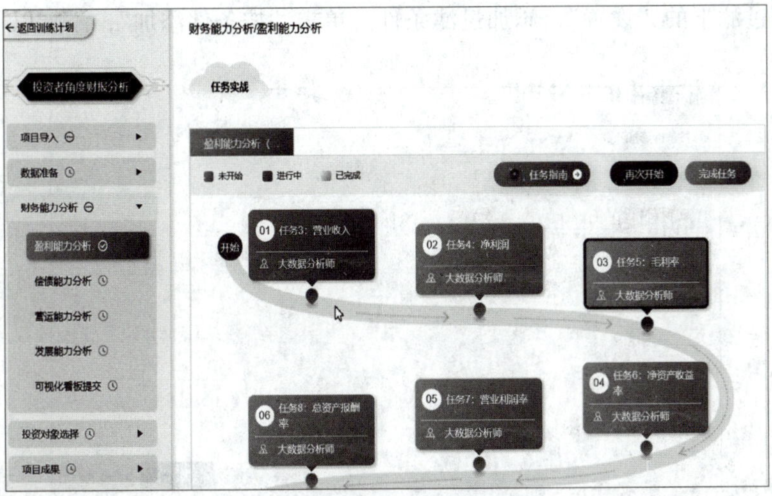

图 13-12　投资者角度的财报分析

（2）单击【分析设计】界面中的【新建】按钮，在下拉菜单中单击“新建故事板”。

（3）输入故事板名称：盈利能力分析，并保存在“我的故事板”下，单击【确认】按钮。

（4）单击【可视化】-【新建】，从“数据集”中选择“财务大数据”-“财报分析”下的 xbrl，单击【确定】按钮。

（5）将默认的“新建可视化”更改为“毛利率”。单击“指标”右侧的加号，选择“计算字段”。

（6）在图 13-13 所示的界面中编辑字段信息。

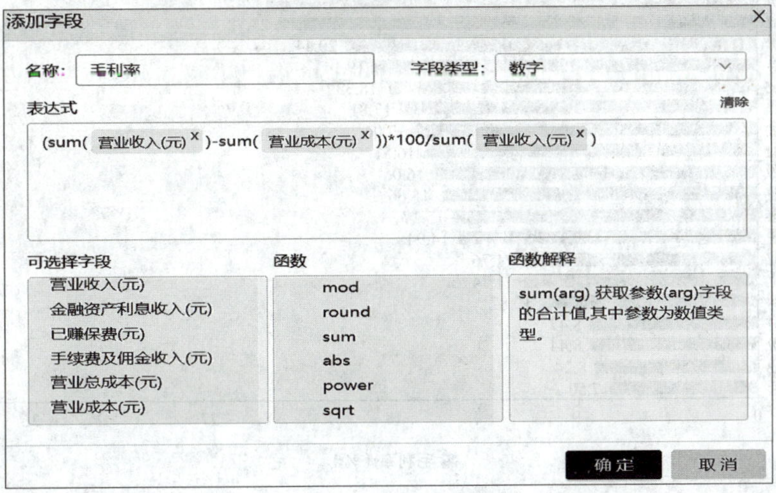

图 13-13　编辑字段信息

（7）编辑完成后，单击【确定】按钮，指标新建成功，在“指标”的最下方，可以看到新增的指标“毛利率”。

（8）创建可视化看板。以创建行业毛利率排名的看板为例，重命名看板名为“行业毛利率排名”。

（9）维度选择“企业简称”，指标选择“毛利率”，图形选择条形图。

（10）单击过滤下的“设置”，添加过滤条件。单击“按条件添加”，添加以下几个条件，如图 13-14 所示。

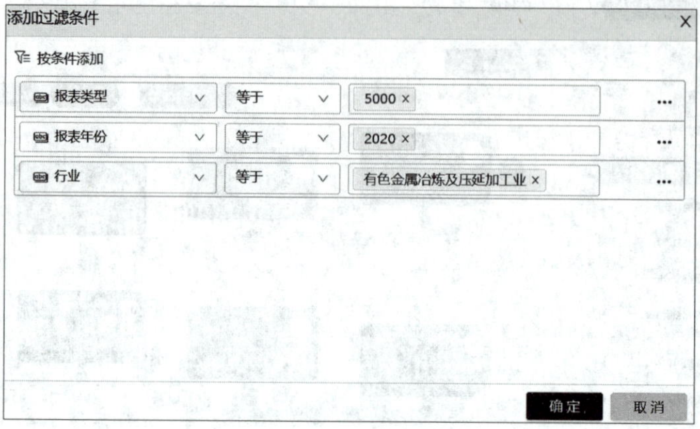

图 13-14　过滤条件选择

（11）单击“毛利率”指标下的“升序”，将毛利率升序排列。

（12）设置显示毛利率排名后 20 位的企业。

注意：条形图的升序排列是将指标数据在图中从下往上依次升序排列，即指标小的在条形图的下方显示，指标大的在条形图的上方显示。显示后 20 位是显示指标数值大的前 20 位。

（13）行业毛利率排名的可视化设置完毕后，单击右上角的【保存】按钮和【退出】按钮，即可在可视化看板上显示设置好的图形。结果如图 13-15 所示。

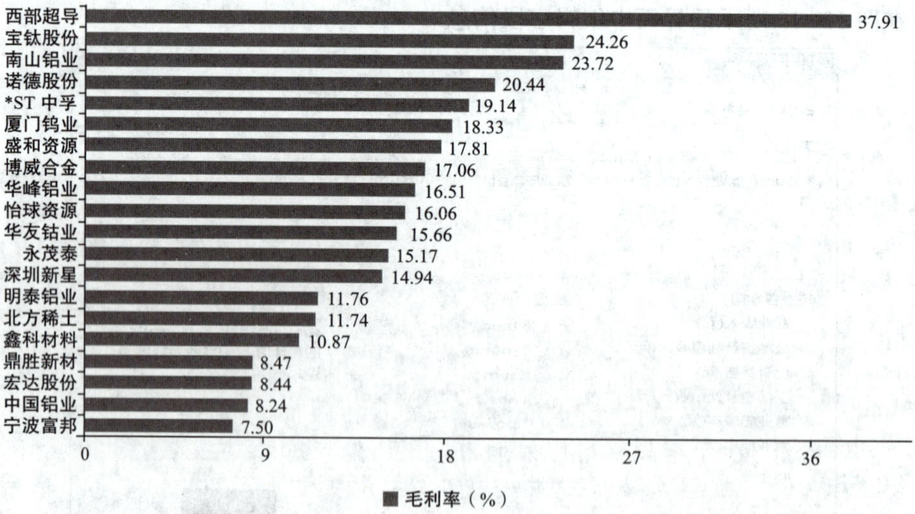

图 13-15　毛利率排名

三、结果解读

以盈利能力的分析为例，本次盈利能力选取的指标是：营业收入、净利润、毛利率、净资产收益率（ROE）、营业利润率、总资产报酬率、营业净利率，部分数据如图 13-16 所示。

从营业收入和净利润的绝对值指标来看，江西铜业位居榜首，但是毛利率却跌出前十名之外，说明该企业的经营规模比较大，但是获利能力一般。

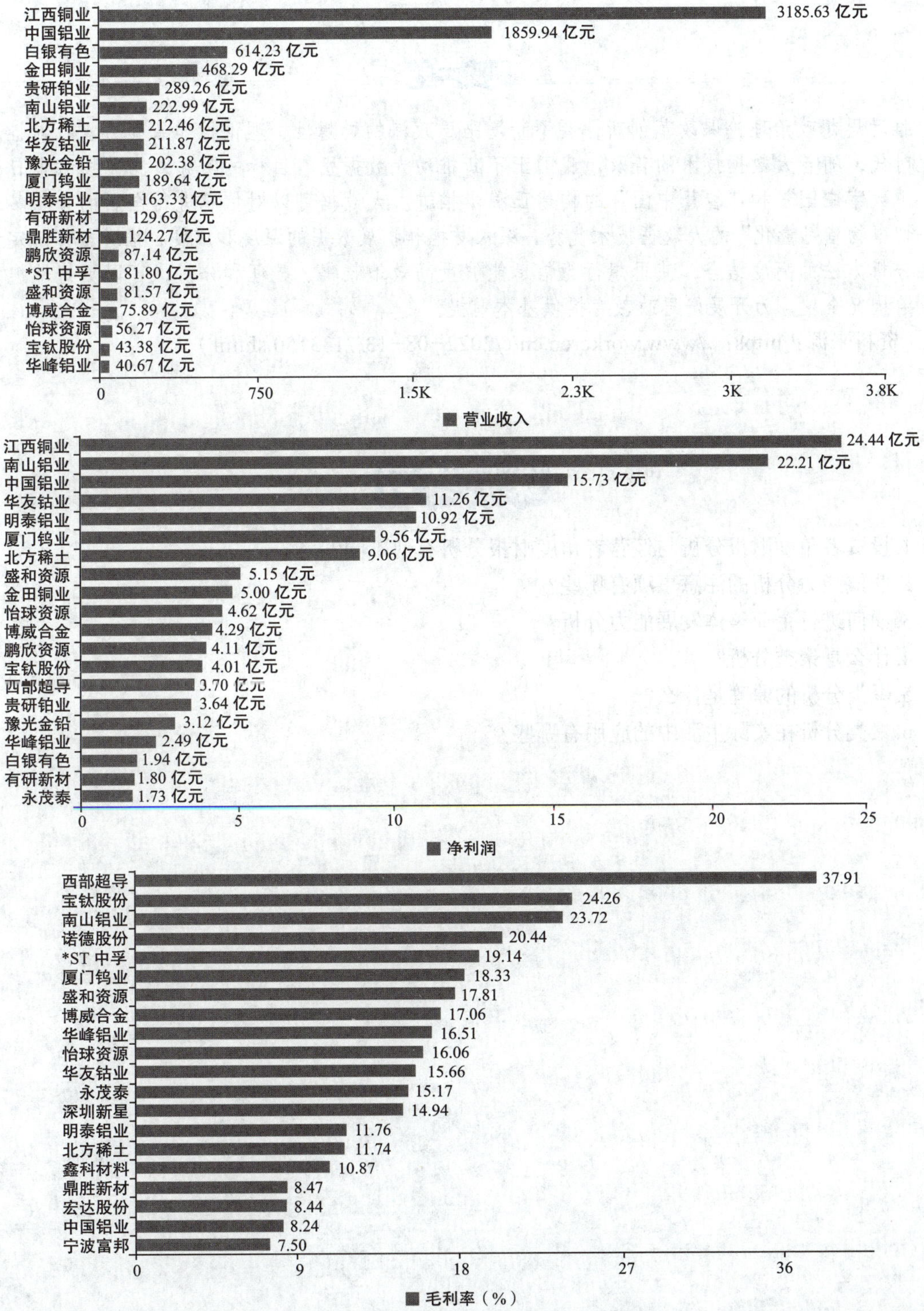

图 13-16　营业收入、净利润、毛利率排名前十

其他指标的结果分析由学生根据分析云中的可视化图表进行解读。

思政一刻

推动思想政治理论课改革创新，要不断增强思政课的思想性、理论性和亲和力、针对性。数字化时代，随着大数据技术的普及，我国正不断推动大数据战略目标的实施，相关技术也日渐成熟，“数字中国”和“智慧中国”的构建正稳步推进。大数据可以对信息进行全新的分析。通过“一切事物皆可量化”的大数据技术优势，深入发掘和扩展数据的深度和广度，推进与传统定量、定性分析方法的高度结合，使思想行为信息能够更高效地收集、整理和分析，可以更好地把握思想政治状况全貌，为开展好思政教育提供基本前提。

（资料来源：https：//www.workercn.cn/c/2022-08-13/7133150.shtml）

课后练习

1.投资者角度财报分析与经营者角度财报分析有何不同？

2.偿债能力分析的注意事项有哪些？

3.如何进行企业整体发展能力分析？

4.什么是聚类分析？

5.聚类分析的原理是什么？

6.聚类分析在实际生活中的应用有哪些？

第十四章　企业财务困境预测

导　读

在复杂多变的商业环境中，财务困境是每一家公司都可能面临的风险。本章专注于运用大数据和分析技术，识别和预测潜在的财务危机，以帮助企业提前做好准备，从而有效避免或减轻财务困境的影响。

本章首先详细解释了财务困境的定义和特点，以及如何通过ST制度识别上市公司的财务风险。接着，本章介绍了使用逻辑回归算法对企业可能进入财务困境的风险进行预测的方法。逻辑回归是一种广泛应用于二分类问题的统计方法，适用于本章的需求，因为它可以处理包含一个或多个自变量的情况下的二分类因变量。

学习本章内容后，学生不仅能够理解财务困境的概念和影响，还将学会如何使用数据预处理技巧和逻辑回归模型来进行财务困境的预测。通过案例分析和实际数据操作，本章将增强学生的实际操作能力和解决问题的能力，为未来面对实际财务问题时提供科学的分析方法和解决方案。

知识目标

1. 了解什么是财务困境；
2. 了解 ST 制度；
3. 了解企业财务困境的表现形式；
4. 了解大数据技术在财务困境预测中是如何应用的。

技能目标

1. 能够识别逻辑回归算法的应用；
2. 能够熟悉数据预处理的技术应用。

素养目标

1. 培养学生具备基本的数据素养，为企业投融资数据化运营提供数据收集、预处理和分析的基本素质支撑；

2. 拓宽财会青年视野、更新知识储备，培育财会青年直面财会大数据、用好财会大数据的信心。

第一节　知识背景

一、企业财务困境介绍

（一）财务困境概述

财务困境又称财务危机，通常是指公司现金流量不足以补偿现有债务的状况，上市公司处于财务困境，表明公司面临极大的风险，严重影响股票收益，进而损害投资者利益。

随着我国资本市场的快速发展，一些上市公司由于各种原因陷入财务困境。上市公司陷入财务困境对公司的投资者、债权人、内部员工及其他相关利益者都会产生不同程度的影响，甚至可能会影响经济和社会的稳定。

事实上，公司陷入财务困境是一个逐步的过程，通常由财务状况正常开始逐渐恶化，最终导致财务困境或破产。

企业陷入财务困境并不存在一个明确的分界点将企业分为陷入财务困境和没有陷入财务困境，因此国内外专家学者对财务困境有不同的判断标准。

（二）企业财务困境产生的原因

企业财务困境产生的原因可分为内部原因和外部原因。

内部原因则是由于企业本身经营管理不善、主营业务萎缩失去竞争力、大量举债、三费过高导致资金匮乏或经营杠杆的负效益、财务杠杆的负效益等因素导致企业陷入财务困境。

外部原因是受宏观经济环境、体制因素、政策法规及行业因素所影响，例如，经济不景气、企业所在行业进入衰退期、国际关系恶化等使企业陷入财务困境。

（三）企业财务困境的表现形式

财务困境是一个动态的过程，要从企业经营行为中判定企业陷入财务困境，则要研究企业财务困境的表现形式。

如图 14-1 所示，陷入财务困境的企业其现金流不足，存在相当的违约风险，在具体经营活动中会呈现出来。

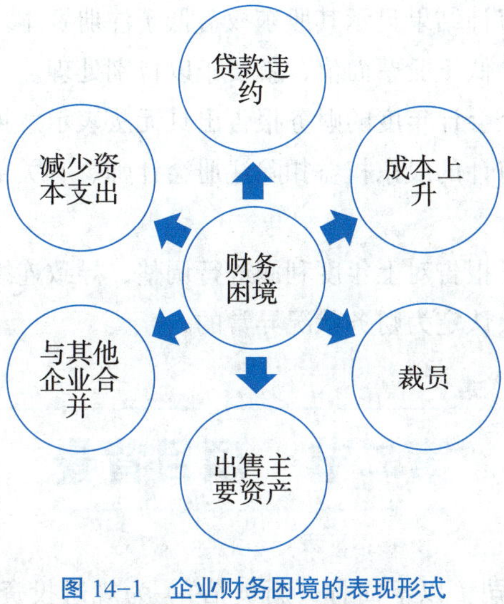

图 14-1　企业财务困境的表现形式

对于上市公司来说，发生财务困境，将导致其偿债能力下降。上市公司财务困境的表现形式如图 14-2 所示。

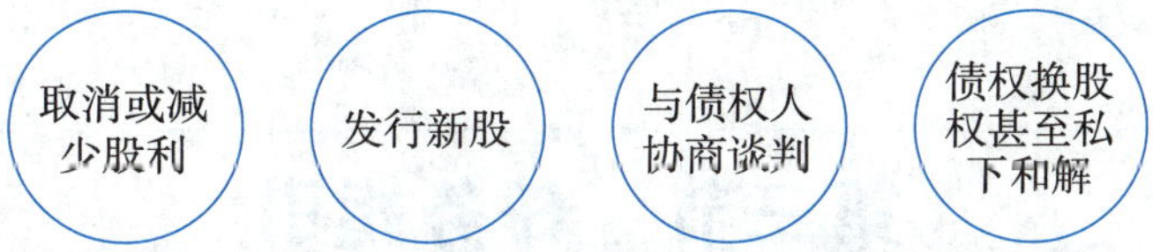

图 14-2　上市公司财务困境的表现形式

二、ST制度

中国证监会于 1998 年 3 月 16 日颁布了《关于上市公司财务状况异常期间的股票特别处理方式的通知》，要求证券交易所对“财务状况异常”的上市公司实行股票的特别处理（Special Treatment，简称ST）。

沪深交易所根据此规定于同年 4 月 22 日宣布，对财务状况或其他状况异常的上市公司实行ST制度，被特别处理的上市公司股票简称前面会冠以“ST”，即表明该股票为“特别处理”股票（ST股）。这是ST第一次出现在人们的视野中。

随后的几十年中，ST制度被不断完善。例如 2003 年，分类ST制度正式建立，即把原先的ST（特别处理）细分为ST（其他风险警示）与*ST（退市风险警示）两类。

这一改变表明，ST仅代表公司存在问题，但暂时不涉及退市，而*ST是公司有退市的风险。如公司同时存在退市风险警示和其他风险警示情形的，在股票简称前冠以“*ST”字样。

三、ST标记条件

含有以下情形之一的上市公司，证交所对其股票交易实行风险提示标签：

1.最近两个会计年度的审计结果显示的净利润为负值。

2. 最近一个会计年度的审计结果显示其股东权益低于注册资本。也就是说，如果一家上市公司连续两年亏损或每股净资产低于股票面值，就要予以特别处理。

3. 注册会计师对最近一个会计年度的财务报告出具无法表示意见或否定意见的审计报告。

4. 最近一个会计年度经审计的股东权益扣除注册会计师、有关部门不予确认的部分，低于注册资本。

5. 最近一份经审计的财务报告对上年度利润进行调整，导致连续两个会计年度亏损。

6. 经交易所或中国证监会认定为财务状况异常的。

第二节　项目背景

新奥洁投资股份有限公司（以下简称“新奥洁”）为规避投资风险，要求财务分析师根据2003年1月1日—2019年（17年）12月31日期间被ST（含*ST）股票的一些财务指标特征，建立一个风险预测模型，以此预测股票未来陷入财务困境的可能性，在后期选择股票投资时，规避投资风险。

第三节　任务指引

ST股票（本案例中指ST与*ST股票）指被特别处理过的股票，如果哪只股票的名字前加上ST，则表示这只股票是风险警示股票，表示该股票存在投资，可以警告投资者们谨慎投资该股票。

思考：如何建立模型，预测企业是否会陷入财务困境？

答案：

如图14-3所示：

①确定样本数据。根据项目任务背景，锁定2003年1月1日至2019年12月31日期间被ST（含*ST）的股票未建模的样本数据。

②确定模型的变量指标。根据项目任务背景，选择具有代表性的指标为模型变量指标。

③将样本数据与变量指标做数据预处理。将采集到的样本数据与变量指标数据预处理，包含多表合并，空值填补，最终形成一张完整的数据表供建模使用。

④使用逻辑回归算法建立模型。使用逻辑回归算法，构建模型，并确定模型准确率。

⑤预测企业是否会陷入财务困境。将预测数据带入模型，预测企业未来陷入财务困境的可能性。

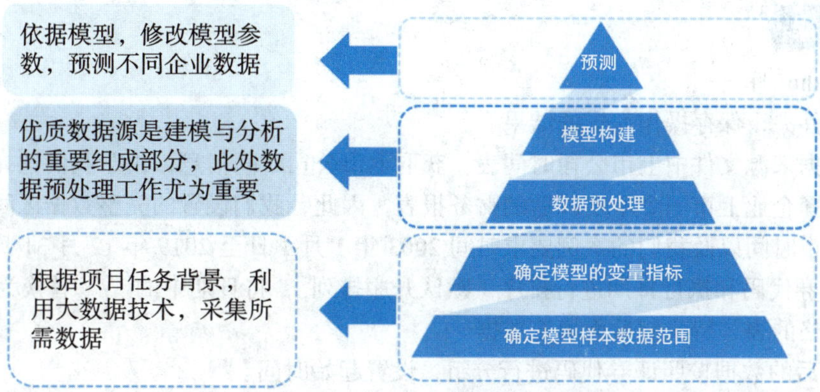

图 14-3　财务困境的预测

第四节　数据准备

一、ST样本数据

根据本项目案例背景，ST样本数据是指2003年1月1日至2019年12月31日（17年）期间沪深两市A股被“ST”或“*ST”的上市公司。我们通过大数据技术在证券交易所采集到相关数据信息，并对采集到的数据进行数据预处理。

二、确认待选变量

确定了样本数据之后，我们需要确定相关的财务指标数据作为我们的待选变量，用以决定使用哪些数据指标来预测公司被“ST”或“*ST”的可能性。合理的财务指标选取是构建一个成熟的财务预警模型的关键。

在2003年1月1日至2019年12月31日期间，结合本项目案例，我们选择能够综合反映上市公司的偿债能力、盈利能力、营运能力、成长能力方面的变量因素，结合上市公司第一大股东持股比例及公司规模等因素，作为模型中的待选变量。

三、根据上市时间统计完整期间数据表

结合股票的上市时间、选择的统计区间以及待选变量，我们需要构建一张完整的2003年至2019年季度股票指标表。

由于我们在做数据收集时是按照指标类别进行的收集，每张表的数据量并不一样，所以此处我们需要构建6张季度股票指标表。

构建后，每张表含有35904条数据，568家上市公司。

操作步骤

1. 导入python库。

2. 建立文件夹，保存操作完毕的结果。

3. 打开数据来源文件中上市公司时间表，获取上市公司时间信息，由于我们选择的是季度报表，并默认选择企业上市一个季度以后的财务报表，因此，我们设置的完整数据区间表是根据各家上市公司上市时间以及我们的案例要求时间2003年1月1日至2019年12月31日进行设置。

①按照证券代码和执行日期进行排序（默认升序排列），将日期中的“/”替换为“-”，先保存一张带有空格的表，待我们后面填充数据。

②对排序后的数据按照证券代码进行分组，设置起始时间。

如果上市时间大于2003年1月1日，则应重新构造时间序列，找到该公司的上市时间，结束时间为2019年12月31日。需要注意的是，由于我们设置上市时间下一季度的指标数据为起始时间，即上市时间加三个月，所以我们需要做一下判断，当起始时间在1—3月内，设置的起始时间为3月31日，当起始时间在4—6月内，设置的起始时间为6月30日，以此类推。否则，起始时间均为2003年3月31日，结束时间为2019年12月31日。

③将日期转为datetime格式，并将日期作为索引，根据每个公司的开始日期和结束日期，构造时间序列。按照构造后的时间序列，重置索引，空值以nan填充。

④将为空的证券代码进行填充，用前一个与后一个有数据的证券代码进行填充。

4. 对文件进行保存。

四、填补变量中的缺失值

在数据收集时，一些变量（四大能力指标、公司规模指标、股权结构指标）存在季度缺失值数据，我们需要分别对6张季度数据表进行数据清洗，将缺失的数据进行补充。考虑到我们的数据是季度数据，所以我们选用上下相邻的季度数据均值来填补缺失值。

操作步骤

1. 导入python库。

2. 建立一个文件夹，保存操作完毕的结果。

3. 打开上一步骤的操作结果，依次对每个表进行数据清洗。

①先找出每个表内所需指标数据名称，并按照股票代码对数据进行排序；②当缺失值在中间位置时，找出上下相邻季度数据，取其均值进行缺失值填补；③当缺失值在首位时，取其下一季度数据进行缺失值填补；④当缺失值在末尾时，取其上一季度数据进行缺失值填补。

4. 将文件进行保存。

五、数据表合并

数据清洗后，各表内数据条数均一致，因此我们现在可以将6张数据表（四大能力指标、公司规模指标、股权结构指标）进行合并，汇总成一份含全部指标的变量统计表，然后再与ST公司打标签数据表的股票代码名单进行合并，最终形成一份完整的数据表，供建模分析使用。

操作步骤

1. 导入python库。
2. 建立一个文件夹，保存操作完毕的结果。
3. 将表中证券代码与截止日期进行合并依据，依次合并每张表。
4. 将文件进行保存。
5. 将全部指标合并数据结果文件与ST公司标签数据表进行合并。
6. 将文件进行保存。

任务1　获取上市时间晚于2003年的公司名单

任务背景：

1. 在采集到的数据中，有些企业晚于2003年上市，我们需要先把这些企业筛选出来，结果备用；

2. 在任务2中，我们需要构造一张财务数据完整时间的数据表，可以使用本任务的结果，将晚于2003年上市的企业数据表时间统计出来，这样方便我们统计财务数据完整时间的数据表。

任务结果：筛选出2003年上市的企业126家。

代码解析如下。

一、导入所需的Python库

在下面的程序中：

我们需要使用Python中提供的Pandas库，对CSV文件的处理方案如下。

● Pandas源于Panel Data和Data analysis。

●主要提供数据处理和数据分析功能。

●其中常用到的，也是我们需要用到的DataFrame，可以直接想象为Excel中的一张数据表。

●此外，我们在之后的程序中，将使用Pandas提供对CSV的支持，进行数据读写。

代码如下：

```
import pandas as pd
```

二、读取数据文件

通过Pandas库的read_csv()方法，将原始数据读取到程序中。

●程序所需要用到的供应商画像数据文件，是已经存放在我们的程序环境中的。

●可以通过左侧的文件列表，找到01_数据来源文件夹，在其中看到建模数据08_企业IPO上市日期文件。

●这个文件中包含的就是接下来程序要使用到的原始数据。

代码如下：

```
df = pd.read_csv('./企业财务困境预测/01_数据来源/建模数据08_企业IPO上市日期.csv',dtype=str)
```

三、整理数据日期格式

修改数据中日期格式。

●数据中的日期，是通过/进行分割的，如2003/01/01，而DataFrame对日期的操作需要用格式，也就是2003-01-01。

● DataFrame可以通过df[.]方式，在其中配置对应需要操作指定字段（列）的数据。

●通过DataFrame下str.replace()方法，可以对数据表中的内容进行查找替换。

●同时，也可以在其中配置条件公式，以寻找满足条件的数据。

代码如下：

```
df['公司上市日期']= df['公司上市日期'].str.replace('/','-')
```

四、筛选公司

获取上市日期为2003年以后的公司数据。

● DataFrame可以通过df[…]方式，在其中配置条件公式，以寻找满足条件的数据。

●将满足条件的数据保存到新的记录（变量df_2003）中。

代码如下：

```
df_2003 = df[df['公司上市日期']>='2003-01-01']
```

五、保存结果

最后，我们将处理完的数据保存到新的文件中，为之后的处理提供数据。

●对应read_csv()方法，Pandas同样提供了写入CSV文件的方法to_csv()。

●对于大数据处理和分析，我们不再需要首列的编号index，所以可以通过配置属性index=忽略编号记录。

●另外，为了便于使用，我们需要指定特殊的字体编码，这里指定utf-8-sig的编码可以保证文件中的中文显示正常，不会出现乱码的现象。

代码如下：

```
df_2003.to_csv('./企业财务困境预测/05_数据结果/公司上市名单.csv',index=,encoding='utf-8-sig')
```

任务2　财务数据完整时间构造

任务背景：

1. 结合股票的上市时间、选择的统计区间以及待选变量，我们需要构建一张完整的2003—2019年季度股票指标表。

2. 由于我们在做数据收集时是按照指标类别进行的收集，每张表的数据量并不一样，所以此处我们需要构建6张季度股票指标表。

任务结果：操作完毕后，每张表含有35904条数据，568家上市公司。

代码解析如下。

一、导入所需的Python库

在下面的程序中：我们需要使用Python中提供的Pandas库，对CSV文件的处理方案如下。

●在任务1：获取上市时间晚于2003年的公司名单中，我们对Pandas库已经做了介绍，这里就不再重复讲解了。

我们需要使用Python中提供的datetime库，来处理时间的转换。

●提供了获取当前日期、时间等功能。

●同时可以在文字格式的日期时间与时间格式之间互相转换，以及与时间戳之间的互转等操作。

●因为只需要datetime()方法，所以从datetime库中，只引用datetime方法（当完全引用datetime库情况下，使用其下的datetime()方法需要datetime.datetime()；单独引入库中的datetime()方法，就如同我们现在的写法from .import .…，就可以省略掉库名）。

我们需要使用Python中提供的Glob库，对文件系统进行检索。

● Glob库是用来查找匹配文件的。

●提供了依据文件路径（如C：\文件\脚本.py）找到匹配的文件。

●此外，Glob中的方法还可以通过？或*模糊匹配文件路径中的字符。

●最常用的方法是glob()，也是本程序中要使用的功能。

我们需要使用Python中提供的os库，对文件系统进行操作。

● Python中提供的Operating System（os）库，可以对操作系统进行控制。

●最常用的就是操作目录或文件。

●在本程序中，我们将使用到os.path.basename()方法，获得文件的文件名，基本名称（basename）是将如c:\案例脚本\script.py这个文件路径中的script.py提出来，也就是纯文件名部分。

我们需要使用Python中提供的dateutil库，来计算时间。

● DateUtil是Python中日期时间的支持工具。

●主要提供日期的操作功能。

●它同样提供了从文字格式的日期时间转换为日期格式的功能。

●本程序要使用到其中relativedelta()方法来计算日期。

代码如下：

```
import pandas as pd
from datetime import datetime
import glob
import os
from dateutil.relativedelta import *
```

二、读取数据文件

通过Pandas库的read_csv()方法，将原始数据读取到程序中。

●本程序将基于任务1：获取上市时间晚于2003年的公司名单所保存的数据，继续进行处理。

●可以通过左侧的文件列表，找到05_数据结果文件夹，在其中看到公司上市名单文件。

●通过DataFrame的to_list()方法，将数据中‘证券代码’字段（列）下面的数据读出并转换为列表（List）类型。

代码如下：

```
data_df = pd.read_csv('./企业财务困境预测/05_数据结果/公司上市名单.csv',dtype=str)company_list = data_
df['证券代码'].to_list()
```

三、检查文件路径

检查源文件和保存文件的路径。

●本程序还将用到6个原始数据，可以在01_数据来源文件夹中找到，分别是建模数据02—建模数据07。

●通过glob()方法利用?（任意单一的任意字符）和*（任意长度的任意字符）模糊匹配原始数据文件名，以此获取完整原始数据文件名列表。

●通过os的path.exists()方法检查目录是否存在，在if条件中加入not可以反向检查结果，比如这里的检查文件路径如果不存在的话，通过设置not，那么这个if判断就满足了运行条件，所以就会执行下面的创建保存文件路径的操作。

●针对路径中包含多个文件夹，又无法确认是否有多个文件夹缺失时，可以通过makedirs()方法，逐层建立文件夹。

代码如下：

```
file_list = glob.glob('./企业财务困境预测/01_数据来源/建模数据0?_*指标.csv')path='./企业财务困境预测/05_数据结果/根据上市时间统计完整期间数据表/'
if not os.path.exists(path):
os.makedirs(path)
```

四、处理每份数据文件

依次获取每个原始数据并进行处理。

●通过Python的for逻辑循环，依次获取上一步中读取原始数据文件名，并进行处理。

●通过os的path.basename()方法获得原始数据文件的纯文件名，用作最后保存处理后数据的文件命名。

●需要注意的是，for循环的逻辑代码在之前的代码段落基础上进行了缩进，所以在编写代码时，一定要注意代码缩进。

代码如下：

```
for file_name in file_list:
print(file_name)
name = os.path.basename(file_name)
```

五、读取文件数据

读取原始数据文件。

●与之前一样，通过read_csv()读取当前处理中的原始数据文件。

●通过配置dtype=str，read_csv()方法会将数据读取为文字（字符串）格式。

●因为该部分程序处于步骤四的for循环中，所以要注意代码缩进。

代码如下：

```
df = pd.read_csv(file_name,dtype=str)
```

六、对记录进行排序

整理数据并排序。

●与前面的任务一样，首先对“截止日期”字段的日期格式进行调整，改为之后程序处理中需要的格式。

●通过DataFrame的sort_values()方法，依据‘证券代码’和‘截止日期’两项进行排序。

●因为该部分程序处于步骤四的for循环中，所以要注意代码缩进。

代码如下：

```
df['截止日期']= df['截止日期'].str.replace('/','-')df = df.sort_values(['证券代码','截止日期'])
```

七、准备数据表

预先准备处理结果记录。

●通过Pandas的DataFrame创建一个新的数据表，用作之后处理结果的记录。

●因为该部分程序处于步骤四的for循环中，所以要注意代码缩进。

代码如下：

```
pd_df = pd.DataFrame()
```

八、通过证券代码分组

通过证券代码将记录分组。

●通过DataFrame的groupby()方法，依据‘证券代码’字段进行分组。

●分组后会形成成对的数据组，每组中都会有组名（key）和组数据（value）。

●通过组名可以找到对应的组数据。

●因为该部分程序处于步骤四的for循环中，所以要注意代码缩进。

代码如下：

```
group_df = df.groupby('证券代码')
```

九、依次处理各公司数据

依次获取每个公司组的数据。

●利用Python的for逻辑循环，依次获取分组中的数据。

●其中，组名用key_name暂时保存，组数据暂时由key_value_df保存。

●因为是DataFrame数据表的分组，所以key_value_df同样为DataFrame数据表格式。

●因为该部分程序处于步骤四的for循环中，所以要注意代码缩进。

代码如下：

```
for key_name,key_value_df in group_df:
```

十、准备上市公司报表时间

准备公司报表时间。

●首先通过if条件判断，查看当前要处理的公司在上市公司列表中有无记录。

●有记录的公司，依据数据中“公司上市日期”字段的日期数据，计算下一季度的时间（刚上市的公司不会马上有报表，所以按下一季度开始抓取报表数据）。

●没有记录的公司，则默认配置报表的时间为2003-03-31到2019-12-31。

●对有记录的公司，则计算精确的报表时间。

●通过datetime的strptime()方法，把刚读取到的上市时间，由文字日期转换为日期形式，并通过relativedelta()方法计算增加3个月的日期。

●从计算的日期中获取年和月，用于下面计算和生成报表时间。

●通过刚获取的月份，根据判断属于第一季度（1—3 月），第二季度（4—6 月），第三季度（7—9 月）或第四季度（10—12 月），对应配置报告的开始日期为 03-31，06-30，09-30，12-31，而起始的年份则通过刚获取的年份拼接进来。

●最后，结束日期同样设置 2019-12-31。

●因为该部分程序处于步骤九的 for 循环中，所以要注意代码缩进。

代码如下：

```
if key_name in company_list:
start_date_tmp = data_df[data_df['证券代码']== key_name]['公司上市日期'].values[0]
start_date0 = datetime.strptime(start_date_tmp,"xY-%m-%d")+relativedelta(months=+3)
start_date0_year = start_date0.yearstart_date0_month = start_date0.month
if 1<= start_date0_month <= 3:
start_date = str(start_date0_year)+'-03-31'elif 4 <= start_date0_month <= 6:
start_date = str(start_date0_year)+'-06-30'elif 7 <= start_date0_month <= 9:
start_date = str(start_date0_year)+'-09-30'else:
start_date = str(start_date0_year)+'-12-31'
end_date ='2019-12-31'
else:
start_date ='2003-03-31'
end_date ='2019-12-31'
```

十一、调整报表日期

调整现有报表数据的记录。

●与之前的处理相同，我们需要使用日期进行程序操作，所以需要通过 datetime.strptime() 方法将数据中的文字日期转换为日期格式。

● DataFrame 的 apply 操作可以把其中数据调出来，并通过其他方法（函数）进行处理，这里因为处理逻辑非常简单，不需要单独建立独立的函数，所以可以通过匿名函数（lambda）进行处理，简化代码书写。

●通过 DataFrame 的 set_index() 方法，将‘截止日期’设置为索引。

●并通过前一步计算的报表起始和结束日期，利用 Pandas 的 date_range() 方法建立一个时间序列，通过配置 freq 属性，将时间序列以每隔 3 个月（3Month）进行排列。

●通过 DataFrame 的 reindex() 方法将新的时间序列作为索引替换到报表数据中，这样就形成了一组以新时间序列为标准的报表数据，即使原来的报表数据中没有包含某个日期的报表，也会有一条空记录保存在其中。

●通过 DataFrame 的 index.to_list() 方法获取索引的日期，并将其回填到‘截止日期’字段，使截止日期完整。

●最后再通过 datetime 的 strftime() 方法把时间格式转换回文本格式的日期。

●因为该部分程序处于步骤九的 for 循环中，所以要注意代码缩进。

代码如下：

```
key_value_df['截止日期']= key_value_df['截止日期'].apply(lambda x:datetime.strptime(x,"%Y-%m-%d"))
# 并将日期格式设置为索引
```

```
key_value_df=key_value_df.set_index("截止日期")
# 根据每个公司的开始日期和结束日期，构造时间序列
new_index=pd.date_range(start=start_date,end=end_date,freq="3M")
# 按构造好的时间序列，重置索引，空值以NaN填充
key_value_df=key_value_df.reindex(new_index)
# 将构造索引新赋值给截止日期
key_value_df.index_to_list
# 将截止日期转为字符串
key_value_df["截止日期"]=key_value_df["截止日期"].apply(lambda x:x.strftime("%Y-%m-%d"))
```

十二、补全证券代码

将空行中证券代码记录补全。

●通过DataFrame的fillna()方法对数据表中NaN数据进行数据填写。

●利用配置method=‘bfill’和method=‘ffill’可以将该条数据前后的数据内容填入该条记录中。

●这里只是通过这种方法将当前处理的数据组的证券代码补齐。

●因为该部分程序处于步骤九的for循环中，所以要注意代码缩进。

代码如下：

```
key_value_df['证券代码']= key_value_df['证券代码'].fillna(method='bfi11')key_value_df['证券代码']= key_value_df['证券代码'].fillna(method='ffil1')
```

十三、暂存数据

将处理结果暂存到数据表。

●将数据暂存至第七步中提前准备好的数据表中。

●因为该部分程序处于步骤九的for循环中，所以要注意代码缩进。

代码如下：

```
pd_df = pd.concat([pd_df,key_value_df])
```

十四、保存指标文件数据

将处理结果保存到文件。

●当一个原始文件数据完全处理完成，将暂存数据表中的处理结果保存到文件。

●通过步骤四中获取的文件名进行保存。

●利用DataFrame的to_csv()方法将数据保存到指定文件。

●因为该部分程序处于步骤四的for循环中，所以要注意代码缩进。

代码如下：

```
pd_df.to_csv(path + name,index=,encoding='utf-8-sig')
```

任务3　财务数据缺失值填充

任务背景：

1.操作本任务之前，需要先完成“根据上市时间统计完整期间数据表”任务，根据其结果继续操作本任务。

2. 在数据收集时，一些变量存在季度缺失值数据，我们需要分别对 6 张变量指标表的季度数据表进行数据清洗，将缺失的数据进行补充。

3. 考虑到我们的数据是季度数据，所以我们选用上下相邻的季度数据均值来填补缺失值。任务结果：操作完毕后，所有建模变量指标表缺失值被填补。

代码解析如下。

一、导入所需的Python库

在下面的程序中：

我们需要使用Python中提供的Pandas库，对CSV文件的处理方案。

我们需要使用Python中提供的Glob库，对文件系统进行检索。

我们需要使用Python中提供的os库，对文件系统进行操作。

●在任务 2：财务数据完整时间构造中，我们对这三个Python库已经做了介绍，这里就不再重复讲解了。

我们需要使用Python中提供的NumPy库，对数据类型进行处理。

● NumPy是Numerical和Python的组合，为Python提供更高级的数学科学计算功能。

代码如下：

```
import pandas as pd
import glob
import os
import numpy as np
```

二、检查文件路径

检查源文件和保存文件的路径。

●本程序将基于任务 2：财务数据完整时间构造所保存的数据，继续进行处理。

●可以通过左侧的文件列表，找到 05_数据结果文件夹下对应的文件。

●同前一任务相同，通过os的path.exists()方法查看文件路径是不是存在，如果不存在，就通过makedirs()方法建立需要的文件夹。

●同样，还是通过glob()方法获取数据文件名列表，并且通过Python的sorted()方法对文件名排序。

代码如下：

```
path ='./企业财务困境预测/05_数据结果/填补变量中的缺失值/'if not os.path.exists(path):
os.makedirs(path)
file_list = sorted(glob.glob('./企业财务困境预测/05_数据结果/根据上市时间统计完整期间数据表/*'))
```

三、依次处理每个数据文件

依次获取每个数据文件名并进行处理。

●通过Python的for逻辑循环，依次获取上一步中读取原始数据文件名，并进行处理。

●通过os的path.basename()方法获得原始数据文件的纯文件名，用作最后保存处理后数据的文件命名。

●需要注意的是，for循环的逻辑代码在之前的代码段落基础上进行了缩进，所以在编写代码时，一定要注意代码缩进。

代码如下：

```
for file_name in file_list:
print(file_name)
name = os.path.basename(file_name)
```

四、读取文件

获取上市日期为2003年以后的公司数据。

●与之前一样，通过read_csv()读取当前处理中的数据文件。

●因为该部分程序处于步骤三的for循环中，所以要注意代码缩进。

代码如下：

```
df = pd.read_csv(file_name,dtype=str)
```

五、为各指标数据准备字段

为各个数据准备数据字段。

●利用if条件判断，检查当前处理的数据文件名。

●依据文件名对应的数据文件，按需将对应文件数据的字段罗列出来。

●这些字段主要是数据字段，未包含证券代码和截止日期。

●因为该部分程序处于步骤三的for循环中，所以要注意代码缩进。

代码如下：

```
if name=='建模数据02_偿债能力指标.csv':
column_name_fillna_list =['流动比率','速动比率','现金比率','资产负债率',权益乘数','长期负债权益比率']
elif name =='建模数据03_盈利能力指标.csv':
column_name_fillna_list =['资产报酬率','总资产净利润率(ROA)','营业毛利
率','营业净利率','成本费用利润率']
elif name =='建模数据04_营运能力指标.csv':
column_name_fillna_list =['应收账款周转率','存货周转率','流动资产周转率',
'固定资产周转率','总资产周转率']
elif name =='建模数据05_发展能力指标.csv':
column_name_fillna_list =['总资产增长率','营业收入增长率','可持续增长率']
elif name =='建模数据06_公司规模指标.csv':
column_name_fiilna_list =['资产总计','所有者权益合计']
else:
column_name_fillna_list =['持股比例(%)']
```

六、依次补齐字段数据

为各字段的空数据补充数据。

●通过Python的for逻辑循环，依次读取上一步准备数据中的每个字段。

●通过DataFrame的[.]方式处理当前正在处理的字段，并通过astype()方法设置数据类型，这里通过NumPy的float64类型将字段设置为小数格式（浮点型）。

●与之前的任务 1 样，通过 DataFrame 的 groupby() 方法，以“证券代码”分组。
●通过 ffill() 和 bfill() 方法，对空着的数据位置进行填充。
●尝试通过前后两个记录对应字段的均值进行填充。
●针对首条记录为空及末条记录为空的情况，直接用相邻数据填补。
●因为该部分程序处于步骤三的 for 循环中，所以要注意代码缩进。

代码如下：

```
for column_name in column_name_fillna_list:
print(column_name)
df[column_name]= df[column_name].astype(np.float64)
df[column_name]= df.groupby("证券代码").apply(lambda x:
(x[column_name].ffill()+x[column_name].bfil1())/ 2).reset_index(drop=True)
df[column_name]= df.groupby("证券代码").apply(lambda x:
x[column_name].fillna(method='bfill')).reset_index(drop=True)
df[column_name]= df.groupby("证券代码").apply(lambda x:
x[column_name].fillna(method='ffill')).reset_index(drop=True)
```

七、保存指标文件数据

将处理结果保存到文件。
●当一个指标数据处理完成，将处理结果保存到文件。
●通过步骤三中获取的文件名进行保存。
●利用 DataFrame 的 to_csv() 方法将数据保存到指定文件。
●因为该部分程序处于步骤三的 for 循环中，所以要注意代码缩进。

代码如下：

```
df.to_csv(path + name,index=,encoding='utf-8-sig')
```

任务4　财务指标数据合并

任务背景：

1. 操作本任务之前，需要先完成“填补变量中的缺失值”任务，根据其结果继续操作本任务；

2. 数据清洗后，各表内数据条数均一致，因此我们现在可以将 6 张数据表进行合并，汇总成一份含全部指标的变量统计表；

任务结果：操作完毕后，将会形成一张含有全部指标的数据表。

代码解析如下。

一、导入所需的Python库

在下面的程序中：

我们需要使用 Python 中提供的 Pandas 库，对 CSV 文件的处理方案。

我们需要使用 Python 中提供的 glob 库，对文件系统进行检索。

我们需要使用 Python 中提供的 os 库，对文件系统进行操作。

●在任务 2：财务数据完整时间构造中，我们对这三个 Python 库已经做了介绍，这里就不再重复讲解了。

代码如下：

```
import pandas as pd
import glob
import os
```

二、检查文件路径

检查源文件和保存文件的路径。

●本程序将基于任务 3：财务数据缺失值填充所保存的数据，继续进行处理。

●可以通过左侧的文件列表，找到 05_数据结果文件夹下对应的文件。

●同前一任务相同，通过 os 的 path.exists() 方法查看文件路径是不是存在，如果不存在，就通过 makedirs() 方法建立需要的文件夹。

●同样，还是通过 glob() 方法获取数据文件名列表。

代码如下：

```
path ='./企业财务困境预测/05_数据结果/数据表合并/'
if not os.path.exists(path):os.makedirs(path)
file_list = glob.glob('./企业财务困境预测/05_数据结果/填补变量中的缺失值/*')
```

三、读取文件

从数据文件列表里读取第一个文件。

●通过 Pandas 的 read_csv() 方法，以文件名列表中的第一个文件名读取数据。

●以第一个文件的数据及数据表结构作为基础，便于后面的程序将其他文件中的数据合并进来。

代码如下：

```
df = pd.read_csv(file_list[0],dtype=str)
```

四、依次合并各指标文件数据

依次合并各文件数据。

●通过 for 逻辑循环，依次读取文件列表中的文件名并进行处理，通过指定 [1：] 从第二个（程序计数起始于 0，所以 1 是位置 2）文件名开始处理。

●同样通过 read_csv() 读取当前处理的另一个数据文件。

●通过 DataFrame 的 merge() 方法，将第二个读取的文件与上一步打开的首个文件合并。

●在 merge() 方法中配置属性 on 可以指定数据合并的依据，这里通过“证券代码”和“截止日期”进行合并。

代码如下：

```
for file_name in file_list[1:]:print(file_name)
#获取数据
df2 = pd.read_csv(file_name, dtype=str)
#根据"证券代码","截止日期"合并两个表格数据,将结果再重新赋值给第一个表格。相当于第一个表格不
停地写入新的数据。
df = df.merge(df2,on=["证券代码","截止日期"])print(df)
```

五、保存指标文件数据

将处理结果保存到文件。

●利用DataFrame的to_csv()方法将数据保存到指定文件。

代码如下：

```
df.to_csv(path +'财务指标合并数据结果.csv',index=,encoding='utf-8-sig')
```

任务5　建模数据合并

任务背景：

1.操作本任务之前，需要先完成“全部指标数据合并表”任务，根据其结果继续操作本任务；

2.将上一任务的操作结果与ST公司打标签数据表的股票代码名单进行合并，最终形成一份完整的数据表，供建模分析使用。

任务结果：操作完毕后，将会形成一张含有ST股票公司及变量指标的完整数据表，供建模使用。

代码解析如下：

一、导入所需的Python库

在下面的程序中。

我们需要使用Python中提供的Pandas库，对CSV文件的处理方案。

我们需要使用Python中提供的datetime库，对时间进行处理。

●在任务2：财务数据完整时间构造中，我们对这两个Python库已经做了介绍，这里就不再重复讲解了。

代码如下：

```
import pandas as pd
from datetime import datetime
```

二、读取原始数据

读取原始数据。

●程序所需要用到的原始数据文件，源数据已经存放在我们的程序环境中。

●可以通过左侧的文件列表，找到01_数据来源文件夹，在其中看到建模数据01_上市公司ST状态文件。

●通过Pandas的read_csv()方法，读取原始数据文件。

代码如下：

```
df = pd.read_csv('./企业财务困境预测/01_数据来源/建模数据01_上市公司ST状态.csv')
```

三、整理数据时间格式

调整数据中的时间。

●与之前相同，将数据内的时间格式调整为程序处理需要的格式，并将文字时间转换为时间类型数据。

代码如下：

```
df['截止日期']= df['截止日期'].str.replace('/','-')
df['截止日期']= df['截止日期'].apply(lambda x: datetime.strptime(x,"%Y-%m-%d"))
```

四、读取指标数据

读取完整的指标数据。

●本程序还需要上一任务处理结果继续处理。

●可以通过左侧的文件列表，找到 05_数据结果文件夹，在其中找到对应的文件。

●通过 Pandas 的 read_csv() 方法，读取原始数据文件。

●同样调整时间格式，并转为时间类型数据。

代码如下：

```
df2 = pd.read_csv('./企业财务困境预测/05_数据结果/数据表合并/财务指标合并数据结果.csv',dtype=str)
df2['截止日期']= df2['截止日期'].str.replace('/','-')
df2['截止日期']= df2['截止日期'].apply(lambda x: datetime.strptime(x,"%Y-%m-%d"))
```

五、保存指标文件数据

将新数据合并到指标数据。

●与之前相同，依旧通过“证券代码”和“截止日期”将新数据通过 DataFrame 的 menge() 方法合并到前一任务中整理得到的完整指标数据。

●再通过 to_csv() 方法将数据保存。

代码如下：

```
df2 = df2.merge(df,on=["证券代码","截止日期"])
df2.to_csv('./企业财务困境预测/05_数据结果/数据表合并/建模数据表合并.csv',index=,encoding='utf-8-sig')
print(df2)
```

第五节　模型预测

【预测数据集预处理】

当逻辑回归模型建立完毕之后，我们将利用模型对股票进行预测，所以我们需要对预测数据集进行数据清洗，将变量指标合并，汇总成一个完整的预测数据集变量指标表，合并之后删除缺失季度指标数据的股票。

操作步骤

1. 导入 python 库。
2. 建立一个文件夹，保存操作完毕的结果。
3. 将指标数据表进行合并，合并规则为按照证券代码与截止日期逐表合并。
4. 删除季度缺失值的证券代码。
5. 将文件进行保存。

任务7　预测数据集预处理

任务背景：

1. 当逻辑回归模型建立完毕之后，我们将利用模型对股票进行预测；

2. 我们需要对预测数据集进行数据预处理，将数据表汇总成一个完整的预测数据集变量指标表；

3. 合并之后删除缺失季度指标数据的股票。

任务结果：操作完成后，将会有一张含股票代码及变量指标的预测数据表。

一、导入所需的Python库

在下面的程序中：

我们需要使用Python中提供的Pandas库，对CSV文件的处理方案。

我们需要使用Python中提供的Glob库，对文件系统进行检索。

我们需要使用Python中提供的os库，对文件系统进行操作。

我们需要使用Python中提供的datetime库，对时间进行操作。

●在之前的任务中，我们对这四个Python库都已经做了介绍，这里就不再重复讲解了。

代码如下：

```
import pandas as pd
import glob
import os
from datetime import datetime
```

二、检查文件路径

检查源文件和保存文件的路径。

●本程序将基于新的原始数据，进行处理。

●可以通过左侧的文件列表，找到01_数据来源文件夹下对应的文件。

●同之前相同，通过os的path.exists()方法查看文件路径是不是存在，如果不存在，就通过makedirs()方法建立需要的文件夹。

●同样，还是通过glob()方法获取数据文件名列表。

代码如下：

```
path = './企业财务困境预测/05_数据结果/预测数据集变量指标合并/'
if not os.path.exists(path):os.makedirs(path)
file_list = glob.glob(os.path.join("C:/企业财务困境预测_01_数据来源", "预测数据0?_*指标.csv"))
```

三、读取数据

读取第一个预测数据文件。

●通过Pandas的read_csv(0)方法，首先将原始数据文件列表中的第一个文件读取出来。

代码如下：

```
df = pd.read_csv(file_list[0],dtype=str)
```

四、整理数据

调整数据中的日期格式。

●如之前的任务中一样，先调整日期中的字符。

●再通过 datetime 可以将文字格式的日期与日期格式进行互转。

●这里通过 strptime() 和 strftime() 正反双向转换，将日期的内容转换为统一的格式，便于之后程序合并数据时，日期是统一的。

代码如下：

```
df['截止日期']- df['截止日期'],str.replace('/','-')
df['截止日期']= df['截止日期'].apply(lambda x: datetime.strptime(x,"xY-%m-%d"))
df['截止日期']= df['截止日期'].apply(lambda x: x.strftime("Y-%m-%d"))
```

五、依次合并每个预测数据文件

依次读取每个文件并加入统一的数据中。

●通过 for 循环依次打开每一个文件，这里也如之前做合并时一样，从第二个文件开始处理

●通过 read_csv() 读取文件中的数据。

●同样进行日期调整。

●最后，与之前的操作相同，用 DataFrame 的 merge() 方法，依据“证券代码”和“截止日期”将新的数据合并到整体数据中。

代码如下：

```
for file_name in file_list[1:]:
print(file_name)
df2 = pd.read_csv(file_name,dtype=str)
df2['截止日期']= df2['截止日期'].str.replace('/','-')
df2['截止日期']= df2['截止日期'].apply(lambda x: datetime.strptime(x,"%Y-%m-%d"))
df2['截止日期']= df2['截止日期'].apply(lambda x: x.strftime("%Y-%m-%d"))df = df.merge(df2,on=["证券代码
","截止日期"])
```

六、保存处理结果

整理并保存数据结果。

●通过 DataFrame 的 dropna() 方法清除空记录。

●通过 DataFrame 的 to_csv() 方法将处理完的结果保存到文件。

代码如下：

```
df = df.dropna()
df.to_csv(path +'预测数据集变量指标合并结果.csv',index=,encoding='utf-8-sig')
```

【财务困境预测】

根据项目案例背景，我们将预测集数据代入模型，对 2020 年第二季的无季报缺失值的数据继续预测。

操作步骤

1. 导入python库。

2. 建立一个文件夹，保存操作完毕的结果。

3. 加载多元逻辑回归算法模型。

4. 对2020年第二季度季报无缺失值企业进行财务困境预测。

5. 将预测结果进行保存。

由于模型随机采样，导致每次运行的模型准确率不一致，模型准确度越高，预测结果越精准。

思考：如何预测其他季度企业数据？

提示：

如何利用代码修改其他季度的股票？只需要修改几处代码，就可以继续预测其他股票数据，我们只需要修改代码中的日期及文件名称。例如，预测第三季度数据，将2020-06-30改为2020-09-30，并将文件名称中的Q2改为Q3。

任务8　财务困境预测

任务背景：

1. 操作本任务之前，需要先完成"预测数据及变量指标合并"任务，根据其结果继续操作本任务；

2. 企业财务困境预测模型建好后，现在需要对2020年第二季度季报无缺失值的企业进行预测；

3. 如果企业的预测结果为1，则表示该企业的财务指标与模型中ST企业的财务指标具有高度相似性，该企业未来将会发生财务困境，应该予以警示；

4. 如果企业的预测结果为0，则表示该企业的财务指标与模型中ST企业的财务指标相似性不明显，该企业未来将发生财务困境的可能性较小。

任务结果：操作完毕后，我们得到2020年第二季度季报无缺失值的企业有7家，应予以财务困境预警（由于每次模型的预测集与测试集不同，因此预测出来的预警企业数量会有些许不同）。

一、导入所需的Python库

在下面的程序中：

我们需要使用Python中提供的Pandas库，对CSV文件的处理方案。

我们需要使用Python中提供的NumPy库，对数据类型进行处理。

我们需要使用Python中提供的joblib库，对训练的模型进行操作。

●在之前的任务中，我们对这三个Python库都已经做了介绍，这里就不再重复讲解了。

代码如下：

```
import pandas as pd
import numpy as np
import joblib
```

二、读取模型

读取之前训练的财务困境模型。

●通过 joblib 的 load()，将之前已经训练好的模型重新加载到程序后文不变。

代码如下：

```
Mode1 = joblib.load('./企业财务困境预测/05_数据结果/财务困境模型')
```

三、读取数据

读取预测数据。

●通过 Pandas 的 read_csv() 方法，将上一步合并的预测数据读取进来。

代码如下：

```
df_pre = pd.read_csv('./企业财务困境预测/05_数据结果/预测数据集变量指标合并结果.csv',dtype=str)
```

四、配置预测数据

为预测配置调整需要的数据信息。

●配置需要预测的日期。

●从数据中抓取该日期的所有数据。

●配置所有数据字段，并将字段的数据类型转换为浮点型。

代码如下：

```
pre_date -'2020-06-30'
df_pre = df_pre[df_pre['截止日期']== pre_date]
column_names =['流动比率','速动比率','现金比率','资产负债率','权益乘数','长期负债权益比率','总资产净利润率(ROA)','资产报酬率','营业毛利率','营业净利率','成本费用利润率','应收账款周转率','存货周转率','流动资产周转率','固定资产周转率','总资产周转率','总资产增长率','营业收入增长率','可持续增长率','资产总计','所有者权益合计','持股比例(%)']X_pre = df_pre[column_names].astype(np.float64)
```

五、预测结果

通过模型预测结果。

●通过载入的模型，将上一步的配置通过 predict() 方法预测结果。

代码如下：

```
y-pred = model.predict(X_pre)
```

六、保存处理结果

整理并保存数据结果。

●在数据中增加新字段“企业财务困境预测结果”，并记录上一步的预测结果。

●通过 to_csv() 方法将最终的数据保存到文件。

代码如下：

```
df_pre['企业财务困境预测结果']= y_pred
df_pre.to_csv('./企业财务困境预测/05_数据结果/2020年Q2季报无缺失值企业财务困境预测结果.csv',index=,encoding='utf-8-sig')
```

第六节　模型构建

一、算法介绍

监督学习是机器学习中的一种训练方式/学习方式，其中输入值与输出值已知，算法学习映射函数，即f，使得Y=f（X）。

利用算法找到特征向量与标签之间的映射关系，建立模型。再利用未参与建立模型的测试集结果（测试集结果标签是已知的），检验模型的好坏。

所提供的训练数据采用标签格式，即学习算法之前就已经知道算法的输出（y）。

二、分类及分类流程

非分类是找出描述和区分数据标签或概念的模型，我们用已知的数据标签建立模型，用模型预测未知数据，以此来判断未知数据的标签。

分类属于监督学习，是一种重要的数据分析形式，通过对已有数据集（也称为训练集，这里数据集的类别是已知）的学习，得到一个目标函数f（模型、分类器），利用模型对类标号未知的对象进行分类。

分类流程如图 14-4 所示。

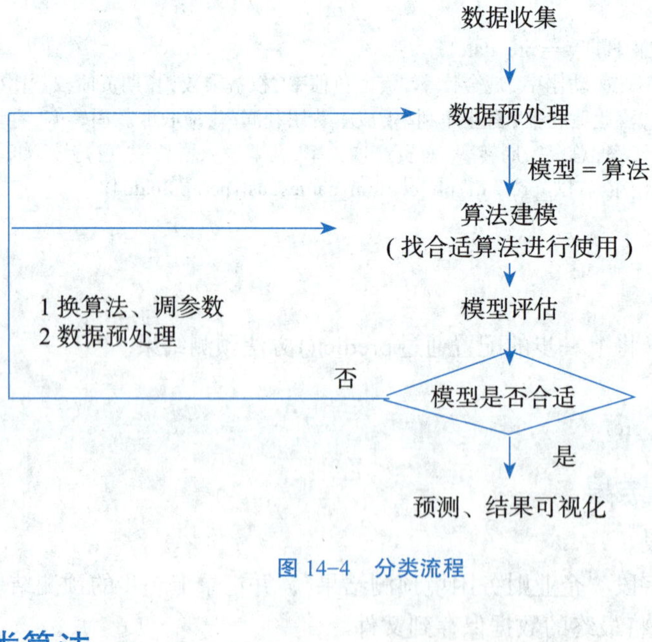

图 14-4　分类流程

三、分类算法

如图 14-5 所示，分类算法有两种类型，一种是传统机器学习算法，另外一种是集成学习算法。传统机器学习算法包括：K最近邻（KNN），一种基于距离测量的分类方法；朴素贝叶斯（Naive Bayesian），一种基于概率的分类方法；支持向量机（SVM），一种基于边界最大化的分类方法；决策树（Decision Tree），一种基于树形结构进行决策的分类方法。集成学习算法包括：逻辑回归（LR），一种用于二分类问题的线性模型；梯度下降树（GBDT），一种通过集成多棵决策树进行学习的算法；以及自适应提升（AdaBoost），一种通过调整样本权重提高分类器性能的算法。

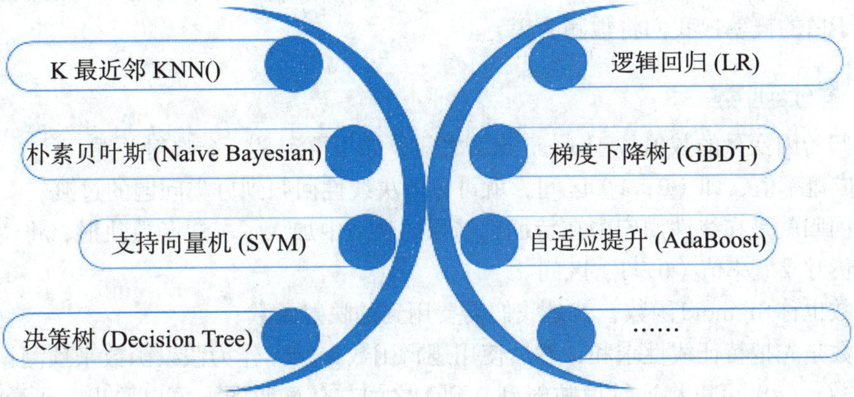

图 14-5　分类算法

四、逻辑回归模型的引入

在 1980 年 Ohlson 第一个将逻辑回归算法引入财务危机预警领域，他选择了 1970—1976 年间破产的 105 家公司和 2058 家非破产公司组成的配对样本，分析了样本公司在破产概率区间上的分布以及两类错误和分割点之间的关系，发现公司规模、资本结构、业绩和当前的融资能力进行财务危机的预测准确率达到 96.12%。

逻辑回归算法被引入财务风险预测研究之后，财务危机预测即简化为已知一家公司具有某些财务特征，而计算其在一段时间内陷入财务危机的概率问题。如果算出的概率大于设定的分割点，则判定该公司将陷入财务风险。

思考：如何使用逻辑回归算法建立模型，计算预测企业陷入财务困境的概率呢？

五、逻辑回归与线性回归

逻辑回归与线性回归都是一种广义的线性模型，线性回归能对连续值结果进行预测，如预测未来几年的销售量；而逻辑回归则常用于是与否的二分类问题，是分类的一种算法，比如说医生需要判断病人是否生病，邮件收件箱自动将邮件分类为正常邮件和垃圾邮件等。

由于逻辑回归并不复杂，而且具有简单、高效、可解释性强的特点，所以在各领域被广泛应用。可以说，逻辑回归算法在分类算法中具有非常重要的地位。

由于逻辑回归的原理是用逻辑函数把线性回归的结果（-，m）映射到（0，1），故先介绍线性回归函数和逻辑函数。

在线性回归中，给定一个自变量x，求出一个因变量y，即得出一个线性回归的公式：

$$y = f(x)$$

对于多维空间中存在的样本点，我们用特征的线性组合去拟合空间中点的分布和轨迹。

线性回归结果输出是一个连续值，而值的范围是无法限定的，位于（－m，s）。

思考：

考虑这样一个问题，当因变量不是连续变量，而是分类变量，比如大或者小，黑或者白时，线性回归模型又应该如何应用呢？

提示：考虑类别之间相对的关系，我们可以用概率来表示这个问题，例如在黑白问题时，黑的概率大于白的概率，我们将预测为黑。

六、逻辑函数

线性回归的因变量的数值位于（－，m）之间，如果再定义一个映射关系，将（－，m）之间的数值映射成概率值，即（0，1）区间，就可以解决线性回归到分类问题的过渡。

而逻辑回归就是在线性回归中在特征到结果的映射中加入了一层函数映射，将位于（－，m）之间的数值映射成概率值（0，1）区间。

逻辑函数也称Sigmoid函数，就是我们需要用到的映射函数；

逻辑函数是先把特征线性求和，然后使用逻辑函数g（z）作为假设函数来预测；

逻辑函数g（z）可以将连续值映射到0到1之间，从函数图上可以看出，函数y=g（z）在z=0的时候取值为1/2，而随着z逐渐变小，函数值趋于0，z逐渐变大的同时函数值逐渐趋于1，而这正是一个概率的范围。

七、逻辑回归模型

将sigmoid函数与线性函数相结合，线性回归模型的输出作为sigmoid函数的输入，就构造了逻辑回归模型。我们会得到以下公式：

$$\begin{aligned} h_\beta(x) &= g(f(x)) \\ &= g(\beta_0+\beta_1x_1+\beta_2x_1+\cdots+\beta_nx_n) \\ &= \frac{1}{1+e^{-(\beta_0+\beta_1x_1+\beta_2x_1+\cdots+\beta_nx_n)}} \end{aligned}$$

由线性回归y的值域和sigmoid函数的值域而知，在逻辑回归模型中用sigmoid函数把线性回归的结果（－，m）映射到（0，1），得到的这个结果类似一个概率值。

从sigmoid函数图像可以看出：

当z>0时，g(z)在（0.5，1.0）之间

当z=0，g(z)=0.5当z<0时，g(z)在（0，0.5）之间

在逻辑回归模型中，上面的假设可以替换为：

$$\beta_0+\beta_1x_1+\beta_2x_1+\cdots+\beta_nx_n > 0 \text{ 时，} h_\beta(x) \text{ 在 } (0.5,1.0) \text{ 之间}$$
$$\beta_0+\beta_1x_1+\beta_2x_1+\cdots+\beta_nx_n = 0 \text{ 时，} h_\beta(x) = 0.5$$
$$\beta_0+\beta_1x_1+\beta_2x_1+\cdots+\beta_nx_n < 0 \text{ 时，} h_\beta(x) \text{ 在 } (0,0.5) \text{ 之间}$$

八、逻辑回归算法模型

在做企业财务困境预测时，我们需要先搭建一个预测模型，再把待预测数据放入模型当中进行预测。建模思路可以分为以下五个步骤：

步骤一：确定需求

我们首先要根据需求建立算法模型，例如参考项目案例背景，我们需要根据2003年1月1

日至2019年12月31日期间被ST（含*ST）股票的财务指标特征，预测2020年第二季度无季报缺失值的股票财务困境的可能性。

这里我们还需要确定分析哪些财务指标。明确因变量y是被ST（含*ST）的股票，而自变量x是财务指标，我们的目标是通过对上市公司财务指标数据的分析预测上市公司是否会被ST（含*ST）的概率。

步骤二：数据获取

按照需求收集所需数据，一般可以使用大数据技术从互联网上采集数据，或利用其他大数据技术，例如文本挖掘技术，从上市公司对外发布的财务报告或公告中获取所需数据；也可以从一些商业数据库下载数据。

我们需要获取以下数据：建模所需数据及模型预测数据集，这些数据包括ST股票与非ST股票的股票代码及待选变量（如财务指标）等。

步骤三：数据预处理

由于数据信息源来自不同网站，数据格式不统一，所以我们不能使用这些数据，在建立算法模型之前，我们需要对获取的数据进行预处理。

数据预处理包含数据清洗、数据集成、数据转换、数据归约等方法。这些数据处理技术在数据挖掘和数据分析之前使用，大大提高了数据挖掘模型的质量，降低实际挖掘和分析所需要的时间。

步骤四：模型构建

读取数据，设置数据平衡性：将模型中平衡比率设置为2∶1，即非ST企业是ST企业的二倍。平衡比率可根据需求更改，但更改将影响模型的准确率。

划分数据集：我们将模型中的股票随机打散，随机选择20%作为测试集，80%作为训练集；建模构建：将训练集数据放入python已经封装好的逻辑回归算法中进行建模，再将测试集带入模型中，利用模型将测试集中的数据进行ST预测，得出一个预测结果，将该结果与测试集中的数据进行对比，得出该模型的准确率。

注意：由于模型每次随机采样，因此每次运行模型的准确率会略有不同。

步骤五：模型预测

将预测集数据带入模型，预测企业陷入财务困境的可能性。

任务6

任务背景：

1.操作本任务之前，需要先完成“建模数据合并”任务，根据其结果继续操作本任务；

2.根据建模数据合并任务的操作结果，我们将对数据进行建模。

任务结果：操作完成后，逻辑回归模型建立完成，可以得出一个模型的准确率。

代码解析如下：

一、导入所需的Python库

在下面的程序中：

我们需要使用Python中的Pandas库来处理CSV文件。

我们需要使用Python中提供的datetime库，对时间进行处理。

●在任务 2：财务数据完整时间构造中，我们对这两个Python库已经做了介绍，这里就不再重复讲解了。

我们需要使用Python中提供的sklearn库，进行机器学习处理。

● sklearn（scikitlearn）是第三方的机器学习工具。

●提供常用的机器学习算法，包括回归、降维、分类、聚类等。

●本程序中需要使用到算法中的逻辑回归（LogisticRegression），准确率（accuracy_score），以及对机器学习数据的划分方法（train_test split）。

我们需要使用Python中提供的joblib库，对训练的模型进行操作。

●joblib轻量级任务队列工具，用于处理大体积数据。

●使用joblib.dump()将大体积数据保存到文件。

●本程序中机器学习会形成大量数据，而最终需要通过dump()方法将数据保存下来。

代码如下：

```
import pandas as pd
import numpy as np
from sklearn.linear_model import LogisticRegression
from sklearn.metrics import accuracy_score
from sklearn.model_selection import train_test_split
import joblib
```

二、读取原始数据

●程序需要在上一任务基础上继续处理。

●可以通过左侧的文件列表，找到05_数据结果文件夹，在其中找到之前保存的文件。

●通过Pandas的read_csv()方法，读取原始数据文件。

代码如下：

```
df = pd.read_csv('./企业财务困境预测/05_数据结果/数据表合并/建模数据表合并。csv')
```

三、整理数据

根据机器学习的需求整理读取数据。

●首先准备需要进行学习的字段，通过Python的列表（List）类型列举出来。

●根据整理好的字段，通过之前介绍过的DataFrame的astype()方法将数据类型改为浮点型（float）。

●同时将»标签的数据类型改为整型（int），因为标签只有0和1两种值。

●通过获取»标签的数据作为训练数据的因变量。

●通过获取前面定义的全部字段作为训练数据的自变量。

代码如下：

```
column_names –['流动比率','速动比率,'现金比率','资产负债率','权益乘数','长期负债权益比率','总资产净利
润率(ROA)','资产报酬率','营业毛利率','营业净利率','成本费用利润率','应收账款周转率','存货周转率','流动
资产周转率','固定资产周转率','总资产周转率','总资产增长率','营业收入增长率','可持续增长率','资产总计',
所有者权益合计',持股比例(%)']
df[column_names]= df[column_names].astype(np.float64)
```

```
df['标签']= df['标签'].astype(int)
target = df['标签'].values
features = df[column_names].values
```

四、配置机器学习训练集

配置训练集。

●通过sklearn的train_test_split()方法，将准备好的数据带入，准备测试集和除测试集以外的训练集。

●通过配置test_size属性可以设定两个集合的占比，这里配置0.2将数据中20%作为测试集。

代码如下：

```
X_train,X_test, y_train, y_test = train_test_split(features, target,test_size=0.2)
```

五、进行训练学习

●通过sklearn的LogisticRegression()建立新的逻辑回归训练模型，并通过其fit()方法将我们准备好的训练数据提供给训练模型进行学习。

●通过完成学习的模型，利用逻辑回归提供的predict()方法，通过准备好的测试集，预测结果数据。

代码如下：

```
mode1 - LogisticRegression(solver='liblinear').fit(X_train,y-train)
y-pred = mode1.predict(x_test)
```

六、输出结果

处理学习结果并显示。

●将测试集结果与上一步模型预测的测试集结果通过sklearn的accuracy_score()方法进行印证，并判断模型的准确度。

●通过模型的属性分别获取模型的斜率和截距，最终显示出来。

代码如下：

```
print('模型的准确度(accuracy):',accuracy_score(y_test,y_pred))
coef - mode1.coef_
intercept = model.intercept_
print("斜率; ",mode1.coef_)
print("截距; ",model.intercept_)
```

七、保存模型结果

将处理的结果模型保存到文件。

●通过jobllb中的dump()方法将前面训练完的模型保存到文件。

代码如下：

```
joblib.dump(mode1,'./企业财务困境预测/05_数据结果/财务困境模型,pk1')
```

思政一刻

利用大数据为思想政治教育的靶向化提供技术支撑。大数据的重要功能就是数据分析。把用户日常数据纳入大数据这一技术模块下进行深度挖掘与分析，再将运算结果运用于思想政治教育中，是实现思想政治教育靶向化的基础。大数据时代的来临，让思想政治教育工作者能够运用新技术实现对数据沉积的深入挖掘和分析，量化受教者的生活状态、学习进度、成长情况，进而勾勒出精准的"学生画像"，为教育管理和引导的靶向化提供重要的数据支撑。换言之，大数据能够将受教育者群体进行分类分层，精准分析用户对时政热点的关注、舆情动向，及时加以有效精准引导，让不同群体与适合的思想政治教育相匹配，最终实现对受教者群体的"量体裁衣"，这样才能确保思想政治工作做到无死角、全覆盖、有实效。也正是这样，才可以有效开发出更多令人喜闻乐见的思想政治教育资源。

（资料来源：https：//www.workercn.cn/c/2022-08-13/7133150.shtml）

课后练习

1. 请论述企业财务困境的概念及其对企业发展的影响，并结合实际案例分析常见的财务困境预测模型及其应用效果。

2. 根据本章内容，设计一个基于逻辑回归的财务困境预测模型，并详细描述数据预处理、模型构建及结果评价的每个步骤。

3. 讨论大数据技术在财务困境预测中的应用，重点分析其优势及可能面临的技术挑战和解决方案。

第十五章　财务大数据综合分析

导　读

随着计算机技术的全面发展，企业生产、收集、存储和处理数据的能力大幅提高，数据量与日俱增。数据的积累实质上是企业的经验和业务的沉淀。越来越多的企业引入数据思维——不只是依赖数据的统计分析，更强调对数据进行挖掘，期待从这一“未来世界的石油”中发现潜在的价值。这一迫切的“开采”需求在世界范围内酝酿了一次大数据变革。

企业关键的财务指标往往能反映企业经营的状况。通过分析典型的财务指标，高层管理人员可以对企业的偿债能力、盈利能力、营运能力、发展能力等有总体的把握，了解各级管理人员及相关责任人的业绩表现，发现影响企业发展的关键因素，提升企业管理人员的管理能力。同时，管理人员也能通过财务指标评估企业未来的盈利，定位企业发展的方向，有效调整企业的经营战略，作出优化企业经营质量和效率的科学决策。

本章主要以北京三元食品股份有限公司为例，按照财务大数据分析步骤完成该企业盈利能力、偿债能力、营运能力以及发展能力等财务指标的能力分析，使同学们能够自主完成企业财务大数据分析报告。

知识目标

1. 掌握财务大数据项目分析的一般流程；
2. 掌握财务数据收集与预处理方法；
3. 掌握财务大数据分析可视化的基本原理；
4. 掌握数据挖掘算法的基本原理。

技能目标

1. 能够根据企业管理精细度设置数据分析维度；
2. 能够根据企业分析目标对数据进行筛选、整理、分类等；
3. 能够根据企业经营要求设置指标体系与数据建模；
4. 能够利用数据分析发现经营问题，并通过数据挖掘找到问题产生的根源；
5. 能够利用数据挖掘算法对企业的经营作出预测，指导决策制定；

6. 能够利用文本挖掘、企业画像等帮助企业调整战略、作出经营决策；
7. 能够结合人工智能、混合现实等技术进行财务分析与决策的创新。

素养目标

1. 培养学生的数字思维；
2. 培养学生从分析中发现问题、洞察问题、解决问题的系统思考能力；
3. 培养学生能够用数字提供决策建议的沟通能力；
4. 培养学生责任心、良好的职业道德和高数字敏感度等职业素养。

第一节　项目案例导入

一、基础知识介绍

（一）数据采集

数据采集是数据挖掘、数据分析的一个环节，在数据处理过程中是非常基本的操作步骤，也是数据分析道路上的重中之重。再好的分析原理、建模算法，没有高质量的数据都是没有用的。数据采集的质量直接决定了后续的分析是否准确。

（二）数据清洗

对于数据挖掘来说，80% 的工作都花在数据准备上面，而数据准备，80% 的时间又花在数据清洗上。数据清洗主要包含缺失值清洗、格式内容清洗、逻辑错误清洗、非需求性数据清洗和关联性验证。

（三）数据集成

数据集成最常见的两种方法为数据关联与数据合并。前者用于将不同数据内容的表格根据条件进行左右连接，后者用于将相同或相似数据内容的表格进行上下连接（见图 15-1）。

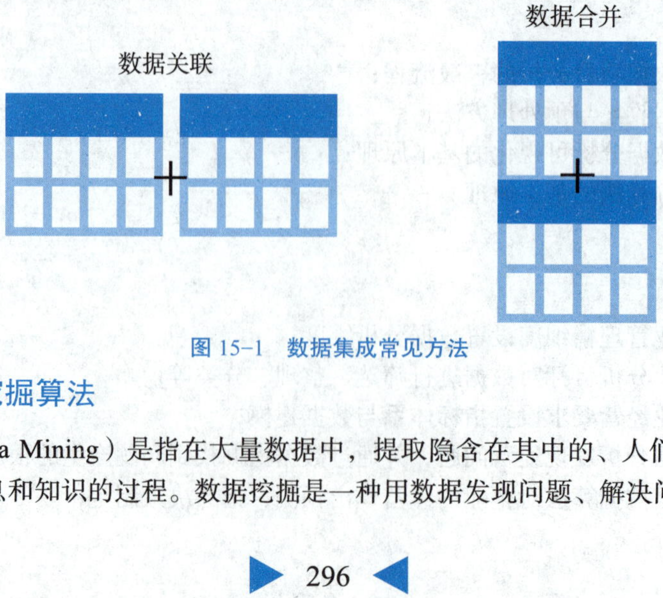

图 15-1　数据集成常见方法

（四）数据挖掘算法

数据挖掘（Data Mining）是指在大量数据中，提取隐含在其中的、人们事先不知道的，但又是潜在有用的信息和知识的过程。数据挖掘是一种用数据发现问题、解决问题的学科，通常通过对数据的探索、处理、分析或建模实现，以通过数据分析来识别趋势和模式，建立关系来解决业务问题。数据挖掘算法主要包括回归分析、分类分析、聚类分析、文本挖掘、时间序列和关联分析。

在基本数据分析的基础上，选择和开发数据分析算法，对数据进行建模。从数据中提取有价值的信息，这当中会涉及很多算法和技术，比如机器学习算法、深度学习等。

（五）数据可视化

数据可视化主要是指将数据以图形或图像的形式展示，借助于图形化手段，清晰有效地传达与沟通信息。数据可视化要求数据准确、屏幕准确、布局合理、可读性强、长度合理、颜色合适、图表合适。

（六）分析报告

分析报告是根据企业内部、外部经营管理相关数据分析原理和方法，运用大数据来反映、研究和分析企业经营管理中存在的问题，探索其原因、本质和规律，并提出解决问题办法的应用文体。通常，将分析的结果进行可视化展示之后，图文并茂地呈现在分析报告中。

二、项目背景介绍

（一）项目背景介绍

1.案例企业背景介绍

北京三元食品股份有限公司（以下简称“三元食品”）是以奶业为主，兼营麦当劳快餐的中外合资股份制企业，其前身是成立于1956年的北京市牛奶总站，1968年更名为北京市牛奶公司，1997年成立北京三元食品有限公司，并作为北京控股有限公司成员企业于香港上市，2001年公司改制成为北京三元食品股份有限公司，于2003年8月向社会公开发行人民币普通股15000万股，9月15日在上海证券交易所成功上市（代码600429），2006年4月经中华人民共和国商务部批准完成股权分置改革方案，2009年11月成功非公开发行股票后，公司总股本88500万股。

北京三元食品股份有限公司以品质先行为己任，以润泽万家为福祉，以活悦人生为信念，成为中国受尊敬的乳品品牌。三元食品产品涵盖屋型包装鲜奶系列、超高温灭菌奶系列、酸奶系列、袋装鲜奶系列、奶粉系列、干酪系列及各种乳饮料、冷食、宫廷乳制品等百余品种，日处理鲜奶达1000余吨，在内蒙古海拉尔区、河北迁安、河北石家庄、天津静海、广西柳州等地建立了十六大生产基地，拥有“三元”“燕山”等著名商标；销售网络覆盖北京各城区、郊县及全国50多个省、市及地区。

三元食品于2000年3月通过ISO 9001国际质量体系认证；2004年7月，公司成为国家质检总局首批通过市场准入，获得“QS”标志的乳品企业。2005年10月，公司再次被国家质量监督检验检疫总局授予“中国名牌产品”称号。2007年1月，公司顺利通过了ISO 9000、ISO 14000、ISO 22000、OHSAS 18000四大管理体系的审核，成为最早通过四合一管理体系整合的食品企业。2009年，公司获得“中国驰名商标”称号，成为国内唯一一家同时拥有“中国名牌产品”“中国驰名商标”两项称号的乳品企业。

2.项目任务介绍

（1）项目任务目标

①分析目标企业：北京三元食品股份有限公司，股票代码“600429”，简称“三元股份”。

②分析内容：了解国家政策导向、行业发展特征，厘清案例企业所处行业地位，找准对标企业；开展横向与纵向比较财务分析，明确企业自身优缺点，预测企业未来发展前景。

（2）项目任务要求

①要求可视化分析必须使用用友分析云进行可视化图表设计；

②要求利用大数据技术开展数据分析任务，包括数据采集、数据清洗、数据集成等；

③数据挖掘算法应用（不限于聚类分析，既可以在平台操作，也可以自行使用python在新道代码编辑器上完成）；

④按照“项目任务发布”文档内容进行分析，并将结果汇总成一份分析报告。

（3）项目任务方案设计

①准备数据源：通过新道代码编辑器，采集上交所XBRL网站中三元股份的财务报表。将采集到的数据进行数据清洗，转化为可以上传用友分析云的数据格式。利用用友分析云，将三大财务报表进行数据集成，形成一个数据集。

②四大能力分析及可视化展示：根据任务要求，完成指定分析指标，并可按照需要分析更多财务指标。

③横向与纵向比较分析：明确企业自身优缺点，锁定对标企业，横向与纵向对比分析。此外，可以加入行业均值分析，分析前需自行准备数据。

④数据挖掘算法应用：在企业未来发展前景预测中，选择一种算法，加入分析中，可以是价格预测，也可以是资金流预测，或选择投资企业等。

⑤项目总结报告：将分析结果图文并茂地呈现在分析报告中。

（二）项目任务发布

1. 案例企业概述与对标企业选择

（1）案例企业概述。本项目案例企业已在“项目背景介绍”中详细介绍，此处不再赘述。

（2）对标企业选择。对标企业可选范围为所有上交所上市的食品制造业下的企业，如表15-1所示。对标企业也可选择深交所或港交所上市的企业，但数据需要自行采集、清洗，并上传到分析云。

表 15-1　对标企业的选择

交易代码	企业简称	行业 ID	行业	交易代码	企业简称	行业 ID	行业
600866	星湖科技	C14	食品制造业	603020	爱普股份	C14	食品制造业
600872	中炬高新	C14	食品制造业	603027	千禾味业	C14	食品制造业
600873	梅花生物	C14	食品制造业	603043	广州酒家	C14	食品制造业
600882	妙可蓝多	C14	食品制造业	603079	圣达生物	C14	食品制造业
600887	伊利股份	C14	食品制造业	603288	海天味业	C14	食品制造业
600929	湖南盐业	C14	食品制造业	603299	苏盐井神	C14	食品制造业
600073	上海梅林	C14	食品制造业	603317	天味食品	C14	食品制造业
600186	*ST 莲花	C14	食品制造业	603696	安记食品	C14	食品制造业
600381	青海春天	C14	食品制造业	603697	有友食品	C14	食品制造业
600419	天润乳业	C14	食品制造业	603739	蔚蓝生物	C14	食品制造业
600429	三元股份	C14	食品制造业	603755	日辰股份	C14	食品制造业
600298	安琪酵母	C14	食品制造业	603866	桃李面包	C14	食品制造业
600305	恒顺醋业	C14	食品制造业	603886	元祖股份	C14	食品制造业
600597	光明乳业	C14	食品制造业				

2. 案例企业财务指标分析

（1）企业盈利能力分析。企业盈利能力分析要求：

①自行选取盈利能力的分析指标（不少于 3 个，必选指标两个：净利润、毛利率）；

②对指标进行纵向分析、横向对比分析（与对标企业、行业数据进行对比）；

③分析判断三元股份“净利润”2020 年度大幅下滑的原因（参考资料自行查询下载：包括但不限于企业年报、研报、相关报道）；

④除“净利润”指标外，还可对其他指标数据的变动进行溯源分析。

（2）企业偿债能力分析。企业偿债能力分析要求：

①自行选取偿债能力的分析指标（不少于 3 个，必选指标两个：资产负债率、流动比率）；

②对指标进行纵向分析、横向对比分析（与对标企业、行业数据进行对比）；

③分析判断三元股份“流动比率”2020 年度下降的原因（参考资料自行查询下载：包括但不限于企业年报、研报、相关报道）；

④除“流动比率”指标外，还可对其他指标数据的变动进行溯源分析。

（3）企业营运能力分析。企业营运能力分析要求：

①自行选取营运能力的分析指标（不少于 3 个，必选指标两个：应收账款周转天数、总资产周转天数）；

②对指标进行纵向分析、横向对比分析（与对标企业、行业数据进行对比）；

③分析判断三元股份“应收账款周转天数”比同类型企业偏高的原因（参考资料自行查询下载：包括但不限于企业年报、研报、相关报道）；

④除“应收账款周转天数”指标外，还可对其他指标数据的变动进行溯源分析。

（4）企业发展能力分析。企业发展能力分析要求：

①根据四大能力的分析，对企业做出综合评价；

②根据分析中发现的问题，提出相关的改进建议。

3. 行业数据聚类分析

行业数据聚类分析要求：

（1）所分析行业为“食品制造业”，报表类型为“年报”，报表年份为“2020”；

（2）从四大能力中任选一个能力或多个能力的指标数据进行聚类分析；

（3）根据DBI和轮廓系数评价聚类的效果；

（4）根据聚类结果，说明三元股份所在组的指标特点。

4. 案例企业前景预测

（1）案例企业所在行业PEST分析。按照PEST分析模型，分析食品制造业——乳制品行业的发展现状与前景。[注：PEST分析是指宏观环境的分析，P是政治（Political）、E是经济（Economic）、S是社会（Social）、T是技术（Technological）]

（2）案例企业所在行业SWOT分析。利用SWOT分析法，分析评价案例企业发展的优势、劣势、机会与威胁。

（3）案例企业发展前景预测。预测企业未来的表现是一项准确性较低的任务，因为各种因素都会影响企业的表现。以下是一些方法可以帮助预测企业未来的表现：

①分析财务报表：企业的财务报表提供了很多关于企业表现的重要信息，如利润表、现金流量表、资产负债表等，分析这些报表可以帮助预测企业未来的表现；

②研究市场和竞争：了解市场和竞争环境可以帮助预测企业未来的表现。企业所处的市场和竞争环境可能会影响其表现；

③了解行业趋势：了解行业趋势可以帮助预测企业未来的表现。了解行业中的新技术和新趋势可能会对企业的表现产生影响；

④跟踪管理层决策：企业的管理层决策可以直接影响企业的表现。跟踪管理层的决策可以帮助预测企业未来的表现。

面对预测结果，可以采取以下措施：

①多方面考虑，不要只看公司过去的表现和财务数据，还要考虑市场和行业的竞争和趋势；

②制定合理的风险管理策略，对于高风险企业可以采取多样化的投资，降低风险；

③长期投资，不要被短期波动所迷惑，需要坚持长期投资战略；

④调整投资组合，分散风险。通过投资多个不同行业和不同类型的企业，可以降低投资组合的风险。

拓展阅读

培养严谨认真、科学审慎的数据思维

思维方式对人的言行起决定性作用，因此拥有不同世界观、人生观、价值观的人，其行为也会呈现出明显的差别。数据思维是根据数据来考量事物的一种量化的思维模式，也是一种重视事实、追求真理的思维模式。

财务分析是企业财务人员的一项重要岗位职责，主要是以会计核算和报表资料及其他相关资料为依据，采用一系列专门的分析技术和方法，对企业过去和现在有关筹资活动、投资活动、经营活动、分配活动的盈利能力、营运能力、偿债能力和发展能力等状况进行分析与评价的经济管理活动。随着技术的发展，以及管理需求的驱动，企业的财务分析手段更加便捷、及时和精细化，因此财务人员只有具备严谨认真、科学审慎的数据思维能力，以及对财务指标数据进行分析解读的能力，才能为企业的管理策略调整提供科学的依据。

第二节 数据准备

一、数据采集任务实战

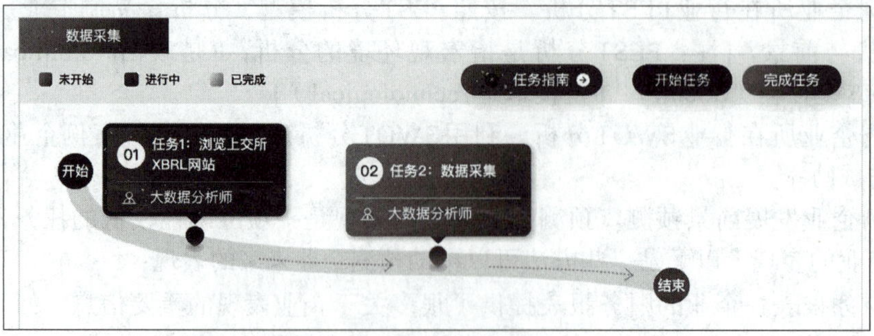

图 15-2 数据采集任务实战

（一）浏览上交所XBRL网站

如图 15-2 所示，单击【开始任务】，系统自动跳转上交所XBRL网站，查看所需数据，记录上市企业股票代码、股票简称等信息。

（二）数据采集

通过大数据技术，在上交所XBRL仿真教学专用网站采集 2019—2021 年北京三元食品股份有限公司（股票代码：600429，简称“三元股份”）利润表、资产负债表、现金流量表数据。具体操作步骤如下：

1. 进入新道代码编辑器；
2. 使用Python代码，采集 2019—2021 年三元股份财务报表数据；
3. 将采集到的数据保存到本地电脑。

二、数据清洗任务实战

如图 15-3 所示，数据清洗任务实战需将采集到的数据进行数据清洗，便于后续数据分析工作。具体操作步骤如下：

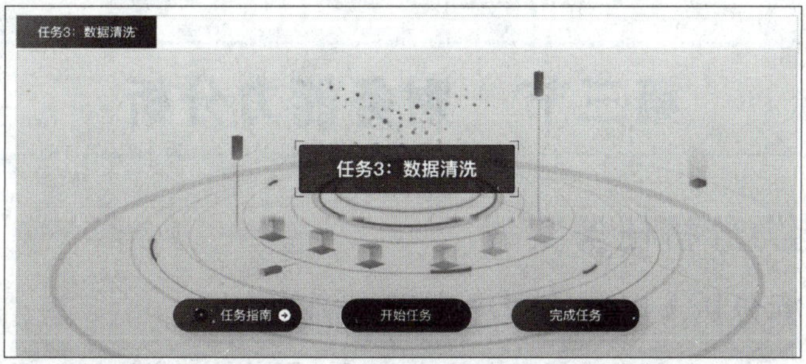

图 15-3　数据清洗任务实战

1. 进入新道代码编辑器；
2. 使用 Python 代码，将采集到的数据进行数据预处理（数据格式清洗）；
3. 将清洗后的数据保存到本地电脑。

三、数据集成任务实战

如图 15-4 所示，数据集成任务实战就是将清洗后的利润表、资产负债表、现金流量表进行集成，形成三元股份的数据集。具体操作步骤如下：

1. 单击【开始任务】，系统自动跳转分析云；
2. 单击【数据准备】，单击【新建】；
3. 选择数据类型为“关联数据集”；
4. 将数据集名称命名为“三元股份数据集”；
5. 分别拖曳资产负债表和利润表到数据预览区域；
6. 单击两个需要关联的表进行连接，选择“内连接”；
7. 关联条件：报表日期；
8. 单击【确定】；
9. 单击【执行】；

10. 单击“实时”中的数据物化；

11. 单击【保存】。

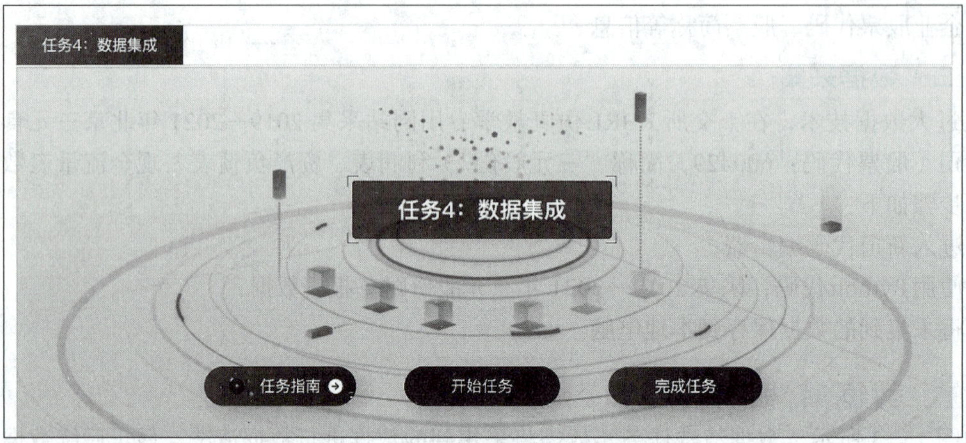

图 15-4　数据集成任务实战

第三节　财务能力分析

一、盈利能力分析任务实战

（一）本期指标分析（以2020年净利润为例）

如图 15-5 所示，对三元股份进行盈利能力分析。同学们可以自行选择盈利能力的指标进行分析。分析内容可以包含本期指标分析、纵向分析、横向分析等内容。

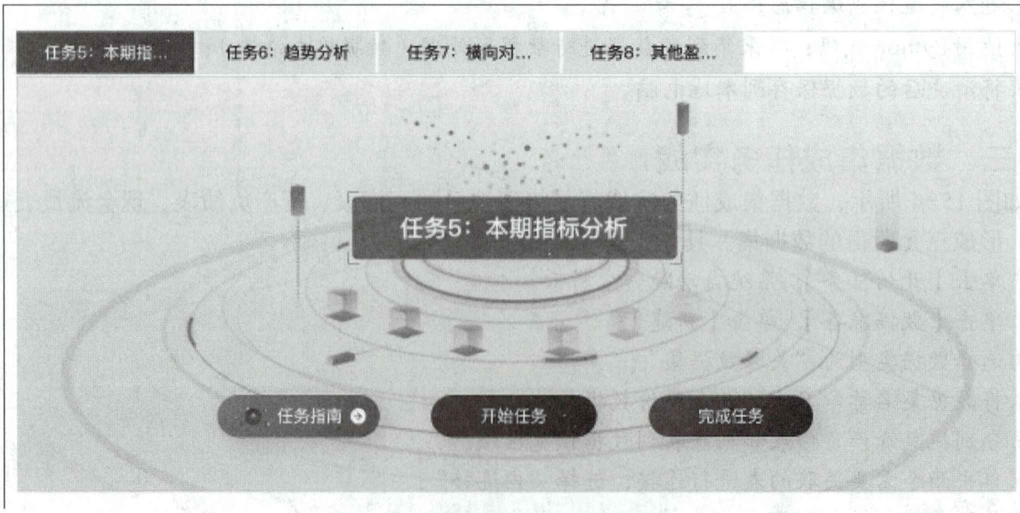

图 15-5　盈利能力分析任务实战

要求：分析指标不少于 3 个，其中必选分析指标有净利润、毛利率。

具体操作步骤如下：

1. 新建文件夹。单击【分析设计】，单击【新建】，选择“新建文件夹”；将文件夹命名为“财务能力分析”，保存“我的故事板”文件夹内；单击【保存】。

2. 新建故事板。单击【分析设计】，单击【新建】，选择“新建故事板”；将故事板命名为“盈利能力分析”，保存在财务能力分析文件夹内；单击【确认】。

3. 新建可视化。单击【可视化】，单击【新建】；选择数据源，此处的数据源为三元股份数据集（上一任务中完成的任务结果）；将可视化命名为：2020 年净利润分析。

4. 选择维度与指标。维度：无；指标：净利润。

5. 添加过滤条件。年_年份等于 2020。

6. 选择显示图形。建议选择：速度计。

7. 单击【保存】。

（二）趋势分析（以毛利率为例）

对三元股份进行盈利能力分析。同学们可以自行选择盈利能力的指标进行分析。分析内容可以包含本期指标分析、纵向分析、横向分析等内容。

要求：分析指标不少于 3 个，其中必选分析指标有净利润、毛利率。

具体操作步骤如下：

1. 新建可视化。单击上一任务（2020 年净利润分析）可视化图形右上角三个圆点按钮，选择复制；将复制出来的图形，拖曳至合适位置，单击【保存】；单击【编辑】按钮，进入可视化编辑界面；将可视化命名为：毛利率趋势分析。

2. 新建指标。单击指标旁边的“+”按钮，单击【计算字段】名称：毛利率；字段类型：数字；表达式：（sum（营业收入）－ sum（营业成本））÷sum（营业收入）×100%。

3. 选择维度与指标。维度：年_年份（升序排列）；指标：毛利率。

4. 添加过滤条件。年_年份包含 2021 年、2020 年、2019 年。

5. 数据格式设置。单击指标中的毛利率，单击【数据格式】，后导符：%。

6. 选择显示图形。建议选择：折线图。

7. 单击【保存】。

（三）横向对比分析

利用大数据技术，采集三元股份对标企业或行业数据，进行横向对比分析。具体操作步骤参考本期指标分析任务实战，任选 1—2 个盈利能力指标进行分析，完成可视化图形任务。

（四）其他盈利能力指标分析

对三元股份其他盈利能力指标数据的变动进行溯源分析。具体操作步骤参考数据集成任务实战与本期指标分析任务实战，任选 1—2 个盈利能力指标数据的变动进行溯源分析。

二、偿债能力分析任务实战

（一）本期指标分析（以2020年流动比率为例）

如图 15-6 所示，本期指标分析主要是对三元股份进行偿债能力分析。同学们可以自行选择偿债能力指标进行分析。分析内容可以包含本期指标分析、纵向分析、横向分析等内容。

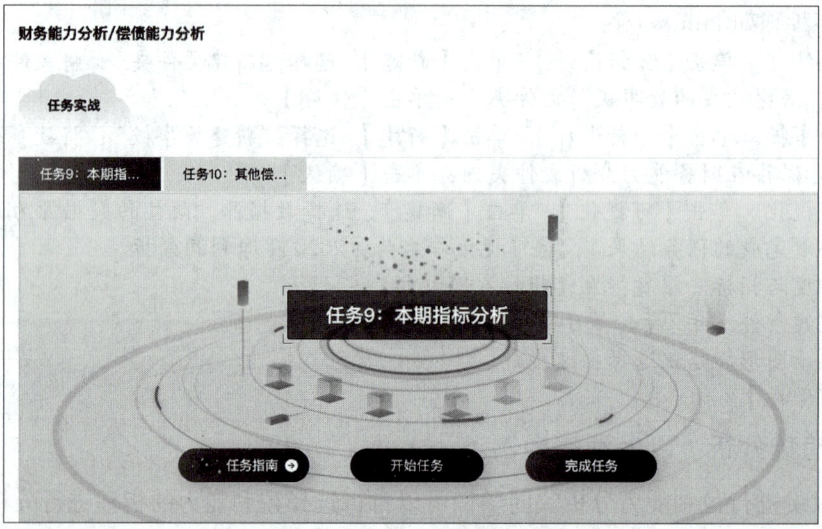

图 15-6 偿债能力分析任务实战

要求：分析指标不少于 3 个，其中必选分析指标有流动比率、资产负债率。

具体操作步骤如下：

1. 新建故事板。单击【分析设计】，单击【新建】，选择“新建故事板”；将故事板命名为“偿债能力分析”，保存在财务能力分析文件夹内；单击【确认】。

2. 新建可视化。单击【可视化】，单击【新建】；选择数据源，此处的数据源为三元股份数据集；将可视化命名为：2020 年流动比率。

3. 新建指标。单击指标旁边的“+”按钮，单击【计算字段】，名称：流动比率；类型：数字；表达式：流动比率 =avg（流动资产合计）/avg（流动负债合计）。

4. 选择维度与指标。维度：无；指标：流动比率。

5. 添加过滤条件。年_年份等于 2020。

6. 选择显示图形。建议选择：指标卡。

7. 单击【保存】。

（二）其他偿债能力指标分析

对三元股份进行偿债能力分析。同学们可以自行选择偿债能力指标进行分析。分析内容可以包含本期指标分析、纵向分析、横向分析等内容。

要求：分析指标不少于 3 个，其中必选分析指标有流动比率、资产负债率。

具体操作步骤参考本期指标分析（以 2020 年流动比率为例）任务实战，任选 1—2 个偿债能力指标数据的变动进行溯源分析。

三、营运能力分析

（一）本期指标分析（以应收账款周转天数为例）

如图 15-7 所示，对三元股份进行营运能力分析。同学们可以自行选择营运能力指标进行分析。分析内容可以包含本期指标分析、纵向分析、横向分析等内容。

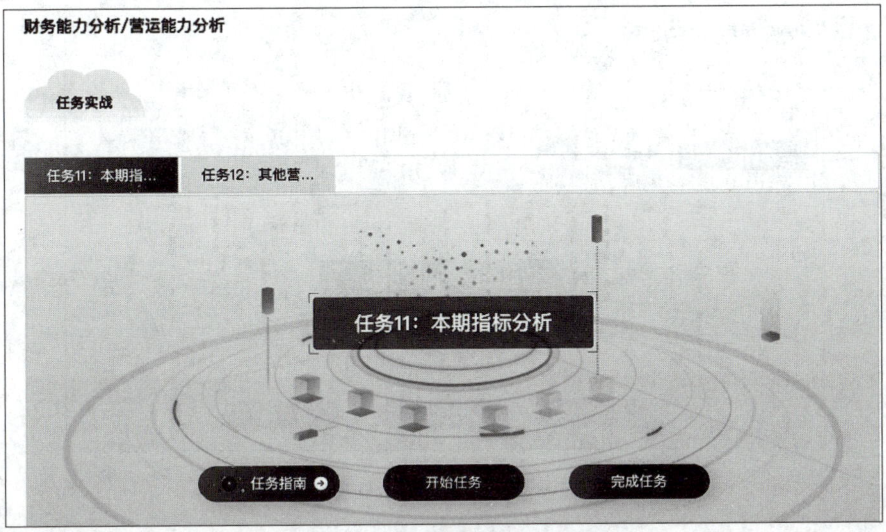

图 15-7　营运能力分析任务实战

要求：分析指标不少于 3 个，其中必选分析指标有应收账款周转天数、总资产周转天数。

具体操作步骤如下：

1.新建故事板。单击【分析设计】，单击【新建】，选择“新建故事板”；将故事板命名为“营运能力分析”，保存在财务能力分析文件夹内；单击【确认】。

2.新建可视化。单击【可视化】，单击【新建】；选择数据源，此处的数据源为三元股份数据集，将可视化命名为：2020 年应收账款周转天数。

3.新建计算字段。单击指标旁边“+”按钮，单击【计算字段】，名称：应收账款周转天数；字段类型：数字；表达式：应收账款周转天数 = 365 × avg（应收账款）÷ sum（营业收入）。

4.选择维度与指标。维度：无；指标：应收账款周转天数。

5.添加过滤条件。年_年份等于 2020。

6.选择显示图形。建议选择：指标卡。

7.单击【保存】。

（二）其他营运能力指标分析

对三元股份进行营运能力分析。同学们可以自行选择营运能力指标进行分析。分析内容可以包含本期指标分析、纵向分析、横向分析等内容。

要求：分析指标不少于 3 个，其中必选分析指标有应收账款周转天数、总资产周转天数。

具体操作步骤参考本期指标分析（以应收账款周转天数为例）任务实战，任选 1—2 个营运能力指标数据的变动进行溯源分析。

四、发展能力分析

（一）本期指标分析（以营业收入增长率为例）

如图 15-8 所示，对三元股份进行发展能力分析。同学们可以自行选择发展能力指标进行分析。分析内容可以包含本期指标分析、纵向分析、横向分析等内容。

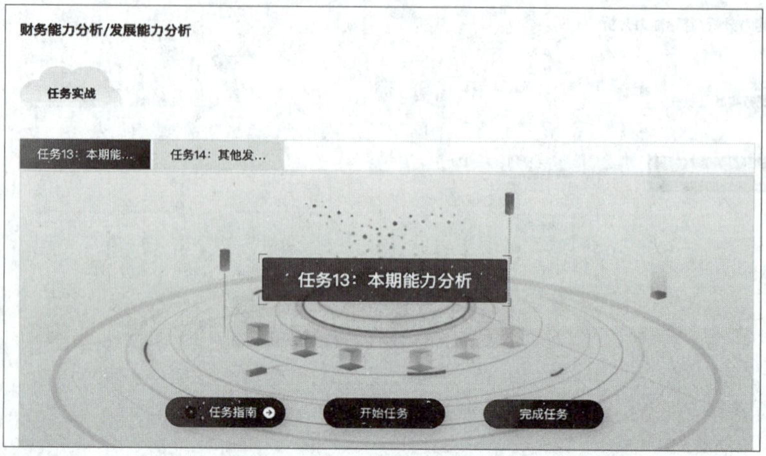

图 15-8　发展能力分析任务实战

要求：分析指标不少于 3 个，其中必选分析指标有营业收入增长率、总资产增长率。

具体操作步骤如下：

1. 新建故事板。单击【分析设计】，单击【新建】，选择“新建故事板”；将故事板命名为“发展能力分析”，保存在财务能力分析文件夹内；单击【确认】。

2. 新建可视化。单击【可视化】，单击【新建】；选择数据源，此处的数据源为三元股份数据集；将可视化命名为：2020 年营业收入增长率。

3. 设置维度与指标。维度：无；指标：营业收入。

4. 设置“高级计算”-同比/环比。日期字段：报表日期 年；对比类型：同比；所选日期：2020 年（填写 2020 年对应的数字）；计算：增长率；间隔：1 年（2019 年）。

5. 选择显示图形。建议选择：指标卡。

6. 单击【保存】。

（二）其他发展能力指标分析

对三元股份进行发展能力分析。同学们可以自行选择发展能力指标进行分析。分析内容可以包含本期指标分析、纵向分析、横向分析等内容。

要求：分析指标不少于 3 个，其中必选分析指标有营业收入增长率、总资产增长率。

具体操作步骤参考本期指标分析（以营业收入增长率为例）任务实战，任选 1—2 个发展能力指标数据的变动进行溯源分析。

第四节　数据挖掘算法应用

一、数据挖掘算法应用任务实战

如图 15-9 所示，根据所学到的数据挖掘算法，选择一个财务场景，进行应用与分析。具体操作步骤如下：

1. 单击【开始任务】，进入数据挖掘系统；
2. 选择需要使用的算法，并自行准备数据源（数据需自行清洗）；
3. 上传数据源，并选择算法，配置变量及参数；
4. 进行算法预测或分析；
5. 将结果下载保存到本地电脑。

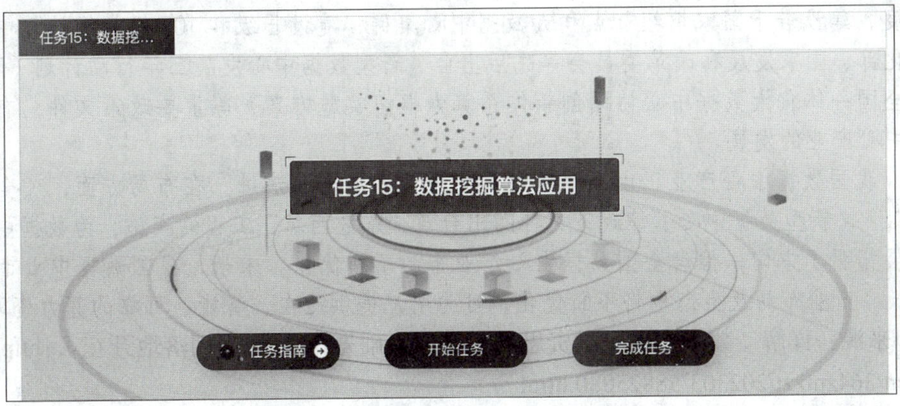

图 15-9 数据挖掘算法应用任务实战

二、Python代码实现任务实战

如图15-10所示，利用新道代码编辑器，完成数据挖掘算法的应用。参考本章所学内容，完成数据挖掘算法应用任务。具体操作流程如下：

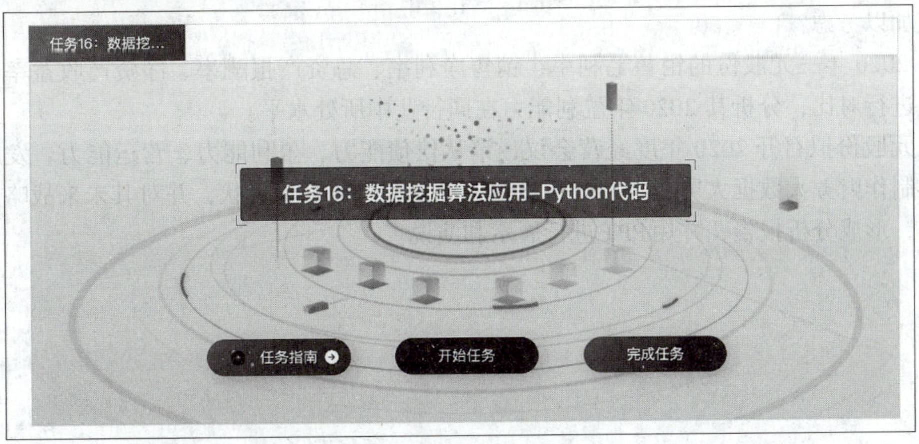

图 15-10 数据挖掘算法应用 -Python 代码任务实战

1. 单击【开始任务】，打开新道代码编辑器；
2. 单击“03_数据挖掘算法应用”文件夹，新建脚本；
3. 按照需求，编写代码，完成数据挖掘算法建模；
4. 利用模型对数据进行预测；
5. 对预测结果进行分析。

思政一刻

在数字经济时代，算力正在成为一种新的生产力，广泛融合到社会生活的各个方面，为千行百业的数字化转型提供基础动力。数据中心是算力的物理承载，是数字化发展的关键基础设施。近年来，国家高度重视数据中心产业的发展，《中华人民共和国国民经济和社会发展第十四个五年规划和2035年远景目标纲要》中明确提出“加快构建全国一体化大数据中心体系，强化算力统筹智能调度，建设若干国家枢纽节点和大数据中心集群，建设E级和10E级超级计算中心”。工业和信息化部、国家发展和改革委员会等先后出台《新型数据中心发展三年行动计划（2021—2023年）》《全国一体化大数据中心协同创新体系算力枢纽实施方案》等重要政策文件，有效规范了我国数据中心产业的发展。

当前，我国数据中心产业正由高速发展向高质量发展全面演进。在布局方面，《全国一体化大数据中心》《新型数据中心》等政策文件的出台及“东数西算”工程的实施，为数据中心协同、一体化发展指明了方向，推动全国数据中心产业布局不断优化。未来，我国数据中心市场仍将保持高速增长，产业布局及生态也将不断优化，可为用户提供泛在、智能、可靠的算力资源。

（资料来源：详解“数字中国”投资思路：算力基础先行 万亿应用落地开花），https：//www.jrtzb.com.cn/364zmzzt/202303/58825080.html

课后练习

1.分析企业短期偿债能力时，除了流动比率、速动比率、现金比率等财务指标外，还有哪些因素应该加以考虑？

2.将2020年三元股份的销售毛利率、销售净利率、总资产报酬率、净资产收益率与同行业对应指标进行对比，分析其2020年盈利能力在同行业中所处水平。

3.三元股份拟召开2020年度经营会议，请从偿债能力、盈利能力、营运能力、发展能力四个维度，制作财务大数据大屏看板，分析该企业经营和财务管理现状，并对其未来战略发展方向提出建议，形成分析报告，并用PPT进行展示和演说。

参考文献

[1] 中国信息通信研究院，政策与经济研究所，美团，数据安全与治理委员会，君泽君律师事务所.数据治理研究报告（2020 年）——培育数据要素市场路线图 [R].2020.

[2] 马娱，孙燕.财务大数据分析与实务 [M].北京：北京理工大学出版社，2022.

[3] 周冬华，杨彩华.财务大数据分析与决策 [M].北京：高等教育出版社，2022.

[4] 聂瑞芳，胡玉姣.财务大数据分析 [M].北京：人民邮电出版社，2022

[5] 赵春晖.大数据解析与应用导论 [M].北京：化学工业出版社，2022.